Kompakt-Lexikon Finanzwissenschaft

Lizenz zum Wissen.

Sichern Sie sich umfassendes Wirtschaftswissen mit Sofortzugriff auf tausende Fachbücher und Fachzeitschriften aus den Bereichen: Management, Finance & Controlling, Business IT, Marketing, Public Relations, Vertrieb und Banking.

Exklusiv für Leser von Springer-Fachbüchern: Testen Sie Springer für Professionals 30 Tage unverbindlich. Nutzen Sie dazu im Bestellverlauf Ihren persönlichen Aktionscode C0005407 auf *www.springerprofessional.de/buchkunden/*

Jetzt 30 Tage testen!

Springer für Professionals.
Digitale Fachbibliothek. Themen-Scout. Knowledge-Manager.

- Zugriff auf tausende von Fachbüchern und Fachzeitschriften
- Selektion, Komprimierung und Verknüpfung relevanter Themen durch Fachredaktionen
- Tools zur persönlichen Wissensorganisation und Vernetzung

www.entschieden-intelligenter.de

Springer für Professionals

Springer Fachmedien Wiesbaden (Hrsg.)

Kompakt-Lexikon Finanzwissenschaft

750 Begriffe nachschlagen, verstehen, anwenden

ISBN 978-3-658-03178-7

Die Deutsche Nationalbibliothek verzeichnet diese Publikation in der Deutschen Nationalbibliografie; detaillierte bibliografische Daten sind im Internet über http://dnb.d-nb.de abrufbar.

Springer Gabler
© Springer Fachmedien Wiesbaden 2013
Das Werk einschließlich aller seiner Teile ist urheberrechtlich geschützt. Jede Verwertung, die nicht ausdrücklich vom Urheberrechtsgesetz zugelassen ist, bedarf der vorherigen Zustimmung des Verlags. Das gilt insbesondere für Vervielfältigungen, Bearbeitungen, Übersetzungen, Mikroverfilmungen und die Einspeicherung und Verarbeitung in elektronischen Systemen.

Die Wiedergabe von Gebrauchsnamen, Handelsnamen, Warenbezeichnungen usw. in diesem Werk berechtigt auch ohne besondere Kennzeichnung nicht zu der Annahme, dass solche Namen im Sinne der Warenzeichen und Markenschutz-Gesetzgebung als frei zu betrachten wären und daher von jedermann benutzt werden dürften.

Redaktion: Stefanie Brich, Claudia Hasenbalg
Layout und Satz: workformedia | Frankfurt am Main | München

Gedruckt auf säurefreiem und chlorfrei gebleichtem Papier

Springer Gabler ist eine Marke von Springer DE.
Springer DE ist Teil der Fachverlagsgruppe Springer Science+Business Media
www.springer-gabler.de

Autorenverzeichnis

Prof. Dr. **Wolfgang Eggert**, Albert-Ludwigs-Universität, Freiburg
Sachgebiet: Finanzwissenschaft

Steffen Minter, Albert-Ludwigs-Universität, Freiburg
Sachgebiet: Finanzwissenschaft

Abkürzungsverzeichnis

a.	anno (Jahr)
Abb.	Abbildung
Abk.	Abkürzung
ABl	Amtsblatt
Abschn.	Abschnitt
Abt.	Abteilung
AbwAG	Abwasserabgabengesetz
a.F.	alte Fassung
AG	Aktiengesellschaft; Amtsgericht; Ausführungsgesetz
AGB	Allgemeine Geschäftsbedingungen
allg.	allgemein
amerik.	amerikanisch
AO	Abgabenordnung
Art.	Artikel
AStG	Außensteuergesetz
Aufl.	Auflage
AZ	Aktenzeichen
b.a.w.	bis auf weiteres
BBankG	Gesetz über die deutsche Bundesbank
ber.	berichtigt
bes.	besonders(-e, -es, -er)
BewG	Bewertungsgesetz
bez.	bezüglich
BFH	Bundesfinanzhof
BGB	Bürgerliches Gesetzbuch
BGBl	Bundesgesetzblatt (I = Teil I, II = Teil II, III = Teil III)
BHO	Bundeshaushaltsordnung
BM	Bundesminister(ium)
BNatSchG	Bundesnaturschutzgesetz
BranntwMonG	Branntweinmonopolgesetz
bspw.	beispielsweise
BVerfG	Bundesverfassungsgericht
BVerfGE	Amtliche Sammlungen von Entscheidungen des Bundesverfassungsgerichts
bzw.	beziehungsweise

ca.	circa
d.h.	das heißt
DVO	Durchführungsverordnung
EGV	Vertrag zur Gründung der Europäischen Gemeinschaft
engl.	englisch
ErbStDV	Erbschaftssteuer-Durchführungsverordnung
ErbStG	Erbschaftssteuer- und Schenkungsgesetz
EStDV	Einkommensteuer-Durchführungsverordnung
EStG	Einkommensteuer-Gesetz
EStR	Einkommensteuer-Richtlinien
etc.	et cetera
EU	Europäische Union
EuGH	Europäischer Gerichtshof
EUV	Vertrag über die Europäische Union
e.V.	eingetragener Verein
evtl.	eventuell
f.	folgende(-r/-s)
FAG	Finanzausgleichsgesetz
ff.	folgende
FG	Finanzgericht
franz.	französisch
FVG	Finanzverwaltungsgesetz
ggf.	gegebenenfalls
GmbH	Gesellschaft mit beschränkter Haftung
GrEStG	Grunderwerbsteuergesetz
GWB	Gesetz gegen Wettbewerbsbeschränkungen (Kartellgesetz)
H.	Heft
HGB	Handelsgesetzbuch
HGrG	Haushaltsgrundsätzegesetz
Hrsg.	Herausgeber

i.Allg.	im Allgemeinen
i.d.F.	in der Fassung
i.d.R.	in der Regel
i.e.S.	im engeren Sinn
inkl.	inklusive
i.V.	in Verbindung
i.w.S.	im weiteren Sinn
Jg.	Jahrgang
Jh.	Jahrhundert
KG	Kommanditgesellschaft
KGaA	Kommanditgesellschaft auf Aktien
KraftStG	Kraftfahrzeugsteuergesetz
KStDV	Körperschaftsteuer-Durchführungsordnung
KStG	Körperschaftsteuergesetz
KStR	Körperschaftsteuer-Richtlinien
KWG	Gesetz über das Kreditwesen
LHO	Landeshaushaltsordnung
LStDV	Lohnsteuer-Durchführungsverordnung
LStR	Lohnsteuer-Richtlinien
mind.	mindestens
Mio.	Millionen
Mrd.	Milliarden
MRRG	Melderechtsrahmengesetz
m.spät.Änd.	mit späteren Änderungen
n.F.	neue Fassung
Nr.	Nummer
o.Ä.	oder Ähnliches
OHG	offene Handelsgesellschaft
p.a.	per anno (pro Jahr)

RGBl	Reichsgesetzblatt
RVO	Reichsversicherungsordnung
s.	siehe
S.	Seite
SGB	Sozialgesetzbuch
sog.	sogenannte(-r, -s)
Sp.	Spalte(-n)
StabG	Stabilitätsgesetz
Std.	Stunde(-n)
StGB	Strafgesetzbuch
u.a.	und andere; unter anderem
u.Ä	und Ähnliche(-s)
UStDV	Umsatzsteuer-Durchführungsverordnung
UStG	Umsatzsteuergesetz
UStR	Umsatzsteuer-Richtlinien
usw.	und so weiter
u.U.	unter Umständen
v.a.	vor allem
VBL	Versorgungsanstalt des Bundes und der Länder
vgl.	vergleiche
VO	Verordnung
VOB	Vergabe- und Vertragsordnung für Bauleistungen
VOF	Verdingungsordnung für freiberufliche Leistungen
VOL	Verdingungsordnung für Leistungen
vs.	versus
WG	Wechselgesetz

Abgaben – I. *Steuerrecht/Finanzwissenschaft:* 1. *Sammelbegriff:* a) Alle auf der → Finanzhoheit beruhenden → öffentlichen Einnahmen der Gebietskörperschaften und bestimmter → Parafisci, im Einzelnen → Steuern einschließlich → Kirchensteuer, Zölle und Abschöpfungen, → Gebühren, → Beiträge, Sozialabgaben („Quasisteuern") an die Träger der gesetzlichen Sozialversicherung sowie → Sonderabgaben. – b) Vom Abgabepflichtigen her definiert: pflichtgemäße Geldleistungen aller Art an ein Gemeinwesen. – 2. *Einzelbegriff:* Teilweise tragen einzelne Geldleistungen direkt die Bezeichnung „Abgabe", z.B. bergrechtliche Förderabgabe, Vermögensabgabe und Abwasserabgabe. Art. 106 I Nr. 7 GG und Art. 108 I GG haben den Begriff der „Abgaben im Rahmen der Europäischen Gemeinschaften" 1969 neu aufgenommen; auch der AEUV-Vertrag (Vertrag über die Arbeitsweise der Europäischen Union in der Neufassung vom 30.3.2010 (ABl. C 83 2010, S. 47)) verwendet in Art. 28 und 110 ff. für seine bes. Regelungszwecke den Begriff der Abgaben. – 3. *Abgabenordnung:* Der umfassende Charakter des Abgabenbegriffs kommt auch darin zum Ausdruck, dass das „steuerrechtliche Grundgesetz", das die wichtigsten allg. geltenden Regelungen zusammenfasst, als → Abgabenordnung (AO) bezeichnet wird. Sie gilt für alle Abgaben, wenngleich ihr tragender Begriff der der „Steuer" ist (§ 3 AO). – 4. Aus vielen Gründen wird die Ausgestaltung eines neuen und umfassenden Abgabenbegriffs angestrebt, der die unterschiedlichen Abgabearten auch aus dem Bau- und Planungsrecht (Planungswertausgleich), dem Arbeitsmarktrecht (Arbeitsmarktförderungs-, Überstundenabgabe), der Umweltpolitik (Atommüllbeseitigungs-, Verursacherabgabe) inkorporiert. – Vgl. auch → Sonderabgaben.

II. *Kostenrechnung:* Abgaben werden i.d.R. wie → Steuern behandelt. Sie werden (da sie nur selten Produkten oder speziellen Unternehmensteilen zurechenbar sind) meist in einer Summe den Kosten des Verwaltungsbereichs (Verwaltungskosten) zugeordnet, in kleineren Betrieben werden sie auch mit den Steuern gemeinsam verrechnet. Wegen ihres stoßweisen Anfallens ist eine zeitliche Abgrenzung (Abgrenzung) vorzunehmen.

Abgabenordnung (AO) – 1. *Begriff/Charakterisierung:* Gesetz vom 16.3.1976 (BGBl. I 613; ber. 1977 I 269) m.spät.Änd., bedeutendstes Gesetz des Steuerrechts, das durch die Zusammenfassung materieller und verfahrensrechtlicher Vorschriften, die für alle oder mehrere Steuergesetze gelten, die Einzelsteuergesetze entlasten soll. Als Teilkodifikation des allgemeinen Steuerrechts wird die AO als „Mantelgesetz" oder „Steuergrundgesetz" bezeichnet. Integriert wurden u.a. das Steueranpassungsgesetz vom 16.10.1934 (RGBl. I 925), das Gesetz über die Kosten der Zwangsvollstreckung nach der Reichsabgabenordnung vom 12.4.1961 (BGBl. I 429), das Steuersäumnisgesetz vom 13.7.1961 (BGBl. I 993) und die Gemeinnützigkeitsverordnung vom 24.12.1953 (BGBl. I 1952); eine Angleichung an das allgemeine Verwaltungsverfahrensrecht wurde vorgenommen. Das Einführungsgesetz zur AO vom 14.12.1976 (BGBl. I 3341, ber. 1977 I 667) regelt den Übergang von der Reichsabgabenordnung zur AO und nimmt die erforderliche Anpassung anderer Gesetze an das neue Recht vor. Der Einführungserlass zur AO erläutert die AO aus der Sicht der Finanzverwaltung. – 2. *Geltungsbereich:* Die AO gilt für alle Steuern und Steuervergütungen, die durch Bundesrecht (Art. 105 GG) oder Recht der Europäischen Gemeinschaften geregelt sind, soweit sie durch Bundes- oder Landesfinanzbehörden (Art. 108 GG) verwaltet werden (§ 1 I AO). Für

→ Realsteuern gilt die Abgabenordnung eingeschränkt (§ 1 II AO), für steuerliche Nebenleistungen sinngemäß (§ 1 III AO). – 3. *Inhalt:* Entgegen ihrer Bezeichnung enthält die AO in ihren neun Teilen nicht nur das formelle Recht einer Verfahrensordnung, sondern auch einen allgemeinen Teil des materiellen Steuerrechts. Im Einzelnen: (1) „Einleitende Vorschriften" (§§ 1–32 AO): Anwendungsbereich, steuerliche Begriffsbestimmungen, Zuständigkeit der Finanzbehörden, das Steuergeheimnis sowie Haftungsbeschränkung für Amtsträger. (2) „Steuerschuldrecht" (§§ 33–77 AO): Vorschriften über die Steuerpflichtigen, die Ansprüche aus dem Steuerschuldverhältnis, steuerbegünstigte Zwecke und die Haftung. (3) „Allgemeine Verfahrensvorschriften" (§§ 78–133 AO): Verfahrensgrundsätze und Handeln der Finanzbehörden durch Verwaltungsakte. (4) „Durchführung der Besteuerung" (§§ 134–217 AO): Vorschriften über die Erfassung der Steuerpflichtigen, die Mitwirkungspflichten, das Festsetzungs- und Feststellungsverfahren, die Außenprüfung, die Steuerfahndung (Zollfahndung) und die Steueraufsicht. (5) „Erhebungsverfahren" (§§ 218–248 AO): u.a. Vorschriften über Verwirklichung, Fälligkeit und Erlöschen der Ansprüche aus dem Steuerschuldverhältnis sowie Verzinsung, Säumniszuschläge und Sicherheitsleistungen. (6) „Vollstreckung" (§§ 249–346 AO): Allgemeine Vorschriften, Vorschriften zur Vollstreckung wegen Geldforderungen und zur Vollstreckung wegen anderer Leistungen als Geldforderungen sowie Kosten. (7) „Außergerichtliches Rechtsbehelfsverfahren" (§§ 347–367 AO): Vorschriften zur Zulässigkeit sowie Verfahrensvorschriften. (8) „Straf- und Bußgeldvorschriften, Straf- und Bußgeldverfahren", bes. Steuerstraftaten und Steuerordnungswidrigkeiten sowie die entsprechenden Verfahrensvorschriften (§§ 369–412 AO). (9) „Schlussvorschriften" (§§ 413 AO): die Einschränkung von Grundrechten.

Abgabenquote – Verhältnis zwischen der Summe aus Steuern und Beiträgen in die Sozialversicherungen und dem Bruttoinlandsprodukt (BIP).

Ability to Pay Principle – Zahlungsfähigkeitsprinzip, finanzwissenschaftliche Bezeichnung im englischsprachigen Schrifttum für die Besteuerung nach der Zahlungsfähigkeit, die als Maßstab gilt für die Fähigkeit, Steuern zu tragen. Nach diesem Prinzip werden Personen mit höherem Einkommen mit höheren Steuersätzen belegt. Dem entspricht im deutschsprachigen Schrifttum weitgehend das → Leistungsfähigkeitsprinzip. – *Gegensatz:* → Äquivalenzprinzip.

Abstimmungsverfahren – *Abstimmungsregeln.* 1. *Allgemein:* Regelung der Stimmenverteilung und der Feststellung des Abstimmungssiegers bei kollektiven Entscheidungsprozessen (Kollektiventscheidung). Stimmenverteilung heute i.Allg. nach der Regel: Eine Person, eine Stimme. Für die Entscheidung, welche der zur Wahl stehenden Alternativen die Abstimmung gewinnt, existiert eine Vielzahl von Regeln, z.B. einfache Mehrheit, qualifizierte Mehrheit, absolute Mehrheit, Punktemethode. Abstimmungsverfahren sind faktisch manipulierbar durch strategisches Abstimmungsverhalten. – 2. *Neue Politische G:* a) *Ideale Abstimmungsverfahren:* Regeln, die (1) demokratischen Prinzipien entsprechen, (2) widerspruchsfreie Entscheidungen der Gruppe ermöglichen, (3) aus der Sicht der Teilnehmer befriedigende Ergebnisse versprechen und (4) ihnen Anreize zu einer Offenbarung der wahren Präferenzen geben. Nach Arrow kann es keine Regel geben, die eine vollständige und widerspruchsfreie Aggregation individueller Präferenzen zu einer kollektiven Präferenzrangfolge ermöglicht und zugleich nicht diktatorisch ist (Arrow-Paradoxon). Auswege aus diesem Dilemma: (1) Einschränkende Annahmen über die Präferenzen der Mitglieder, die eine Intransivität der Gruppenpräferenzen für bestimmte Abstimmungsregeln verhindern, sind entweder unplausibel oder wenig handlich. (2) Verzicht auf volle

Rationalität der Gruppe in Form der Transitivität der Gruppenpräferenzen; Ersetzung durch die Forderung, dass die Gruppe immer eine beste Alternative findet. – *Beispiel:* erweiterte Pareto-Regel. (3) Verzicht auf die Unabhängigkeit von irrelevanten Alternativen, damit aber größere Anfälligkeit gegen strategisches Abstimmungsverhalten (Gibbard-Satterthwaite-Theorem). – *Beispiel:* Borda-Regel. – b) *Optimale binäre Abstimmungsverfahren.* – c) *Weitere Abstimmungsverfahren:* Neuere, von Theoretikern der Neuen Politischen Ökonomie vorgeschlagene Regeln, wie Veto-Abstimmungsregel, Zustimmungsregel oder Clarke-Groves-Mechanismus, haben günstige Eigenschaften hinsichtlich der Anreize zur Offenbarung der wahren Präferenzen, sind jedoch in der Durchführung aufwendig und haben sich deshalb in der Praxis (noch) nicht durchgesetzt. Die Anwendung der Einstimmigkeitsregel von Knut Wicksell sorgt für eine Pareto-optimale Entscheidung.

Abwasserabgabe – von den Ländern erhobene → Abgabe für das Einleiten von Abwasser in ein Gewässer; nach dem Abwasserabgabengesetz (AbwAG) i.d.F. vom 18.1.2005 (BGBl. I S. 114) m.spät.Änd. zu entrichten nach dem Verursacherprinzip durch den Einleiter (Abgabepflichtiger). – *Bemessungsgrundlage:* Anzahl der laut Einleitungsbescheid zulässigen Schadeinheiten im Abwasser. Die Umrechnung von Schadstoffmengen in Schadeinheiten ergibt sich aus einer Tabelle im Anhang des Abwasserabgabengesetzes. – Der Abgabesatz je Schadeinheit und Jahr wurde seit 1981 stufenweise angehoben (§ 9 IV AbwAG). – Die Anforderungen an das Einleiten von Abwasser in Gewässer sind in der Abwasserverordnung (AbwV) i.d.F. vom 17.6.2004 m.spät.Änd. (BGBl. I S. 2625) geregelt.

Abzugsfähigkeit von Steuern – steuerrechtlicher und -technischer Begriff für die Möglichkeit, bereits gezahlte Steuerbeträge bei der Ermittlung der → Bemessungsgrundlage einer anderen oder derselben Steuer abzuziehen. – *Anders:* → Abzugsteuern.

Abzugsteuern – 1. Steuerrechtlicher *Begriff* für Steuern, die nicht vom Empfänger einer Zahlung bezahlt werden, sondern von der auszahlenden Stelle direkt an die Finanzbehörde zu leisten sind. Da der Abzug zumeist an der Ertrags- bzw. Einkunftsquelle erfolgt, wird synonym von *Quellensteuern* gesprochen. – 2. *Ausgestaltung:* Unterschieden werden a) Abzugsteuern, die anrechenbar sind und somit den Charakter von Vorauszahlungen auf die endgültige Steuerschuld des Zahlungsempfänger haben (z.B. Lohnsteuer, die eine Vorauszahlungen auf die Einkommensteuerschuld darstellt); b) Abzugsteuern, bei denen der Steueranspruch mit der Abführung der Abzugsteuern *endgültig abgegolten* ist (z.B. bei Zinserträgen aus bestimmten Wertpapieren); c) Mischformen, bei denen der Steuerpflichtige wählen kann, ob die Abzugsteuer endgültig oder im Rahmen einer Steuerveranlagung auf eine nach individuellen Grundsätzen ausgerechnete Steuerschuld angerechnet werden soll (z.B. Zins- und Dividendenerträge). – 3. *Erhebung:* → Steuerabzug unter Anwendung des → Quellenabzugsverfahrens. – 4. *Vorteil:* Relativ einfache Erhebung (feststehende Steuersätze, zumeist 20, 25 Prozent oder 30 Prozent) und Sicherheit des Aufkommens. – *Nachteil:* Persönliche Verhältnisse des Steuerschuldners können exakt erst im nachträglichen Ausgleichsverfahren (Veranlagung) berücksichtigt werden. – 5. Bis zum 31.12.2008 betrugen *Abzugsteuern auf Dividenden und ähnliche Bezüge* im Sinn des § 20 I Nr. 1, 2 EStG und § 43 I Nr. 1–3 EStG 25 Prozent, Abzugsteuern auf Zinsen und Kapitalerträge im Sinn des § 20 I Nr. 7 EStG (Zinsabschlag) 30 Prozent (bei Tafelgeschäften: 35 Prozent). – 6. Seit dem 1.1.2009 gibt es auch in Deutschland eine *Abgeltungsteuer* für Kapitalerträgen für Privatanleger (§ 20 EStG) in Höhe von einheitlich 25 Prozent (Unternehmensteuerreformgesetz 2008).

Accrual Principle – 1. *Finanzpolitik:* Der Zeitraum zwischen Steuerfälligkeit und -zahlung soll verkürzt werden, um die Wirkungsweise des konjunkturpolitischen Instrumentariums zu verbessern. Ist der zeitliche Abstand zwischen beiden zu groß, könnten z.B. Steuererhöhungen, die zur Dämpfung der Konjunktur vorgenommen werden, erst in der Phase des konjunkturellen Abschwungs und somit prozyklisch wirksam werden, wodurch der gegenteilige konjunkturpolitische Effekt erzielt würde (Lag). – 2. *Öffentliche Haushaltsrechnung:* Verbuchungsmethode, bei der eine laufende Verbuchung der jeweiligen Einnahme- und Ausgabepositionen und ein zusammengefasster Ausweis erfolgt. In Deutschland sind – von einigen Ausnahmen abgesehen – Einnahmen und Ausgaben unsaldiert nach dem Bruttoprinzip zu buchen (→ Haushaltsgrundsätze). – 3. *Internationale Rechnungslegung:* Prinzip der periodengerechten Aufwands- und Ertragsabgrenzung (Framework des International Accounting Standards Board (IASB)).

administrative Kontrollfunktion – Teilfunktion des Haushaltsplans (→ Haushaltsfunktionen). Der Haushaltsplan stellt die gesetzliche Bewirtschaftungsgrundlage der Verwaltung dar, bindet deren Handeln und ermöglicht somit der Regierung und dem Parlament eine Kontrolle des Verwaltungsapparats.

Aggregate Investment Approach – theoretische Erklärung der zeitlichen Lastverschiebung durch die öffentliche Verschuldung (→ Last der Staatsverschuldung), vertreten von Musgrave, Modigliani und Vickrey. Durch staatliche Schuldenaufnahme kommt es zu einem → Crowding-out im Bereich der privaten Investitionen. Die nächste Generation erbt dadurch einen geringeren Kapitalstock als ohne Verschuldung; sie muss ein geringeres Wachstum des Nationaleinkommens hinnehmen. Eine intergenerative Lastverschiebung wäre demnach möglich, wenn die (unterbliebenen) privaten Investitionen produktiver gewesen wären oder eher den zukünftigen Präferenzen entsprochen hätten als die öffentliche Mittelverwendung. – *Gegensatz:* → New Orthodoxy Approach.

aktiver Finanzausgleich → Finanzausgleich.

Allphasenumsatzsteuer – Umsatzsteuersystem (→ Umsatzbesteuerung), bei dem auf allen Stufen der Handels- bzw. Leistungskette → Umsatzsteuer erhoben wird. Würde auf einzelnen Handelsstufen keine Umsatzsteuer erhoben, bestünde in der Praxis das Risiko, dass bspw. bei einer Besteuerung nur der Einzelhandelsstufe Endverbraucher unerlaubt (dann unversteuerte!) Waren im Großhandel einkaufen könnten oder aber Unternehmer auch einen Teil ihres Privatbedarfs bei Großhändlern (also unversteuert) beziehen könnten und daher keine Umsatzsteuer auf ihren privaten Konsum tragen müssten. Vor diesem Hintergrund gewährleistet nur die Allphasenumsatzsteuer die volle umsatzsteuerliche Erfassung des Endverbrauchs. → Bruttoumsatzsteuer und → Nettoumsatzsteuer entsprechen dem Allphasenumsatzsteuersystem. – *Anders:* → Mehrphasenumsatzsteuer, → Einphasenumsatzsteuer.

Altersentlastungsbetrag – 1. *Begriff der Einkommensteuer:* Freibetrag, der einem Steuerpflichtigen ab dem vollendeten 64. Lebensjahr gewährt wird (§ 24a EStG). Der Altersentlastungsbetrag bemisst sich bis zu einem Höchstsatz, der sich aus einem bestimmten Prozentsatz aus der Summe des Arbeitslohns und der nicht aus nichtselbständiger Arbeit erzielten positiven Einkünfte ergibt. Bestimmte Einkünfte bleiben bei der Bemessung des Betrags außer Betracht, da diese i.d.R. anderweitig begünstigt sind (§ 24a, I-V EStG). Nicht durch den Altersentlastungsbetrag begünstigt sind bspw. Versorgungsbezüge, Leibrenten sowie ab dem Veranlagungszeitraum 2008 bestimmte sonstige Einkünfte (§§ 22 Nr. 1 S. 3a EStG und § 22 Nr. 5 S. 1 und S. 2a EStG). – 2. *Höhe:* Bis zum Veranlagungszeitraum 2004 betrug der

Altersentlastungsbetrag 40 Prozent, max. jedoch 1.908 Euro. Durch die Einführung des Alterseinkünftegesetzes (AltEinkG) wurde das gesamten Systems der Besteuerung der Alterseinkünfte hinsichtlich der beabsichtigten nachgelagerten Besteuerung umgestellt. Im Zuge dessen verliert der Altersentlastungsbetrag nach und nach an Bedeutung und wird daher bis zum Jahr 2040 stufenweise abgesenkt. Dabei werden im Rahmen der Übergangsregelung der Prozentsatz und der Höchstbetrag auf Lebenszeit festgeschrieben. So beträgt der Altersentlastungsbetrag bei Personen, die in 2009 erstmals ein Anrecht auf den Alteresentlastungsbetrag haben: 33,6 Prozent, max. jedoch 1.596 Euro; bei Personen, die erstmals im Jahr 2010 ein Anrecht darauf hierauf haben: 32,0 Prozent, max. 1.520 Euro.

Anrechenbarkeit von Steuern – steuerrechtlicher und -technischer Begriff für die Möglichkeit, bereits gezahlte Steuerbeträge von der *Steuerschuld* bei anderen Steuern abzuziehen. – *Beispiele:* Kapitalertragsteuer bei der Einkommensteuer (die Kapitalertragsteuer gilt als vorweg gezahlte Einkommensteuer); Ausschüttungsteuer bei der Einkommensteuer (die Ausschüttungsteuer auf die Gewinne der Anteilseigner einer Kapitalgesellschaft galt als vorweg gezahlte Einkommensteuer der Anteilseigner; → körperschaftsteuerliches Anrechnungsverfahren). – *Anders:* Abzugsteuern, → Abzugsfähigkeit von Steuern.

Anrechnungsprinzip → Internationales Steuerrecht (IStR).

Anrechnungssystem → Körperschaftsteuersysteme.

Anreiz – I. Arbeits- und Organisationspsychologie: 1. *Begriff:* Situative Bedingung, die aufgrund einer gegebenen Bedürfnisstruktur bzw. einer inhaltlichen Motivation Aufforderungscharakter (Valenz) für die Person aufweist. – 2. Anreize, die im Tätigkeitsvollzug selbst liegen, verbinden sich mit *intrinsischer Motivation.* Anreize, die schwerpunktmäßig im Arbeitsumfeld (Kollegen) oder in den Folgen des Tätigkeitsvollzugs liegen (monetäre Anreize), verbinden sich mit *extrinsischer Motivation.*

II. Wirtschafts-/Finanzpolitik: → Incentives, → Disincentives.

III. Transaktionskostenökonomik: punktuelle Anreize, Sammelanreize.

Anstalt – I. Institution des öffentlichen Rechts: Verwaltungseinrichtung des öffentlichen Rechts, die der Erfüllung bestimmter öffentlicher Aufgaben dient, z.B. Bibliotheken, Schulen etc. – 1. Im Gegensatz zur Körperschaft ist die Anstalt nicht mitgliedschaftlich organisiert. – 2. Die Voraussetzung für die Benutzung der Anstalt sowie das Rechtsverhältnis zwischen der Anstalt und ihren Benutzern richten sich nach der *Anstaltsordnung* oder Satzung, die meistens der Bestätigung durch die zuständige Aufsichtsbehörde bedarf. – 3. Zu unterscheiden ist zwischen *rechtsfähigen* und *nicht rechtsfähigen* Anstalten des öffentlichen Rechts. Rechtsfähige Anstalten öffentlichen Rechts sind etwa die öffentlich-rechtlichen Sparkassen. Die nicht-rechtsfähigen Anstalten sind in die Staatsorganisation eingegliedert und nicht Träger eigener Rechte und Pflichten. – 4. Zur Errichtung bundesunmittelbarer Anstalten des öffentlichen Rechts ist nach Art. 87 III GG ein Bundesgesetz erforderlich.

II. Wettbewerbsrecht: Die Benutzung der Bezeichnung Anstalt durch gewerbliche Unternehmen ist eine irreführende Angabe und damit unlauterer Wettbewerb, wenn auf den gewerblichen Charakter nicht hingewiesen wird.

III. Steuerrecht: Eine Anstalt unterfällt nach § 1 I Nr. 5 KStG der unbeschränkten Steuerpflicht nur dann, wenn es sich um eine nicht-rechtsfähige Anstalt des privaten Rechts handelt. Sie gilt dann als Unterart der nicht rechtsfähigen Zweckvermögen und ist körperschaftsteuerlich wie diese zu behandeln (§ 1 I 5 KStG). Was zum Einkommen einer solchen Anstalt gehört, bestimmt sich dann nach den normalen Regeln des EStG; die für bestimmte andere Rechtsformen geltende Bestimmung, dass alle Einkünfte als gewerblich zu behandeln sind, gilt hier nicht (vgl. § 8 II KStG). Ist eine Anstalt dagegen öffentlich-rechtlich, so kann man nur dann zu einer unbeschränkten Steuerpflicht kommen, wenn ein Betrieb gewerblicher Art vorliegt (§ 1 I Nr. 6 KStG). Freilich kann es auch bei einer solchen Anstalt zu einer Besteuerung von Einkünften aus Deutschland kommen, z. B. wenn solche Einkünfte einem Steuerabzug unterlegen haben (§ 2 Nr. 2 KStG; „beschränkte Steuerpflicht II").

IV. Amtliche Statistik: öffentliche oder private Einrichtung, die einem sozialen oder wirtschaftlichen Zweck dient und in der Insassen und/oder Personal gemeinschaftlich wohnen, z. B. Altenheime, Klöster oder Kasernen.

Äquivalenzprinzip – I. Besteuerung: 1. *Begriff:* → Besteuerungsprinzip, nach dem sich die Höhe der Abgaben nach den empfangenen staatlichen Leistungen durch den Staatsbürger richtet. Für den Nutzen, den die Bürger aus öffentlichen Gütern und Diensten ziehen, sollen sie aus Gründen der optimalen Allokation ein marktpreisähnliches Entgelt zahlen. – **2.** *Formen:* a) *individuelle Äquivalenz:* Äquivalenz bezogen auf einzelne Personen; kaum realisierbar, bei vielen Leistungen insbesondere bei Steuern nicht gewollt. – b) *gruppenmäßige Äquivalenz:* Äquivalenz bezogen auf Gruppen, v. a. regional abgegrenzte Gruppen; wichtiges Kriterium für die Bemessung → öffentlicher Einnahmen und deren Verteilung im föderalen Finanzausgleich. – *Beurteilung:* Nach heutiger Meinung ist das Äquivalenzprinzip in der Besteuerung nicht praktikabel, da der Nutzen i. d. R. nicht operational messbar und individuell zurechenbar ist; bei der Bemessung aufkommensstarker Steuern widerspricht es außerdem dem fiskalischen Ziel der Einnahmenerhebung und vielen verteilungspolitischen Zielsetzungen. – *Gegensatz:* → Leistungsfähigkeitsprinzip.

II. Privatversicherung: grundlegendes Kalkulationsprinzip, das die Gleichheit von Leistung und Gegenleistung fordert. Demzufolge soll für ein versicherungstechnisches Risiko eine Risikoprämie (Preis für den Versicherungsschutz) entsprechend seinem Schadenerwartungswert (erwartete Versicherungsleistung) erhoben werden. Es existieren unterschiedliche versicherungsmathematische Kalkulationsverfahren in den einzelnen Versicherungssparten.

III. Sozialversicherung: In den Sozialversicherungen herrscht generell eine gruppenmäßige Äquivalenz durch die Beschränkung von Beitragspflichten und Leistungsansprüchen auf im Wesentlichen durch ihren Erwerbsstatus definierte Mitglieder sowie deren Angehörige. In der gesetzlichen Rentenversicherung gilt das Äquivalenzprinzip eingeschränkt; hier bilden die sog. persönlichen Entgeltpunkte (§ 66 SGB VI) den individuellen Faktor der Rentenformel. Dies garantiert, dass die Höhe der Rente auch von der Beitragsleistung des Einzelnen abhängt. – *Beurteilung:* Angesichts der wohlfahrtsstaatlichen Zielsetzung, auch bei niedrigen Erwerbseinkommen zu einer ausreichenden Altersversorgung zu kommen, wird dieser Tatbestand kritisiert, weil eine Umverteilung von den hohen zu den sehr niedrigen Renten möglich sein müsste. Dies geschieht auch, z. B. durch die Rente nach Mindesteinkommen und durch andere Formen „versicherungsfremder Leistungen" sowie außerhalb der Rentenversicherung durch die „Grundsicherung im Alter". – In der gesetzlichen Krankenversicherung und der sozialen Pflegeversicherung stellen die einheitlichen Ansprüche aller Mitglieder auf Sachleistungen sowie die beitragsfreie Mitversicherung von Familienangehörigen Abweichungen vom Äquivalenzprinzip dar.

IV. Lohn und Leistung: Grundsatz des leistungsgerechten Lohns (Lohngerechtigkeit). Bezieht sich nicht auf eine Festlegung der absoluten Lohnsumme, sondern fordert, dass die relative Lohnhöhe, also die Verhältnisse der einzelnen betrieblichen Löhne zueinander, den jeweiligen Leistungen entsprechen. – Das Äquivalenzprinzip beinhaltet: a) Forderung nach *Äquivalenz von Lohn und Anforderungsgrad* (Arbeitsschwierigkeit), errechenbar durch eine geeignete Lohnsatzdifferenzierung: Mithilfe der Arbeitsbewertung sind die Anforderungsgrade der einzelnen Arbeitstätigkeiten als Grundlage für die arbeitsplatzweise Differenzierung der Lohnsätze auf der Basis der Normalleistung zu bestimmen. – b) *Äquivalenz von Lohn und Leistungsgrad* (persönliche Leistung), erreichbar durch die Wahl einer geeigneten Lohnform: durch die Differenzierung des Lohns für einzelne Arbeitstätigkeiten nach dem persönlichen Arbeitsergebnis im Vergleich zur Normalleistung. Ökonomisch würde das Äquivalenzprinzip eine „marktleistungsgerechte" Entlohnung fordern, in der sich die relative Knappheit der Arbeitsleistung und des mit ihrer Hilfe erzeugten Produktes niederschlägt.

Äquivalenztheorie – *Interessentheorie;* theoretische Rechtfertigung der Besteuerung (→ Steuerrechtfertigungslehre) als eine Gegenleistung des Einzelnen für den Nutzen, den ihm staatliche Leistungen gewähren. Die Höhe der Steuer soll vom Umfang der vom Staat erbrachten Leistungen abhängen (→ Äquivalenzprinzip). – *Vertreter:* Locke, Montesquieu, Schlözer u.a.

Arbeitnehmer-Pauschbetrag – Von den Einkünften aus nichtselbstständiger Arbeit (§ 19 EStG) abzuziehender → Pauschbetrag in Höhe von 1.000 Euro (ab dem VZ 2011, davor 920 Euro), soweit nicht höhere → Werbungskosten nachgewiesen werden können (§ 9a EStG). Der Arbeitnehmer-Pauschbetrag darf maximal bis zur Höhe der um den → Versorgungsfreibetrag und eines Zuschlags zum Versorgungsfreibetrag geminderten Einnahmen angesetzt werden. Der Arbeitnehmer-Pauschbetrag ist in die → Lohnsteuertabellen eingearbeitet.

Arbeitnehmer-Sparzulage – Leistung des Staates an Arbeitnehmer, die Einkünfte aus nichtselbständiger Arbeit beziehen, wenn der Arbeitgeber → vermögenswirksame Leistungen im Sinn des § 2 I 1–6, II–IV des Fünften Vermögensbildungsgesetz (VermBG) für sie anlegt und ihr → zu versteuerndes Einkommen im Kalenderjahr der vermögenswirksamen Leistungen 20.000 Euro bzw. bei Zusammenveranlagung von Ehegatten 40.000 Euro nicht übersteigt. Die Höhe der Arbeitnehmer-Sparzulage beträgt 9 Prozent eines Betrags von maximal 470 Euro pro Jahr für bestimmte Aufwendungen im Zusammenhang mit der Wohnspar- und Wohnungsbauförderung (§ 2 I Nr. 4, 5 VermBG) und 20 Prozent von maximal 400 Euro für vermögenswirksame Leistungen anderer Art (§ 2 I Nr. 1–3, II–IV VermBG). – Die Arbeitnehmer-Sparzulage wird vom Finanzamt gezahlt und gilt weder als steuerpflichtige Einnahme i.S.d. Einkommensteuergesetzes noch als Einkommen, Verdienst oder Entgelt i.S.d. Sozialversicherung und des Arbeitsförderungsgesetzes noch arbeitsrechtlich als Bestandteil des Lohns oder Gehalts (§ 13 VermBG). – Die Arbeitnehmer-Sparzulage wird auf Antrag durch das für die Besteuerung des Arbeitnehmers nach dem Einkommen zuständige Finanzamt festgesetzt. Die Festsetzung der Arbeitnehmer-Sparzulage ist regelmäßig mit der Einkommensteuererklärung zu beantragen. Der Arbeitnehmer hat den Antrag nach amtlich vorgeschriebenem Vordruck spätestens bis zum Ablauf des vierten Jahres nach dem Kalenderjahr zu stellen, in dem die vermögenswirksamen Leistungen angelegt worden sind und die vermögenswirksamen Leistungen durch eine Bescheinigung des Anlageinstituts nachzuweisen.

Assekuranzprinzip → Besteuerungsprinzip, das die Besteuerung durch den Staat als Versicherungsprämie für den von ihm gewährten Personen- und Eigentumsschutz rechtfertigt. Assekuranzprinzip ist insoweit mit dem → Äquivalenzprinzip verwandt.

Assekuranztheorie – theoretische Rechtfertigung der Besteuerung (→ Steuerrechtfertigungslehre) durch den Staat als Versicherungsprämie für den von ihm gewährten Personen- und Eigentumsschutz (→ Assekuranzprinzip). Die Höhe der Steuer soll vom Umfang des Schutzes abhängen (Grundsatz der proportionalen Besteuerung). – *Vertreter:* Hobbes, Rotteck u.a.

Aufkommenselastizität – Verhältnis zwischen der relativen Aufkommensänderung einer Steuer bzw. des gesamten Steueraufkommens und der relativen Änderung des Nationaleinkommens. Ist die Aufkommenselastizität =1, steigen das Nationaleinkommen und das Steueraufkommen mit derselben Rate. Ist die Aufkommenselastizität >1 (<1) steigt das Steueraufkommen mehr an (weniger) als das Nationaleinkommen. Ein Wert von Aufkommenselastizität < 0 bedeutet, dass das Steueraufkommen abnimmt (zunimmt), wenn das Nationaleinkommen wächst (schrumpft). Auch die → Steuertarifform beeinflusst die Aufkommenselastizität.

Aufkommensneutralität – finanzwissenschaftlicher Begriff für die Gewährleistung des bisherigen Einnahmeaufkommens bei jeglicher Haushaltsänderung, meist angewandt auf Steuerrechtsänderungen. Aufkommensneutralität wird häufig als fiskalische Nebenbedingung bzw. Vorbedingung in eine Inzidenzanalyse (→ Inzidenz) eingebaut. – *Begriffsinterpretationen:* Änderungen (1) bei einer Steuer, (2) bei Differenzialuntersuchungen (→ differenzielle Inzidenz), (3) bei alternativen Einnahmearten (z.B. Steuern vs. Verschuldung) oder (4) der Ausgabenpositionen bei neutraler Wirkung auf der Einnahmeseite.

Ausbildungsfreibetrag – 1. *Begriff* des Einkommensteuerrechts für einen Freibetrag, der die Kosten für die Berufsausbildung eines Kindes pauschal abgelten soll und bei der Ermittlung des zu versteuernden Einkommens im Rahmen der → außergewöhnlichen Belastungen abgezogen wird. Seit 2002 kann nur noch für ein sich in Berufsausbildung befindliches, auswärtig untergebrachtes volljähriges Kind, für das Anspruch auf Kinderfreibetrag oder Kindergeld besteht, der Ausbildungsfreibetrag in Höhe von 924 Euro (77 Euro pro Monat, § 33a II, IV EStG) abgezogen werden. Dieser Freibetrag vermindert sich um die eigenen Einkünfte und Bezüge des Kindes, soweit diese 1.848 Euro im Kalenderjahr übersteigen, sowie die von dem Kind direkt oder indirekt aus öffentlichen Mitteln finanzierten Ausbildungsbeihilfen. Für dasselbe Kind kann der Ausbildungsfreibetrag insgesamt nur einmal gewährt werden: Jeder Elternteil erhält den Freibetrag zur Hälfte, es sei denn, beide beantragen gemeinsam eine andere Aufteilung. – 2. *Für alle anderen Kinder* werden die Ausbildungskosten nur noch im Rahmen des Betreuungsfreibetrags abgegolten (1.080 Euro, § 32 VI EStG; ersatzweise durch Kindergeld, vgl. Günstigerprüfung).

Ausgaben – I. Rechnungswesen: Verminderung des Geldvermögens (Geldvermögen = Zahlungsmittelbestand + Bestand an Geldforderungen – Bestand an Geldverbindlichkeiten). Eine Ausgabe liegt also beim Abfluss von Zahlungsmitteln und/oder beim Eingehen von Zahlungsverpflichtungen in Form von Geldverbindlichkeiten, z.B. beim Gütereinkauf auf Kredit, vor. – Zu unterscheiden: Einzelausgaben, Gemeinausgaben. – *Gegensatz:* → Einnahmen. – *Anders:* Auszahlung, Aufwendungen, Kosten.

II. Finanzwissenschaft: → öffentliche Ausgaben.

III. Steuerrecht: Aufwendungen.

Ausgabenpolitik → Finanzpolitik.

Ausgabensteuer – 1. Nach *Nöll v.d. Nahmer:* eine andere Bezeichnung für → Verbrauchsteuern. – 2. Nach *Kaldor:* eine Steuer, die generell an die Einkommensverwendung anknüpft, aber die Sparleistung frei lässt. Die Bemessungsgrundlage der Ausgabensteuer ist der Konsum, daher wird sie auch Konsumsteuer genannt. In dem Sinn kann sie die Einkommensteuer ersetzen und zu einer Steuer werden, die das gesamte Steuersystem bestimmt, v.a. wenn sie durch Freibeträge und eine progressive Tarifgestaltung die persönliche Leistungsfähigkeit zu berücksichtigen versucht (persönliche Ausgabensteuer).

Ausgabentheorie – Theorie der → Staatsausgaben (→ öffentliche Ausgaben); Teilbereich der → Finanztheorie. Die Ausgabentheorie wurde ohne die für eine Gesamtbeurteilung der Budgetwirkungen notwendige Verbindung mit der Theorie der Staatseinnahmen (→ Einnahmentheorie) entwickelt, um unter Beachtung der *ceteris paribus-Klausel* zu Aussagen über die *Wirkungsabläufe* und → Inzidenz von Staatsausgaben zu kommen. – Über den Einsatz von Staatsausgaben für bestimmte wirtschaftspolitische *Ziele* unterrichtet die Theorie der → Finanzpolitik.

Ausgleichsabgabe – I. Außenhandel: In der EU früher, da die Agrarmarktordnung verändert worden ist, im Rahmen der Gemeinsamen Marktorganisation (GMO) neben dem Zoll als zusätzlicher Schutz gegenüber störenden Weltmarkteinflüssen auf eingeführte drittländische Agrarerzeugnisse erhoben (z.B. auf Obst, Gemüse, Getreide, Zucker, Fleisch und Wein). – Als Ausgleichsabgaben werden auch Abgaben bezeichnet, die in einem oder mehreren Mitgliedsstaaten der EU erhoben werden zur Beseitigung oder Verhinderung von Wettbewerbsbeeinträchtigungen, Verkehrsverlagerungen oder sonstiger ernster Störungen einzelner Wirtschaftszweige, die durch die Errichtung von gemeinsamen Marktorganisationen oder andere Maßnahmen der Gemeinschaft bedingt sind.

II. Sozialrecht: monatliche Leistung der Arbeitgeber für jeden Arbeitsplatz, der mit einem schwerbehinderten Menschen oder einem Gleichgestellten hätte besetzt werden müssen, § 77 SGB IX vom 19.6.2001 (BGBl. I 1046) m.spät.Änd. Sie ist vom Arbeitgeber jährlich an das für seinen Sitz zuständige Integrationsamt abzuführen.

III. Sozialökonomik: → Lastenausgleich.

IV. **Energiepolitik:** Durch das Dritte Verstromungsgesetz vom 13.12.1974 eingeführte, zweckgebunde Abgabe (sog. *Kohlepfennig*), die durch Urteil des Bundesverfassungsgerichts vom 7.12.1994 als Finanzierungsinstrument zum Einsatz deutscher Steinkohle für nicht verfassungskonform befunden wurde und deshalb Ende 1995, mit dem Ende des Jahrhundertvertrages, auslief.

V. **Naturschutz:** Nach dem Bundesnaturschutzgesetz sind Eingriffe in Natur und Landschaft zu vermeiden. Unvermeidbare Beeinträchtigungen sind auszugleichen. Nach § 15 VII BNatSchG kann das Bundesumweltministerium oder, solange und soweit es von seiner Ermächtigung keinen Gebrauch gemacht hat, können die Länder vorsehen, dass für nicht ausgleichbare Beeinträchtigungen Ersatz in Geld zu leisten ist (früherer Begriff: Ausgleichsabgabe, jetzt: Ersatzzahlung).

Ausgleichsfonds – I. Auf staatlicher Ebene: 1. *Deutschland:* → Sondervermögen des Bundes; auf staatlicher Ebene im Wege der Vorfinanzierung durch Kreditaufnahmen geschaffener Fonds mit dem Zweck, Ausgleichsleistungen an bestimmte, gesetzlich festgelegte Empfängergruppen (z.B. schwerbehinderte Menschen) in Form von Unterhaltshilfen, Hauptentschädigungen, Entschädigungsrenten und Aufbaudarlehen zu erbringen. – *Finanzierung* wird durch Zuschüsse des Bundes und der Länder, Verschuldungen auf dem Kreditmarkt und durch Kreditrückflüsse gewährleistet. – 2. In *verschiedenen Ländern* (z.B. USA und Frankreich) existieren von den Notenbanken unabhängige Ausgleichsfonds zur Regulierung der Devisenkurse (sog. Währungsausgleichsfonds).

II. **Auf betrieblicher Ebene:** Ausgleichskassen bei Konzernen und sonstigen Unternehmenszusammenschlüssen zur Regulierung von Gewinnen und Verlusten, die durch die Konzern- oder Kartellpolitik bei einzelnen Betrieben entstehen.

Ausgleichsforderungen – 1. aus der Währungsreform 1948 stammende, im Schuldbuch eingetragene Forderungen von der Deutschen Bundesbank (bzw. Bank deutscher Länder und Landeszentralbanken), von Kreditinstituten, Post- und Bausparkassen sowie Versicherungen gegen die öffentliche Hand (Bund, Länder). Die Eröffnungsbilanzen der Institute hatten 1948 eine Lücke bei den Aktiva, da der Großteil ihrer Forderungen (diejenigen gegen das Deutsche Reich) im Unterschied zu ihren Verbindlichkeiten nicht auf DM umgerechnet wurden. Die Ausgleichsforderungen wurden u.a. aus Mitteln des Bundesbank-Gewinns seit 1956 innerhalb von 37 Jahren getilgt. Die je nach Fristigkeit mit 3 bis 4,5 Prozent pro Jahr festverzinsten Ausgleichsforderungen waren zum Nennbetrag zwischen Kredit- und Versicherungsinstituten handelbar; wurden Schatzwechsel und unverzinsliche Schatzanweisungen umgewandelt. – 2. Auch im Zuge der Einführung der DM in der ehemaligen DDR zum 1.7.1990 wurde das Instrument der Ausgleichsforderungen verwendet. Ergab sich bei sanierungsfähigen Unternehmen (nicht Kreditinstitute, Versicherungen und Außenhandelsbetriebe), die als bisheriges volkseigenes Vermögen unentgeltlich der Treuhandanstalt oder ihrer Tochterunternehmungen zur Privatisierung übertragen wurden, ein nicht durch Eigenkapital gedeckter Fehlbetrag, so erhielten diese eine ab 1.7.1990 verzinsliche (Treuhandanstalt 5 Prozent pro Jahr) Ausgleichsforderung gegenüber ihren vorläufigen Eignern (§ 24 DMBilG).

Ausgleichsmesszahl – *Bedarfsmesszahl;* eine im Rahmen des → kommunalen Finanzausgleichs zwecks Berechnung der → Schlüsselzuweisungen konstruierte Größe, mit der der relative → Finanzbedarf der Gemeinden im Verhältnis zueinander ausgedrückt werden soll. – Die *Berechnungsmethode* ist in den Ländern der Bundesrepublik Deutschland unterschiedlich. Hauptbestandteil ist aber in allen Ländern die Gemeindeeinwohnerzahl (Hauptansatz), in einzelnen Gemeinden modifiziert (Hauptansatzstaffel). Z.T. werden weitere Bedarfsindikatoren, z.B. für zentralörtliche Leistungen und Grenzlandlage, ergänzend herangezogen (Ergänzungsansätze).

Ausgleichsstockgemeinden – Gemeinden, die ihren → Finanzbedarf nicht aus eigenen Mitteln decken können und auf → Bedarfszuweisungen aus dem „Ausgleichsstock" angewiesen sind. Ausgleichsstockgemeinden unterliegen einer verschärften → Haushaltskontrolle durch die Kommunalaufsicht der Länder.

Ausgleichszuweisung → Zuweisung zwischen öffentlichen Aufgabenträgern, durch die Abweichungen zwischen → Finanzbedarf und → Finanzkraft verringert bzw. beseitigt werden sollen. Im Gegensatz zu → Lenkungszuweisungen sind Ausgleichszuweisungen nicht mit (Empfangs-, Verwendungs-, Eigenbeteiligungs-)Auflagen verbunden. Ausgleichszuweisungen werden primär distributiv begründet (Angleichung der Finanzausstattung, des Leistungsangebots und damit der „Lebensverhältnisse"), aber auch allokativ (Ausgleich des Grenznutzens öffentlicher Ausgaben, erhöhte Mobilität innerhalb einer Föderation u.a.). – Vgl. auch → Bedarfszuweisung, → Ergänzungszuweisung, → Finanzzuweisung.

Ausländereffekt – Begriff des Körperschaftsteuerrechts zur Bezeichnung eines früher einmal möglichen Steuereffekts für dt. Tochtergesellschaften ausländischer Mutterkapitalgesellschaften: Als es unter dem alten Körperschaftsteuerrecht unterschiedlich hohe Steuersätze für ausgeschüttete und für thesaurierte Gewinne gab (z.B. 40 Prozent für thesaurierte, 30 Prozent für ausgeschüttete), konnten inländische Tochterunternehmen ausländischer Mutterkapitalgesellschaften unter bestimmten Umständen ihre Gewinne an ihre Muttergesellschaft ausschütten (somit die Belastung auf den niedrigeren Satz senken), und diese konnten dann, ohne in ihrem Heimatland wegen der ausgeschütteten Gewinne steuerpflichtig zu werden (→ Schachtelprivileg) eine Wiedereinlage des Geldes in die dt. Tochtergesellschaft vornehmen. Im Endeffekt konnten solche Gesellschaften ihre Gewinne also zu einer niedrigeren Steuerbelastung thesaurieren als Tochtergesellschaften inländischer Anteilseigner. Folge: günstigere Selbstfinanzierung ausländisch beherrschter Unternehmen. – Die gesamte Problematik ist entfallen, als bei der Aufgabe der körperschaftsteuerlichen Anrechnungsverfahrens (2000) der Körperschaftsteuersatz für einbehaltene und ausgeschüttete Gewinne nicht mehr unterschiedlich hoch festgesetzt wurde.

Ausschlussprinzip – Kriterium zur Charakterisierung privater Güter (→ Individualgut). Ein Gut erfüllt das Ausschlussprinzip, wenn ein Haushalt alle anderen vom Konsum dieses Gutes ausschließen kann (z.B. Privatauto eines Haushaltes). Bei → öffentlichen Gütern ist das Ausschlussprinzip aus verschiedenen Gründen (z.B. externe Effekte) nicht durchsetzbar. Man unterscheidet zwischen sog. geborenen öffentlichen Gütern, bei denen das Ausschlussprinzip technisch nicht mit vertretbaren Kosten angewandt werden kann, und den erkorenen öffentlichen Gütern, die auch als meritorische Güter bezeichnet werden, bei denen man das Ausschlussprinzip aus sozialen oder anderen Überlegungen nicht anwendet. – Das Ausschlussprinzip ist für die Funktionsfähigkeit des Marktmechanismus unabdingbar: Die Nutzung eines Gutes durch ein Wirtschaftssubjekt ist von der Zahlung eines bestimmten Preises (Entgelts) an den Besitzer des Gutes abhängig; wer nicht zahlt, wird von der Nutzung ausgeschlossen. – Das Ausschlussprinzip hängt von der Rechtsordnung eines Systems ab: Spezifizierte Besitz- und/oder Verfügungsrechte werden vorausgesetzt.

Ausschreibung – *Submission, Verdingung*; öffentliche Bekanntgabe von Bedingungen, zu denen ein Vertragsangebot erwartet wird, z.B. für Bauarbeiten, Beschaffungsaufträge u.Ä. – *Formen*: offene Ausschreibung (für jeden Anbieter möglich) und beschränkte Ausschreibung (Kreis der Bieter wird nach bestimmten Kriterien begrenzt). Erfolgt keine Ausschreibung, spricht man von freihändiger Vergabe. – Die teilweise umfangreichen Bedingungen werden u.U. in einem *Lastenheft* zusammengefasst mit der Aufforderung an Interessenten, sich durch Vorlage von Offerten zu bewerben. – Die Ausschreibenden müssen häufig durch eine *Ausschreibungs-* oder *Bietungsgarantie* gesichert werden, v.a., wenn die sich bewerbende Firma fremd ist. Eine Bank übernimmt hierbei die Gewähr dafür, dass die Firma ein ernsthaftes Angebot macht und nicht zurücktritt, bevor der Vertrag zum Abschluss kommt. Die Haftung der Bank in der vereinbarten Höhe (meist 5 bis 10 Prozent des Offertpreises) gilt für die ausschreibenden Stelle entstandenen Kosten und Nachteile. – Vgl. auch → öffentliche Auftragsvergabe.

Ausschreibungsgarantie → Ausschreibung.

Ausschuss für Kreditfragen der öffentlichen Hand – seit 1975 bestehender Ausschuss zur Koordination der Verschuldungspolitik von Bund, Ländern und Gemeinden. Als Vorgänger existierte seit 1965 der „Runde Tisch" beim Bundesminister für Wirtschaft, der beratend und empfehlend zu Reihenfolge, Umfang und Ausstattung öffentlicher Anleihen Stellung zu nehmen hatte; mit dem Stabilitätsgesetz durch den Konjunkturrat abgelöst. Der Konjunkturrat bildet den Ausschuß für Kreditfragen der öffentlichen Hand, der unter Vorsitz des Bundesministers für Wirtschaft und Technologie nach einer von diesem zu erlassenden Geschäftsordnung berät (§18 III StabG).

außergewöhnliche Belastungen – 1. *Steuerrechtlicher Begriff*: Zwangsläufig größere Aufwendungen eines Steuerpflichtigen im Vergleich zur überwiegenden Mehrzahl der Steuerpflichtigen gleicher Einkommens-, Vermögens- und Familienverhältnisse. Zwangsläufigkeit ist gegeben, wenn sich der Steuerpflichtige den Aufwendungen aus rechtlichen, tatsächlichen oder sittlichen Gründen nicht entziehen kann und soweit sie den Umständen nach notwendig sind und einen angemessenen Betrag nicht übersteigen. Aufwendungen, die schon zu den → Betriebsausgaben, → Werbungskosten oder → Sonderausgaben (Ausnahme: eigene Berufsausbildungskosten ist insoweit, als sie als Sonderausgaben abgezogen werden können) gehören, bleiben dabei außer Betracht. – 2. Zu den außergewöhnlichen Belastungen gehören von den Lebenshaltungskosten u.a. Krankheitskosten, Entbindungskosten, Scheidungskosten und u.U. Aufwendungen für Beerdigung, Strafprozess und zur Schuldentilgung. – 3. *Berücksichtigung:* Auf Antrag wird die Einkommensteuer dadurch ermäßigt, dass die außergewöhnlichen Belastungen, die die → zumutbare Belastung (Prozentsatz des Gesamtbetrags der Einkünfte abhängig von Familienstand und Kinderzahl) übersteigen, bei der Einkommensermittlung vom → Gesamtbetrag der Einkünfte abgezogen werden (§ 33 I EStG). – 4. Zur Abgeltung bestimmter außergewöhnlicher Belastungen werden → Pauschbeträge gewährt (§§ 33b EStG), die bei Ausstellung der Lohnsteuerkarte als → Freibeträge eingetragen werden können bzw. von Amts wegen einzutragen sind (→ Pauschbetrag).

außerordentliche Ausgaben → außerordentlicher Haushalt.

außerordentliche Einnahmen → außerordentlicher Haushalt.

außerordentlicher Haushalt – der → Haushaltsplan, in dem die außerordentlichen Einnahmen (unregelmäßige Einnahmen) und die außerordentlichen Ausgaben (Ausgaben aufgrund nicht vorauszusehender Bedarfe) gegenübergestellt sind. Der außerordentliche Haushalt umfasst die Einnahmen aus Anleihen (Kreditaufnahme) und die aus ihm zu bestreitenden Ausgaben. – Trennung in außerordentlichen Haushalt und → ordentlichen Haushalt ist heute abgeschafft (→ Haushaltssystematik).

Bagatellsteuern – 1. *Begriff*: Steuerarten, deren Aufkommen im Verhältnis zum Gesamtsteueraufkommen der jeweiligen Gebietskörperschaft (Bund, Land, Gemeinde) gering ist. – *Beispiele*: Tee-, Leuchtmittel-, Zucker-, Salz-, Gesellschafts-, Wechselsteuer (Bundessteuern, alle diese Steuern wurden abgeschafft); Feuerschutzsteuer (Landessteuer); Jagd-, Fischerei-, Schankerlaubnis- und Hundesteuer (Gemeindesteuern). – 2. *Finanzwissenschaftliche Bedeutung*: Während die Abschaffung der Bagatellsteuern mit der Steuervereinfachung begründet wird, begründet die Finanzwissenschaft die Erhebung einer Bagatellsteuer mit dem jeweils unterschiedlich hohen Beitrag der Bagatellsteuer zum Steueraufkommen der einzelnen → Gebietskörperschaften; sie weist auf manche Ergänzungs- und Folgefunktionen der Bagatellsteuer im gesamten Steuersystem hin (→ steuerliche Beziehungslehre). Dabei wird allerdings auch offenkundig, dass der Katalog der Bagatellsteuern Lücken enthält. Das Problem der Lücken im System ist aber ein Problem der → Verbrauchsbesteuerung insgesamt.

Balanced-Budget-Theorem – in seinen verschiedenen Ausprägungen ein Abbild der Diskussion um die volkswirtschaftlichen Effekte eines ausgeglichenen Budgets. Seit den Untersuchungen T. Haavelmos (→ Haavelmo-Schneider-Theorem) ist bekannt, dass auch ein ausgeglichenes Budget wegen unterschiedlicher Multiplikatoren je nach Einnahme- und Ausgabeart zu multiplikativen Effekten führen kann.

Bank deutscher Länder – als Tochter der Landeszentralbanken nach Gesetzen der Militärregierung am 1.3.1948 gegründet. Sie war unabhängig von Weisungen der Bundesregierung seit ihrer Gründung, von Weisungen der Alliierten seit 1951. Sie bildete mit den Landeszentralbanken nach der Währungsreform ein zweistufiges Zentralbanksystem. Sie hatte darin bes. die Aufgabe der Notenemission sowie der Devisenbewirtschaftung. Gemäß Bundesbankgesetz (BBankG) 1957 verschmolz sie mit den Landeszentralbanken zur Deutschen Bundesbank.

Bankenkrise – krisenhafter Zustand des Geld- und Kreditwesens eines Landes, gekennzeichnet durch Illiquidität und Vertrauensverlust in Kreditinstitute. Bankenkrisen sind in den 30er-Jahren des 20. Jh. öfter, meist nach Hochkonjunkturen, aufgetreten. – 1. *Schwerste Bankenkrise* in Deutschland 1931. Sie begann mit dem Zusammenbruch der Österreichischen Credit-Anstalt. Es folgten die Danatbank und die Dresdner Bank. Außer in der allg. Weltwirtschaftskrise hatte die dt. Bankenkrise ihre letzte Ursache in ungünstigen außenwirtschaftlichen Beziehungen (starke kurzfristige Verschuldung der Wirtschaft gegenüber dem Ausland). Aus Misstrauen in die wirtschaftliche Entwicklung wurden kurzfristige Kredite abberufen, während zugleich ein Run auf Bankschalter (Abhebung von Spareinlagen) einsetzte. Bankfeiertage, an denen die Schalter geschlossen waren, wurden eingeführt. Börsen wurden geschlossen, der Diskontsatz auf 15 Prozent erhöht und Devisenbewirtschaftung zur Verhinderung weiterer Geldabzüge eingeführt. Durch Stützung der Banken und Lösung des Geldumlaufs von stofflicher Deckung gelang es, der Krise Einhalt zu gebieten. Um künftigen Schwierigkeiten vorzubeugen, wurde die Bankenaufsicht eingeführt und das Kreditwesengesetz (KWG) verabschiedet. – 2. *Moderne Bankenkrise*: Seit 2007 sind mehr und mehr Banken durch die von den USA ausgehende globalisierte Finanzkrise und den „credit crunch" betroffen, bzw. verursachen diese Kreditverknappung mit. Banken, insbesondere in Großbritannien und den USA werden (teil-)verstaatlicht, mehrere der größten Investmentbanken werden mit stärkeren Commercial Banks verschmolzen. Lehman Brothers wird unter Konkursrecht gestellt und abgewickelt. Die Regierungen sind angehalten, die Einlagensicherung von Kundeneinlagen temporär zu erhöhen, um das Vertrauen der Bankkunden in die Zahlungsfähigkeit der Banken aufrechtzuerhalten. In Deutschland wurde deshalb 2008 der Finanzmarktstabilisierungsfonds (SoFFin) gegründet, der staatliche Garantien, Eigenkapitalstärkungen und Risikoübernahmen anbietet.

Bankrott – Zahlungsunfähigkeit eines Schuldners. – 1. *Wirtschaftlich:* Anlass zur Eröffnung des Insolvenzverfahrens. – 2. *Strafrecht:* Die Insolvenzstraftaten sind in den §§ 283 bis 283d StGB geregelt

Baulandsteuer – *Grundsteuer C;* Maßnahme im Rahmen der → Grundsteuer mit dem Ziel, eine Preissteigerung des Grund und Bodens infolge von Nutzungsumwidmungen steuerlich zu erfassen. Die Baulandsteuer wurde nur in den Jahren 1961 und 1962 erhoben. Pläne dieser Art wurden wieder in den 1970er-Jahren intensiv diskutiert; sie scheiterten vornehmlich an Zurechnungsproblemen. Mittlerweile haben sich die Schwerpunkte verschoben: Die zunehmend restriktive Baulandausweisung der Gemeinden hat die angebotssteigende Wirkung steuerlicher Pläne uninteressant werden lassen. – Vgl. auch → Planungswertausgleich.

Bedarfsdeckungsmonopol – öffentliches Unternehmen, das zwar eine (partielle) Monopolstellung besitzt (wie z.B. Straßenbahnen, Versorgungsbetriebe), diese aber aus wirtschafts- oder sozialpolitischen Gründen preispolitisch nicht ausnutzt. Da sie Kollektivbedürfnisse zu befriedigen hat, ist ihre Preispolitik i.d.R. auf Kostendeckung und möglichst auf Erzielung eines „angemessenen" Gewinns abgestellt.

Bedarfsmesszahl → Ausgleichsmesszahl.

Bedarfszuweisung – unter gewissen haushaltsrechtlichen Bedingungen an → Ausgleichstockgemeinden gewährte → Ausgleichszuweisung zur Deckung eines Haushaltsfehlbetrages.

Beiträge – I. Öffentliches Recht/Finanzwissenschaft: 1. *Begriff:* → Abgaben, die von der öffentlich-rechtlichen Körperschaft aufgrund spezieller gesetzlicher Ermächtigung zur Deckung des Aufwands für die Schaffung, Erweiterung oder Erneuerung öffentlicher Einrichtungen von demjenigen erhoben werden, dem die Möglichkeit der Inanspruchnahme dieser Einrichtungen nicht nur vorübergehende Vorteile bietet (z.B. § 8 II KAG NW). Beiträge werden neben → Gebühren als verhältnismäßige Kostenbeteiligung an im öffentlichen Interesse liegenden Vorhaben erhoben. Im Gegensatz zur Gebühr gilt jedoch nur eine Gruppe als Ganzes, nicht jedoch jedes Einzelmitglied der Gruppe als Leistungsempfänger; der Beitrag wird von jedem Gruppenmitglied erhoben, das die Möglichkeit der Leistungsinanspruchnahme hat, d.h. auch bei (nur) potenzieller Inanspruchnahme (gruppenmäßige Äquivalenz, → Äquivalenzprinzip). – 2. *Beispiele:* (1) Eine Straße in einem Wohngebiet dient der Gesamtgemeinde, da diese allgemein an einem ausgebauten kommunalen Straßensystem interessiert ist, bes. aber den Anliegern dieser Straße. (2) Ein Deich schützt das gesamte Hinterland, v.a. aber die in einem Überschwemmungsgebiet siedelnden Landwirte. – 3. *Zurechnungsmaßstäbe* können nur als Wahrscheinlichkeitsmaßstäbe formuliert werden (z.B. Frontmetermaßstab bei Straßen), weil Wirklichkeitsmaßstäbe nur unter größeren Schwierigkeiten zu finden sind. – *Anders:* Gebühren. Sie bilden eine Quelle ständiger Auseinandersetzungen zwischen Verwaltung und Bürger. – 4. *Systematik* nach Sektoren der Verwaltung; analog zur Gliederung der Gebühren.

II. Sozialversicherung: 1. *Begriff:* Geldbeträge, die von Arbeitnehmern (Arbeitnehmeranteil), deren Arbeitgebern (Arbeitgeberanteil) und sonstigen dazu verpflichteten

Personengruppen an die Träger der Sozialversicherung gezahlt werden. – 2. *Beitragszahler*: Beiträge werden von sozialversicherungspflichtig Beschäftigten, freiwillig Versicherten sowie Arbeitgebern geleistet, wobei die Entrichtung (Quellenabzug) i.Allg. dem Arbeitgeber unterliegt. – 3. *Beitragshöhe*: Die Bemessung der Beiträge erfolgt im Fall der gesetzlichen Arbeitslosenversicherung, der gesetzlichen Rentenversicherung, der gesetzlichen Krankenversicherung und der gesetzlichen Pflegeversicherung gemäß dem allgemeinen Beitragssatz multipliziert mit dem individuellen sozialversicherungspflichtigen Einkommen bis hin zu einer bestimmten Beitragsbemessungsgrenze. Die Berechnung der Höhe des Beitragssatzes erfolgt dabei entweder nach dem Umlageverfahren (Umlagefinanzierung) oder alternativ nach dem Anwartschaftsdeckungsverfahren. Im Fall der gesetzlichen Unfallversicherung bezahlt allein der Arbeitgeber i.d.R. nach seiner Lohnsumme und Gefahrenklasse. – 4. *Bedeutung*: Beiträge sind die Hauptform der Finanzierung der Sozialversicherung.

III. Privatversicherung: Versicherungsentgelt bei Mitgliedern von Versicherungsvereinen auf Gegenseitigkeit (VVaG) und den Versicherungsnehmern von öffentlich-rechtlichen Versicherungsunternehmen. Im privatwirtschaftlichen Bereich werden Beiträge auch alternativ zu Prämien verwendet.

IV. Kostenrechnung: Beiträge werden meist in der gleichen Weise wie → Steuern und → Gebühren verrechnet und über ein bes. Beitragskonto der Kontenklasse 4 (GKR) bzw. Kontenklasse 6 (IKR) verbucht, wenn Beiträge nicht privaten Zwecken dienen oder wie die Arbeitnehmerbeiträge zur Sozialversicherung nur durchlaufende Posten sind. Zeitliche Abgrenzung (Abgrenzung) für Beiträge, die für einen längeren Zeitraum im Voraus oder im Nachhinein bezahlt werden, über Kontenklasse 2 (GKR).

Belastungsprinzip – Begriff der dt. Finanzstatistik. Beim Belastungsprinzip werden Ausgaben einer → Gebietskörperschaft von der Einnahmeseite her bereinigt, d.h. Darlehensrückzahlungen und Zuweisungen von anderen Gebietskörperschaften werden von der Ausgabensumme abgezogen (Erfüllungsprinzip); man erhält die Nettoausgaben. Die Bereinigung ist notwendig um Doppelzählungen zu vermeiden.

Bemessungsgrundlage – I. Steuerrecht: Technisch-physische oder wirtschaftlich-monetäre Größe, auf die der Steuertarif angewandt wird (→ Besteuerungsgrundlage); das quantifizierbare → Steuerobjekt bildet die Bemessungsgrundlage. Bei Anknüpfung an technisch-physische Größen (z.B. kg, Kopf, Stück, Liter) ergeben sich keine Schwierigkeiten bei der Erfassung und Abgrenzung der Bemessungsgrundlage (→ Mengensteuer); bei wirtschaftlich-monetären Größen (d.h. mit Preisen bewertet) tritt das Problem der Inflationsabhängigkeit (Nominal- oder Realwertbesteuerung) auf (→ Wertsteuer), dem mit einer Deflationierung oder Indexierung begegnet werden kann. Je umfassender die Größen werden (von einem Güterpreis zu Umsätzen, zu Einkommens- und Vermögensgrößen), desto differenzierter wird die Erfassung: Einer vollständigen Erfassung des Einkommens muss eine eindeutige Abgrenzung des Begriffs zugrunde liegen, dieser ist jedoch umstritten (→ Einkommen); Ermittlung, entsprechende Periodisierung und Bewertung (bes. bei Vermögenswerten von Bedeutung) des Einkommens führen zu Schwierigkeiten bei der Beschreibung der Bemessungsgrundlage.

II. Sozialversicherungsrecht: Rentenbemessungsgrundlage, Beitragsbemessungsgrenze, Grundlohn.

Benefit-Cost-Analyse → Kosten-Nutzen-Analyse.

Benutzungsgebühr → Gebühr.

bergrechtliche Förderabgabe – *Förderzins*; an Förderländer fließende → Abgabe für das Recht zum Abbau von Bodenschätzen. In der Bundesrepublik Deutschland in nennenswertem Umfang nur für die Förderung von Erdöl und Erdgas nach Maßgabe der Marktpreise erhoben. – Nach einem Urteil des Bundesverfassungsgerichts von 1986 ist die bergrechtliche Förderabgabe vollständig in die Finanzkraftberechnung (→ Finanzkraft) des Länderfinanzausgleichs einzubeziehen.

beschränkte Ausschreibung → Ausschreibung.

beschränkte Steuerpflicht – I. Allgemein: Steuerpflicht von natürlichen Personen, die weder → Wohnsitz noch gewöhnlichen Aufenthalt im Inland haben und die auch keinen Antrag auf Behandlung als unbeschränkt steuerpflichtig nach § 1 III EStG (unbeschränkte Steuerpflicht) gestellt haben, und von Körperschaften, Personenvereinigungen und Vermögensmassen, die weder Sitz noch Geschäftsleitung im Inland haben (§ 2 KStG), mit den inländischen Einkünften zur Einkommen-, Lohn- oder Körperschaftsteuer, mit dem Inlandsvermögen ggf. zur Erbschaftsteuer.

II. Einkommensteuer: (Sondervorschriften; §§ 50, 50a EStG): 1. *Katalog* der beschränkt steuerpflichtigen → Einkünfte: § 49 EStG. – 2. Nur → Betriebsausgaben und → Werbungskosten im Zusammenhang mit inländischen Einkünften sind abzugsfähig. – 3. *Verlustabzug* ist möglich, aber nur zwischen den in Deutschland steuerpflichtigen Einkünften, und auch dann nur, wenn die Einkünfte nicht bereits bei Auszahlung einer pauschalen (abgeltenden) Besteuerung an der Quelle unterlegen haben. – 4. Steuerbegünstigungen für *außerordentliche Einkünfte* sind gemäß § 34 EStG möglich, jedoch ist die frühere Einschränkung auf Spezialfälle durch das Gesetz vom 20.12.2007, BGBl. I S. 3150, aufgehoben worden. – 5. *Nicht anzuwenden sind* die übrigen Vorschriften über → Sonderausgaben und → außergewöhnliche Belastungen sowie die weiteren Bestimmungen zur Berücksichtigung persönlicher finanzieller Belastungen wie z.B. Splittingtarif oder Kinderfreibeträge (§ 50 I EStG). – 6. Bei *Einkünften,* die dem Steuerabzug unterliegen, ist die Besteuerung an der Quelle i.d.R. abgeltend, sodass diese Beträge i.d.R. nicht mehr bei der dt. Steuererklärung des beschränkt Steuerpflichtigen zu berücksichtigen sind. Ausnahmen in bestimmten Fällen, insbesondere bei Ausländer aus EU- oder EWR-Staaten ist möglich. Die Einzelheiten hierzu sind in § 50 II EStG geregelt. – 7. Die *Einkommensteuer* bemisst sich nach § 32a EStG; sofern es nicht um Arbeitnehmereinkünfte geht, ist die Berechnung allerdings so vorzunehmen, dass der Grundfreibetrag aus der Tabelle eliminiert wird (dies geschieht – mathematisch äquivalent dazu – dadurch, dass zum vorhandenen Einkommen der Grundfreibetrag wieder hinzuaddiert wird, die Werte der Steuertabelle bei der Anwendung auf beschränkt Steuerpflichtige also quasi „nach rechts verschoben" werden). Soweit ein Abzug von Einkommensteuer an der Quelle durch Aufsichtsratsteuer, → Kapitalertragsteuer, → Lohnsteuer oder sonstigen Steuerabzug stattfindet, ist der dt. Steueranspruch damit i.d.R. abgegolten (§ 50 II EStG). – 8. Soweit die Steuer durch *Steuerabzug* nach § 50a EStG zu erheben ist, berechnet sich die Höhe der Steuer nach Maßgabe der Einnahmen. Als Betriebsausgaben dürfen nur Reisekosten und Verpflegungsmehraufwendungen in der Höhe der einkommensteuerlich vorgegebenen Pauschalen berücksichtigt werden; ein darüber hinaus gehender Abzug von Betriebsausgaben ist nur unter bestimmten Bedingungen und nur bei Steuerpflichtigen aus EU- oder EWR-Staaten zulässig (§ 50 III EStG). Die früheren Bestimmungen für *Künstler, Berufssportler und ähnliche Personen,* welche einen darüber hinaus gehenden Betriebsausgabenabzug im Rahmen der Quellensteuerberechnung auch für Steuerpflichtige außerhalb der EU- bzw. der EWR-Staaten erlaubten (§ 50 V Nr. 3 EStG a.F.), wurden ab dem 1.1.2009 abgeschafft. – 9. *Reform 2009:* Mit Wirkung vom 1.1.2009 sind die einkommensteuerlichen Regelungen zur beschränkten Steuerpflicht umfassend geändert worden. – 10. *Einfluss der EuGH-Rechtsprechung*: Die beschränkte Steuerpflicht ist seit langem ein Thema im Rahmen von europarechtlichen Auseinandersetzungen. Der EuGH hat früh bestätigt, dass die beschränkte Steuerpflicht als bes. Besteuerungsregelung für Steuerausländer nicht grundsätzlich rechtswidrig ist. Dennoch kann es nachwievor in Einzelfällen zu unterschiedlicher Behandlung einer konkreten Situation im Rahmen der unbeschränkten und der beschränkten Steuerpflicht kommen, welche gegen das Diskriminierungsverbot der Ausländer trotz vergleichbarer steuerlicher Lage verstoßen könnte. Demnach ist auch in der Zukunft in diesen Fällen mit einer Anpassungen der geltenden Regelungen zur beschränkten Steuerpflicht aufgrund europarechtlicher Vorgaben zu rechnen.

III. Körperschaftsteuer: 1. *Arten*: Bei der Körperschaftsteuer sind, anders als bei der Einkommensteuer, zwei Unterarten der beschränkten Steuerpflicht zu unterscheiden: a) beschränkte Steuerpflicht aller Körperschaften, Personenvereinigungen und Vermögensmassen (also: aller Körperschaftsteuersubjekte), die im Inland weder ihren Sitz noch ihren Ort der Geschäftsleitung haben. Diese Form der beschränkten Steuerpflicht („Beschränkte Steuerpflicht I") umfasst die Einkünfte aus dem Inland, so wie sie sich aus § 49 EStG und einigen Ergänzungen in § 2 KStG ergeben; sie ist das Pendant zur beschränkten Steuerpflicht der natürlichen Personen bei der Einkommensteuer. – b) Eine weitere beschränkte Steuerpflicht umfasst Körperschaften, Personenvereinigungen und Vermögensmassen, die zwar ihren Sitz und/oder ihre Geschäftsleitung im Inland haben, aber dennoch – z.B. weil es sich um Körperschaften des öffentlichen Rechts oder gemeinnützige Körperschaften handelt – nicht der unbeschränkten Steuerpflicht unterliegen. Diese Form der beschränkten Steuerpflicht („Beschränkte Steuerpflicht II") bezieht sich nicht auf alle inländischen Einkünfte nach § 49 EStG, sondern nur auf solche inländischen Einkünfte, die einem Steuerabzug unterliegen. – 2. *Steuererhebung*: Die beschränkt steuerpflichtige Körperschaft (Personenvereinigung, Vermögensmasse) ist im Grundsatz für ihre inländischen Einkünfte steuererklärungspflichtig; die Steuer beträgt 15 Prozent auf das zu versteuernde Einkommen. Soweit aber ein Steuerabzug an der Quelle erhoben wird und die Einkünfte nicht zu den Einkünften eines inländischen Betriebes gehören, ist damit der dt. Steueranspruch abgegolten (§ 32 KStG); die Berücksichtigung im Rahmen einer inländischen Steuererklärung ist dann weder nötig noch gestattet, sofern nicht spezielle Ausnahmevorschriften ausnahmsweise einschlägig sind (mit der Folge, dass es bei der „beschränkten Steuerpflicht II" grundsätzlich keine Steuererklärungspflicht geben kann). – 3. *Letzte Entwicklungen*: Auch im Rahmen der Körperschaftsteuer sind die Vorschriften über die beschränkte Steuerpflicht ab 1.1.2009 einer umfassenden Reform unterzogen worden; auch hier sind Aussagen in der Literatur, die auf den früheren Regelungen basieren, also nur noch eingeschränkt verwendbar.

IV. Erbschaftsteuer: Wenn weder der Erblasser oder Schenker noch der Erwerber Inländer ist, unterliegt der Vermögensanfall, der in Inlandsvermögen (§ 121 BewG) besteht, der beschränkten Steuerpflicht (§ 2 I ErbStG).

V. EU-Recht: Soweit Unterschiede zwischen beschränkter Steuerpflicht und unbeschränkter Steuerpflicht *nur* auf fehlenden Wohnsitz und gewöhnlichen Aufenthalt im Inland zurückgehen, ohne dass eine sachliche Rechtfertigung für die Unterscheidung vorliegt, sind Regelungen der beschränkten Steuerpflicht unanwendbar (Diskriminierungsverbote). I.d.R. wird jedoch unterstellt, dass unbeschränkt und beschränkt Steuerpflichtige sich nicht in vergleichbarer Lage befinden. Aufgrund eines Urteils des Europäischen Gerichtshofs gelten schon seit 1996 für Staatsangehörige eines Mitgliedstaates der EU bez. bestimmter Sonderausgaben, außergewöhnlicher Belastungen und der Veranlagung bes. Bestimmungen (§ 1a EStG). Durch die Rechtsprechung des EuGH seit 2000 ist geklärt, dass auch die Ausgestaltung der beschränkten Steuerpflicht bei der Erbschaftsteuer den Vorgaben der Diskriminierungsverbote des EG-Vertrages entsprechen muss.

beschränkt Steuerpflichtiger – Bezeichnung des Steuerrechts für natürliche oder juristische Person, bei der nur Inlandsvermögen und inländische Einkünfte der Besteuerung unterworfen werden (→ beschränkte Steuerpflicht). Beschränkt steuerpflichtig ist, wer nicht als unbeschränkt steuerpflichtig eingestuft werden kann, i.d.R. also, wer als natürliche Person im Inland weder einen Wohnsitz noch seinen gewöhnlichen Aufenthaltsort hat (§ 1 IV EStG) oder als juristische Person weder den satzungsmäßigen Sitz noch den Ort der Geschäftsleitung im Inland hat (§ 2 I Nr. 1 KStG). Auf die Staatsangehörigkeit kommt es also nicht an; die häufig synonym verwandte Bezeichnung „Steuerausländer" ist also irreführend.

Besitzsteuern – steuerjuristische und finanzstatistische Gruppierung von Steuern (→ Steuerklassifikation). Besitzsteuern sind eine Gruppe von Steuern, die an Ertrag (→ Ertragsteuern), Einkommen (→ Einkommensbesteuerung) oder Vermögen (→ Vermögensbesteuerung) anknüpfen. – Zu den Besitzsteuern zählen u.a.: → Grundsteuer, → Gewerbesteuer, → Körperschaftsteuer, Einkommensteuer, → Erbschaftsteuer, → Kirchensteuer.

Besteuerung → Besteuerungsprinzipien, → Einkommensbesteuerung, → Erbschaftsbesteuerung, → Ertragsbesteuerung, → fiskalische Besteuerung, → Gewerbebesteuerung, → Haushaltsbesteuerung, → Kraftfahrzeugbesteuerung, → nicht fiskalische Besteuerung, → Steuerarten, → Steuern, → Steuerpolitik, Steuerrecht, → Steuerrechtfertigungslehre, → Steuersystem, → Steuertariftypen, → Umsatzbesteuerung, → Unternehmensbesteuerung, → Verbrauchsbesteuerung, → Vermögensbesteuerung, → Wertzuwachssteuer.

Besteuerungseinheit – Teil oder Vielfaches der Steuerbemessungsgrundlage, auf die der Steuersatz angewandt wird (→ Bemessungsgrundlage).

Besteuerungsgrundlage – tatsächliche und rechtliche Verhältnisse, die für die Steuerpflicht und für die Bemessung der Steuer maßgebend sind (§ 199 I AO). – 1. Die *Feststellung* der Besteuerungsgrundlage bildet einen mit Rechtsbehelfen nicht selbstständig anfechtbaren Teil des Steuerbescheides, soweit die Besteuerungsgrundlage nicht gesondert festgestellt wird (§ 157 II AO). – 2. *Gesondert* und für mehrere Beteiligte *einheitlich* von einem Finanzamt werden die Besteuerungsgrundlagen durch Feststellungsbescheid festgestellt (§§ 179, 180 AO).

Besteuerungsgrundsätze → Besteuerungsprinzipien.

Besteuerungsneutralität → Edinburgher Regel.

Besteuerungsprinzipien – 1. *Begriff:* steuerliche Grundsätze, die zur Realisation bestimmter Ziele bei der Ausgestaltung von → Steuersystemen zu beachten sind. Besteuerungsprinzipien ändern sich im Zeitablauf aufgrund wechselnder politischer, ökonomischer und sozialer Zielsetzungen, bes. des Verständnisses des steuerlichen Gerechtigkeitsbegriffs (Steuergerechtigkeit). – *Beispiele:* → Äquivalenzprinzip, → Assekuranzprinzip, → Leistungsfähigkeitsprinzip, Entscheidungsneutralität der Besteuerung. – Zu Besteuerungsprinzipien des grenzüberschreitenden Lieferungs- und Leistungsverkehrs vgl. → Bestimmungslandprinzip und Ursprungslandprinzip. – 2. *Arten:* a) *Klassische Besteuerungsprinzipien (bzw. Smithsche Steuerregeln):* (1) Gleichmäßigkeit der Besteuerung: Gleichbehandlung der Steuerpflichtigen; (2) Bestimmtheit der Besteuerung: Vermeidung von Willkür bei der Steuererhebung; (3) Bequemlichkeit der Besteuerung (hinsichtlich der Steuerzahlungstermine und -modalitäten); (4) *Billigkeit der Besteuerung:* Minimierung der Steuererhebungskosten. Diese „vier Grundregeln über die Steuern i.allg." wurden erstmals von Smith 1776 aufgestellt. – b) *Moderne Besteuerungsprinzipien:* (1) *fiskalisch-budgetäre Prinzipien:* auf eine ausreichende finanzielle Bedarfsdeckung und deckungspolitische Anpassungsfähigkeit des Steuersystems ausgerichtete Prinzipien; (2) *ethisch-soziale Prinzipien:* Die Grundsätze der Allgemeinheit, Gleichmäßigkeit und Leistungsfähigkeit beinhaltende Prinzipien (→ Leistungsfähigkeitsprinzip, → Äquivalenzprinzip, → Edinburgher Regel); (3) *wirtschaftspolitische Prinzipien:* Entscheidungsneutralität der Besteuerung mit dem Ziel der Vermeidung gesamtwirtschaftlicher Wohlfahrtsverluste durch steuerbedingte Fehlallokationen, die aktive und passive Flexibilität des Steuersystems im Hinblick auf eine moderne Konjunkturpolitik und die wachstumspolitische Ausrichtung der Besteuerung gewährleistende Prinzipien; (4) *steuertechnische Prinzipien:* die Grundsätze der Systemhaftigkeit, Transparenz, Praktikabilität, Stetigkeit und Bequemlichkeit beinhaltende Prinzipien.

Bestimmungslandprinzip – 1. *Begriff:* → Besteuerungsprinzip i.S.d. Umsatzsteuerrechts ist die Besteuerung einer Ware oder Lieferung mit der Umsatzsteuer des Bestimmungslandes. In Deutschland kommt das Bestimmungslandprinzip zur Anwendung, wenn die Lieferungen zwischen den Unternehmen der EU erfolgen. Es soll erreicht werden, dass im internationalen Wettbewerb die Steuern ihre Bedeutung als Kosten- und Preisbestandteile verlieren. – *Gegensatz:* Ursprungslandprinzip, Herkunftslandprinzip. – 2. Bei der *Umsatzsteuer* wird in den EU-Mitgliedsstaaten bisher weitgehend am Bestimmungslandprinzip festgehalten – Ausfuhrlieferungen, → Einfuhrumsatzsteuer (EUSt).

Betriebsausgabe – 1. Einkommensteuerrechtlicher *Begriff* für Aufwendungen, die durch den Betrieb des Steuerpflichtigen veranlasst sind (§ 4 IV EStG). Keine Betriebsausgaben sind: Aufwendungen zur Förderung staatspolitischer Zwecke (§ 4 VI EStG), Aufwendungen für die Wege zwischen Wohnung und Betriebsstätte und für Familienheimfahrten (§ 5a EStG), Aufwendungen für die Gewerbesteuer und die darauf entfallenden Nebenleistungen (§ 5b EStG). Bei Schuldzinsen wird durch das Gesetz näher geregelt, welche als betrieblich anzuerkennen sind (§ 4 IVa EStG; Schuldzinsenabzug). – 2. Betriebsausgaben *mindern* bei der Gewinnermittlung den *Gewinn*, es sei denn, es handelt sich um nichtabzugsfähige Betriebsausgaben. – 3. *Nichtabzugsfähige Betriebsausgaben* (§ 4 V EStG) sind: (1) Aufwendungen für Geschenke an Personen, die nicht Arbeitnehmer des Steuerpflichtigen sind, es sei denn, dass die Anschaffungskosten/Herstellungskosten der dem Empfänger im Wirtschaftsjahr zugewendeten Gegenstände insgesamt 35 Euro (ab Veranlagungszeitraum 2004) nicht übersteigen; (2) Aufwendungen für die Bewirtung von Personen aus geschäftlichem Anlass, soweit sie 70 Prozent der Aufwendungen übersteigen, die nach der allg. Verkehrsauffassung als angemessen anzusehen sind und deren Höhe und betriebliche Veranlassung nachgewiesen sind (Geschäftsfreundebewirtung); (3) Aufwendungen für Gästehäuser, die sich außerhalb des Ortes eines Betriebs des Steuerpflichtigen befinden; (4) Aufwendungen für Jagd, Fischerei, Segel- oder Motorjachten sowie für ähnliche Zwecke und die damit zusammenhängenden Bewirtungen; (5) Mehraufwendungen für Verpflegung, soweit sie die festgelegten Pauschbeträge übersteigen; (6) Aufwendung für ein häusliches Arbeitszimmer und dessen Ausstattung; keine Beschränkung besteht, wenn das Arbeitszimmer Mittelpunkt der gesamten betrieblichen und beruflichen Tätigkeit ist; (7) andere als die in (1) bis (6) aufgeführten Aufwendungen, die die Lebensführung des Steuerpflichtigen oder anderer Personen berühren, soweit sie nach allg. Verkehrsauffassung als unangemessen anzusehen sind; (8) von einem Gericht oder einer Behörde oder von Organen der EU festgesetzte Geldbußen, Ordnungs- und Verwarnungsgelder; (9) Zinsen auf hinterzogene Steuern; (10) Ausgleichszahlungen, die bei Bestehen einer körperschaftsteuerlichen Organschaft an außen stehende Anteilseigner geleistet werden; (11) Zuwendung von Vorteilen, wenn dies eine rechtswidrige Handlung darstellt, die nach Gesetz mit einer Geldbuße geahndet wird; (12) seit dem Veranlagungszeitraum 2007 auch Zuschläge nach § 162 IV AO; (13) seit dem Veranlagungszeitraum 2008 stellt die Gewerbesteuer und die darauf entfallenden Nebenleistungen keine Betriebsausgaben mehr dar. – 4. *Pauschbeträge für Betriebsausgaben:* Sie sind für bestimmte Berufsgruppen oder Aufwendungsarten möglich (→ Pauschbeträge). – *Gegensatz:* Betriebseinnahmen.

Betriebsteuer – Die Bezeichnung wird mit zwei unterschiedlichen Inhalten verwendet: 1. *Einkommensteuergesetz:* Aus einkommensteuerlicher Perspektive sind Betriebsteuern Steuern, die durch die Existenz eines Betriebes verursacht bzw. durch die betrieblichen Aktivitäten ausgelöst werden. *Beispiele:* → Grundsteuer für betriebliche Grundstücke, → Kraftfahrzeugsteuer für betriebliche Fahrzeuge. – Betriebsteuern können daher einkommensteuerlich i.d.R. als → Betriebsausgaben geltend gemacht werden (§ 4 IV EStG). Eine Ausnahme bildet die Gewerbesteuer, die zwar eindeutig nur deswegen entsteht, weil ein Gewerbebetrieb unterhalten wird, d.h. eine Betriebsteuer darstellt, aber nach gesetzlicher Fiktion heute keine Betriebsausgabe mehr darstellt (§ 4 Vb EStG). Gegensatz zum Begriff der Betriebsteuer in diesem Sinne ist die → Personensteuer. – 2. *Betriebswirtschaftslehre:* eine Steuer, bei der der Gewinn eines Betriebes unabhängig von den persönlichen Eigenschaften seiner Eigentümer, d.h. insbesondere auch unabhängig von der Rechtsform, stets gleich hoch besteuert wird. Steuersubjekt wäre also nicht mehr der Unternehmer, sondern der Betrieb selbst. Die Umstellung der Gewinnbesteuerung auf das Konzept einer Betriebsteuer wird gefordert, weil dies Wettbewerbsneutralität sichern soll, wenn von gleichen Bruttogewinnen stets gleiche Nettoerträge verbleiben. Angesichts des gegenwärtigen → Körperschaftsteuersystems in Deutschland, bei dem der Satz der → Körperschaftsteuer erheblich unter dem Spitzensteuersatz der Einkommensteuer liegt, müsste die Einführung einer Betriebsteuer vermutlich mit niedrigen Steuersätzen in ähnlicher Höhe wie die heutigen Körperschaftsteuersätze einhergehen, und der Transfer der Gewinne aus dem betrieblichen in den privaten Bereich der Eigentümer, sei es durch Entnahme, sei es durch Dividendenausschüttungen, ebenfalls nach gleichen Regeln besteuert werden. Als Argument gegen die Einführung eines Betriebsteuerkonzepts wird meist auf steuertechnische Schwierigkeiten verwiesen; solche würden v.a. im Bereich der Personengesellschaften auftreten. Da eine Betriebsteuer außerdem auch mit einer Steuerpflicht selbst für solche Betriebsgewinne einhergehen würde, deren Eigentümer insgesamt kein höheres Einkommen als den Grundfreibetrag erwirtschaften können, würde das Konzept auch Schwierigkeiten in Bezug auf den verfassungsrechtlichen Grundsatz der Besteuerung nach der Leistungsfähigkeit aufwerfen. Dennoch wird eine Einführung sporadisch immer wieder diskutiert. – Mit der *Unternehmensteuerreform 2008* wurde in das dt. EStG ein Modell eingeführt, bei dem Personenunternehmen ihre Gewinne vor der Ausschüttung zunächst nach einem festen Steuersatz versteuern lassen können, der einer grob geschätzten Standardbelastung der Gewinne bei einer Körperschaft entspricht, und bei einer späteren Entnahme der Gewinne ins Privatvermögen der Eigentümer muss der entnommene Betrag dann wie eine Dividende besteuert werden (§ 34a EStG). Dieses Konzept verwirklicht zwar Teile der Konzeption einer Betriebsteuer, unterscheidet sich davon aber insoweit wesentlich, als diese Form der Besteuerung für Personenunternehmen nicht zwingend ist, sondern lediglich wahlweise angeboten wird. – Vgl. auch → Unternehmensbesteuerung.

Bewertungsgesetz (BewG) – 1. *Begriff:* Gesetz i.d.F. der Bekanntmachung vom 1.2.1991 mit zahlreichen späteren Änderungen. Neben der → Abgabenordnung (AO) ist das Bewertungsgesetz (BewG) früher einmal das wichtigste Steuergesetz gewesen, in dem alle steuerlichen Bewertungsfragen geregelt waren, und das nur insoweit nicht anzuwenden war, als spezielle Steuergesetze (bes. Einkommensteuergesetze) eigene Bewertungsvorschriften aufweisen. Es hat jedoch an Bedeutung verloren, weil ein Großteil der Substanzsteuern heute abgeschafft ist (z.B. Gewerbekapitalsteuer), nicht mehr erhoben wird (Vermögensteuer) oder sich bei der Wertermittlung an der Steuerbilanz orientiert (verlängerte Maßgeblichkeit; → Erbschaftsteuer). Deshalb ist das Bewertungsgesetz heute fast nur noch für die → Grundsteuer von zentraler Bedeutung. Ergänzend gelten: (1) *Durchführungsverordnung* vom 2.2.1935 (BewDV) mit zahlreichen späteren Änderungen. (2) Bestimmungen zur Gewährleistung einer einheitlichen Rechtsanwendung enthielten früher Vermögensteuer-Richtlinien, heute die *Erbschaftsteuer-Richtlinien*. – 2. *Ziel/Bedeutung:* Das Bewertungsgesetz (BewG) sollte für die → Substanzsteuern einheitliche Werte festsetzen, daher der Begriff → Einheitswert. Bis zum Erlass des Bewertungsgesetzes (BewG) bestand die Einheitlichkeit der Steuerwerte nicht; da die neuen Bedarfswerte für Grundvermögen bei der Grundsteuer nicht gelten, ist die Einheitlichkeit der Bewertungsregeln heute aufgegeben. – 3. *Aufbau/Inhalt:* Das Bewertungsgesetz besteht aus drei Teilen und 26 Anlagen. – a) Der erste Teil enthält *allgemeine Bewertungsvorschriften* (§§ 1–16 BewG) und gilt für alle öffentlich-rechtlichen Abgaben, die durch Bundesrecht geregelt sind, und die durch Bundes- oder Landesfinanzbehörden verwaltet werden; von untergeordneter Bedeutung, wenn sich aus anderen Steuergesetzen oder aus dem zweiten Teil des Bewertungsgesetzes eine andere Bewertung ergibt (§ 1 BewG). – *Beispiele* für abweichende Bewertungsansätze: §§ 6, 7 EStG (spezielle Bewertungsvorschriften für die Bewertung in der Steuerbilanz); § 10 IV UStG (Bewertung des Eigenverbrauchs). – b) Der zweite Teil enthält *bes. Bewertungsvorschriften* (§§ 17–203): aa) Bewertung und Erfassung der zu bewertenden Einheiten mittels der Einheitsbewertung, die für das land- und forstwirtschaftliche Vermögen, Grundvermögen und Betriebsvermögen durchgeführt wird (§§ 19–109a); gilt für Grund-, Gewerbe-, Erbschaft- und Grunderwerbsteuer, soweit in den betreffenden Steuergesetzen nichts Abweichendes bestimmt ist. – Die einheitliche Bewertung für verschiedene Steuerarten erfordert ein bes. Ermittlungsverfahren *(Einheitswertverfahren)*, durch das die Einheitswerte festgestellt werden. – bb) Sondervorschriften (§§ 110–124). – cc) Bewertung von Vermögen (§§ 125-137). – dd) Grundbesitzbewertung für die Grunderwerbsteuer (§§ 138–150). – ee) Vorschriften zu gesonderten Feststellungen (§§ 152–156 BewG). – ff) Bewertung von Grundbesitz, von nicht notierten Anteilen an Kapitalgesellschaften und von Betriebsvermögen für die Erbschaftsteuer (ab 1.1.2009) (§§ 157–203 BewG). – 3. Der dritte Teil enthält *Schlussbestimmungen* (§§ 204–205) und die *Anlagen zum Bewertungsgesetz:* z.B. (1) Tabellen zur Umrechnung von Tierbeständen in Vieheinheiten; (2) Vervielfältiger zur Ermittlung des Wertes von Grundstücken nach dem Ertragswertverfahren (Ertragswert), zur Berechnung von Kapitalwerten lebenslänglicher Nutzungen oder Leistungen und zur Berechnung von Pensionsverpflichtungen. – 4. Das Bewertungsgesetz ist durch die Erbschaftsteuerreform (Gesetzesänderung vom 24.12.2008) in größerem Umfang geändert bzw. ergänzt worden. Die Änderungen betreffen insbesondere die Bewertung von Land- und Forstwirtschaft, Betriebsvermögen, Grundvermögen. Auf Antrag können die Neuregelungen für Erbfälle bereits ab dem 1.1.2007 angewendet werden.

Beziehungslehre der Steuerformen → steuerliche Beziehungslehre.

Biersteuer → Verbrauchsteuer auf Bier. – 1. *Rechtsgrundlage:* Biersteuergesetz 1993 vom 21.12.1992 (BGBl. I 2150) m.spät.Änd. und die Verordnung zur Durchführung des Biersteuergesetzes (BierStV). Erhebung und Verwaltung liegen beim Bund (Art. 108 I 1 GG), der Ertrag steht den Ländern zu (Art. 106 II Nr. 5 GG). – 2. *Steuergegenstand:* Bier und Mischungen von Bier mit nichtalkoholischen Getränken im Sinn der Alkoholstrukturrichtlinie. Besteuert wird die Herstellung und Einfuhr aus Drittstaaten von Bier im Gebiet der Bundesrepublik Deutschland, aber ohne Büsingen und Helgoland. Bier, das ins Ausland gelangt, ist steuerfrei. – 3. *Steuersatz:* Die Höhe der Biersteuer bestimmt sich nach dem Stammwürzegehalt des Bieres in Gramm je 100 Gramm Bier (Grad Plato); dabei werden die Nachkommastellen des gemessenen Grades Plato außer Betracht gelassen. Der reguläre Steuersatz (2008) beträgt 0,787 Euro je Grad Plato. Ermäßigte Steuersätze sind vorgesehen für kleine unabhängige Brauereien (Gesamterzeugnismenge jährlich unter 200.000 hl Bier). Die Belastung beträgt für eine Jahresproduktion von weniger als 5.000 hl nur 56 Prozent des regulären Steuersatzes, danach steigt der Steuersatz in Stufen allmählich an (bei 40.000 hl Jahresproduktion werden 84 Prozent des regulären Steuersatzes erreicht). Es gibt auf EU-Ebene Bestrebungen, die Mindeststeuer auf Bier (derzeit 0.748 Euro/Liter) anzuheben. Dieser Wert wurde im Oktober 1992 festgelegt. – 4. *Aufkommen:* 757 Mio. Euro (2007), 779 Mio. Euro (2006), 785,9 Mio. Euro (2003), 811,5 Mio. Euro (2002), 828,5 Mio. Euro (2001), 843,5 Mio. Euro (2000), 909,5 Mio. Euro (1995), 722,5 Mio. Euro (1990), 641 Mio. Euro (1985), 645 Mio. Euro (1980), 652 Mio. Euro (1975), 601 Mio. Euro (1970), 501 Mio Euro (1965), 358 Mio. Euro (1960), 225 Mio. Euro (1955), 178 Mio. Euro (1950).

Bietungsgarantie – 1. Form einer *Bankgarantie,* die den Garantienehmer vor den finanziellen Folgen des Risikos schützt, dass der Anbieter (Garantieauftraggeber) – je nach Garantietext – (1) bei Erteilung des Zuschlags die Übernahme des Auftrags ablehnt und/oder (2) sich nach Annahme des Auftrags weigert oder nicht in der Lage ist, eine geforderte/vereinbarte Liefergarantie, Leistungsgarantie oder Vertragserfüllungsgarantie zu erbringen. Auch als *Offertgarantie, Angebotsgarantie, Bid Bond, Tender Guarantee* bezeichnet. – 2. *Bietungsgarantien bei öffentlichen Ausschreibungen:* → Ausschreibung.

Bodenbonitierung – *Bodenschätzung;* Einteilung des Bodens in Bonitätsklassen (Beschaffenheit, Ertragsfähigkeit und Verwendungszweck) auf Basis des Gesetzes zur Schätzung des landwirtschaftlichen Kulturbodens bzw. Bodenschätzungsgesetzes (BodenSchätzG) von 1934 (neugefasst 2007). Man unterscheidet zwei Arten von Bodenbonitierung: (1) die *Schätzung des Ackerlandes* und (2) *die des Garten- und Grünlandes.* Die Schätzungen werden dabei nach dem Ackerschätzungsrahmen bzw. dem Schätzungsrahmen für Grünland (= Bodenbewertungstabelle zum Ablesen der durch die Bodenbeschaffenheit bedingten, relativen Reinertragsunterschiede für verschiedene Ackerböden sowie Garten- und Grünland) durchgeführt. – Die Festlegung der Bodengüte ist wichtige Grundlage für die Ermittlung des → Einheitswertes landwirtschaftlicher Betriebe sowie für die Wirtschaftspolitik und zu Kreditzwecken.

Bodenreform – Umgestaltung der privaten Eigentumsverhältnisse an Boden mit dem Ziel, (1) Großgrundbesitz aufzulösen oder zu verringern und (kleinere) Familienwirtschaften oder Kollektivwirtschaften (kommunistische Vorstellung) zu schaffen, oder (2) unwirtschaftliche Kleinwirtschaften in Wirtschaften mit rentablen Betriebsgrößen umzugestalten.

Bodenschätzung → Bodenbonitierung.

Bodenwert – 1. *Bewertungsgesetz:* Bei unbebauten Grundstücken ist der Bodenwert (§ 84 BewG) neben dem Wert der Außenanlagen, bei bebauten Grundstücken zusätzlich neben dem Gebäudewert ein Element des nach dem Sachwertverfahren (Sachwert) für unbebaute bzw. bebaute Grundstücke ermittelten → Einheitswerts (Ausgangswert). Die Bewertung erfolgt mit dem gemeinen Wert (Grundstücksbewertung). – Erlangt auch Bedeutung hinsichtlich des Mindestwertes, mit dem bebaute Grundstücke anzusetzen sind (§ 77 BewG). – 2. *Bodenschätzungsgesetz:* → Bodenbonitierung.

Bodenwertzuwachssteuer – spezielle Form einer allokationspolitisch einsetzbaren → Wertzuwachssteuer, die die Wertsteigerung von Grundstücken erfasst. – In Deutschland wurde die Bodenwertzuwachssteuer von (ca.) 1900 bis 1944 erhoben, betrug 10–30 Prozent des Veräußerungserlöses und floss zuletzt ausschließlich den Gemeinden zu. Die Bodenwertzuwachssteuer wird derzeit als echte Wertzuwachssteuer in der Bundesrepublik Deutschland nicht erhoben. Nachdem der geplante → Planungswertausgleich sich nicht einführen ließ und sich die von 1961 bis 1962 erhobene → Baulandsteuer als Fehlschlag erwies, sind im Steuersystem der Bundesrepublik Deutschland allenfalls Anklänge an eine Wertzuwachsbesteuerung im Rahmen der Einkommensbesteuerung festzustellen. Realisierte Zuwächse werden bestenfalls im Rahmen der Einkommensteuer oder als Veräußerungsgewinne besteuert.

Bonitierung → Bodenbonitierung.

Börsenumsatzsteuer – eine → Kapitalverkehrsteuer, besteuerte bes. die dem Ersterwerb folgenden Umsätze von Gesellschaftsrechten an Kapitalgesellschaften (z.B. Aktienerwerb an Börsen, Erwerb von GmbH-Anteilen vom Vorbesitzer). Zur Beseitigung des Wettbewerbsnachteils der dt. Finanzmärkte wurde die Börsenumsatzsteuer zum 1.1.1991 abgeschafft. In den USA und in anderen Staaten besteht die Börsenumsatzsteuer weiterhin. Das Aufkommen der Börsenumsatzsteuer betrug 1990 (umgerechnet) 422,3 Mio. Euro.

Branntwein – alkoholisches Getränk (ca. 30–60 Prozent Alkohol), gewonnen aus gegorenen Flüssigkeiten durch Destillation (Brennen). Ausgangsstoffe sind z.B. vergorene Trauben (Kognak); vergorene Obstsäfte (z.B. Kirschwasser); Zuckerrohrmelasse (Rum); Gersten-, Weizen-, Roggenmalz (Korn, Whisky). – *Branntweinbesteuerung in der Bundesrepublik Deutschland* setzt sich zusammen aus Branntweinmonopolabgabe (→ Branntweinmonopol) und → Branntweinsteuer.

Branntweinabgabe → Branntweinsteuer.

Branntweinmonopol – 1. *Begriff:* staatliches Monopol auf Übernahme, teilweise Herstellung, Einfuhr, Reinigung und Verwertung von Branntwein sowie den Handel mit unverarbeitetem → Branntwein. In der Bundesrepublik Deutschland einziges → Finanzmonopol. Branntweinmonopol und → Branntweinsteuer kennzeichnen die Branntweinbesteuerung in der Bundesrepublik Deutschland. – *Gesetzlich geregelt* im Branntweinmonopolgesetz (BranntwMonG) vom 8.4.1922 (RGBl. I 335, 405) m.spät.Änd. und dazu erlassenen Ausführungsbestimmungen: Brennereiordnung (BO), Branntweinverwertungsordnung (VwO), Branntweinzählordnung (ZO) sowie Gesetz über Errichtung der Bundesmonopolverwaltung für Branntwein vom 8.8.1951 (BGBl. I 491). – 2. *Ziele:* Im Gegensatz zur Branntweinsteuer verfolgt das Branntweinmonopol vorwiegend keine fiskalischen, sondern agrar- und mittelstandspolitische Ziele. Damit ist das dt. Branntweinmonopol kein eigentliches Finanzmonopol, sondern eher ein Marktordnungsmonopol. Durch entsprechend hoch angesetzte Ankaufspreise (Übernahmepreise) für den ablieferungspflichtigen Branntwein erreicht die Monopolverwaltung, die jährlich aus dem Bundeshaushalt bezuschusst wird, eine Subventionierung der Ablieferer. – Beim

Verkauf des Branntweins belastet die Monopolverwaltung den Käufer im Verkaufspreis mit der (nach den Verwendungsarten unterschiedlich hohen) Branntweinsteuer, die sie an die Bundeskasse abführt. Eingeführter Branntwein unterliegt dem Monopolausgleich. – 3. *Teilmonopole:* a) *Übernahmemonopol:* Ablieferungszwang für Branntwein, der im Inland in Eigenbrennereien hergestellt wird, ausgenommen: (1) Kornbranntwein, soweit er nicht in Verschlussbrennereien außerhalb des Jahreskornbrennrechts hergestellt wird, (2) Branntwein aus Obst im Sinn des § 27 BranntwMonG oder aus Stoffen im Sinn des § 21 Nr. 2 BranntwMonG, (3) der in Abfindungsbrennereien hergestellte Branntwein. (4) Branntwein aus Bier und Rückständen der Bierbereitung (§ 76 BranntwMonG). Übernahme erfolgt nach bestimmten Vorschriften durch Beamte der Zollverwaltung. – (b) *Herstellungsmonopol:* beschränkt auf Verarbeitung solcher Stoffe (Zellstoff, Ablaugen der Zellstoffgewinnung, Kalziumkarbid, Holz), für die vor dem 1.10.1914 keine gewerbliche Gewinnung von Branntwein bestand (Monopolbrennereien). – (c) *Einfuhrmonopol:* erstreckt sich auf Branntwein, ausgenommen Rum, Arrak, Kognak und Liköre; Einfuhr durch Dritte ist grundsätzlich verboten. Bei Einfuhr von Branntwein und weingeisthaltigen Erzeugnissen wird neben dem Zoll eine Einfuhrsteuer auf Branntwein und weingeisthaltige Erzeugnisse (Monopolausgleich) erhoben, deren Höhe der inländischen Steuerbelastung des Branntweins entspricht und danach gestaffelt ist, zu welchem Preis die eingeführten Erzeugnisse im Inland aus Branntwein hätten hergestellt werden können. Durch das Einfuhrmonopol kann die Monopolverwaltung ausländischen Branntwein zur Deckung des Bedarfs im Monopolgebiet heranziehen bzw. unerwünschte Einfuhr verhindern. Das Einfuhrmonopol gilt nicht für Branntwein aus dem zollrechtlich freien Verkehr eines EU-Mitgliedsstaates. – (d) *Reinigungsmonopol* mit folgenden Ausnahmen: (1) Reinigung des der Deutschen Kornbranntwein-Verwertungsstelle überlassenen Kornbranntweins sowie des selbsterzeugten ablieferungsfreien Branntweins der Brennereien, jedoch nicht zur Herstellung von neutralem Sprit; (2) Reinigung des in Verschlussbrennereien selbst gewonnenen, unter Ablieferungszwang stehenden Branntweins unter Verschluss. – (e) *Handelsmonopol:* bestimmt die Bezugsbedingungen für den der Monopolverwaltung nicht vorbehaltenen Teil der Verwertung von Branntwein, also (1) wenn er von der Monopolverwaltung geliefert oder mit ihrer Erlaubnis eingeführt wurde, bes. bez. der Einhaltung von Preisvorschriften sowie (2) Entrichtung der vollen Steuer, des Branntweinaufschlages durch Hersteller und des regelmäßigen Monopolausgleichs durch Importeure. – Vgl. auch → Branntweinsteuer.

Branntweinsteuer – im Rahmen des → Branntweinmonopols durch die Bundesmonopolverwaltung für Branntwein festgesetzte → Verbrauchsteuer, die dem Bund zufließt. Rechtsgrundlage für die Erhebung ist das Gesetz über das Branntweinmonopol. Das Branntweinsteuerrecht ist das Ergebnis des über Jahrzehnte bestehenden Branntweinmonopols in Deutschland. Die Branntweinsteuer gehört (neben der Schaumwein-, der Zwischenerzeugnis- und der Biersteuer) zu den innerhalb der EG harmonisierten Verbrauchsteuern und unterliegt der länderübergreifenden, EG-einheitlichen Überwachung. Der Regelsteuersatz für den von den Ablieferern übernommenen und an den Verwender verkauften Alkohol beträgt 1.303 Euro je hl reinen Alkohol (gemessen bei 20 °C). Ermäßigte Steuersätze u.U. für Branntwein aus Abfindungs- bzw. Verschlusskleinbrennereien (§ 131 BranntwMonG). – Keine Steuer wird erhoben auf Branntwein, der ausgeführt, zu Treibstoff verarbeitet, zu Putz-, Heizungs- und ähnlichen Zwecken verwendet oder der zur Herstellung von Arzneimitteln oder Essig benötigt wird. – *Gesetzliche Regelung:* §§ 130 ff. BranntwMonG. – *Aufkommen:* 1.900 Mio Euro (2010), rd. 2 Mrd.

Euro (2007), 2.100 Mio. Euro (2005), 2.204,4 Mio. Euro (2003), 2.149,1 Mio. Euro (2002), 2.142,6 Mio. Euro (2001), 2.150,8 Mio. Euro (2000), 2.473 Mio. Euro (1995), 2.162,3 Mio. Euro (1990), 2.123 Mio. Euro (1985), 1.986 Mio. Euro (1980), 1.596 Mio. Euro (1975), 1.139 Mio. Euro (1970), 771 Mio Euro (1965), 523 Mio. Euro (1960), 296 Mio. Euro (1955), 254 Mio. Euro (1950) (bis 1970 unter der Bezeichnung Branntweinmonopol, bis 1985 Abgabe auf Branntwein).

Brechtsches Gesetz – die von A. Brecht 1932 behauptete „progressive Parallelität zwischen Ausgaben und Bevölkerungsmassierung", die darauf zurückgehe, dass „fast alle öffentlichen Aufwendungen in den großen Städten erheblich teurer sind als draußen". Auf dem Brechtschen Gesetz basiert bis heute die sog. Hauptansatzstaffel, die zur Berechnung der → Schlüsselzuweisungen im kommunalen Finanzausgleich und Länderfinanzausgleich herangezogen wird. Allerdings hat sich die Begründung geändert: In Ballungsgebieten werden höherwertige und damit teurere öffentliche Leistungen produziert. Auch treten bestimmte öffentliche Leistungen gehäuft auf (v.a. Sozialhilfe).

Briefschulden → öffentliche Kreditaufnahme.

Bruttobetrieb – *reiner Regiebetrieb;* wirtschaftlich, technisch und sozial abgrenzbare Verwaltungseinheit, deren gesamte Einnahmen und Ausgaben (Kameralistik) bzw. Erträge, Aufwendungen, Einzahlungen und Auszahlungen (Doppik) getrennt und in voller Höhe im Trägerhaushalt ausgewiesen werden. Ein eigenes Vermögen sowie eine eigene Kasse bestehen nicht, sodass strittig ist, inwieweit der Regiebetrieb als Bruttobetrieb zu den öffentlichen Unternehmen zu rechnen ist. Die enge finanzielle Verflechtung von Regiebetrieb und Trägerhaushalt erschwert eine wirtschaftliche Betriebsführung. Demgegenüber wirft die Instrumentalisierung des Regiebetriebes zur Erfüllung öffentlicher Ziele aufgrund der organisatorischen und personellen Anbindung an den Träger keine Schwierigkeiten auf. Gesonderte Rechtsvorschriften zur Führung von Bruttobetrieben bestehen nicht. Mögliche Beispiele für einen Regiebetrieb sind Friedhöfe, Bauhöfe, Museen und Schwimmbäder – *Gegensatz:* Eigenbetrieb.

Bruttokreditaufnahme – öffentliche Schuldenaufnahme am Kreditmarkt (ohne Abzug der Schuldentilgung; vgl. → öffentliche Kreditaufnahme, → Finanzierungssaldo). – *Gegensatz:* → Nettokreditaufnahme.

Bruttoprinzip → Haushaltsgrundsätze.

Bruttoumsatzsteuer → Umsatzsteuer, die in einem bestimmten Prozentsatz vom gesamten Entgelt, d.h. vom kumulierten Umsatzwert (eigener Umsatz + Umsatz der Vorstufen), geschuldet wird. – *Gegensatz:* → Nettoumsatzsteuer. – Vgl. auch → Umsatzbesteuerung.

Budget – I. Finanzwissenschaft: 1. *Begriff:* andere Bezeichnung für den → Haushaltsplan, den Finanzplan eines Zeitabschnitts, den Voranschlag von öffentlichen Einnahmen und Ausgaben für ein Haushaltsjahr (→ Etat). – 2. *Merkmale:* Das Budget ist *Instrument* der → Finanzpolitik. – Vgl. auch → optimales Budget. – 3. *Sprachliche Herkunft:* Wahrscheinlich kelt. für bulga, Ledermappe, die den Haushaltsplan umschloss.

II. Betriebswirtschaftslehre: 1. *Begriff:* meist kurzfristiger operativer Plan, der die Allokation von Ressourcen steuert, z.B. Personal- oder Investitionsbudget. – 2. *Merkmale:* Häufig umfasst das Budget auch Angaben über die Herkunft der Ressourcen (meist finanziell verstanden), z.B. Gewinn- und Umsatz-Budget. – a) *I.e.S.* umfasst Budget nur *quantifizierbare Angaben (Vollzugsziffern-Budget).* – b) *I.w.S.* beinhaltet Budget auch einen Katalog von in der nächsten Periode zu ergreifenden *Maßnahmen (Aktions-Budget).* – Vgl. auch Budgetierung, Budgetierungsmodell. – 3. *Das Budget im innerbetrieblichen Rechnungswesen:* a) *Finanzplan:* Aufstellung sämtlicher in einem bestimmten Zeitraum zu erzielenden Einzahlungen und der erforderlichen

Auszahlungen zur Ermittlung und Vorgabe des Kapital- und Geldbedarfs (→ Finanzplan). Die von den einzelnen mittelbewirtschaftenden Stellen einzubehaltenden Sollzahlen des Budgets müssen laufend mit den Istzahlen (laut Buchhaltung) verglichen und abgestimmt werden; ggf. sind kurzfristige Finanzierungsmaßnahmen (Finanzierung) erforderlich, um die Liquidität und → Zahlungsbereitschaft des Unternehmens zu erhalten. – b) *Kostenbudget:* Neben Zahlungsgrößen werden auch Kosten und Erlöse budgetiert (Kostenbudget). – 4. *Aktuelle Diskussion:* Aufgrund der mit einer Budgetierung verbundenen Nachteile (Aufwand, Negierung aktueller Marktentwicklungen, Vergangenheitsorientierung etc.) wird unter dem Stichwort „beyond budgeting" nach alternativen Ansätzen gesucht. So versucht man z.B. über ein Benchmarking aktuelle Marktentwicklungen in die Budgets einfließen zu lassen.

Budgetinzidenz → Inzidenz.

Budgetkonzepte – Konzepte, die dazu dienen, einen Maßstab für eine zyklusunabhängige Haushaltspolitik aufzuzeigen, zumindest die konjunkturellen Impulse unterschiedlicher → Budgets systematisch zu erfassen. – *Einzelkonzepte:* → Finanzierungssaldo, → High Employment Budget Surplus (HEBS), konjunkturneutraler Haushalt, konjunkturgerechter Haushalt u.a.

Budgetkreislauf → Haushaltskreislauf.

Budgetpolitik → Finanzpolitik, → Finanzwissenschaft.

Budgetprinzipien → Haushaltsgrundsätze.

Budgettheorie – analysiert Struktur und Volumen des optimalen Budgets. Da individuelle Präferenzen nicht vorliegen, konstruiert man soziale Wohlfahrtsfunktionen, die (in theoretisch anfechtbarer Weise) auf Annahmen über Individualpräferenzen und -zielen beruhen und unterstellen, dass die Individualnutzen ließen sich in Zahlenwerten ausdrücken und zu einer Gesamtfunktion addieren. Die bekanntesten Ansätze sind das wohlfahrtstheoretische Modell von Samuelson und Musgrave, die Einstimmigkeitsregeln von Wicksell und das Modell der Mehrheitswahl von Arrow. Die tatsächlichen Nutzen- und Belastungswirkungen sind aber nur durch empirische Budgetinzidenzanalysen aufzufinden. Dabei lässt sich die Budgetinzidenz methodisch nur durch eine Aufspaltung in die Ausgaben- und die Steuerinzidenz lösen. – Vgl. auch → Finanzwissenschaft.

Bundesertragsabgaben – Oberbegriff für → Finanzmonopole und → Bundessteuern.

Bundeshaushalt – 1. *Begriff:* Planmäßige Veranschlagung von Einnahmen (einschließlich der Kreditaufnahme) und Ausgaben der Bundesrepublik Deutschland für ein oder mehrere Rechnungsjahre, nach Jahren getrennt. – 2. *Rechtliche Regelungen:* a) *Art. 109–115 GG:* Wechselseitige Unabhängigkeit der Haushalte von Bund und Ländern; Bund und Länder haben aber dem gesamtwirtschaftlichen Gleichgewicht Rechnung zu tragen, Stabilitäts- und Wachstumsgesetz (StWG). Durch Bundesgesetz, das der Zustimmung des Bundesrats bedarf, können gemeinsam geltende Grundsätze für das Haushaltsrecht, für eine konjunkturgerechte Haushaltswirtschaft und für eine mehrjährige Finanzplanung aufgestellt werden (Art. 109). Näheres findet sich im Haushaltsgrundsätzegesetz. Der Haushaltsplan ist durch Haushaltsgesetz festzustellen; er ist in Einnahme und Ausgabe auszugleichen (Art. 110). Ausmaß der Ermächtigung zur Ausgabenleistung bei nicht rechtzeitig verabschiedetem Bundeshaushalt (Art. 111). Bedingungen der Haushaltsüberschreitung bei überplanmäßigen und außerplanmäßigen Ausgaben (Art. 112). Sperrklausel bei über Regierungsvorschlag hinausgehenden Ausgabebeschlüssen von Bundesrat und Bundestag (Art. 113). Jährliche Rechnungslegung des Bundesministers der Finanzen gegenüber Bundestag und Bundesrat und deren Überprüfung durch den → Bundesrechnungshof (Art. 114). Einschränkungen hinsichtlich

Kreditaufnahme und Übernahme von Sicherheitsleistungen durch den Bund (Art. 115). – b) *Bundeshaushaltsrecht:* Haushaltsgrundsätzegesetz vom 19.8.1969 (BGBl. I 1273) m.spät.Änd. und die Bundeshaushaltsordnung (BHO) vom 19.8.1969 (BGBl. I 1284) m.spät.Änd. Die BHO enthält die allg. Vorschriften zum Haushaltsplan, die Aufstellung, die Ausführung des Haushaltsplanes, die Zahlungen, Buchführung und Rechnungslegung, die Rechnungsprüfung sowie die Grundsätze für bundesunmittelbare juristische Personen des öffentlichen Rechts und Sondervermögen und die Entlastung. – 3. *Planaufstellungsverfahren* (§§ 28 ff. BHO): a) Der *Entwurf* des Haushaltsgesetzes ist mit dem Entwurf des Haushaltsplanes vor Beginn des Haushaltsjahres dem Bundesrat zuzuleiten und beim Bundestag einzubringen, i.d.R. spätestens in der ersten Sitzungswoche nach dem 1. September. Die Aufstellung des Entwurfs erfolgt in Abstimmung mit den Mittel- und ggf. Oberbehörden sowie den einzelnen Fachministerien durch den Bundesminister der Finanzen, der ihn an die Bundesregierung zur Beschlussfassung weiterleitet; auf Antrag der zuständigen Bundesminister beschließt das Kabinett auch über nicht aufgenommene Einzelpositionen. – b) *Festgestellter Entwurf* geht als *Gesetzesvorlage* dem Bundesrat zu (Art. 76 II GG). Es folgt dann das normale Gesetzgebungsverfahren nach Art. 76 ff. GG.

Bundesrechnungshof – 1. *Begriff:* Nach dem Bundesrechnungshofgesetz (BRHG) vom 11.7.1985 (BGBl. I 1445) m.spät.Änd. ein der Bundesregierung gegenüber unabhängiges, nur dem Gesetz unterworfenes Organ der Finanzkontrolle. Der Bundesrechnungshof ist oberste Bundesbehörde zur Kontrolle des gesamten Finanzgebarens und der Haushalts- und Wirtschaftsführung des Bundes einschließlich seiner Sondervermögen und Betriebe (→ Bundeshaushalt). Die Stellung des Bundesrechnungshofes und seine Aufgaben sind verfassungsrechtlich garantiert (Art. 114 II GG). – 2. *Zusammensetzung/Kompetenzen:* Als Kontrollinstanz gegenüber Bundesregierung und Bundestag umfasst der Bundesrechnungshof ein Kollegium von Fachleuten ohne politische und persönliche Bindung zu Legislative und Exekutive. Über Prüfungszuständigkeit und -umfang: §§ 88 ff. BHO. Die Mitglieder (Präsident, Vizepräsident, Leiter der Prüfungsabteilungen und Prüfungsgebietsleiter) haben richterliche Unabhängigkeit. – 3. *Aufgaben gemäß Bundeshaushaltsordnung (BHO):* Der Bundesrechnungshof prüft stichprobenweise jährliche öffentliche Ausgaben und Einnahmen. Überwachung der Haushalts- und Wirtschaftsführung der Bundesorgane und Bundesverwaltungen, der gesetzlichen Sozialversicherungsträger sofern diese Zuschüsse vom Bund erhalten, und der Arbeitslosenversicherung. Ferner kann der Bundesrechnungshof aufgrund von Prüfungserfahrungen den Bundestag, Bundesrat, die Bundesregierung und einzelne Bundesminister beraten (§ 88 II BHO).

Bundesschatzbrief – 1. *Charakterisierung:* a) *Begriff:* Von der Bundesrepublik Deutschland als Daueremission zur Finanzierung öffentlicher Investitionen und zur Förderung der Eigentums- und Vermögensbildung aller Bevölkerungsschichten bis 31.12.2012 begebene Schuldbuchforderung (Wertrecht). – b) *Ausstattung:* Mindestanlage 50 Euro, Erwerb und Rückzahlung in Höhe des Nominalbetrages. – c) *Arten:* (1) Typ A: Laufzeit sechs Jahre, Zahlung der Zinsen jährlich nachträglich, Rückzahlung des Nennwerts. Auf Wunsch Wiederanlage der Zinsen in neue Bundesschatzbriefe möglich. (2) Typ B: Laufzeit sieben Jahre, Zahlung der Zinsen mit Zinseszinsen bei Rückzahlung. Angesammelte Zinsen plus Nennwert ergeben den Rückzahlungswert. – 2. *Käufer:* Bundesschatzbriefe können nur von natürlichen Personen und von Einrichtungen, die gemeinnützigen, mildtätigen oder kirchlichen Zwecken dienen, erworben werden, nicht von Gebietsfremden (ausgenommen gebietsfremde dt. Staatsangehörige). – 3. *Übertragbarkeit:* Jederzeit auf erwerbsberechtigte Dritte. Der Käufer hat die

Wahl zwischen der Gutschrift auf seinem Depotkonto bei einem Kreditinstitut oder der Eintragung auf seinen Namen im Bundesschuldbuch. Bundesschatzbriefe sind mündelsicher (Mündelsicherheit). – 4. *Verzinsung:* Feste jährliche Zinssätze, die im Zeitablauf ansteigen. Die Zinsen aus Bundesschatzbriefen Typ B, die nach dem 31.12.1988 erworben sind, fließen dem Schatzbriefgläubiger bei Endfälligkeit oder bei Rückgabe an die Bundesrepublik Deutschland-Finanzagentur GmbH zu. Die Konditionen orientieren sich am Kapitalmarkt. Der gestaffelte Zins soll einen Anreiz zur längerfristigen Anlage bilden. – 5. *Vorzeitige Rückgabe:* Nach Ablauf einer Sperrfrist von einem Jahr (gerechnet auf den ersten Verkaufstag einer Ausgabe) können innerhalb von 30 Zinstagen bis zu höchstens 5.000 Euro vorzeitig zurückgegeben werden (bei Gemeinschaftsdepots je Depotbeteiligten). Eine vorzeitige Kündigung durch den Bund ist ausgeschlossen. Aufgrund des Gläubigerrückgaberechts, des gestaffelten Zinses und des Verzichts auf ein Schuldnerkündigungsrecht ergeben sich bei steigenden Kapitalmarktzinsen Rückgaberisiken für den Bund. Über Rückzahlungen und Emissionen von Bundesschatzbriefen unterrichtet der elektronische Bundesanzeiger. – 6. *Abschaffung:* Um die Kreataufnahme des Bundes möglichst kostengünstig zu gestalten, hat das Bundesministerium der Finanzen entschieden, ab 2013 keine reinen Privatkundenprodukte mehr aufzulegen und zu vertreiben. Dies betrifft neben Bundesschatzbriefen auch Finanzierungsschätze. Bestände werden jedoch bis zum Laufzeitende gebührenfrei auf dem Einzelschuldbuchkonto fortgeführt.

Bundesschuldenverwaltung (BSV) – von 1.1.2002 bis 31.7.2006: → Bundeswertpapierverwaltung (BWpV). Diese wurde aufgelöst und wurde ab dem 1.8.2006 in die Deutsche Finanzagentur eingegliedert.

Bundessondervermögen → Sondervermögen des Bundes.

Bundessteuern – Begriff zur Kennzeichnung der → Steuerertragshoheit des Bundes. – 1. *Bundessteuern i.e.S.:* → Steuern, deren Aufkommen allein dem Bund zufließt. Nach Art. 106 I GG stehen dem Bund zu: Zölle, → Verbrauchsteuern, die nicht den Ländern (z.B. → Biersteuer), Bund und Ländern (z.B. → Umsatzsteuer) oder den Gemeinden (z.B. → Gewerbesteuer) zustehen: u.a. → Branntweinsteuer, Energiesteuer, → Kaffeesteuer, → Schaumweinsteuer, → Solidaritätszuschlag, Stromsteuer, → Tabaksteuer, → Versicherungsteuer, sowie Abgaben im Rahmen der EU. – 2. *Bundessteuern i.w.S.:* Gesamtheit der dem Bund zustehenden Steuereinnahmen, die aus den Bundessteuern i.e.S. und dem Bundesanteil an den → Gemeinschaftsteuern besteht. – Vgl. auch → Gemeindesteuern, → Landessteuern.

Bundeswertpapierverwaltung (BWpV) – seit 1.8.2006 Deutsche Finanzagentur.

Bund-Länder-Finanzausgleich – vertikaler → Finanzausgleich zwischen Bund und Ländern. Die Aufgaben von Bund und Ländern sind im Grundgesetz allg. und unvollständig aufgeführt (→ Finanzverfassung); zudem ist jede Ebene haushaltswirtschaftlich selbstständig. Daher kann ein Vergleich des → Finanzbedarfs beider Ebenen nicht quantitativ exakt erfolgen. Dasselbe gilt für einen Vergleich der → Finanzkraft. Derartige Überlegungen finden Eingang in den originären Finanzausgleich beim Aushandeln der Umsatzsteueranteile zwischen Bund und Ländern. – Ein *ergänzender aktiver Finanzausgleich* zwischen beiden Ebenen findet nach Art. 106 IV GG dann statt, wenn der Bund den Ländern durch Bundesgesetz zusätzliche Ausgaben auferlegt. Außerdem kann der Bund nach Art. 107 II Satz 3 GG leistungsschwachen Ländern Zuweisungen zur ergänzenden Deckung ihres allg. Finanzbedarfs (→ Ergänzungszuweisungen) gewähren. Bundesergänzungszuweisungen sind die dritte Stufe des Bundestaatlichen Finanzausgleichs. Sie sollen die nach dem Länderfinanzausgleich verbleibende Lücke zur durchschnittlichen Finanzkraft bei leistungsschwachen Ländern weiter verringern. Allgemeine Bundesergänzungszuweisungen erhalten Länder, deren Finanzkraft je (gewichtetem) Einwohner nach dem Länderfinanzausgleich unter 99,5 % des Durchschnitts liegt. Die nach Länderfinanzausgleich verbleibende Lücke wird zu 77,5 % aufgefüllt. – Aufgrund der veränderten föderativen Struktur und der erheblich gestiegenen Unterschiede der horizontalen und vertikalen Deckungsrelationen, die die Vereinigung Deutschlands mit sich gebracht hat, sind beim Bund-Länder-Finanzausgleich generell beträchtliche *materielle Änderungen* eingetreten. In der seit dem 1.1.1995 erfolgten Neuordnung des Bund-Länder-Finanzausgleichs sind die Bundesergänzungszuweisungen weiter gewachsen (2011: 12,2 Mrd. Euro). Gleichzeitig hat die Unsystematik weiter zugenommen. 2011 erhielten die folgenden Länder Bundesergänzungszuweisungen: Berlin 2,533 Mrd. Euro, Brandenburg 1,587 Mrd. Euro, Bremen 227 Mio. Euro, Mecklenburg-Vorpommern 1,204 Mrd. Euro, Niedersachsen 83 Mio. Euro, Rheinland-Pfalz 173 Mio. Euro, Saarland 122 Mio. Euro, Sachsen 2,814 Mrd. Euro, Sachsen-Anhalt 1,721 Mrd. Euro, Schleswig-Holstein 112 Mio. Euro sowie Thüringen 1,593 Mrd. Euro.

Canardsche Steuerregel – auf Canard (1755–1833) zurückgehende These, dass bei alten Steuern Überwälzungsanpassungsvorgänge abgeschlossen seien und die Steuern alle gleichmäßig belasteten: „Alte Steuern, gute Steuern". Die Canardsche Steuerregel wird als Argument für die Beibehaltung von althergebrachten Steuern in Steuerreformdiskussionen gebraucht.

Clausula Miquel – Regelung der Rolle der → Matrikularbeiträge der Bundesstaaten an das Deutsche Reich; Defizite des Reichshaushalts sollten so lange durch Matrikularbeiträge der Bundesstaaten gedeckt werden, bis das Reich eigene Reichssteuern einführte. Zunächst von Bedeutung für den Norddeutschen Bund (1866). Die Clausula Miquel ging bei der Gründung des Deutschen Reiches (1871) in die Reichsverfassung ein; in praxi wurde die Vormacht der Länder bis zur → Erzbergerschen Finanzreform (1919/1920) zementiert.

Closed Bid → Ausschreibung, die keine Nachverhandlungsphase vorsieht.

Clubtheorie → ökonomische Theorie des Clubs.

Coase-Theorem – 1. *Begriff*: von Coase begründetes Theorem der Allokationstheorie (Internalisierungskonzept), bes. der Umwelt- und Ressourcenökonomik, nach dem unter bestimmten Voraussetzungen (vollständige Informationen, klar definierte Eigentumsrechte, wenige Beteiligte) durch eine Verhandlungslösung zwischen den betroffenen Wirtschaftssubjekten ein optimales Niveau von externen Effekten erzielt werden kann (Effizienzthese). – 2. *Funktionsweise*: Dieses Pareto-Optimum ist unabhängig davon, wem ursprünglich die Nutzungsrechte zugesprochen wurden. So können z.B. die Geschädigten eines Kohlekraftwerkes den Schadstoffausstoß beeinflussen, indem sie dem Verursacher für eine Reduktion des Ausstoßes einen Geldbetrag bezahlen, bis ihr marginaler Vorteil (= Ersparnis an Grenzkosten der Schädigung) den marginalen Kosten ihrer Zahlungen (= Grenzvermeidungskosten) entspricht (Laissez-faire-Regel). Bei der Haftungsregel zahlt der Verursacher den Geschädigten die Entschädigung in der Höhe, bei der die Grenzvermeidungskosten gleich den Grenzkosten der Schädigung sind. Während die Umweltqualität bzw. Verschmutzungsniveau identisch sind, haben die Lösungen in Abhängigkeit der definierten Eigentumsrechte unterschiedliche Wirkungen auf die Verteilung. – 3. *Kritik*: Coases gegen interventionistische Lösungen gerichtete Überlegungen sind nach seiner eigenen Aussage nur auf Problemfälle mit geringen Transaktionskosten (u.a. kleine Gruppe von Betroffenen) anwendbar. Die Verursacher der Schädigung sind ebenso deutlich erkennbar wie die Geschädigten. Die Verhandlungskosten sind niedrig. Eine Alternative zur Verhandlungslösung nach Coase ist die Pigou-Steuer, bei der der Staat eine Ökosteuer auf den Umweltverbrauch erhebt und durch den Preismechanismus des Marktes eine pareto-optimale Lösung anstrebt.

Comprehensive Tax Base – Begriff aus der modernen steuertheoretischen Diskussion. Möglichst breite Besteuerungsbasis, sowohl bei der → Einkommensbesteuerung (zur Vermeidung allokativer Verzerrungen zwischen den verschiedenen Einkunftsarten) als auch bei der → Ausgabensteuer. Wesentlich vom → Schanz-Haig-Simons-Ansatz bestimmtes Konzept.

Cost-Benefit-Analyse → Kosten-Nutzen-Analyse.

Crowding-out – 1. *Begriff* der Analyse allokativer Wirkungen der → öffentlichen

Kreditaufnahme; Hypothese, die besagt, dass durch eine kreditfinanzierte Ausweitung der Staatsnachfrage private Nachfrage in kleinerem, gleichem oder vergrößertem Umfang verdrängt wird. Damit wird die expansive Wirkung eines → Deficit Spending reduziert, eliminiert oder sogar überkompensiert. – 2. *Wirkungsverläufe:* a) Direktes Crowding-out *(Direct Crowding-out):* Die durch Schuldaufnahme finanzierte Staatsausgabe substituiert unmittelbar eine entsprechende private Ausgabe. b) Erwartungs-Crowding-out *(Expectations Crowding-out):* Die Privaten reagieren auf das staatliche Defizit mit einer Veränderung ihrer Ertrags- und Zinserwartung, damit zusammenhängend nimmt die private Investitionsneigung ab. Das Ricardianische Äquivalenztheorem gilt nicht (→ Ricardianische Äquivalenz). c) *Transactions, Price* und *Portfolio Crowding-out* ergeben sich aus der verschuldungsbedingten Veränderung von Transmissionsgrößen wie Zinssätzen, Vermögen, Preisen. – Vgl. auch → Quellentheorie, → Fontänentheorie.

Dawes-Anleihe → Dawes-Plan.

Dawes-Plan – 1924 von einem Ausschuss (Vorsitzender Dawes) der Reparationskommission zur Regelung deutscher Reparationszahlungen aufgestellter und von Alliierten und Deutschen angenommener Plan über die Art der Aufbringung und Höhe der Reparationszahlungen (bis zu 2,5 Mrd. Goldmark im Jahr ohne Festsetzung der Gesamtschuldsumme). Zahlungen wurden durch Belastung der Reichsbahn und Industrie sowie durch Verpfändung gewisser Zoll- und Steuereinnahmen gesichert. – Deutschland erhielt eine Anleihe *(Dawes-Anleihe)* von 960 Mio. GM, die etwa zur Hälfte in den USA und Europa aufgelegt und mit 7 Prozent verzinst wurde; Dienst der Anleihe (Verzinsung und Amortisation) wurde nach Vereinbarung der → Londoner Schuldenabkommen von 1952 wieder aufgenommen. – Die Undurchführbarkeit des Dawes-Plans erwies sich trotz des die Transferschwierigkeiten überdeckenden Zustroms ausländischen Kapitals, als sich die Weltwirtschaftslage verschlechterte. – Der Dawes-Plan wurde 1930 durch den → Young-Plan abgelöst.

Debt Management – 1. *Begriff* der Finanzwissenschaft für Maßnahmen, die den stabilisierungspolitischen, allokativen und fiskalischen Zielen staatlicher → Schuldenpolitik dienen. I.e.S. Maßnahmen der Schuldenstrukturpolitik, d.h. für Veränderungen in der Zusammensetzung der öffentlichen Schuld., i.w.S. auch Schuldenniveauvariationen. – 2. *Aufgaben:* Bewegliche Anpassung von Umfang, Konditionen und Fristigkeitsstruktur der öffentlichen Schuld an die Gegebenheiten der Geld- und Kapitalmärkte; Abstimmung der schuldenpolitischen Maßnahmen mit denen der Geldpolitik.

Deckung – I. Geld- und Währungspolitik: Bereithaltung von Mitteln seitens der Notenbank zur Notendeckung, d.h. zur jederzeitigen Einlösung zurückströmender Banknoten. Um der Notenbank die Möglichkeit konjunkturpolitischer Einflussnahme zu geben, wurden Staatspapiere, für die geldpolitische Refinanzierung zugelassene Wertpapiere sowie Währungsreserven als vollwertige Deckungsmittel zugelassen. Mittlerweile hat sich aber die Erkenntnis durchgesetzt, dass für die Stabilität des Geldwertes keine Deckungsvorschriften notwendig sind; vielmehr kommt es darauf an, das Geld – verglichen mit der vorhandenen Gütermenge – knapp zu halten. Eine große Bedeutung kommt der Glaubwürdigkeit der Zentralbank zu, eine Geldpolitik mit niedrigen Inflationsraten zu sichern. Deshalb enthalten moderne Notenbankverfassungen keine Deckungsvorschriften mehr.

II. Zahlungsverkehr: Einer in Auftrag gegebenen Überweisung, einer bei der Zahlstelle eingehenden Lastschrift, einem ausgestellten Scheck oder Wechsel stehen ausreichende Deckungsmittel auf dem Konto des Auftraggebers, Zahlungspflichtigen, Ausstellers bzw. Bezogenen gegenüber – sei es als Kontoguthaben oder als verfügbarer Kreditlinie.

Deckungsfähigkeit – Ausnahme vom Haushaltsgrundsatz der qualitativen Spezialität (→ Haushaltsgrundsätze). Sachverwandte Haushaltstitel können im → Haushaltsplan als einseitig oder gegenseitig deckungsfähig erklärt werden, d.h. die üblicherweise verbotene Übertragung von Haushaltsmitteln von einem Titel auf einen anderen wird ausnahmsweise gestattet. So können höhere Ausgaben in einer Gruppe durch Einsparungen in einer anderen Gruppe geleistet werden.

Deckungsgrundsatz – I. Zwangsversteigerungsrecht: Bei der Zwangsversteigerung von Grundstücken bleiben dem Recht des betreibenden Gläubigers im Rang vorgehende

Rechte bestehen und müssen vom Ersteher übernommen werden (Übernahmegrundsatz). Die Sicherung der vorgehenden Rechte erfordert, dass nur ein Gebot zugelassen wird, das diese Rechte sowie die Verfahrenskosten deckt (geringstes Gebot). Ist es nicht erreicht, kann der Zuschlag nicht erteilt werden.

II. Finanzwissenschaft: 1. *Begriff:* Grundsatz hinsichtlich Bedingungen und Umfang staatlicher Verschuldung (→ öffentliche Kreditaufnahme) zur Ausgabendeckung (auch als Verschuldungsregel bezeichnet). – 2. *Grundlagen:* Politisch-psychologische Argumente für die Verschuldung stellen v.a. darauf ab, dass eine Steuererhebung oder -erhöhung technisch nicht möglich oder politisch nicht tragbar oder durchsetzbar sein könnte; ökonomische Argumente leiten sich aus den wirtschaftlichen Wirkungen alternativer Finanzierungsmöglichkeiten her. – 3. *Arten:* a) *Traditionelle (objektbezogene) Deckungsgrundsätze.:* Es werden ordentliche Ausgaben und → außerordentliche Ausgaben unterschieden; Abgrenzungskriterien sind die Plan- und Vorhersehbarkeit der Ausgaben und der Beitrag zur staatlichen Kapitalbildung. Schuldaufnahme ist danach zur Überbrückung unvorhersehbarer, kurzfristig auftretender Bedarfe sowie für die Finanzierung von die staatliche Leistungsfähigkeit steigernden Investitionen zu vertreten (Self Liquidating Projects). Geht auf die Schuldentheorie von Wagner zurück. b) *Neuere Deckungsgrundsätze.:* Mit der Entwicklung einer stabilisierungsorientierten Finanzpolitik wurde auch die staatliche → Schuldenpolitik verstärkt unter konjunkturpolitischen Aspekten betrachtet; sie ergeben sich damit aus der Frage, welche Art und Höhe öffentlicher Verschuldung der jeweiligen konjunkturellen Situation angemessen ist (*situationsbezogene Verschuldungsregeln*). Das Konzept des zyklischen Budgetausgleichs folgt der Theorie der antizyklischen Finanzpolitik: Die Schuldenaufnahme in der Rezession wird in der Hochkonjunktur wieder ausgeglichen. Prognose- und Diagnoseprobleme hinsichtlich des Konjunkturverlaufs sowie die Trägheit politischer Entscheidungsprozesse bergen die Gefahr von Fehlsteuerungen. – 4. *Deckungsgrundsatz im bundesdeutschen Recht:* Unter dem Einfluss der Fiscal Policy keynesianischer Prägung fand auch in der bundesdeutschen Finanzverfassung ein Wechsel von objekt- zu teilweise situationsbezogenen Deckungsgrundsatz statt. Art. 109 GG verlangt eine Ausrichtung der Haushaltswirtschaft von Bund und Ländern an den Erfordernissen des gesamtwirtschaftlichen Gleichgewichts. Dieser Zustand wird im Stabilitäts- und Wachstumsgesetz (StWG) von 1967 mit den Zielen des magischen Vierecks beschrieben. Art. 115 GG gestattet ein situationsbedingtes Abweichen von dem im selben Art. festgelegten → Verschuldungsgrenzen; danach darf die → Nettokreditaufnahme nicht höher sein als die im Haushaltsplan vorgesehenen Ausgaben für Investitionen. Im Zuge der Europäischen Wirtschafts- und Währungsunion sind mit den Stabilitäts- bzw. Konvergenzkriterien von Maastricht sowie mit dem Stabilitäts- und Wachstumspakt weitere Grenzen für die Nettokreditaufnahme sowie für die Staatsverschuldung aufgestellt worden. Einfach-gesetzliche Deckungsgrundsätze finden sich in den §§ 6 III, 19 StabG und § 13 HGrG. 2009 wurde die Einführung der sog. Schuldenbremse beschlossen, um die Staatsverschuldung zu reduzieren (2012: 80% des BIP) und somit wieder die Schuldengrenze, welche im Vertrag von Maastricht vereinbart wurde (60% des BIP), einzuhalten. Die erstmalige Anwendung der Neuregelungen in Art. 109 und Art. 115 GG ist für das Haushaltsjahr 2011 vorgesehen. Die Einhaltung des Maximums einer nicht konjunkturbedingten, jährlichen Nettokreditaufnahme von 0,35% des BIPs ist für den Bund ab 2016 zwingend erforderlich.

Deckungskredite → öffentliche Kreditaufnahme.

Deckungsrelation – das für die Bemessung von → Ausgleichszuweisungen im

Finanzausgleich maßgebliche Verhältnis zwischen → Finanzkraft und → Finanzbedarf öffentlicher Aufgabenträger.

Deficit Spending – 1. *Begriff:* Überschuss der Ausgaben über die Einnahmen der öffentlichen Haushalte (Haushaltsfehlbetrag), um einen expansiven Effekt im Zustand der Unterbeschäftigung zu erzielen. Der Begriff ist eng mit der Fiscal Policy in der Tradition keynesianisch orientierter antizyklischer → Finanzpolitik verbunden und bezeichnet einen aus dieser Theorie oft gefolgerten Imperativ für den Finanzpolitiker, mittels Verschuldung (→ öffentliche Kreditaufnahme) Ausgaben- bzw. Konjunkturprogramme zu finanzieren. – 2. *Arten:* a) *Defizit durch lineare oder selektive Steuersatzsenkung (Deficit Without Spending)* bei konstantem Ausgabevolumen; geringer expansiver Effekt, da der → Steuermultiplikator relativ klein ist und nicht gewährleistet ist, dass die Erhöhung des verfügbaren Einkommens zu einer entsprechenden Erhöhung der kaufkräftigen Nachfrage führt. b) *Defizit durch Ausgabenerhöhung* bei unveränderten Steuersätzen; starker expansiver Effekt wegen des relativ hohen → Staatsausgabenmultiplikators, genauere Wirkungskenntnis, da expansive Wirkung nicht vom Verhalten der Nichtunternehmer abhängt. c) *Defizit durch gleichzeitige Ausgabenerhöhung und Einnahmensenkung;* sehr starker expansiver Effekt durch hohen Multiplikator, verursacht durch eine Erhöhung des verfügbaren Einkommens. – 3. *Defizitfinanzierung:* Grundsätzlich sind alle Verschuldungsformen der öffentlichen Hand zugänglich; die Gläubiger reichen von ausländischen Staaten über ausländische „Private" bis hin zu inländischen „Privaten" (z.B. Banken, Versicherungen) oder der Notenbank. – *Hypothesen:* (1) → Crowding-out; (2) → Idle Money. – 4. In der Bundesrepublik Deutschland *rechtlich nicht vorgesehen* (bis auf eine relativ geringe Summe); theoretisch (der Bundesbank würde die Steuerung der Geldmenge wesentlich erschwert, falls der Bund sich beliebig bei der Bundesbank verschulden könnte) und politisch (mittel- oder langfristig könnte die Tendenz entstehen, politische Bedarfe über einen dann doch inflatorischen Notendruck zu finanzieren) problematisch.

Deficit Without Spending → Deficit Spending.

Defizit – 1. Begriff aus der *Theorie öffentlicher Haushalte* für den die laufenden Einnahmen übersteigenden Betrag der Ausgaben. Das Defizit fällt je nach dem, ob es in der Finanzstatistik oder in der Volkswirtschaftlichen Gesamtrechnung (VGR) nachgewiesen wird, unterschiedlich hoch aus. Bedeutsam ist das Defizit in Relation zum Bruttoinlandsprodukt (BIP; sog. Defizitquote). – Vgl. auch → strukturelles Defizit, → Nettokreditaufnahme, → konjunkturelles Defizit, → Normaldefizit, → Deficit Spending. – 2. Begriff des *Rechnungswesens* für den Fehlbetrag, der sich auf einem Kassenkonto ergibt (Kassendefizit).

Degression – I. Kostentheorie: Rückgang der Stückkosten bei Ausweitung der Produktion. – 1. *Gesamtkostendegression:* Die Grenzkosten liegen unter den Durchschnittskosten, da die Ausbringung unterhalb des Betriebsoptimums liegt.

$$\frac{dK}{dx} < \frac{K}{x}$$

2. *Stückkostendegression (Größendegression):* Mit zunehmender Ausbringung sinken die Stückkosten, da sich die fixen Kosten auf eine größere Menge verteilen (Gesetz der Massenproduktion). – 3. *Auflagendegression:* Mit wachsender Seriengröße sinken die auf eine Produkteinheit entfallenden Rüstkosten.

II. Betriebswirtschaftliche Steuerlehre/Finanzwissenschaft: → Regression.

deutsches Vermögen im Ausland – Vermögenswerte aus der Zeit vor dem Zweiten Weltkrieg, deutscherseits auf etwa 16–20 Mrd. RM (Vorkriegswert) beziffert, ohne Patente, Firmennamen, Marken- und Warenzeichen sowie Urheberrechte (Wert mind. weitere 15–18 Mrd. RM); die von der Bundesrepublik

Deutschland angestrebte Anrechnung auf die deutschen Auslandsschulden fand keine Zustimmung. – *Verfügungsrechte der Eigentümer* seit 1945 in einzelnen Ländern verschieden, in einer Reihe von meist kleinen Staaten (wo oft erhebliche deutsche Werte investiert waren) freigegeben.

diagonaler Finanzausgleich → Parafisci.

differenzielle Inzidenz – Form der → Inzidenz. Die differenzielle Inzidenz gibt die Einkommensverteilungsänderungen an, die bei der Substitution einer Einnahme- bzw. einer Ausgabenposition durch einen anderen Einnahme- bzw. Ausgabenposten bei gleichbleibendem Aufkommen entstehen. Es werden alternative Finanzierungsarten oder Ausgabemöglichkeiten verglichen. Die Prämisse der → spezifischen Inzidenz einer einseitigen Ausgaben- oder Einnahmenänderung wird umgangen; im Gegensatz zur Budgetinzidenz wird nur *eine* Haushaltsseite betrachtet.

direkte Steuern – Gruppe von Steuern nach der ältesten Steuereinteilung (→ Steuerklassifikation). – *Einteilungskriterien:* 1. Nach der *Steuerfestsetzungs- bzw. Veranlagungstechnik:* Die Steuerfestsetzung erfolgt im Wege der Veranlagung bei dem Steuerpflichtigen, der als Steuerträger vermutet wird; direkte Steuern sind Veranlagungssteuern. Kriterium von nur noch historischer Bedeutung. – 2. Nach der *Überwälzbarkeit:* Die Steuer soll nach dem Willen des Gesetzgebers vom Steuerschuldner wirtschaftlich getragen werden, keine Überwälzung; sie sind *Tragsteuern.* Es wurde jedoch nachgewiesen, dass abhängig von der wirtschaftlichen Situation auch direkte Steuern überwälzbar sind (z.B. Überwälzung der Grundsteuer auf den Mieter). – 3. Nach der steuerlichen *Leistungsfähigkeit:* Die steuerliche Leistungsfähigkeit wird unmittelbar erfasst, wobei zwischen persönlicher (natürliche/juristische Person) und sachlicher (Gewerbebetrieb/Grundvermögen) Leistungsfähigkeit unterschieden wird, d.h. Besteuerung der Einkommenserzielung und des Ertrags, z.B. Einkommensteuer, Körperschaftsteuer, Gewerbesteuer, Grundsteuer. – *Gegensatz:* → indirekte Steuern.

Disincentives – durch wirtschafts- oder finanzpolitische (bes. steuerliche) Maßnahmen bewirkte Verringerung der (ökonomischen) Leistungsbereitschaft, die sich für die privaten Haushalte meist in einer Senkung des Arbeitsangebots und für die Unternehmen meist in einer Reduzierung der Investitionen äußert. Angenommene Disincentives der Einkommensteuer könnten durch eine Tarifsenkung beseitigt werden und so zu wirtschaftlichem Wachstum beitragen (→ Grenzen der Besteuerung). – *Gegensatz:* → Incentives.

Displacement-Effekt → Niveauverschiebungseffekt.

Dispositionsfonds – *Verfügungssumme;* eine nach freiem Ermessen des Staatsoberhauptes, der Minister oder der Bürgermeister verwendbare Summe im Staats- und Gemeindehaushalt. – *Beispiel:* → Reptilienfonds.

Divisor-Methode – Verfahren zur Berechnung der → Gewerbesteuer-Rückstellung unter Berücksichtigung der Abzugsfähigkeit der Gewerbesteuer von der eigenen Bemessungsgrundlage. Die Anwendung der Divisor-Methode enfällt ab dem Erhebungszeitraum 2008, da die Gewerbesteuer seitdem nicht mehr von der eigenen Bemessungsgrundlage abzugsfähig ist.

Doppelbesteuerung – 1. *Begriff:* Doppelbesteuerung ist gegeben, wenn mehrere selbstständige Steuerhoheitsträger (Staaten) aufgrund desselben Steuertatbestandes dieselben Steuerpflichtigen für den gleichen Zeitraum zu einer gleichartigen Steuer heranziehen. Definitionsmerkmale sind somit: (1) Erhebung von Steuer durch verschiedene Staaten sowie die vier Identitätsmerkmale: (2) Steuerobjektidentität, (3) Steuersubjektidentität im juristischen oder wirtschaftlichen Sinn, (4) Zeitraumidentität und (5) Steuerartenidentität. – *Anders:* wirtschaftliche Doppelbelastung. – 2. *Arten:* a) *Reale oder virtuelle Doppelbesteuerung:* (1) Reale Doppelbesteuerung ist eine tatsächlich eintretende Doppelbesteuerung. (2) *Virtuelle Doppelbesteuerung* ist eine theoretisch mögliche, aber aufgrund der vorhandenen Steuergesetze und/oder ihrer Auslegung nicht real eintretende Doppelbesteuerung. – b) *Juristische oder wirtschaftliche Doppelbesteuerung:* (1) Juristische Doppelbesteuerung liegt vor, wenn neben den unter I angeführten übrigen Merkmalen die Steuersubjektidentität im juristischen Sinn gegeben ist. (2) Wirtschaftliche Doppelbesteuerung tritt ein, wenn zwar keine Steuersubjektidentität im juristischen, wohl aber im wirtschaftlichen Sinn vorliegt (z.B. bilden die verschiedenen rechtlich selbstständigen Gesellschaften eines Konzerns ein Steuersubjekt im wirtschaftlichen Sinn). – c) *Formelle oder materielle Doppelbesteuerung:* (1) Bei der formellen Doppelbesteuerung erstreckt sich die Doppelbesteuerung auf formelle Steuerpflichten, (2) bei der materiellen Doppelbesteuerung dagegen auf die Erfüllung materieller Steuerpflichten. – 3. *Ursachen:* a) Die *Steueransprüche* der beteiligten Staaten *überschneiden* sich *objektiv*, da der juristisch oder wirtschaftlich identische Steuerpflichtige für den gleichen Zeitraum einer gleichartigen Besteuerung bez. des gleichen Steuerobjekts (z.B. Einkommen, Vermögen) unterliegt. Folgende *Kombinationen* von Steuerpflichten kommen vor: (1) Staat X: unbeschränkte Steuerpflicht, Staat Y: beschränkte Steuerpflicht; (2) Staat X: unbeschränkte Steuerpflicht, Staat Y: unbeschränkte Steuerpflicht; (3) Staat X: beschränkte Steuerpflicht, Staat Y: beschränkte Steuerpflicht. Die Kombination (1) tritt am häufigsten auf. – b) Die Steueransprüche der beteiligten Staaten sind zwar bei Vorhandensein eines Doppelbesteuerungsabkommens (DBA) so gegeneinander abgegrenzt, dass *Überschneidungen nicht mehr* vorkommen sollten; dennoch kommt es in einzelnen Fällen zur Doppelbesteuerung, nämlich bei: (1) Überschneidungen bei der Ermittlung der im Staat zustehenden Bemessungsgrundlagen (z.B. Einkommen, Vermögen) oder (2) positiven Qualifikationskonflikten (Fälle, in denen Regeln zur Vermeidung der Doppelbesteuerung bestehen, aber beide Staaten sich aus ihrer Sicht nach diesen Regeln für qualifiziert halten, eine Besteuerung vorzunehmen). – 4. *Relevante Steuerarten:* Doppelbesteuerungen können prinzipiell bei allen Steuerarten vorkommen. Die Staatenpraxis zeigt aber, dass Doppelbesteuerungen bei der Gruppe der → Verkehrsteuern selten sind, da sich hier eine Begrenzung des Steueranspruchs auf das eigene Staatsgebiet von vornherein anbietet. Dagegen sind Doppelbesteuerungen bei den Steuern vom Einkommen und Vermögen der Regelfall. – 5. *Ökonomische Wirkungen:* a) *Betriebswirtschaftlich* verringert Doppelbesteuerung die Rentabilität einer Investition. Auslandsinvestitionen müssen daher i.d.R. eine wesentlich höhere Rentabilität vor Steuern aufweisen als vergleichbare Inlandsinvestitionen. – b) *Volkswirtschaftlich* wirkt die Doppelbesteuerung wettbewerbsverzerrend und hemmt die Mobilität der Produktionsfaktoren sowie die internationale Arbeitsteilung. Da die betriebswirtschaftlich notwendigen erhöhten Ausgangsrentabilitäten häufig nicht gegeben sind, unterbleiben dann volkswirtschaftlich wünschenswerte Direktinvestitionen im Ausland. – c) *Finanzwirtschaftlich* führt die Doppelbesteuerung bei kurzfristiger Betrachtung zu einer Erhaltung inländischer Besteuerungssubstanz. Langfristig überwiegen jedoch die negativen Aspekte in Form eines geringeren gesamtwirtschaftlichen Wachstums und damit geringerer besteuerungsfähiger Erträge. Die Finanzwissenschaft unterscheidet von der Doppelbesteuerung die Doppelbelastung (besser: Mehrfachbelastung), d.h. die mehrfache steuerliche Belastung desselben Besteuerungsgutes durch verschiedene Steuerarten desselben Hoheitsträgers. – 6. *Konsequenzen:* Die Doppelbesteuerung gehört zu den wichtigsten Hemmnissen einer internationalen wirtschaftlichen Betätigung. Da dies aus betriebswirtschaftlicher, volkswirtschaftlicher und finanzwirtschaftlicher Sicht gleichermaßen negativ zu beurteilen ist, haben nicht nur die Steuerpflichtigen, sondern auch die beteiligten Staaten ein elementares Interesse an der Vermeidung der Doppelbesteuerung durch geeignete Maßnahmen. – 7. *Vermeidung der Doppelbesteuerung:* a) *Unilaterale Maßnahmen:* autonome Maßnahmen des Wohnsitzstaates eines Steuersubjektes, die durch einseitigen Steuerverzicht dieses Staates eine Doppelbesteuerung im juristischen und/oder wirtschaftlichen Sinn vermeiden oder mildern. In der Bundesrepublik Deutschland existieren unilaterale Maßnahmen bei allen relevanten Steuerarten. – *Methoden:* (1) *Freistellungsmethoden (Exemption Systems):* (a) *Volle Freistellung:* Das Besteuerungsrecht liegt ausschließlich beim Quellenstaat. Im Wohnsitzstaat bleiben die ausländischen Einkünfte bzw. Vermögensteile bei der Ermittlung der Steuerbemessungsgrundlage und des Steuersatzes außer Betracht. (b) *Freistellung mit Progressionsvorbehalt:* Die ausländischen Einkünfte bzw. Vermögensteile bleiben im Wohnsitzstaat nur bei der Ermittlung der Bemessungsgrundlage außer Ansatz, werden aber bei der Ermittlung des Steuersatzes berücksichtigt. (2) *Anrechnungsmethoden (Tax Credit Systems):* Die ausländischen Einkünfte bzw. Vermögensteile werden bei der Ermittlung der inländischen Steuerbemessungsgrundlage und des Steuersatzes berücksichtigt. Auf die inländische Steuer werden allerdings die im Ausland gezahlten Steuern angerechnet. (a) *Direkte Anrechnung:* Angerechnet werden die von demselben juristischen Steuersubjekt im Ausland gezahlten Steuern: (aa) *Volle Anrechnung:* in voller Höhe, also auch über die inländische Steuer hinaus, sodass es theoretisch zu einer Erstattung ausländischer Steuer durch den inländischen Fiskus kommen kann. (ab) *Begrenzte Anrechnung:* Wie (aa), der Wohnsitzstaat rechnet jedoch nicht in unbegrenzter Höhe an, sondern begrenzt die Anrechnung auf den Steuerbetrag, der im Inland auf die ausländischen Einkünfte bzw. Vermögensteile entfällt. Die Begrenzung kann für alle ausländischen Einkünfte bzw. Vermögensteile gemeinsam gelten (Over-All-Limitation) oder pro Land, aus dem ausländische Einkünfte bezogen werden, erfolgen (Per-Country-Limitation). (ac) *Fiktive Anrechnung:* Wie (aa), jedoch wird im Wohnsitzstaat nicht die tatsächlich im Ausland entrichtete Steuer angerechnet, sondern eine fiktive Steuer. Diese Methode wird vorzugsweise zur Erhöhung des Anrechnungspotenzials bei niedrig besteuernden Quellenstaaten, bes. Entwicklungsländern, angewandt. (b) *Indirekte Anrechnung:* Angerechnet werden die von dem wirtschaftlich identischen Steuersubjekt im Ausland entrichteten Steuern (z.B. die von der ausländischen Tochtergesellschaft im Ausland entrichtete Körperschaftsteuer). Die Ausgestaltung der indirekten Anrechnung kann in der gleichen Weise erfolgen wie die Ausgestaltung der direkten Anrechnung. (3) *Pauschalierungsmethode:* Die ausländischen Einkünfte bzw. Vermögensteile werden im Quellenstaat und Wohnsitzstaat voll besteuert. Der Wohnsitzstaat wendet auf die ausländischen Einkünfte bzw. Vermögensteile jedoch nicht den normalen Steuersatz an, sondern einen i.d.R. niedrigeren Pauschalsteuersatz. (4) *Abzugsmethode:* Die ausländischen Einkünfte bzw. Vermögensteile werden im Wohnsitzstaat und Quellenstaat voll besteuert. Der Wohnsitzstaat erlaubt lediglich den Abzug der im Ausland gezahlten Steuern von der inländischen Bemessungsgrundlage. – b) *Bilaterale Maßnahmen* sind Abkommen zur Vermeidung der Doppelbesteuerung, die zwischen zwei selbstständigen Staaten zur Vermeidung oder Milderung der Doppelbesteuerung abgeschlossen werden (Doppelbesteuerungsabkommen (DBA)). In den DBA werden je nach Einkunftsart und Vermögensart die Freistellung mit Progressionsvorbehalt oder die direkte Anrechnung, mit einer Begrenzung pro Land, angewandt. Im Verhältnis zu Entwicklungsländern kommt auch die direkte fiktive Anrechnung vor. – c) *Multilaterale Maßnahmen:* DBA, die nicht nur von zwei, sondern von einer Vielzahl von Staaten unterzeichnet werden. Multilaterale Abkommen sind bis heute wegen des schwierigen Interessenausgleichs und der unterschiedlichen Steuersysteme weitgehend ungebräuchlich. In Deutschland werden folgende Methoden je nach Steuerart und der Erfüllung sonstiger Bedingungen angewandt: (1) volle Freistellung (selten); (2) direkte Anrechnung mit einer Begrenzung der Anrechnung pro Land (Regelfall); (3) bei Dividendeneinkünften von Kapitalgesellschaften, die an ausländischen Tochtergesellschaften beteiligt sind, Freistellung, wenn keine Hinzurechnungsbesteuerung erfolgt; (4) unter bestimmten Voraussetzungen die Pauschalierungsmethode; (5) soweit die anderen Methoden unter (1) bis (4) nicht anwendbar sind: die Abzugsmethode.

Durchschnittssteuersatz – Verhältnis zwischen Steuerbetrag und → Bemessungsgrundlage. Der Durchschnittssteuersatz bezeichnet somit die Belastung der gesamten Besteuerungsmenge. – *Anders:* → Grenzsteuersatz. – Vgl. auch → Steuertarifformen.

E

Edinburgher Regel – Grundsatz, nach dem die relative ökonomisch-finanzielle Lage der Steuerpflichtigen zueinander durch die Besteuerung nicht geändert werden soll („leave them as you find them"); ein Postulat der Besteuerungsneutralität. Es wird damit v.a. gefordert, die Steuern so zu erheben, dass sie die Präferenzen und damit die Entscheidungen der Wirtschaftssubjekte möglichst wenig ändern, weil dann die Kosten der Besteuerung für den Einzelnen ebenso wie für die Gemeinschaft möglichst gering sind. Benannt nach einem Artikel in der „Edinburgh Review" (1833). Heute gilt die Edinburgher Regel allenfalls für die wettbewerbsneutrale Besteuerung.

effektive Inzidenz. → Inzidenz.

Einfuhrumsatzsteuer (EUSt) – I. *Grundsätzliches:* Eine Verbrauchsteuer im Sinn der AO (§ 21 I UStG), die an den Tatbestand der Einfuhr anknüpft; sie wird von der Bundeszollverwaltung erhoben (Art. 108 I GG). Ihr Aufkommen steht dem Bund und den Ländern gemeinsam zu. Durch die Belastung der aus Drittländern eingeführten Waren mit der Einfuhrumsatzsteuer (EUSt) wird ein umsatzsteuerlicher Grenzausgleich erreicht. Das Ursprungsland (Ursprungslandprinzip) entlastet die Ware bei der Ausfuhr von der Umsatzsteuer; das Bestimmungsland (→ Bestimmungslandprinzip) belastet die Ware, sodass das inländische Umsatzsteuerniveau erreicht ist. – Die EUSt ist innerhalb der EU seit dem 1.1.1993 durch die Umsatzsteuer auf den innergemeinschaftlichen Erwerb (§ 1 I 5 UStG) ersetzt worden; sie wird seitdem nur noch für Einfuhren aus dem Drittlandsgebiet erhoben.

II. *Im Einzelnen gilt:* 1. *Begriff:* Der Ausdruck „Einfuhrumsatzsteuer" (EUSt) ist Bezeichnung für eine bes. Erhebungsform der → Umsatzsteuer, nämlich für jene Umsatzsteuer, die nicht von den Finanzämtern, sondern den Zollbehörden erhoben wird, und zwar nicht bei der Lieferung von Gegenständen, sondern wenn Gegenstände ins Inland verbracht werden, die bislang noch nicht einer inländischen Umsatzsteuerbelastung unterlegen haben. EUSt wird erhoben auf die Einfuhr von Gegenständen aus dem Drittlandsgebiet in das Zollgebiet der EU-Staaten, und zwar nach den Gesetzen desjenigen Staates, in den die Einfuhr erfolgt. Dies ist entweder der Staat, wo der Gegenstand zum ersten Mal in das Zollgebiet gelangt (Regelfall), oder der Staat, in dem er aus bes. zollrechtlichen Verfahren (z.B. externes Versandverfahren) ausscheidet und in den freien Verkehr überführt wird. – 2. *Steuerpflichtiger* kann, anders als bei der Normalform der Umsatzsteuer, jede Person sein, nicht nur ein Unternehmer. – 3. *Deutschland* erhebt EUSt für die Einfuhr in das umsatzsteuerliche Inland und, aufgrund zollrechtlicher Verträge mit Österreich, auch in die österreichischen Gebiete von Jungholz und Mittelberg. – 4. *Steuerbefreiungen:* Von der EUSt befreit sind: (1) Bestimmte in § 5 UStG genannte Gegenstände, teilweise nur unter bestimmten bes. Voraussetzungen; (2) nach der Einfuhrumsatzsteuerbefreiungsverordnung u.a. Gegenstände, die auch nach dem Zollkodex (ZK) abgabenfrei eingeführt werden können und nicht-gewerbliche Gelegenheitseinfuhren sowie Einfuhren von Gegenständen, die in ein Umsatzsteuerlager verbracht werden sollen. – 5. *Bemessungsgrundlage* für die EUSt ist der Zollwert, und zwar einschließlich eventueller Einfuhrabgaben, Zöllen und anderer Verbrauchsteuern; die Bemessungsgrundlage ist jedoch - wie auch sonst im Umsatzsteuerrecht üblich - aber eine Nettobemessungsgrundlage, d.h. die zu zahlende Einfuhrumsatzsteuer (EUSt) bildet keinen Teil der Bemessungsgrundlage. – 6. *Steuersatz* ist der für den Gegenstand jeweils geltende Umsatzsteuersatz des

Einfuhrlandes. – 7. *Vorsteuerabzug:* Fällt bei einem Unternehmer EUSt für die Einfuhr von Gegenständen an, die er für umsatzsteuerpflichtige Zwecke verwendet, kann er die Einfuhrumsatzsteuer (EUSt) als Vorsteuer abziehen (Vorsteuerabzug); hierdurch wird eine systemwidrige Mehrfachbelastung mit Umsatzsteuer vermieden. Welcher Unternehmer zum Abzug der EUSt berechtigt ist, bestimmt sich danach, wer im Einfuhrzeitpunkt die Verfügungsgewalt über die Ware besitzt. – 8. *Aufkommen:* 42,1 Mrd. Euro (2007), 35,4 Mrd. Euro (2006), 33.824,2 Mio. Euro (2003), 32.732, 3 Mio. Euro (2002), 34.472,1 Mio. Euro (2001), 33.731,7 Mio. Euro (2000), 18.470, 9 Mio. Euro (1995), 35.764,4 Mio. Euro (1990), 29.858 Mio. Euro (1985), 20.757 Mio. Euro (1980), 9.388 Mio. Euro (1975), 5.795 Mio. Euro (1970, gekürzt um 10,2 Mio. Euro Vergütungen an Importeure), 3.310 Mio. Euro (1968).

Einheitsbudget – Zusammenstellung sämtlicher veranschlagter Einnahmen und Ausgaben einer Gebietskörperschaft in einem einzigen → Haushaltsplan zur Erhöhung der Übersichtlichkeit des Haushaltsgebarens. Das Einheitsbudget ist Ausdruck des Haushaltsgrundsatzes der Einheit (→ Haushaltsgrundsätze). – Als *Verstoß* gegen dieses Prinzip ist die Aufstellung eines (früher üblichen) → außerordentlichen Haushalts neben dem ordentlichen Budget anzusehen.

Einheitswert – 1. *Begriff:* Der Einheitswert ist der nach den Vorschriften des Ersten Abschnitts des Zweiten Teils des Bewertungsgesetzes für die dort bezeichneten Bewertungsgegenstände einheitlich für mehrere Steuerarten und in einem gesonderten, von der Steuerfestsetzung unabhängigen Verfahren (§ 180 II Nr. 1 AO, § 19 BewG) ermittelte Wert für wirtschaftliche Einheiten. Die Feststellung von Einheitswerten erfolgt unabhängig von der Steuerfestsetzung. – *Ziel:* Harmonisierung des Zugriffs verschiedener (einheitswertabhängiger) → Steuerarten auf identische Güter (z.B. Grundstücke); es entfällt dadurch die mehrfache und u.U. unterschiedliche Bewertung für verschiedene Steuern. – 2. *Bezug/Bewertung:* a) Einheitswerte werden festgestellt für: (1) inländische *Betriebe der Land- und Forstwirtschaft* (i.d.R. land- und forstwirtschaftliches Vermögen), mit Wirkung für → Grundsteuer und → Erbschaftsteuer; (2) inländische *Grundstücke* und *Betriebsgrundstücke* mit Wirkung für Grundsteuer und → Gewerbesteuer. – Vgl. auch Einheitswertzuschlag. (3) *Einheitswerte für Betriebsvermögen* werden nicht mehr festgestellt; hier wird der substanzsteuerliche Wert nur noch bei konkretem Bedarf für Zwecke der Erbschaftsteuer oder des Stuttgarter Verfahrens ermittelt. – b) Die wertmäßige Konkretisierung eines Einheitswertes erfolgt für die unter a) (1) und (2) aufgeführten wirtschaftlichen Einheiten (bzw. Untereinheiten) nach unterschiedlichen *Bewertungsmaßstäben und -methoden:* (1) Für *land- und forstwirtschaftliche Betriebe* bilden der Wirtschaftswert und der Wohnungswert (jeweils ermittelt nach dem Ertragswertverfahren; Ertragswert) den Einheitswert der gesamten wirtschaftlichen Einheit (§ 48 BewG). (2) Für *Grundstücke und Betriebsgrundstücke* (sofern letztere nicht einen Betrieb der Land- und Forstwirtschaft darstellen) erfolgt die Bewertung für die Grundsteuer i.d.R. mit dem Ertragswert nach dem Ertragswertverfahren (§§ 76 I, 78 ff. BewG). Bei bestimmten Grundstücksarten und zusätzlichen anderen Kriterien muss zur Bewertung das *Sachwertverfahren* (Sachwert) herangezogen werden (§§ 76 II, III, 83 ff. BewG). – Diese beiden Bewertungsverfahren bilden auch die Wertbasis für die gesondert geregelte Ermittlung (bzw. Aufteilung) von Einheitswerten bei Grundstücken im Zustand der Bebauung, Erbbaurechten, Wohnungseigentum/Teileigentum und Gebäuden auf fremdem Grund und Boden (§§ 91–94 BewG). Für die Erbschaftsteuer und Grunderwerbsteuer gelten nicht die Einheitswerte, sondern hier werden bei Bedarf individuelle Werte festgestellt (Bedarfswert). – 3. *Feststellung:* a) Allgemeine

Hauptfeststellung von Einheitswerten auf den Beginn eines Kalenderjahres (§ 21 II BewG). Der zeitliche Abstand zwischen zwei Hauptfeststellungszeitpunkten sollte sechs Jahre betragen (§ 21 I BewG). Dieser Regel-Turnus wird allerdings nicht konsequent eingehalten. Die letzte Hauptfeststellung (§ 21 BewG) wurde für den unter (1) bezeichneten Grundbesitz mit den Wertverhältnissen vom 1.1.1964 durchgeführt und erstmals zum 1.1.1974 angewandt (Einheitswertzuschlag). – b) *Nachfeststellung* von Einheitswerten auf den Beginn eines Kalenderjahres, wenn (1) eine wirtschaftliche Einheit (Untereinheit) neu entsteht oder (2) eine bereits bestehende Einheit (Untereinheit) erstmals zu einer Steuer herangezogen werden soll. – *Besonderheit:* Für den Grundbesitz in den alten Bundesländern gelten zu jedem Nachfeststellungszeitpunkt die Wertverhältnisse der letzten Hauptfeststellung (d.h. 1.1.1964), während für Nachfeststellungen von Einheitswerten gewerblicher Betriebe die Bestands- und Wertverhältnisse vom Nachfeststellungszeitpunkt maßgebend sind (§§ 23, 27 BewG). – c) *Fortschreibungen:* Für bereits festgestellte Einheitswerte auf einen früheren Zeitpunkt werden zu einem Fortschreibungszeitpunkt die Einheitswerte neu festgestellt: (1) *Wertfortschreibung* bei Überschreiten bestimmter Schwankungsgrenzen gemessen am letzten festgestellten Einheitswert (§ 22 I BewG). (2) *Artfortschreibung* bei steuerlich bedeutsamen Änderungen hinsichtlich der bewertungsrechtlichen Einordnung der wirtschaftlichen Einheit (z.B. Grundstücksart, § 22 II BewG). (3) *Zurechnungsfortschreibung* bei Wechsel der Eigentumsverhältnisse (§ 22 II BewG). (4) *Berichtigungsfortschreibung* zur Beseitigung von Fehlern bei der letzten Einheitswert-Feststellung, die aus fehlerhafter Bewertung, Artenzuordnung oder Zurechnung entstanden sind; die berichtigende Fortschreibung muss einer der drei originären Fortschreibungsarten c) (1) bis (3) zugeordnet werden, sodass z.B. bei Bewertungsberichtigungen gleichfalls die Anforderungen an das Überschreiten der Wertgrenzen im Sinn einer einfachen Wertfortschreibung geknüpft sind. Es gelten dann allerdings die Bestands- und Wertverhältnisse im (fehlerbehafteten) Feststellungszeitpunkt. – d) *Aufhebung von Einheitswerten* auf den Beginn eines Kalenderjahres, wenn (1) die wirtschaftliche Einheit (Untereinheit) wegfällt oder (2) das Objekt, für das ein Einheitswert gebildet wurde, von jeglicher Besteuerung befreit wird. – Hauptfeststellung, Nachfeststellung, Fortschreibung und Aufhebung von Einheitswerten schließen sich zu einem Feststellungszeitpunkt gegenseitig aus. Wert-, Art- und Zurechnungsfortschreibung können dagegen zu einem Fortschreibungszeitpunkt nebeneinander bestehen. – e) *Aufteilung des Einheitswertes*, wenn Einheitswertfeststellung bei mehreren Beteiligten erforderlich ist. Die Höhe der Anteile am Einheitswert wird im Einheitswert-Bescheid neben der Artenzuordnung der wirtschaftlichen Einheit bekannt gegeben (§ 19 III Nr. 2 BewG). – 4. *Regelungen für die neuen Bundesländer:* a) Für das in den neuen Bundesländern gelegene land- und forstwirtschaftliche Vermögen wird kein Einheitswert, sondern ein Ersatzwirtschaftswert festgestellt (§ 125 BewG). – b) Für Grundstücke gelten die Einheitswerte, die nach den Wertverhältnissen am 1.1.1935 festgestellt sind oder noch festgestellt werden. Anstelle der in den alten Bundesländern üblichen Bewertungsverfahren werden die entsprechenden Vorschriften des Bewertungsgesetzes der ehemaligen Deutschen Demokratischen Republik sowie der Durchführungsverordnung zum Reichsbewertungsgesetz vom 2.2.1935 angewandt (§ 129 BewG). – c) Fortschreibungen und Nachfeststellungen der Einheitswerte 1935 werden grundsätzlich erstmals auf den 1.1.1991 vorgenommen; für Mietwohngrundstücke und Einfamilienhäuser jedoch dann nicht, wenn die Einheitswerte ausschließlich für die Grundsteuer bedeutsam sind (§ 132 BewG). – d) Der Einheitswert 1935 ist mit einem Faktor zu multiplizieren, der – je nach Grundstücksart – zwischen 100 Prozent und 600 Prozent beträgt (Grundbesitz). – 5. *Verfassungswidrigkeit der Einheitswerte für Grundvermögen:* Durch Urteile des Bundesverfassungsgerichts vom 22.6.1995 ist die Bewertung von Grundvermögen mit den Einheitswerten von 1964 z.B. für die Erbschaftsteuer für verfassungswidrig erklärt worden. Im Gefolge dieser Entscheidungen wurde die Bewertung von Grundstücken allerdings nur für Erbschaftsteuer und Grunderwerbsteuer neu geregelt; für die Grundsteuer blieb es bei den alten Einheitswerten. Die Grundkonzeption des Bewertungsgesetzes, Einheitswerte für verschiedene Steuern festzusetzen, ist dadurch (und durch die weitgehende Abschaffung der Substanzsteuern) im Grunde zerstört. – 6. *Finanzwissenschaftliche Beurteilung:* Das bei seiner Einführung in den 1920er-Jahren als steuertechnischer Fortschritt gelobte Einheitswertverfahren wird seit Jahrzehnten scharf kritisiert. Es verstößt mehrfach gegen den Grundsatz der Gleichmäßigkeit der Besteuerung: *in zeitlicher Hinsicht*, weil Einheitswerte wegen der Zahl und der Kompliziertheit des Bewertungsverfahrens verzögert festgestellt werden (der Einheitswertzuschlag von 1974 hat hieran wenig ändern können). *In sachlicher Hinsicht*, weil Einheitswerte i.d.R. unter dem Marktwert liegen, sodass z.B. bei der Vermögensteuer der Grundbesitz im Vergleich zu anderen Vermögensarten steuerlich begünstigt ist. Das Bundesverfassungsgericht hat diesen Tatbestand moniert (Urt. v. 22.6.1995, AZ 2 BvR 552/91) und den Gesetzgeber zur Abhilfe aufgefordert. Dies hat zur Folge, dass die Vermögenssteuer seit dem 1.1.1997 nicht mehr erhoben werden darf.

Einkommen – I. Mikroökonomik: Stromgröße im Rahmen der Haushaltstheorie, die einem Haushalt innerhalb einer Periode zufließt. Dabei stehen dem Haushalt i.Allg. *vier Einkommensarten* zur Verfügung: (1) Einkommen aus Arbeitsleistung in Form von Lohnzahlungen, indem der Haushalt im Produktionsprozess den Unternehmen verwertbare Leistungen anbietet (Arbeits-Einkommen); (2) Einkommen aus Vermögen in Form von Zinsen bzw. Grundrente durch die Bereitstellung von Kapital oder Boden (Besitz-Einkommen); (3) Einkommen aufgrund rechtlicher Ansprüche oder freiwilliger Zuwendungen (Transfer-Einkommen); (4) Einkommen als Residualgewinn aus unternehmerischer Tätigkeit (Unternehmer-Einkommen). Für die Mehrzahl der Haushalte ist das Arbeitseinkommen von maßgebender Bedeutung. (5) Zu ergänzen sind Differenzialeinkommen, die sich aus Leistungsdifferenzen von Faktoren ergeben. – *Verwendung:* Sein Nettoeinkommen führt der Haushalt einerseits der Vermögensanlage (Sparen) und andererseits dem Kauf von Gütern (Konsum) zu. Den zum Konsum bestimmten Teil des Einkommens verwendet er optimal für die in seinen Begehrskreis fallenden Güter, wenn für ihn das zweite Gossensche Gesetz erfüllt ist (Haushaltsoptimum).

II. Makroökonomik: Volkseinkommen.

III. Finanzwissenschaft: 1. *Allgemein:* Im Rahmen der → Einkommensbesteuerung wird diskutiert, welche Einkommensbegriffe am besten die steuerliche Leistungsfähigkeit des Individuums (→ Leistungsfähigkeitsprinzip) repräsentieren. Die Finanzwissenschaft stützt sich dabei auf die Ergebnisse der Wirtschaftstheorie. – 2. *Definitionen* (nach dem theoretischen Ansatz unterschiedlich): a) Nach der → Quellentheorie (B. Fuisting): Zum Einkommen zählen nur die ständig fließenden Zugänge; wegen des Ausschlusses aller aperiodischen Zugänge an ökonomischen Größen der engste Einkommensbegriff. – b) Nach der → Reinvermögenszugangstheorie: Zum Einkommen gehören neben den ständig fließenden Zugängen v.a. auch aperiodische Zugänge und Vermögenswertzuwächse. Damit wird dem Steuergrundsatz der sachlichen „Allgemeinheit" schon besser entsprochen als bei a). – c) Nach dem → Schanz-Haig-Simons-Ansatz: Mit der → Comprehensive Tax

Base versucht dieser Ansatz, dem Ideal der Allgemeinheit der Besteuerung bes. nahe zu kommen; er repräsentiert die gegenwärtige Diskussionsgrundlage. – d) *Umfassende Systematik des Einkommens:* (1) *Geldeinkommen:* (a) Faktorentlohnung: Arbeit, Kapital, einschließlich Gewinnausschüttung und -entnahme sowie realisierte Kapital-Wertsteigerungen; (b) Geldzugänge aus der Auflösung und dem Zugang von privatem Vermögen: Entsparen, Erbschaften, Schenkungen, Vermögensveräußerungen; (c) Zugänge aus Transfers: individuelle Transfers, z.B. Unterstützungen, Abfindungen; kollektive Transfers, z.B. Versicherungsleistungen, öffentliche Transfers wie Sozialrenten, Sozialhilfe, Kindergeld. (2) *Gütereinkommen:* (a) Naturalzugänge: Deputate, Dienstwohnung, Ausbildung, Gesundheitsdienste im Unternehmen; (b) Nutzung des (selbst erworbenen oder ererbten) Sachvermögens; (c) private Realtransfers, z.B. Wohnrechte, Vorteile aus gemeinsamem Haushalt, Nachbarschaftshilfe; öffentliche Realtransfers, z.B. Kuren, Heilverfahren, Heimunterbringung. – Diese Systematik enthält allerdings nur pekuniär erfassbare Elemente, eliminiert demnach rein „psychisches" Einkommen (Bedürfnisbefriedigung); sie enthält nur messbare Zugänge, grenzt demnach häusliche Dienste und Freizeit aus. Inwieweit alle Zugangselemente auch der Besteuerung zu unterwerfen wären, müsste eigens entschieden werden.

IV. Steuerrecht der Bundesrepublik Deutschland: 1. Einkommen als *Grundlage der Steuerpflicht* vom Standpunkt der Steuergerechtigkeit: Gesamtbetrag der einer Person in bestimmter Zeiteinheit (Woche, Monat, Jahr) zufließenden Überschüsse der Wirtschaftsführung, also auch Naturalerträge. a) *Einkommen i.e.S.* (sog. *Quellentheorie*): Nur solche Reineinnahmen, die aus dauernden Quellen, also regelmäßig fließen: (1) fundiertes Einkommen, (2) unfundiertes Einkommen. – b) *Einkommen i.w.S.* (sog. *Reinvermögenszugangstheorie*): Sämtliche, also auch einmalige Einnahmen, wie z.B. Lotteriegewinn. – 2. Das dt. *Einkommensteuerrecht* enthält Teile der Quellen- und der Reinvermögenszugangstheorie. Dieser *synthetische Einkommensbegriff* folgte zunächst im Grundsatz – mit Ausnahme der Heranziehung weniger privater Veräußerungsgewinne (§ 23 EStG) – dem Begriff i.e.S. Die historische Entwicklung hat dann aber, gerade in letzter Zeit (ab 2009) zu einer stärkeren Ausweitung des steuerlichen Einkommensbegriffs in Richtung auf den Begriff des Einkommens i.w.S. mit sich gebracht, da heutzutage nur noch wenige private Veräußerungsgewinne aus dem steuerlichen Einkommensbegriff ausgegrenzt bleiben (§ 20, § 23 EStG). Ausgangspunkt der Einkommensermittlung sind die Einkünfte. Nur Bezüge und Verluste, die innerhalb der sieben Einkunftsarten (→ Einkünfte) anfallen, sind steuerlich relevant. Von der Summe der Einkünfte sind zur Ermittlung des Einkommens bestimmte Aufwendungen und → Freibeträge in Abzug zu bringen. Nach der herrschenden verfassungsrechtlichen Lehre hat der Einkommensteuergesetzgeber zwar bei der Ausgestaltung der steuerlichen Einkommensermittlung einen Ermessensspielraum, ist aber nicht völlig frei, sondern hat bestimmte Grundregeln, z.B. das objektive und das subjektive Nettoprinzip, zu beachten. – Vgl. auch → Einkünfteermittlung. – 3. *Körperschaftsteuer:* Was als Einkommen gilt und wie es zu ermitteln ist, bestimmt sich grundsätzlich nach den Vorschriften des EStG, wenn nicht das KStG bes. Regelungen enthält (§ 8 I KStG). Damit können bei einer Körperschaft im Grundsatz alle Einkunftsarten anfallen. – *Ausnahme:* Bei Buchführungspflicht nach HGB sind alle Einkünfte als Einkünfte aus Gewerbebetrieb zu behandeln (§ 8 II KStG). Ausgangspunkt der Ermittlung ist hier das Steuerbilanzergebnis, das aufgrund einkommen- und körperschaftsteuerlicher Vorschriften zu korrigieren ist (Einkommensermittlung).

Einkommensbesteuerung – I. Grundsätzliches: 1. *Begriff:* grundlegende Besteuerungsweise, die am Ort des Eintreffens des

Einkommensstromes bei den privaten Personen bzw. Haushalten Steuern erhebt, dabei die persönlichen Lebensverhältnisse des Steuerpflichtigen berücksichtigt und das → Leistungsfähigkeitsprinzip in der Besteuerung verwirklicht. – *Gegensatz:* → Ertragsbesteuerung, → Verbrauchsbesteuerung. – 2. *Steuerarten:* a) *Einkommensteuer:* Wesentliche Elemente unter dem Aspekt einer vollständigen Erfassung der Leistungsfähigkeit sind: (1) Gestaltung eines breiten Einkommensbegriffes (→ Comprehensive Tax Base) nach dem → Schanz-Haig-Simons-Ansatz, (2) steuerlastvermindernde Freibetragsregelung (→ Freibetrag) und (3) → Steuerprogression. – b) → Lohnsteuer (bes. Erhebungsform der Einkommensteuer): Die Einkommensteuer als → mehrgliedrige Steuer kennt die Lohnsteuer als Quellensteuer für abhängig Beschäftigte. – c) → Kirchensteuer als „Satellitensteuer" oder „Zuschlagsteuer" zu einer „Materialsteuer"; hauptsächliche Materialsteuer der Kirchensteuer ist die Einkommen- bzw. Lohnsteuer („Kircheneinkommen-" bzw. „Kirchenlohnsteuer"), seltener werden Zuschläge zur Grundsteuer erhoben. – 3. *Berücksichtigung der persönlichen Leistungsfähigkeit:* Die Einkommensbesteuerung geht von der Tatsache aus, dass die steuerliche Leistungsfähigkeit eines Pflichtigen letztlich von der Summe seiner Reineinnahmen (Höhe des → Einkommens) bestimmt wird. Die Einkommensbesteuerung ermöglicht prinzipiell die optimale Anpassung der Steuer an individuelle Verhältnisse und gestattet grundsätzlich die Verwirklichung der Steuergerechtigkeit, im Einzelnen durch (1) Freilassung eines steuerfreien → Existenzminimums, (2) progressive Staffelung der Steuersätze (→ Steuerprogression), (3) Mehrbelastung fundierten Einkommens, (4) Berücksichtigung → außergewöhnlicher Belastungen, (5) Berücksichtigung der → Sonderausgaben, (6) Berücksichtigung der Familiengröße bzw. des Familienstandes.

II. **Formen:** 1. *einstufige Besteuerung,* in der ein einheitlich gestalteter – i.d.R. progressiver – Tarif auf das Gesamteinkommen angewendet wird (nach F. Neumark: „Germanischer Typ" der Einkommensbesteuerung). – 2. *Mehrstufige Besteuerung,* wobei das Einkommen zuerst einer proportionalen „Normalsteuer", danach bei Übersteigen eines festgelegten Betrages einer progressiven „Übersteuer" unterworfen wird („britischer" oder „angelsächsischer Typ"). – 3. *„Schedulenbesteuerung",* in der die Einkünfte je für sich einer teils proportionalen, teils degressiven Schedulensteuer, danach insgesamt – evtl. zzgl. weiterer Einkünfte – einer „ergänzenden Progressionssteuer unterliegen *(„romanischer Typ").* – In der steuerlichen Praxis sind *Mischformen* üblich; in der dt. Einkommensteuer wird einstufige Besteuerung angewendet.

III. **Ziele:** 1. *Fiskalisches Ziel:* Die Einkommensbesteuerung ist eine sehr ertragreiche Besteuerungsweise; sie erbringt zwischen 40 Prozent und 50 Prozent des Gesamtaufkommens aller Gebietskörperschaften. – Nettoergiebigkeit der Einkommensbesteuerung: Die unvermeidliche Mitwirkung der selbstständigen Einkommensteuerpflichtigen bei der Feststellung ihres Einkommens (veranlagte Einkommensbesteuerung) erfordert unverhältnismäßigen Verwaltungsaufwand. Maßgeblich beteiligt an diesem Missverhältnis sind die Kosten der gegen schwache Steuermoral (Steuerabwehr, -hinterziehung) zwangsläufig erforderlichen Außenprüfungen durch die Finanzämter. – 2. *Steuerlastverteilung:* Die wesentlichen Möglichkeiten der Einkommensbesteuerung liegen in der vollständigen Erfassung des Einkommens (Einkommensbegriff mit den Steuerpostulaten der Allgemeinheit und Gleichmäßigkeit; vgl. → Einkommen), der Freibetragsregelung und der Gestaltung des Progressionstarifs. – a) Nachteilig wirkt sich aus, dass die tatsächliche Einkommenshöhe nur ungenau zu ermitteln ist, z.B. bei Landwirten, deren Einkommen im Wege des Selbstverbrauchs z.T. verzehrt wird, ohne einen Geldwert angenommen zu haben; ferner bei Unternehmern, wo sich Kosten und Abschreibungen nicht immer scharf trennen lassen. – b) Eine Ungleichbehandlung der Lohn- und Gehaltsbezieher mit dem „gläsernen Portemonnaie" (Schmölders) liegt darin, dass sie dem Quellenabzug (Abzug ihrer Lohnsteuern beim Arbeitgeber) unterliegen und nicht die verschiedenen „Gestaltungsmöglichkeiten" in den steuerlichen Tatbeständen haben wie die Einkommensteuerpflichtigen (Bewertungsfreiheiten, Gewinnverlagerungen und Periodenabgrenzung). – c) Wegen der progressiven Tarifgestaltung ergeben sich bei inflationären Tendenzen unbeabsichtigte Verschiebungen in der Steuerbelastung, da die nominal gestiegenen Einkommen real nicht in demselben Ausmaß gewachsen sind („kalte Progression"). – 3. *Einkommensumverteilung:* Da die Einkommensbesteuerung das Nettoeinkommen beeinflusst, ist sie sowohl als Mittel der Verteilung der Steuerlast als auch in Verbindung mit Staatsausgaben als redistributives Mittel geeignet. Problematisch wird sie unter diesem Gesichtspunkt, wenn eine Überwälzbarkeit möglich wäre (→ Steuerparadoxon). – 4. *Strukturpolitik:* Die Einkommensbesteuerung enthält Möglichkeiten, v.a. in den Abschreibungserleichterungen der §§ 7 ff. EStG, die branchenmäßige und regionale Struktur zu beeinflussen. – 5. *Konjunkturpolitik:* Geeignetes Instrument zur Verfolgung konjunkturpolitischer Ziele im Rahmen der → Steuerpolitik, und zwar wegen der fallweisen Steuersatzvariation und der Built-in Flexibility.

IV. **Steuersystematik:** 1. *Personalsteuercharakter:* Die Einkommensbesteuerung ist dadurch gekennzeichnet, dass sie wegen der Berücksichtigung der persönlichen Verhältnisse sehr stark in die private Sphäre des Steuerpflichtigen eindringen muss. Dadurch erreicht sie einen hohen Grad der Merklichkeit der Besteuerung, zu dem die Mitwirkung des Steuerpflichtigen durch die Abgabe einer Steuererklärung beiträgt. – 2. *Dualismus:* Die Einkommensbesteuerung setzt an demselben ökonomischen Wertestrom der Einkommensentstehung im Kreislauf an, an dem auch die Ertragsbesteuerung anknüpft. Dadurch kommt es zur → Steueraushöhlung in der Einkommensbesteuerung. – Eine weitere Form des Dualismus ergibt sich dadurch, dass der Einkommensverwendungsstrom im Kreislauf von der → Verbrauchsbesteuerung erfasst wird. Diese Besteuerungsweise der Entstehung und der Verwendung von Einkommen hat den Vorteil, dass sich die Steuerlast auf zwei unterschiedliche Entscheidungsbereiche des Steuerpflichtigen verteilt und demnach ein nur „einseitiger" Steuerzugriff bei der Einkommensentstehung mit den allokativ nachteilig hohen und leistungshemmenden Steuersätzen (→ Disincentives) vermieden wird. – 3. *Besteuerung der Kapitalgesellschaften:* Diese unterliegen der → Körperschaftsteuer. Obwohl die Steuerrechtswissenschaft die Gewinne der Kapitalgesellschaften als „Einkommen der juristischen Personen" bezeichnet, herrscht in der Finanzwissenschaft in Übereinstimmung mit der allg. Wirtschaftstheorie die Ansicht vor, dass Einkommen allein von natürlichen Personen bezogen werden können und demnach körperschaftliche Gewinne nicht Einkommen sind. Die Körperschaftsteuer wäre mithin eine Form der → Ertragsbesteuerung.

Einkommensteuer-Grundtabelle – im Einkommensteuerrecht die Bezeichnung für eine Steuertabelle, aus der sich die tarifliche (Jahres-)Einkommensteuer für einen unverheirateten Steuerpflichtigen in Abhängigkeit von dessen zu versteuernden Einkommen ablesen lässt. – Bei der Zusammenveranlagung von Ehegatten ergibt sich die Steuerbelastung aus der Einkommensteuer-Splittingtabelle. Die für lohnsteuerliche Zwecke benötigte Höhe der monatlichen Steuerbelastung (→ Lohnsteuertabellen) wird mathematisch aus der Einkommensteuer-Grundtabelle (Lohnsteuerklassen I, II und IV) oder der Einkommensteuer-Splittingtabelle hergeleitet. – Anders als früher müssen die Einkommensteuer-Grundtabellen und die übrigen Tabellen nicht mehr amtlich berechnet und bekannt gegeben werden; im EDV-Zeitalter wird die Veröffentlichung der Berechnungsformel in § 32a I EStG für ausreichend gehalten.

Einkommensteuer-Splittingtabelle – eine Tabelle, aus der sich die tarifliche Einkommensteuer für das zu versteuernde Einkommen bei → Zusammenveranlagung ergibt. Zu den Voraussetzungen vgl. § 26 EStG, ferner § 32a VI EStG. – Anders als früher müssen die Einkommensteuer-Splittingtabellen nicht mehr amtlich berechnet und bekannt gegeben werden; im EDV-Zeitalter wird die Veröffentlichung der Berechnungsformel in § 32a I EStG für ausreichend gehalten.

Einkommensteuertarif – 1. Die tarifliche Einkommensteuer bemisst sich nach dem → zu versteuernden Einkommen (§ 32a EStG). Sie ermittelt sich ohne Berücksichtigung des Progressionsvorbehalts, der außerordentlichen Einkünfte und der ausländischen Einkünfte gemäß der Steuerberechnungsformel. – Vgl. Abbildungen „Einkommensteuertarif – Steuerberechnungsformel (2008)". Als zu versteuerndes Einkommen gilt das → Einkommen nach Abzug des → Kinderfreibetrags, des → Haushaltsfreibetrags und der sonstigen vom Einkommen abzuziehenden Beträge (Einkommensermittlung). – 2. Für *zusammen zu veranlagende Ehegatten* sowie für die ihnen nach § 32a VI EStG gleichgestellten Personen beträgt die tarifliche Einkommensteuer das Zweifache des Steuerbetrags, der sich für die Hälfte des zu versteuernden Einkommens ergibt (→ Splitting-Verfahren). – 3. *Aufbau:* (1) steuerfreier Grundfreibetrag bis zum zu versteuernden Einkommen von 7.664/ 15.328 Euro (bei Anwendung des Splitting-Verfahrens); der Grundfreitag beläuft sich ab dem Jahr 2010 auf 8.004/ 16.007 Euro (2) erste Progressionszone bis 13.469/ 26.938 Euro mit einem linearen Anstieg des Grenzsteuersatzes; (3) zweite Progressionsstufe bis 52.881/ 105.762 Euro mit kontinuierlich ansteigendem Grenzsteuersatz bis 42 Prozent, wobei der Verlauf der Anstiegskurve steiler als in der ersten Progressionszone ist; (4) obere Proportionalzone (ab 52.881/ 105.762 Euro) mit gleichbleibendem Steuersatz von 42 Prozent (Spitzensteuersatz). – 4. Seit dem *Veranlagungszeitraum (VZ) 2007* gibt es die sog. Reichensteuer für Überschusseinkünfte (ab 2008 gilt diese für alle Einkunftsarten) zur Anwendung: Ab einem zu versteuernden Einkommen von 250.731 Euro (Ledige) bzw. von 501.462 Euro (Verheiratete) beträgt der Spitzensteuersatz 45 Prozent, d.h. von jedem Euro, um den sich das zu versteuernde Einkommen in dieser Zone erhöht, wird - ohne Berücksichtigung der Rundungsregelung – eine Steuer von 0,45 Euro fällig. Letztmals anzuwenden im VZ 2007 war die Regelung, dass sich für Gewinneinkünfte der Spitzensteuersatz um 3 Prozent auf 42 Prozent mindert (Entlastungsbetrag nach § 32c EStG). – 5. Die dem Einkommensteuergesetz beigefügten *Tabellen* geben die tarifliche Einkommensteuer nach den Errechnungsmethoden an. – 6. *Einstiegssteuersatz/ Spitzensteuersatz/ Höchstsatz:* Der Einstiegssteuersatz beträgt zz. 14 Prozent (seit 2009; in 2008 lag er bei 15 Prozent); der Spitzensteuersatz 42 Prozent (seit 2005; in 2004 lag er bei 45 Prozent) und

Einkommensteuer – Steuerberechnungsformel (2010)

Einkommensteuertarif	Anzuwendende Formel
0-8.004	0
8.005-13.469	$(912{,}17\, y + 1.400)\, y$
13.470-52.881	$(228{,}74\, z + 2.397)\, z + 1.038$
52.882-250.730	$0{,}42\, x - 8.172$
ab 250.731	$0{,}45\, x - 15.694$

der Höchstsatz (Reichensteuer) 45 Prozent (seit 2007). – Vgl. auch → Einkommensteuer-Grundtabelle, → Einkommensteuer-Splittingtabelle.

Einkünfte – Begriff des Einkommensteuerrechts. Einkünfte sind der Gewinn (§§ 4–7k EStG) oder der Überschuss der Einnahmen über die → Werbungskosten (§§ 8–9a EStG), die der Steuerpflichtige im Rahmen der sieben Einkunftsarten erzielt (§ 2 II EStG). Danach sind zu unterscheiden:

I. Einkünfte aus Land- und Forstwirtschaft: Dazu gehören nach den §§ 13–14a EStG: (1) Einkünfte aus dem Betrieb von Land- und Forstwirtschaft, Wein-, Garten-, Obst- und Gemüsebau, Baumschulen und aus allen Betrieben, die Pflanzen und Pflanzenteile mithilfe der Naturkräfte gewinnen; weiterhin Einkünfte aus Tierzucht und Tierhaltung, wenn im Wirtschaftsjahr die nach der landwirtschaftlich genutzten Fläche gestaffelten Höchstzahlen für Vieheinheiten nicht überschritten werden; (2) Einkünfte aus Binnenfischerei, Teichwirtschaft, Fischzucht für Binnenfischerei und Teichwirtschaft, Imkerei, Saatzucht und Wanderschäferei; (3) Einkünfte aus Jagd, wenn diese mit dem Betrieb einer Land- oder Forstwirtschaft im Zusammenhang steht; (4) Einkünfte von Hauberg-, Wald-, Forst- und Laubgenossenschaften und ähnlichen Realgemeinden; (5) Einkünfte aus einem land- und forstwirtschaftlichen Nebenbetrieb; (6) Gewinne aus Veräußerung oder Aufgabe eines land- oder forstwirtschaftlichen Betriebs oder Teilbetriebs oder eines Anteils an einem land- und forstwirtschaftlichen Betriebsvermögen (→ Veräußerungsgewinn gemäß §§ 14, 14a EStG). – 2. *Gewinnermittlungszeitraum* ist das Wirtschaftsjahr (1.7. bis 30.6.; Ausnahmen für einzelne Gruppen von Land- und Forstwirten). Mit Ausnahme der Veräußerungsgewinne ist der Gewinn entsprechend dem zeitlichen Anteil aufzuteilen auf das Kalenderjahr, in dem das Wirtschaftsjahr beginnt, und auf das Kalenderjahr, in dem das Wirtschaftsjahr

endet. – 3. *Gewinnermittlungsarten:* a) Bei buchführungspflichtigen land- und forstwirtschaftlichen Betrieben durch Betriebsvermögensvergleich nach § 4 I EStG (→ Einkünfteermittlung). Buchführungspflicht bei Umsätzen von mehr als 500.000 Euro im Kalenderjahr oder einem Gewinn von über 50.000 Euro oder einem Wirtschaftswert (§ 46 BewG) von mehr als 50.000 Euro (§ 141 AO). – b) Bei nichtbuchführungspflichtigen Betrieben nach Durchschnittssätzen (§ 13a EStG), wenn die Voraussetzungen erfüllt sind und kein Antrag auf Ermittlung des Gewinns nach § 4 I oder § 4 III EStG gestellt wurde. – c) Bei nicht buchführungspflichtigen land- und forstwirtschaftlichen Betrieben, die auch nicht unter die Regelung der Durchschnittssatzgewinnermittlung fallen, durch Überschussrechnung nach § 4 III EStG (→ Einkünfteermittlung). – 4. Freibetrag von 670 Euro, bei → Zusammenveranlagung von Ehegatten 1.340 Euro (§ 13 III EStG), dies gilt nur, wenn die Summe der Einkünfte 30.700 Euro (bzw. 61.400 Euro) nicht übersteigt.

II. Einkünfte aus Gewerbebetrieb: Dazu gehören nach den §§ 15–17 EStG: (1) Einkünfte aus gewerblichen Unternehmen; (2) Gewinnanteile der Gesellschafter einer OHG, KG oder einer anderen Gesellschaft, bei der die Gesellschafter als Mitunternehmer anzusehen sind; (3) Gewinnanteile der persönlich haftenden Gesellschafter einer KGaA, soweit sie nicht auf Anteile am Grundkapital entfallen; (4) Vergütungen, die Gesellschafter einer Personengesellschaft und persönlich haftende Gesellschafter einer KGaA für ihre Tätigkeit im Dienst der Gesellschaft, für die Hingabe von Darlehen oder für die Überlassung von Wirtschaftsgütern beziehen; (5) Gewinne aus Betriebsveräußerung, Betriebsaufgabe oder Veräußerung eines Teilbetriebs sowie Gewinne aus Veräußerung von Mitunternehmeranteilen oder des Anteils eines Komplementärs einer KGaA und bei Ausscheiden von Gesellschaftern (→ Veräußerungsgewinn); (6) Gewinne aus Veräußerung von Anteilen an einer Kapitalgesellschaft bei wesentlicher

Beteiligung. – 2. Berücksichtigung von *Verlusten:* (1) Verluste aus gewerblicher Tierzucht oder gewerblicher Tierhaltung dürfen weder mit anderen Einkünften aus Gewerbebetrieb noch mit Einkünften aus anderen Einkunftsarten ausgeglichen werden (§ 15 IV 1 EStG). Ein Verlustabzug ist ebenfalls nicht möglich, sondern lediglich ein Ausgleich mit Gewinnen aus gewerblicher Tierzucht oder gewerblicher Tierhaltung nach Maßgabe des § 10d EStG; dieselbe Verlustregelung gilt auch für Termingeschäfte. (2) Für Verluste aus Termingeschäften gilt dasselbe, soweit sie nicht der Absicherung von Geschäften des gewöhnlichen Geschäftsbetriebs dienen. (3) Verluste, die bei beschränkt haftenden Personengesellschaftern ein negatives Kapitalkonto entstehen lassen oder erhöhen, sind bei der Einkommensermittlung nicht ausgleichs- oder abzugsfähig, sondern lediglich in späteren Wirtschaftsjahren verrechenbar (negatives Kapitalkonto). – 3. *Gewinnermittlung:* (1) bei buchführungspflichtigen Betrieben (Buchführungspflicht) durch Betriebsvermögensvergleich nach § 5 I EStG (→ Einkünfteermittlung); (2) bei nicht buchführungspflichtigen und nicht freiwillig Bücher führenden Betrieben durch Überschussrechnung nach § 4 III EStG.

III. **Einkünfte aus selbstständiger Arbeit:** Dazu gehören nach § 18 EStG: (1) Einkünfte aus der Tätigkeit der freien Berufe; (2) Einkünfte staatlicher Lotterieeinnehmer, wenn sie nicht Einkünfte aus Gewerbebetrieb sind; (3) Einkünfte aus sonstiger selbständiger Arbeit (Vermögensverwaltung; Aufsichtsratstätigkeit); (4) zu ihnen gehört auch der Gewinn aus Veräußerung oder Aufgabe des der selbständigen Arbeit dienenden Vermögens (→ Veräußerungsgewinn). – *Ermittlung der Einkünfte:* Die Einkünfte aus selbstständiger Arbeit können durch Bilanzierung (Betriebsvermögensvergleich) ermittelt werden, es besteht hierzu jedoch keine Pflicht, da weder das Handelsgesetzbuch noch die Abgabenordnung (§ 141 AO) für die freien Berufe eine Buchführungspflicht vorsehen. Es kann daher stets mit Einnahmen-Überschuss-Rechnung (§ 4 III EStG) gearbeitet werden.

IV. **Einkünfte aus nichtselbstständiger Arbeit:** Nach § 19 EStG: 1. Hierzu gehören *Bezüge und Vorteile,* die aus einem jetzigen oder früheren Dienstverhältnis herrühren, wie Gehälter, Löhne, Provisionen, Gratifikationen, Tantiemen, Wartegelder, Ruhegelder, Witwen- und Waisengelder. – 2. Zur *Ermittlung der Einkünfte* ist von den Einnahmen der → Arbeitnehmer-Pauschbetrag in Höhe von aktuell 1.000 Euro abzuziehen, soweit nicht höhere → Werbungskosten nachgewiesen werden (§ 9a EStG). U.U. können auch ein → Versorgungsfreibetrag und ein Zuschlag angesetzt werden.

V. **Einkünfte aus Kapitalvermögen:** Nach § 20 EStG: 1. *Zu den Einkünften rechnen:* (1) Gewinnanteile (Dividenden), Ausbeuten und sonstige Bezüge aus Aktien, Kuxen, Genussrechten, Anteilen an GmbHs, an Erwerbs- und Wirtschaftsgenossenschaften, Kolonialgesellschaften und bergbautreibenden Vereinigungen, die die Rechte einer juristischen Person haben (seit 2001 unter Anwendung des Halbeinkünfteverfahrens bis 2008); (2) Bezüge, die aufgrund einer Kapitalherabsetzung oder nach der Auflösung unbeschränkt steuerpflichtiger Körperschaften oder Personenvereinigungen im Sinn von (1) anfallen, soweit es sich nicht um Nennkapital oder Teile des steuerlichen Einlagekontos der Kapitalgesellschaft handelt, (3) Zinsen aus Hypotheken und Grundschulden und Renten aus Rentenschulden. Bei Tilgungshypotheken und Tilgungsgrundschulden ist nur der Teil der Zahlung steuerpflichtig, der als Zins auf den jeweiligen Kapitalrest entfällt. (4) Zinsen aus sonstigen Kapitalforderungen jeder Art, also aus Darlehen, Anleihen, Einlagen und Guthaben bei Kreditinstituten; (5) Diskontbeträge von Wechseln und Anweisungen einschließlich der Schatzwechsel; (6) außerrechnungsmäßige und rechnungsmäßige Zinsen aus den Sparanteilen, die in den

Beiträgen zu Versicherungen auf den Erlebens- oder Todesfall enthalten sind; (7) bes. Entgelte oder Vorteile, die neben den zuvor genannten Einnahmen (1) bis (7) oder an deren Stelle gewährt werden; (8) Einnahmen aus der Veräußerung von Dividendenscheinen, Zinsscheinen und sonstigen Ansprüchen, wenn die dazugehörigen Aktien, Schuldverschreibungen oder sonstigen Anteile nicht mitveräußert werden; (9) Einnahmen aus der Veräußerung von Zinsscheinen, wenn die dazugehörigen Schuldverschreibungen mitveräußert und Stückzinsen berechnet werden, (10) Einnahmen aus der Veräußerung von abgezinsten oder aufgezinsten Kapitalforderungen, soweit sie der auf die Besitzzeit entfallenden Emissionsrendite entsprechen. (11) Durch die Unternehmensteuerreform 2008 sind für Erträge, die nach dem 31.12.2008 zufließen, weitere Tatbestandsvoraussetzungen in § 20 I EStG 2008 berücksichtigt worden. § 20 II EStG ist außerdem neu gefasst. Demnach sind zukünftige Wertzuwächse von Kapitalanlagen (z.B. Verkauf von festverzinslichen Wertpapieren, Aktien oder GmbH-Anteilen unter 1 Prozent-Beteiligung) unabhängig von der Haltedauer steuerlich zu berücksichtigen. (12) Zu den Erträgen aus sonstigen Kapitalforderungen fallen nach neuem Recht auch Erträge aus Kapitalforderungen, deren Rückzahlung ungewiss ist (z.B. DAX-Zertifikate ohne Kapitalrückzahlungsgarantie). (13) Mit der Unternehmensteuerreform 2008 wurde ein gesonderter Steuertarif (§ 32 d EStG) eingeführt, wodurch bestimmte Einkünfte aus Kapitalvermögen dem einheitlichen Steuersatz von 25 Prozent unterliegen. Mit dem Einbehalt dieses Sondertarifes gilt die Einkommensteuer als abgegolten (Abgeltungsteuer). Kapitalerträge, die unter die Abgeltungsteuer fallen, sind nicht mehr im Rahmen der Einkommensteuerveranlagung zu berücksichtigen. Die neue Regelung gilt für Zinsen ab 2009 sowie für Kursgewinne und -verluste bei Erwerb ab 2009. – 2. Bei der *Ermittlung der Einkünfte* aus Kapitalvermögen ist nach Abzug der → Werbungskosten ein → Sparer-Freibetrag (bis Veranlagungszeitraum 2008) abzuziehen (§ 20 IV EStG). Ab dem Veranlagungszeitraum 2009 können die tatsächlichen Werbungskosten nicht mehr geltend gemacht werden. Es kommt nur der Abzug des → Sparer-Pauschbetrags zur Anwendung.

VI. **Einkünfte aus Vermietung und Verpachtung:** Dazu gehören nach § 21 EStG: (1) Einkünfte aus Vermietung und Verpachtung von unbeweglichem Vermögen, bes. von Grundstücken, Gebäuden, Gebäudeteilen, Schiffen und grundstücksgleichen Rechten (z.B. Erbbaurecht); (2) Einkünfte aus Vermietung und Verpachtung von Sachinbegriffen, bes. von beweglichem Betriebsvermögen; (3) Einkünfte aus zeitlich begrenzter Überlassung von Rechten (z.B. künstlerische, schriftstellerische und gewerbliche Urheberrechte); (4) Einkünfte aus Veräußerung von Miet- und Pachtzinsforderungen, auch wenn sie im Veräußerungspreis von Grundstücken enthalten sind. – 2. Zur *Ermittlung der Einkünfte* sind von den Einnahmen die → Werbungskosten abzuziehen.

VII. **Sonstige Einkünfte (§§ 22, 23 EStG):** 1. Einkünfte *aus Rentenbezügen* (§ 22 Nr. 1 EStG), solange sie nicht zu einer der Einkunftsarten I – VI gehören; Hierunter fallen Renten aus der gesetzlichen Rentenversicherung, Renten aus landwirtschaftlichen Alterskassen, Renten aus berufsständigen Versorgungseinrichtungen sowie Renten aus einer privaten Rentenversicherung, die nach dem 31.12.2004 abgeschlossen worden sind (Basis- oder Rürup-Rente). Ab dem Veranlagungszeitraum 2005 werden diese Rentenleistungen nicht mehr mit dem Ertragsanteil besteuert. Der Besteuerungsanteil richtet sich nunmehr nach dem Jahr des Beginns der Rente. Der steuerfreie Teil der Rente wird vom Finanzamt als Rentenfreibetrag für die gesamte Laufzeit der Rente festgeschrieben. Renten, die in 2005 beginnen, werden einheitlich mit 50 Prozent besteuert. Der Besteuerungsanteil steigt stufenweise an auf

100 Prozent im Veranlagungszeitraum 2040. Alle anderen Renten werden weiterhin mit dem Ertragsanteil besteuert. Hierunter fallen Renten aus der privaten Rentenversicherung (nicht Riester- oder Rürup-Rente), Renten aus der Lebensversicherung, die nicht die Voraussetzungen des § 10 I Nr. 2b EStG (Basisrenten) erfüllen, Renten aus Vermögensübertragungen gegen Versorgungsleistungen zur vorweggenommenen Erbfolge, soweit es sich nicht um dauernde Lasten handelt, Veräußerungsleibrenten, Renten aus der Zusatzversicherung des Bundes und der Länder (VBL), deren Finanzierung nach dem Umlageverfahren und deren Besteuerung während der Berufstätigkeit und danach als Arbeitslohn erfolgte. Der steuerpflichtige Ertragsanteil wurde ab 2005 gesenkt. Erfolgt jedoch die Auszahlung des Kapitals nach der Vollendung des 60. Lebensjahrs und nach einer Laufzeit von 12 Jahren, sind nur 50 Prozent der Erträge steuerpflichtig. – 2. Einkünfte aus *Unterhaltsleistungen* (§ 22 Nr. 1a EStG) vom geschiedenen oder dauernd getrennt lebenden Ehegatten werden als sonstige Einkünfte erfasst, wenn sie vom Geber als → Sonderausgaben abgezogen werden können. – 3. Einkünfte aus *privaten Veräußerungsgeschäften* im Sinn des § 23 EStG werden als sonstige Einkünfte erfasst (§ 22 Nr. 2 EStG). Ab dem Veranlagungszeitraum 2009 wird die Besteuerung von privaten Veräußerungsgeschäften aus Kapitalanlagen nunmehr einheitlich nach § 20 EStG (Einkünfte aus Kapitalvermögen) vorgenommen. – 4. *Einkünfte aus sonstigen Leistungen* (z.B. aus gelegentlicher Vermittlung und Vermietung beweglicher Gegenstände) sind als sonstige Einkünfte zu versteuern, wenn sie die Freigrenze von 256 Euro im Kalenderjahr erreichen bzw. übersteigen (§ 22 Nr. 3 EStG). – 5. Entschädigungen, Zuschüsse zu Krankenversicherungen, Übergangsgelder oder andere Versorgungsbezüge, die *Bundestags-, Landtags-* oder andere *Abgeordnete* erhalten (§ 22 Nr. 4 EStG). – 6. Leistungen aus *Altersvorsorgeverträgen* (§ 1 I AltZertG), Pensionsfonds, Pensionskassen und Direktversicherungen: Die Höhe der Besteuerung bemisst sich hierbei danach, ob und inwieweit die Beiträge in der Ansparphase steuerfrei gestellt bzw. als Sonderausgaben abzugsfähig waren, durch Alterszulage gefördert worden sind oder durch steuerfreie Zuwendung erworben wurden.

Einkünfteermittlung – Begriff des Einkommensteuerrechts. Ermittlung des Ergebnisses (→ Einkünfte) aus den einzelnen Einkunftsarten. Die Summe der Einkünfte bildet die Ausgangsgröße bei der Einkommensermittlung. – Es existieren *verschiedene Methoden* je nach Art der Einkünfte: (1) Bei *Überschusseinkunftsarten* ermitteln sich die → Einkünfte als Überschuss der Einnahmen über die → Werbungskosten (§ 2 II Nr. 2 EStG); anzuwenden bei Einkünften aus nichtselbständiger Arbeit, aus Kapitalvermögen, aus Vermietung und Verpachtung, sonstigen Einkünften. (2) Bei den *Gewinneinkunftsarten* (Einkünfte aus Land- und Forstwirtschaft, aus Gewerbebetrieb, aus selbständiger Arbeit) sind die Einkünfte der Gewinn (§ 2 II Nr. 1 EStG). Hinsichtlich der Gewinnermittlungsmethoden ist zu unterscheiden: (a) Ermittlung des *Überschusses der Betriebseinnahmen über die* → Betriebsausgaben nach § 4 III EStG (Einnahmen-Überschuss-Rechnung); angewandt von Gewerbetreibenden und Land- und Forstwirten, die gesetzlich zur Führung und Erstellung von Abschlüssen nicht verpflichtet sind und dies auch freiwillig nicht tun, sowie von Steuerpflichtigen mit Einkünften aus selbständiger Arbeit. (b) *Betriebsvermögensvergleich:* Ermittlung des Unterschiedsbetrags zwischen dem Betriebsvermögen am Schluss des Wirtschaftsjahres und dem Betriebsvermögen am Schluss des vorangegangenen Wirtschaftsjahres, vermehrt um den Wert der Entnahmen, vermindert um den Wert der Einlagen (§§ 4 I und 5 I EStG); anzuwenden von Steuerpflichtigen, die nach Handels- oder Steuerrecht verpflichtet sind, Bücher zu führen und regelmäßig Abschlüsse zu machen (§§ 140,

141 AO; Buchführungspflicht) oder die dies freiwillig tun: Land- und Forstwirte, Selbstständige, Nichtkaufleute nach § 4 I EStG, Kaufleute nach § 5 I EStG. (c) Ermittlung des *Gewinns aus Land- und Forstwirtschaft* nach Durchschnittssätzen. (d) Ermittlung des Gewinns aus dem Betrieb von Seeschiffen im internationalen Verkehr nach pauschalierten Sätzen (Tonnagesteuer; § 5a EStG).

Einnahmen – I. Rechnungswesen: Strömungsgröße zu Geldvermögensbestand (Zahlungsmittelbestand zzgl. Bestand an Forderungen abzüglich Bestand an Verbindlichkeiten), also Zufluss von Zahlungsmitteln und/oder Erlangung von Forderungen eines Wirtschaftssubjekts. – *Gegensatz:* → Ausgaben. – Nicht zu verwechseln mit betriebsbedingtem Ertrag, Einzahlung, Erlös, Ertrag. II. Finanzwissenschaft: → Öffentliche Einnahmen, → Staatseinnahmen. – *Anders:* → Einkünfte.

Einnahmenpolitik → Finanzpolitik.

Einnahmentheorie – Theorie der → öffentlichen Einnahmen, bestehend aus der Lehre von den Gebühren und Beiträgen, der → Steuertheorie und der Theorie der öffentlichen Verschuldung (→ Staatsschulden). Die Einnahmentheorie wurde getrennt von der Staatsausgabentheorie (→ Ausgabentheorie) entwickelt. Sie ist Teilbereich der → Finanztheorie und wichtiges Lehrgebiet der → Finanzwissenschaft. – Über den zielorientierten Einsatz der steuerlichen Instrumente unterrichtet die → Finanzpolitik.

Einphasenumsatzsteuer – Umsatzsteuersystem (→ Umsatzbesteuerung), bei dem nur auf einer Phase der Leistungskette → Umsatzsteuer erhoben wird. – *Anders:* → Einzelhandelsumsatzsteuer. – *Gegensatz:* → Allphasenumsatzsteuer, → Mehrphasenumsatzsteuer.

Einzelhandelsumsatzsteuer – Form der → Einphasenumsatzsteuer, bei der die Steuer nur auf der letzten Stufe (Einzelhandel) erhoben wird. Wegen der benötigten Höhe des Steuersatzes besteht große Gefahr von Steuerhinterziehung. – Finanzwissenschaftlich besteht hinsichtlich der *Gesamtbelastungswirkung* – wenn man davon absieht, dass die Steuererhebung nicht auf der letzten, sondern auf sämtlichen Umsatzstufen vorgenommen wird – kein Unterschied zur heutigen → Umsatzsteuer.

Einzelplan → Haushaltssystematik.

Erbschaftsbesteuerung – 1. *Begriff:* Die Erbschaftsbesteuerung ist die Erhebung von Steuern von dem Nettowert eines Nachlasses im Zusammenhang mit dem Übergang des Vermögens vom Erblasser auf die Erben. – 2. *Ausgestaltungsformen:* (1) *Nachlasssteuer:* Besteuerung der Erbmasse *vor* Aufteilung auf die Erben; (2) *Erbanfallsteuer:* Besteuerung der einzelnen Erben, d.h. *nach* Verteilung des Erbes unter die Begünstigten. Grundlage des dt. Erbschaftsteuergesetzes: Erbanfallsteuer; sie erfasst ferner – zur Verhinderung von Steuerumgehungen – Schenkungen unter Lebenden, Zweckzuwendungen und die periodische Besteuerung von Familienstiftungen und -vereinen (→ Erbschaftsteuer, einmalige Vermögensfälle). – 3. Da die Erbschaftsbesteuerung an einen Rechtsvorgang, den Erbfall, anknüpft, kann sie als → Verkehrsteuer bezeichnet werden. Sie wird aber auch als eine → Besitzsteuer (und zwar → Substanzsteuer) bezeichnet, da sie auf das dem Erben durch den Erbfall zugeflossene Vermögen (bzw. bei der Nachlasssteuer: auf den vorhandenen Vermögensbestand des Erblassers unmittelbar vor dem Vermögensübergang) erhoben wird.

Erbschaftsteuer – *Schenkungsteuer.*

I. Grundsätzliches: → Erbschaftsbesteuerung.

II. Rechtsgrundlagen: Erbschaftsteuer- und Schenkungsteuergesetz (ErbStG) i.d.F. vom 27.2.1997 (BGBl. I 378) m.spät.Änd., Erbschaftsteuer-Durchführungsverordnung (ErbStDV) vom 8.9.1998 m.spät.Änd. Für die neuen Bundesländer gelten die Sondervorschriften aus Anlass der Herstellung der Einheit Deutschlands (§ 37a ErbStG). Zur

Erbschaftsteuer

Auslegung des Erbschaftsteuerrechts dienen ferner die Erbschaftssteuer-Richtlinien.

III. Steuergegenstand: Erbschaftsteuer besteuert den Übergang von Vermögenswerten (1) durch Erbfall auf den Erben, (2) durch Schenkung unter Lebenden, (3) durch Zweckzuwendungen; (4) der Erbschaftsteuer unterliegt außerdem das Vermögen einer Familienstiftung (sog. *Erbersatzsteuer*, Stiftung; vgl. § 1 ErbStG).

IV. Steuerpflicht: 1. *Unbeschränkte Steuerpflicht*, wenn der Erblasser zz. seines Todes, der Schenker zz. seiner Schenkung oder der Erwerber zum Zeitpunkt der Entstehung der Steuer Inländer ist; der gesamte Vermögensanfall ist steuerpflichtig; vgl. § 2 ErbStG. – 2. → Beschränkte Steuerpflicht, wenn Erblasser, Schenker und Erwerber nicht Inländer sind; die Steuerpflicht erstreckt sich auf das Inlandsvermögen im Sinn des § 121 BewG und auf das Nutzungsrecht an solchen Vermögensgegenständen. – 3. *Erweiterte beschränkte Steuerpflicht* (§ 4 AStG): Erfüllt der Erblasser oder Schenker die entsprechenden Voraussetzungen, unterliegen ihr alle Vermögensgegenstände, deren Erträge bei unbeschränkter Einkommensteuerpflicht nicht ausländische Einkünfte im Sinn des § 34c I EStG wären.

V. Steuerschuldner (§ 20 I, II ErbStG): Regelmäßig der Erwerber; bei einer Schenkung zusammen mit dem Schenker, bei einer Zweckzuwendung zusammen mit demjenigen, der die Zuwendung ausführen muss, als Gesamtschuldner. Die Erbersatzsteuer schuldet die Stiftung bzw. der Verein. – Darüber hinaus ist in bestimmten Fällen eine dingliche oder personenbezogene Haftung vorgesehen (§ 20 III–VII ErbStG). – Die Steuerschuld entsteht (1) beim Erwerb von Todes wegen mit dem Tode des Erblassers, (2) bei Schenkungen unter Lebenden mit dem Zeitpunkt der Ausführung der Zuwendung, (3) bei Zweckzuwendungen mit dem Zeitpunkt des Eintritts der Verpflichtung beim Beschwerten und (4) beim Vermögen einer Familienstiftung in Zeitabständen von je 30 Jahren seit dem Zeitpunkt des ersten Übergangs von Vermögen auf die Stiftung oder den Verein.

VI. Steuerberechnung: 1. *Bemessungsgrundlage* (§ 10 ErbStG) ist der Wert des Erwerbs (bewertet nach dem → Bewertungsgesetz (BewG); § 12 ErbStG). Erwerbe, die innerhalb von zehn Jahren von denselben Personen angefallen sind, sind zu addieren; die mehrfache Inanspruchnahme von Freibeträgen soll somit erschwert werden (§ 14 ErbStG). – 2. Nach dem persönlichen Verhältnis des Erwerbers zum Erblasser bzw. Schenker werden drei *Steuerklassen* unterschieden (§ 15 ErbStG): Steuerklasse I: Ehegatte, Kinder, Stiefkinder, Abkömmlinge der genannten Kinder und Stiefkinder, bei Erwerb von Todes wegen Eltern und Voreltern des Erblassers. Steuerklasse II: Eltern und Voreltern, sofern sie nicht zur Steuerklasse I gehören; Geschwister, Abkömmlinge ersten Grades von Geschwistern, Stiefeltern, Schwiegerkinder, Schwiegereltern und geschiedene Ehegatten. Steuerklasse III: alle übrigen Erwerber und Zweckzuwendungen.

Wert des steuerpflichtigen Erwerbs (§10) bis einschließlich ... Euro	Prozentsatz in der Steuerklasse		
	I	II	III
75.000	7	30	30
300.000	11	30	30
600.000	15	30	30
6.000.000	19	30	30
13.000.000	23	50	50
26.000.000	27	50	50
über 26.000.000	30	50	50

Eingetragene Lebenspartner gehören trotz Gleichstellung mit Ehegatten in einigen anderen Punkten weiterhin nur zur Steuerklasse III. – 3. Die Höhe der Erbschaftsteuer ergibt sich bei Anwendung der in Tabelle „Erbschaftsteuer – Steuersätze" genannten *Steuersätze* (§ 19 ErbStG). Ggf. sind Progressionsvorbehalt oder Wertstufenregelung des § 19 III ErbStG zu beachten.

VII. Steuerbefreiungen: 1. *Sachliche Befreiungen:* (1) Hausrat, beim Erwerb durch Personen der Steuerklasse I bis 41.000 Euro, der übrigen Steuerklassen bis 12.000 Euro; (2) andere bewegliche körperliche Gegenstände beim Erwerb durch Personen der Steuerklasse I und der übrigen Steuerklassen bis 12.000 Euro, Hausrat und anderere bewegliche Gegenstände zusammen bei den übrigen Steuerklassen, soweit es sich nicht um Gegenstände des land- und forstwirtschaftlichen Vermögens, des Grundvermögens oder des Betriebsvermögens, um Zahlungsmittel, Wertpapiere, Münzen, Edelmetalle, Edelsteine oder Perlen handelt; (3) Grundbesitz oder Teile von Grundbesitz, Kunstgegenstände, Kunstsammlungen, wissenschaftliche Sammlungen, Bibliotheken und Archive mit 60 Prozent oder 100 Prozent ihres Wertes unter bestimmten Voraussetzungen; (4) ab 2009 wird Betriebsvermögen zwar voll erfasst, die darauf entfallende Steuer aber fast vollständig erlassen, wenn der Betriebserbe mehrere Jahre lang bestimmte (strenge) Auflagen erfüllt; (5) weitere Befreiungen vgl. § 13 ErbStG. – 2. *Persönliche Freibeträge* (§ 16 ErbStG): (1) bei *unbeschränkter Steuerpflicht* der Erwerb (a) des Ehegatten in Höhe von 500.000 Euro; (b) der Kinder und Kinder verstorbener Kinder in Höhe von 400.000 Euro; (c) der Kinder der Kinder in Höhe von 200.000 Euro; (d) der übrigen Personen der Steuerklasse I in Höhe von 100.000 Euro; (e) der Personen der Steuerklasse II in Höhe von 20.000 Euro; (f) des Lebenspartners in Höhe von 500 000 Euro; (g) der Personen der Steuerklasse III in Höhe von 20.000 Euro. (2) Bei *beschränkter Steuerpflicht*: 2.000 Euro. – 3. Zusätzlich *bes. Versorgungsfreibeträge* (§ 17 ErbStG): Beim Erwerb von Todes wegen hat der überlebende Ehegatte einen Versorgungsfreibetrag von 256.000 Euro, die überlebenden Kinder einen nach Alter gestaffelten Betrag von 52.000 bis 10.300 Euro; dieser ist um den nach BewG ermittelten Kapitalwert der aus Anlass des Todes des Erblassers dem Erben gewährten, nicht der Erbschaftsteuer unterliegenden Versorgungsbezüge zu kürzen. – 4. Der Erbschaftsteuer unterliegt nicht der Betrag, den der überlebende Ehegatte bei güterrechtlicher Abwicklung der *Zugewinngemeinschaft* (§ 1371 II BGB) als *Ausgleichsforderung* geltend machen kann (§ 5 ErbStG). – Vgl. auch eheliches Güterrecht.

VIII. Verfahren: Für erbschaftsteuerpflichtige Vorgänge besteht Anzeigepflicht. Die Abgabe einer Steuererklärung oder eine Selbstveranlagung (diese umfasst die Selbstberechnung und die Entrichtung der Erbschaftsteuer) kann verlangt werden; damit wird dem zuständigen Finanzamt die Festsetzung eines Steuerbescheides ermöglicht. Gemäß herrschender Praxis wird die Erbschaftsteuer einen Monat nach Bekanntgabe des Steuerbescheides fällig (§ 31 ErbStG).

IX. Finanzwissenschaftliche Beurteilung: 1. Frühere *Begründungen* (Fundustheorie, Chancengleichheit, arbeitsloses Einkommen („Neidsteuer"), Vermögens- und Rechtsschutzgebühr etc.) gelten heute als widersprüchlich und überholt. Heute gilt ererbtes Vermögen als Indikator der Leistungsfähigkeit. – 2. Die für die Realisierung des → Leistungsfähigkeitsprinzips notwendige Voraussetzung einer *umfassenden Bemessungsgrundlage* ist nicht erfüllt, da sich alle Ungleichheiten des Bewertungsgesetzes im Erbgang wieder finden. Das Bundesverfassungsgericht hat dies in seinem Urt. v. 22.6.1995 beanstandet (2 BvR 552/91). – 3. Als Ausdruck der Leistungsfähigkeitsbesteuerung gilt der *progressive Tarif:* (1) Innerhalb jeder Steuerklasse steigen die Grenzsteuersätze. (2) Mit abnehmender

Verwandschaftsnähe zum Erblasser höhere Steuersätze in den Steuerklassen können jedoch nicht mit zunehmender Leistungsfähigkeit erklärt werden. – 4. *Ziele:* Der Verteilung der Steuer nach der Leistungsfähigkeit dient der recht hohe Freibetrag des Ehegatten mit entlastender Wirkung und die steile Progression mit belastender Wirkung. Das Umverteilungsziel wäre überzeugender, wenn eine Zweckbindung der Erbschaftsteuer vorgesehen wäre, jedoch würde das bisher noch geringe Aufkommen keine wesentliche Umverteilung herbeiführen. – 5. *Allokative Ziele und Wirkungen* können in der Höhe des Freibetrages gesehen werden, die der Erhaltung der Vermögenssubstanz dienen. – 6. *Steuersystematik:* a) Die im Erbanfall sich ausdrückende gestiegene Leistungsfähigkeit hat keinen Ausdruck im *Einkommensbegriff* nach der Reinvermögenszugangstheorie (→ Einkommen) gefunden, vielmehr wurde eine eigene Steuer eingerichtet; dadurch wird eine bes. hohe Progressionsbelastung im Jahr des Erbanfalls vermieden. – b) Wenngleich die Erbschaftsteuer steuertechnisch als Verkehrsteuer konstruiert ist, ist sie gemäß der Bemessungsgrundlage eine → Substanzsteuer. – c) Im Jahr des Erbanfalls kommt es zu einer *Zweifachbelastung* des Vermögens mit Erbschaftsteuer und Vermögensteuer, sofern das Vermögen am Jahresende noch vorhanden ist. – d) → Steuerliche Beziehungslehre: Die Erbschaftsteuer gilt als eine (fragwürdige) Kontroll- (oder Nachhol-)Steuer der Einkommensteuer für jene, die Einkommensteuer hinterzogen haben.

X. Betriebswirtschaftliche Beurteilung: Wegen der starken und bes. nicht zeitlich exakt vorhersehbaren Liquiditäts- und Substanzbelastung stellt die Erbschaftsteuer bes. für Personenunternehmungen eine gravierende Belastung dar, die zur Existenzbedrohung werden kann. Die Neuregelungen der Besteuerung des Betriebsvermögens mit weitgehender Verschonung vor der ErbSt ermöglichen es, solche Belastungen zu vermeiden, engen andererseits aber durch die damit verbundenen Auflagen die Flexibilität des Unternehmers bis zu 10 Jahre stark ein. Frühzeitige Planungen zur Minimierung der Erbschaftsteuer sind daher unumgänglich, z.B. mehrmalige Ausnutzung von Freibeträgen und Progressionsminderung durch wiederholte Schenkungen im Zehn-Jahres-Abstand, vorweggenommene Erbfolge, Optimierung der Vermögensstruktur unter bewertungsrechtlichen Gesichtspunkten etc. Wegen anstehendem Generationenwechsel in vielen Unternehmungen nimmt die Bedeutung der Problematik weiter zu (Zeichen dafür ist die Verdreifachung des Steueraufkommens seit 1985). Andererseits sind für den Übergang von Betriebsvermögen seit der Reform 2009 erhebliche Steuervergünstigungen geschaffen worden: So kann ein Großteil der auf betriebliches Vermögen entfallenden Steuer entfallen, wenn für eine bestimmte Zeit (7 oder 10 Jahre) bestimmte Vorgaben des Gesetzes hinsichtlich Beibehaltung der eigenen Unternehmerstellung und Beibehaltung einer bestimmten Anzahl von Arbeitsplätzen (ausgedrückt in einer Anforderung hinsichtlich der Höhe der Lohnsumme des Betriebes) eingehalten werden – dies entlastet einerseits das betriebliche Vermögen, engt allerdings andererseits die Handlungsmöglichkeiten des Erwerbers hinsichtlich des erhaltenen Betriebes für eine nicht unbeträchtliche Zeit erheblich ein.

XI. EU-rechtliche Beurteilung: Nach einer mittlerweile gefestigten Rechtsprechung des Europäischen Gerichtshofes muss die Ausgestaltung der Erbschaftsteuergesetze der Mitgliedsstaaten den Vorgaben der europäischen Grundfreiheiten genügen; insbesondere darf der Erwerb von ausländischen Vermögen in anderen Ländern der EU nicht gegenüber inländischem Vermögen diskriminiert werden. Die Neufassung des Gesetzes 2009 hat von den früheren Verstößen gegen diese Vorgabe die meisten beseitigt, aber nicht alle: Problematisch sind etwa die viel zu niedrigen Freibeträgebei beschränkter Steuerpflicht oder aber das Fehlen eines Optionsrechts zur unbeschränkten Steuerpflicht bei einem Anteil des Inlandsvermögens von mind. 90 Prozent des Gesamtvermögens.

XII. **Verfassungsrechtliche Beurteilung:** Nach dem das Bundesverfassungsgericht das ErbStG vor 2008 wegen Begünstigungen des Betriebsvermögens und des Grundvermögens kritisiert hatte, enthält die Neuregelung erneut Begünstigung dieser Vermögensarten, die teilweise noch weiter gehen als früher. Daher ist auch der ab 2009 gefundenen Neuregelung eine gewisse Fragwürdigkeit nicht zu abzustreiten.

XIII. **Aufkommen:** 4.550 Mio. Euro (2009), 4.771 Mio. Euro (2008), 4.203 Mio. Euro (2007), 3.762,6 Mio. Euro (2006), 4.096 Mio. Euro (2005), 4.283 Mio. Euro (2004), 3.372,8 Mio. Euro (2003), 3.020,7 Mio. Euro (2002), 3.068,7 Mio. Euro (2001), 2.981,6 Mio. Euro (2000), 1.814,3 Mio. Euro (1995), 1.546,3 Mio. Euro (1990), 773 Mio. Euro (1985), 520 Mio. Euro (1980), 271 Mio. Euro (1975), 267 Mio. Euro (1970), 162 Mio. Euro (1965), 103 Mio. Euro (1960), 43 Mio. Euro (1955), 12 Mio. Euro (1950).

Erbschaftsteuerklassen – Steuerklassen, in die die Erwerber nach dem persönlichen Verhältnis zum Erblasser bzw. Schenker eingeteilt werden. Es existieren drei Steuerklassen, die v.a. für die Höhe der anzuwendenden Steuerklassen und der zu gewährenden Freibeträge Bedeutung haben. Seit der Erbschaftsteuerreform 2009 sind die Steuersätze für die Steuerklassen II und III angeglichen worden, sodass die Unterscheidung zwischen diesen beiden Steuerklassen hauptsächlich nur noch für die Höhe der Freibeträge von Bedeutung ist. Fundstellen: §§ 16, 19 ErbStG. – Vgl. auch → Erbschaftsteuer.

ergänzender Finanzausgleich → Finanzausgleich.

Ergänzungshaushalt → Haushaltsplan, der die Positionen umfasst, die einen noch nicht verkündeten Haushalt ändern sollen. Der Ergänzungshaushalt ist nicht als → Haushaltsüberschreitung anzusehen, sondern als originärer Haushalt, der nach denselben, allerdings beschleunigten Verfahren aufgestellt, beraten und durchgeführt wird wie Jahreshaushaltspläne (§32 BHO). – Vgl. auch → Nachtragshaushalt, → Eventualhaushalt.

Ergänzungsteuern – 1. *Begriff* in der Finanzwissenschaft: Einzelsteuern, die zur vollkommeneren Erreichung desselben fiskalischen oder nicht fiskalischen → Steuerzwecks nebeneinander eingeführt werden. – 2. *Abzugs-/Anrechnungsfähigkeit:* Häufig sind Ergänzungsteuern bei der Errechnung der → Bemessungsgrundlage der Steuer gegenseitig abzugsfähig (→ Abzugsfähigkeit von Steuern), nicht jedoch gegenseitig anrechenbar (→ Anrechenbarkeit von Steuern). – 3. *Beispiele:* Feuerschutzsteuer zur Versicherungsteuer, Einfuhrumsatzsteuer zur Umsatzsteuer.

Ergänzungszuweisung – als Ergänzung zum horizontalen Länderfinanzausgleich vom Bund gewährte → Ausgleichszuweisung an leistungsschwache Länder „zur ergänzenden Deckung ihres allgemeinen Finanzbedarfs" (Art. 107 II GG). – Vgl. auch → Finanzhilfe, → Finanzzuweisung.

Erhaltungssubvention → Subvention.

ERP – I. Software: Abk. für *Enterprise Resource Planning*; bereichsübergreifende Softwarelösungen, die die betriebswirtschaftlichen Prozesse, z.B. in Produktion, Vertrieb, Logistik, Finanzen und Personal, steuern und auswerten. Ein ERP-System zeichnet sich durch die einheitliche Steuerung der verschiedenen Unternehmensbereiche aus. Dadurch wird es zu einem sinnvollen Controlling- und Steuerungsinstrument. Neuere ERP-Systeme können auch zur Steuerung und Auswertung unternehmensexterner Geschäftsprozesse genutzt werden.

II. Wirtschaftsgeschichte: Abk. für *European Recovery Program, Europäisches Wiederaufbauprogramm*; aufgrund der Vorschläge des amerik. Außenministers Marshall am 3.4.1948 erlassenes einheitliches Hilfsprogramm *(Marshall-Plan)* für die durch den Krieg zerstörten Länder Europas; infolge der

Weigerung der Ostblockländer zur Mitarbeit auf *Westeuropa* beschränkt. Die Verwaltung lag bei der ECA (Economic Cooperation Administration), die bei der Verteilung der Geschenke und Kredite die Vorschläge der OEEC, die im Zusammenhang mit der ERP-Hilfe gegründet wurden, berücksichtigte. Für die ECA-Mittel konnten v.a. Lebensmittel und Rohstoffe, vornehmlich aus den USA, bezogen werden. Die Beträge hierfür hatten die Importeure in heimischer Währung auf Gegenwertfonds *(Counterpart Funds)* einzuzahlen, bei deren Verwendung im Inland die ECA ein Mitspracherecht hatte. – Die Gegenwerte in nationaler Währung führten zum → ERP-Sondervermögen, das heute die Grundlage für die Bereitstellung von ERP-Krediten bildet.

ERP-Sondervermögen – nicht rechtsfähiges → Sondervermögen des Bundes, das nach dem Zweiten Weltkrieg dem Wiederaufbau diente und danach zur gezielten regionalen und sektoralen Förderung der dt. Wirtschaft, des Umweltschutzes sowie verschiedener anderer, öffentlicher Aufgaben eingesetzt wurde. Die ersten Einlagen stammen aus den Gegenwerten des Europäischen Wiederaufbauprogramms (ERP). Mit Auslaufen der ERP-Sonderhilfe wurden die aus Tilgungs- und Zinszahlungen zurückfließenden sowie zusätzlich am Kreditmarkt aufgenommenen Mittel zur Finanzierung neuer Aufgaben eingesetzt. – *Vergabe von ERP-Mitteln:* i.d.R. als verzinsliche, aber auch als unverzinsliche Darlehen und/oder als verlorene Zuschüsse. – *Einnahmen und Ausgaben* des ERP-Sondervermögens werden laufend in der Jahresrechnungs- und der Haushaltsansatzstatistik für den Bund ausgewiesen und vom Statistischen Bundesamt veröffentlicht. Das Bundesministerium für Wirtschaft und Technologie (BMWi) verwaltet das Sondervermögen und finanziert damit Programme zur Wirtschaftsförderung.

Ertragsbesteuerung – I. Begriff/Abgrenzung: 1. *Grundlegende Besteuerungsweise,* die an fließenden Erträgen aus Objekten (Grundstücken, Gebäuden, Gewerbebetrieben) ansetzt. Die Ertragsbesteuerung ist eine „objektive" Besteuerung, die die persönlichen Lebensverhältnisse des Steuerpflichtigen nicht berücksichtigen darf. → Ertragsteuern in finanzwissenschaftlicher Sicht sind daher nicht zur Erfassung der persönlichen Leistungsfähigkeit, sondern der unpersönlichen „Ertragsfähigkeit" von Steuerobjekten geeignet. – Vgl. auch → Realsteuern. – *Gegensatz:* → Einkommensbesteuerung. – 2. *„Gewinnsteuern"* sind nicht gleichzusetzen mit Ertragsteuern, da der Gewinn die schmalere Bemessungsgrundlage (Ertrag minus Aufwand bzw. Kosten) gegenüber dem Ertrag darstellt. Gewinnsteuern sind immer auch Ertragsteuern, nicht jedoch umgekehrt. – Neben der Gewerbeertrag- und Körperschaftsteuer wird auch die Einkommensteuer insoweit als Gewinnsteuer bezeichnet, wie sie die Gewinneinkunftsarten erfasst (→ Einkünfte). – 3. Der Begriff *„Objektsteuer"* beschreibt den Vorgang der Ertragsbesteuerung insofern nicht voll, als es sich bei den Objektsteuern um die engere Bezeichnung für → Realsteuern handelt, mithin die Körperschaftsteuer nicht einschließt, die aber nach finanzwissenschaftlichem Verständnis eine Steuer auf Gewinn (Teil des Ertrags) des Unternehmens ist. – Auch die Bezeichnung → Personensteuer weist eine Unschärfe auf, weil zu ihr auch die Steuern der Gewerbebetriebe in der Rechtsform juristischer Personen gezählt werden, Ertragsteuern also, die mit der die Leistungsfähigkeit der natürlichen Personen besteuernden Einkommen- und Vermögensteuer nicht in Zusammenhang gebracht werden sollten.

II. Formen: 1. *Merkmalsbesteuerung:* Die Steuern setzen an äußerlichen Merkmalen des Steuertatbestandes an, z.B. Zahl der Arbeitskräfte (nicht Lohnsumme), m Grundfläche, m umbauten Raumes, Zahl der Maschinen. Das Vorhandensein dieser Merkmale lässt auf das Entstehen von Erträgen schließen. Daher ist jede Merkmalsbesteuerung zugleich eine Soll-Ertragsbesteuerung. Das bundesdeutsche Steuersystem kennt derzeit keine Merkmalsteuern. – 2. *Ertragsbesteuerung i.e.S.*, d.h. in der Form der Roh- oder Reinertragsteuer: Es werden tatsächlich erzielte Erträge besteuert. Auch diese Steuern wirken je nach technischer Ausgestaltung wie Sollertragsteuern. – Im bundesdeutschen Steuersystem (mit teilweisem Sollertragscharakter): Gewerbe-, Vermögen-, Kapitalertragsteuer sowie in finanzwissenschaftlicher Sicht Körperschaftsteuer auf thesaurierte Gewinne. – 3. *Wert-* oder *Kapitalwertbesteuerung*: Die Bemessungsgrundlage ist der kapitalisierte Ertrag (Kapitalisierung) oder der Verkehrswert. Die bundesdeutsche Grundsteuer für landwirtschaftlich genutzte Grundstücke und die Grundsteuer für Wohnzwecken dienende Grundstücke wird nach dem Ertragswert berechnet; die Steuer für bebaute Grundstücke der gewerblichen Nutzung wird nach dem gemeinen Wert, einem Verkehrswert, bemessen.

III. Steuersystematik/Beurteilung: 1. Die *Vorteile* der Ertragsbesteuerung liegen in der steuerlichen Schonung der Privatsphäre der Steuerpflichtigen, was zudem Verwaltungsaufwand vermindert. – 2. Der systematische Vorteil wird aber nur spürbar, wenn *keine Lücken* in der Besteuerung der ertragbringenden Objekte und Wertschöpfungsfaktoren bestehen, also Arbeit, Boden und Kapital gleichermaßen besteuert werden. – 3. Im *bundesdeutschen Steuersystem* wird derzeit neben den genannten Ertragsteuern keine Arbeitsertragsteuer erhoben, nachdem die Lohnsummensteuer abgeschafft wurde. – 4. Eine Ertragsbesteuerung neben der Einkommensbesteuerung durchzuführen, wie im bundesdeutschen Steuersystem praktiziert, nennt man den steuerlichen *Dualismus*; dieser wird kritisiert, weil das Ertragsteuersystem als veraltet gilt und weil der Dualismus zur → Steueraushöhlung führt. Soweit man aber an der Ertragsbesteuerung festhält, gilt eine Ergänzung des Systems durch die → Einkommensbesteuerung als unumgänglich zur Verfolgung des Ziels, die persönliche Leistungsfähigkeit zu erfassen. – 5. Die Ertragsbesteuerung ist durch eine *Ungleichbehandlung der Objekte* gekennzeichnet: Gewerbliche und landwirtschaftliche Betriebe werden bei gleichen Erträgen ungleich besteuert; Vermögensarten werden ungleich belastet. – 6. Von theoretischer Bedeutung ist die Kritik, dass Einzel-Ertragsteuern keine isolierten Faktorerträge erfassen können, weil das *Zurechnungsproblem* bei Faktoren nicht zu lösen ist.

Ertragsfähigkeit – Grundlage der Bodenbewertung (→ Bodenbonitierung) hinsichtlich der durchschnittlichen mittleren Hektarerträge von Bodenarten nach Klassen und → Einheitswerten. Als „Nahrungsmittelgrundlage" ein wesentliches Datum für die Berechnung der optimalen Bevölkerungsdichte.

Ertragshoheit → Steuerertragshoheit.

Ertragsteuern – I. Betriebswirtschaftslehre: → Steuern, deren Steuerbemessungsgrundlage an das wirtschaftliche Ergebnis (Ertrag, Gewinn) anknüpft, womit der Fiskus durch die Steuer am ökonomischen Erfolg des Steuerpflichtigen partizipiert; im Einzelnen: Einkommensteuer (neben → Kirchensteuer und → Solidaritätszuschlag), → Körperschaftsteuer und Gewerbeertragsteuer (→ Gewerbesteuer).

II. Finanzwissenschaft: Objektsteuern (→ Realsteuern), die an die Erträge bes. der volkswirtschaftlichen Produktionsfaktoren Boden und Kapital anknüpfen, ohne Rücksicht darauf, wem der Ertrag im Einzelnen zufließt: Grundsteuer, Gewerbesteuer, Kapitalertragsteuer und in gewisser Weise auch die Vermögensteuer, soweit sie aus Vermögenserträgen getragen wird. In der Finanzwissenschaft gelten Ertragsteuern als für ein modernes → Steuersystem unpassend, da ihre fiskalische Ergiebigkeit begrenzt ist und die subjektive Leistungsfähigkeit (→ Leistungsfähigkeitsprinzip) des Steuerpflichtigen nicht berücksichtigt wird. – Vgl. auch

→ Ertragsbesteuerung. – *Anders:* → Substanzsteuern, → Verkehrsteuern, → Verbrauchsteuern.

III. Steuerrecht: üblicherweise der Oberbegriff für Einkommensteuer, → Körperschaftsteuer, → Gewerbesteuer und die daran anknüpfenden Annexsteuern (→ Solidaritätszuschlag, → Kirchensteuer).

Erwerbseinkünfte – 1. *Begriff: Öffentliche* Erwerbseinkünfte sind → öffentliche Einnahmen, die die öffentliche Hand infolge einer Beteiligung an der volkswirtschaftlichen Wertschöpfung im Marktprozess erzielt, ohne dass sie, wie bei → Abgaben, hoheitliche Gewalt einsetzt. Einnahmen können als Erwerbseinkünfte bezeichnet werden, unabhängig von Organisation, Rechtsform, Zweck der Einnahmenerzielung und Marktposition der öffentlichen Hand. – *Beispiele:* Erlöse aus dem Verkauf von Gütern und Dienstleistungen der öffentlichen Unternehmen, Zinsen aus der Kreditvergabe durch die öffentliche Verwaltung. Erwerbseinkünfte werden erzielt von Regiebetrieben, Eigenbetrieben, Kapitalgesellschaften im öffentlichen Eigentum. *Private* Erwerbseinkünfte sind Einkünfte aus selbständiger und unselbständiger Erwerbstätigkeit. – 2. *Abgrenzung:* Eine saubere Trennung zwischen öffentlichen Erwerbseinkünften und → Gebühren bzw. → Beiträgen ist oftmals schwierig, z.B. in der Wasserversorgung. – 3. *Beurteilung:* Probleme hinsichtlich der Wirtschaftsordnung ergeben sich durch die Monopolstellung von öffentlichen Unternehmen wie auch durch die mit dem öffentlichen Eigentum verbundene Verfügungsmacht in bestimmten Wirtschaftsbereichen. Auch in einer Wirtschaftsordnung mit grundsätzlich privatem Eigentum an den Produktionsmitteln existieren Sektoren mit öffentlicher Beteiligung (Energiewirtschaft, Urproduktion, Verkehrswirtschaft, Kommunikation, Bankwesen). Ein hoher Anteil öffentlicher Erwerbseinkünfte an den Gesamteinnahmen bringt solche Problematiken deutlich zum Vorschein.

Erwerbsvermögen → Finanzvermögen.

Erzbergersche Finanzreform (1919/1920) – nach dem Zentrumsabgeordneten, Ministerpräsidenten und Reichsfinanzminister Matthias Erzberger (1875-1921) benannte → Finanzreform, die zu einer vollständigen Umkehrung der finanzhoheitlichen Kompetenzen (→ Finanzhoheit) zwischen Reich und Bundesstaaten führte. Das Reich war zuvor v.a. auf die Zolleinkünfte unter der Einschränkung der „Franckensteinschen Klausel" und die → Matrikularbeiträge der Länder angewiesen (Reich als „Kostgänger" der Länder; → Clausula Miquel). Durch die Erzberger'sche Finanzreform erhielt das Reich die → Steuerertragshoheit bei der Einkommen-, Körperschaft- sowie Umsatzsteuer und wurde so zur entscheidenden Schaltstelle im → Finanzausgleich zwischen den Gebietskörperschaften. Unterstützt wurde dies durch die Schaffung von Reichsfinanzbehörden (Finanzämtern). Fortsetzung der Erzbergerschen Finanzreform: → Popitz-Schliebensche Finanzreform (1924/1925).

Etat – 1. *Etat der öffentlichen Hand:* → Staatshaushalt. – *Formen:* (1) Solletat: Voranschlag der Einnahmen und Ausgaben; (2) Istetat: nachträglicher Rechnungsabschluss. – Vgl. auch → öffentlicher Haushalt, → Bundeshaushalt, → Budget, → Haushaltsplan. – 2. *Etat einer Unternehmung:* → Finanzplan.

Europäisches Wiederaufbauprogramm → ERP.

European Recovery Program → ERP.

Eventualhaushalt – 1. *Begriff:* → Haushaltsplan, der ermöglicht, aus konjunkturellen Gründen resultierende Ausgabennotwendigkeiten auf eine haushaltsmäßige Grundlage zu stellen. Der Eventualhaushalt tritt nur evtl., z.B. bei Über- oder Unterschreiten vorher festgelegter Grenzen von Konjunkturindikatoren, in Kraft. – 2. Im *Aufstellungsverfahren* besteht eine gewisse Ähnlichkeit mit dem → Nachtragshaushalt oder → Ergänzungshaushalt; der Eventualhaushalt verschmilzt jedoch nicht mit dem Hauptetat in der

Durchführung, sondern besteht neben diesem. – 3. *Vorteile:* Finanzierung und Auswahl der durchzuführenden Projekte steht schon fest, wenn z.b. eine Belebung der Nachfrage notwendig wird; Fehlleitung volkswirtschaftlicher Ressourcen im Rahmen der Stabilitätspolitik kann dadurch vermindert werden. – 4. *Nachteile:* Gefährdung der Einheitlichkeit des Budgets sowie Planungsprobleme, evtl. auch → Mitnahmeeffekte oder allokative Fehllenkungen, da z.B. bei „Schubladenprogrammen", die mittels des Eventualhaushalts finanziert werden, die eigentlichen Präferenzen der Nachfrager verzerrt werden können.

Excess Burden – *Zusatzlast der Besteuerung (auch: dead-weight-loss of taxation);* neben der fiskalischen Belastung entstehende Nutzen- bzw. Wohlfahrtseinbußen für ein Wirtschaftssubjekt bei Besteuerung über den reinen Einkommensentzugseffekt hinaus. – *Beispiele:* (1) Bei → Verbrauchsbesteuerung trägt der Nachfrager des besteuerten Gutes bei angenommener Überwälzung nicht nur einen Teil der Steuerzahllast, sondern muss wegen veränderter Preisrelationen seine Konsumstruktur anpassen; modelltheoretisch heißt das, dass er sein bisheriges Haushaltsoptimum verlässt, sein neues Gleichgewicht auf einer niedrigeren Indifferenzkurve liegt und er neben dem Einkommenseffekt auch einen Substitutionseffekt bei seiner Nachfrage hinnehmen muss. (2) Bei *Luxussteuern* wird u.a. Beziehern niedriger Einkommen der Kauf von Luxusgütern zusätzlich erschwert.

Existenzminimum – I. Volkswirtschaft: 1. *Begriff:* nach dem Lebensstandard der einzelnen Länder für den Lebensunterhalt als notwendig erachtete und anerkannte Mittel. Die Definition ist immer kulturspezifisch und relativ. – 2. *Arten:* (1) *physisches* Existenzminimum. Dieses umfasst die Mittel, die zur Befriedigung der materiellen Bedürfnisse notwendig sind, um zu überleben. Dies sind v.a. Nahrung, Kleidung, Wohnung und eine medizinische Notfallversorgung; (2) *soziokulturelles* Existenzminimum. Dieses garantiert über das physische Existenzminimum hinaus ein Recht auf Teilhabe am gesellschaftlichen (sozialen), kulturellen und politischen Leben.

II. Einkommensteuerrecht: 1. Nach der *Rechtsprechung des Bundesverfassungsgerichts* (BVerfGE 87, 153 [169]) muss dem Steuerpflichtigen nach Erfüllung seiner Einkommensteuerschuld von seinem Erworbenen zumindest so viel verbleiben, wie er zur Bestreitung seines notwendigen Lebensunterhalts und (unter Berücksichtigung von Art. 6 I GG) desjenigen seiner Familie bedarf. Die Höhe des steuerlich zu verschonenden Existenzminimums hängt von den allg. wirtschaftlichen Verhältnissen und dem in der Rechtsgemeinschaft anerkannten Mindestbedarf ab. Soweit der Gesetzgeber im Sozialhilferecht den Mindestbedarf bestimmt hat, den der Staat bei einem mittellosen Bürger im Rahmen sozialstaatlicher Fürsorge durch Staatsleistungen zu decken hat, darf das von der Einkommensteuer zu verschonende Existenzminimum diesen Betrag jedenfalls nicht unterschreiten. Maßgröße für das einkommensteuerliche Existenzminimum ist demnach der im Sozialhilferecht anerkannte Mindestbedarf. Das gilt sinngemäß auch für die Ermittlung des sächlichen Existenzminimums von Kindern (BVerfGE 82, 60 [93, 94]). Da die Leistungsfähigkeit von Eltern über den existentiellen Sachbedarf und den erwerbsbedingten Betreuungsbedarf generell durch den Betreuungsbedarf und den Erziehungsbedarf gemindert wird, ist dieser im Steuerrecht von der Einkommensteuer zu verschonen. – 2. Das im Jahr 2012 steuerfrei zu stellende sächliche Existenzminimum beträgt bei Alleinstehenden 7.896 Euro, bei Ehepaaren 13.272 Euro, bei Kindern 4.272 Euro. Die steuerlichen Freibeträge belaufen sich entsprechend auf 8.004 Euro für Alleinstehende, 16.009 für Ehepaare und 4.368 für Kinder.

F

Fälligkeitsprinzip – mit der → Haushaltsreform von 1969 eingeführter Grundsatz der Kassenwirksamkeit. Nur solche Einnahmen und Ausgaben dürfen in den → Haushaltsplan eingestellt werden, die auch in dem betreffenden Haushaltsjahr fällig werden. Durch die Plandarstellung der reinen Geldbewegungen soll die ökonomische Transparenz des Haushaltsplans gefördert werden. Das Fälligkeitsprinzip führt zu einer klaren Trennung von Ausgabe- und → Verpflichtungsermächtigungen.

Familienlastenausgleich – 1. *Begriff*: a) *Familienlastenausgleich i.e.S.*: direkte staatliche Transfers an Familien mit Kindern, mit denen durch die Geburt und Erziehung verursachte Lasten ausgeglichen werden sollen, i.d.R. negativ mit dem Einkommen der Eltern verknüpft. – b) *Familienlastenausgleich i.w.S.*: Häufig werden in den Familienlastenausgleich auch die spezielle familienfreundliche Gestaltung der Einkommensteuer (→ Splitting-Verfahren, Kindergeld, → Kinderfreibeträge), zahlreiche weitere staatliche Maßnahmen zur finanziellen Entlastung von Familien (z.B. Preis- und Tarifvorteile bei der Benutzung öffentlicher Verkehrsmittel, Schulgeldfreiheit) einbezogen; dasselbe gilt für familienbezogene Entgeltkomponenten im öffentlichen Dienst und betriebliche Sozialleistungen. – 2. *Ziele*: Schutz der Institution Familie, vom Einkommen der Eltern unabhängige Entwicklungschancen für Kinder, bevölkerungspolitische Ziele und im Rahmen der Steuergesetze Besteuerung nach der Leistungsfähigkeit (→ Leistungsfähigkeitsprinzip). – 3. Die *Weiterentwicklung* ist der → Familienleistungsausgleich. Die Abgrenzung zwischen Familienlasten- und Familienleistungsausgleich wird in der Literatur nicht immer eindeutig beschrieben. Im 7. Familienbericht werden die Begriffe Familienlastenausgleich und Familienleistungsausgleich folgendermaßen definiert: „Familienpolitische Leistungen, die aus dem Kriterium der Bedarfsgerechtigkeit und der Lebensstandardsicherung abgeleitet sind, zielen darauf ab, bestimmte Belastungen der Eltern zu kompensieren, die durch die Geburt und die Erziehung der Kinder entstehen. Diese Instrumente lassen sich unter dem Oberbegriff Familienlastenausgleich zusammenfassen. Daneben ist es eine weitere Aufgabe der staatlichen Familienpolitik, jene Leistungen zu kompensieren, die die Familien für die Gesellschaft erbringen, die aber nicht über den Markt abgegolten werden. Diese fasst man als Familienleistungsausgleich zusammen." (ebenda, S. 56 Fn 35). Das Bundesfamilienministerium beziffert die Summe der familienbezogenen Maßnahmen und Leistungen zuletzt (für 2009) auf rund 122,7 Mrd. Euro (steuerliche Maßnahmen, Geldleistungen, Maßnahmen der Sozialversicherung, Realtransfers; ohne ehebezogene Leistungen und Bildungsausgaben).

Familienleistungsausgleich – Weiterentwicklung des → Familienlastenausgleichs im Rahmen der sozialen Sicherung der Familie und von Kindern. Der Begriff stellt in den Vordergrund, dass Familien durch die Geburt und Erziehung von Kindern Leistungen für die Gesellschaft erbringen, die von dieser ausgeglichen werden sollen, da dies nicht über den Markt geschehen kann. Im Einkommensteuergesetz werden die einkommensteuerlichen → Kinderfreibeträge und das Kindergeld seit 1996 unter dem Titel Familienleistungsausgleich geführt. Das Bundesfamilienministerium nennt als Instrumente des Familienleistungsausgleichs: Kindergeld, die steuerliche Freistellung von → Kinderbetreuungskosten, Elterngeld, die beitragsfreie Mitversicherung von Kindern in der Kranken- und Pflegeversicherung, die Anrechnung von Kindererziehungszeiten in der gesetzlichen

Rentenversicherung. Da einige dieser Instrumente auch unter den Familienlastenausgleich gerechnet werden, erscheint die praktische Abgrenzung der beiden Begriffe als schwierig.

Fehlbelegungsabgabe – im Fall der Belegung von Sozialwohnungen durch Personen, die früher eine Berechtigung zum Bezug einer Wohnung innerhalb des sozialen Wohnungsbaus haben nachweisen können, heute aber infolge von Einkommenserhöhungen und/oder Verringerung der Familiengröße die Einkommensgrenze überschreiten, erhobene → Abgabe. 1982 in der Bundesrepublik Deutschland eingeführt; es ist jedoch seit 1985 jedem Bundesland freigestellt, ob die Fehlbelegungsabgabe eingefordert wird; in den letzten Jahren in den meisten Bundesländern abgeschafft. Die Fehlbelegungsabgabe soll die Differenz zwischen Sozialmiete und der durchschnittlichen marktüblichen Miete ausgleichen. Die Fehlbelegungsabgabe ist zu zahlen von Mietern öffentlich geförderter Wohnungen, deren Einkommen die Einkommensgrenzen nach § 25 Zweites Wohnungsbaugesetz um einen bestimmten Prozentsatz (je nach Bundesland) überschreitet.

Feuerschutzsteuer – 1. *Begriff:* → Verbrauchsteuer (in finanzwissenschaftlicher Sicht) bzw. → Verkehrsteuer (in steuerrechtswissenschaftlicher Sicht), die zur Förderung des Feuerlöschwesens und des vorbeugenden Brandschutzes erhoben wird. – Ähnlich: Feuerwehrabgabe. – 2. *Rechtsgrundlage:* Feuerschutzsteuergesetz (FeuerSchStG) i.d.F. vom 10.1.1996 (BGBl. I 18) m.spät.Änd. – 3. *Steuergegenstand:* Entgegennahme des Versicherungsentgeltes aus Feuer- sowie Gebäude- und Hausratversicherungen, wenn das Versicherungsentgelt teilweise auf Gefahren entfällt, die Gegenstand einer Feuerschutzsteuer sein können. – 4. *Steuerberechnung:* a) *Bemessungsgrundlagen:* Versicherungsentgelte bzw. Feueranteile von Gebäude- (25 Prozent) und Hausratversicherung (20 Prozent). – b) Der *Steuersatz* beträgt seit 1.7.1994 einheitlich 8 Prozent (§ 4 I FeuerSchStG). – 5. *Steuerschuld/Verfahren:* Schuldner ist regelmäßig die Versicherung. Sie hat die im Monat der Entgegennahme bzw. der Anforderung der Versicherungsentgelte entstehende Feuerschutzsteuer selbst zu berechnen und im Folgemonat an das zuständige Finanzamt abzuführen (Steueranmeldung). – 6. *Finanzwissenschaftliche Beurteilung:* Die Feuerschutzsteuer ist zweckgebunden (Zweckbindung), entsprechend eine → Verwendungszwecksteuer. Die Verwaltungs- und Ertragskompetenz liegt bei den Ländern (Landessteuer). – 7. *Aufkommen:* 319,0 Mio. Euro (2007), 321,9 Mio. Euro (2006), 327,8 Mio. Euro (2003), 305,8 Mio. Euro (2002), 293,3 Mio. Euro (2001), 288,3 Mio. Euro (2000), 389,3 Mio. Euro (1995), 201 Mio. Euro (1990), 182 Mio. Euro (1985), 124 Mio. Euro (1980), 96 Mio. Euro (1975), 49 Mio. Euro (1970), 33 Mio. Euro (1965), 19 Mio. Euro (1960), 13 Mio. Euro (1955), 10 Mio Euro (1950).

Finanzausgleich – 1. *Begriff:* Entscheidet sich ein Staat für einen gegliederten Staatsaufbau (→ Föderalismus), so hat er den einzelnen Ebenen die für sie geeigneten Aufgaben zuzuordnen und ihnen die Möglichkeit entsprechender Einnahmebeschaffung zu eröffnen. Alle hierfür erforderlichen Regelungen werden unter dem Begriff Finanzausgleich zusammengefasst. – 2. *Teilbereiche/Arten:* a) *Passiver Finanzausgleich:* Die → öffentlichen Aufgaben werden von den privaten Aufgaben abgegrenzt und auf die verschiedenen → öffentlichen Aufgabenträger verteilt. – b) *Aktiver Finanzausgleich:* Regelung der Einnahmenverteilung, wobei unterschieden werden: (1) *Originärer (aktiver) Finanzausgleich (primärer Finanzausgleich):* Verteilung originärer Einnahmequellen zwischen öffentlichen Aufgabenträgern gleicher Ebene (*horizontaler Finanzausgleich*) oder verschiedener Ebenen (*vertikaler Finanzausgleich*). Erhalten die einzelnen Aufgabenträger jeweils eigene Einnahmequellen, so liegt ein → Trennsystem vor; bei einem → Zuweisungssystem fließen alle originären Einnahmen einer einzigen Ebene zu, die ihrerseits Überweisungen an die übrigen Ebenen vornimmt. Sind an verschiedenen Gebietskörperschaften gemeinsam erhobene Einnahmen beteiligt, so ist ein → Mischsystem (→ Verbundsystem) verwirklicht. (2) *Ergänzender (aktiver) Finanzausgleich (Finanzausgleich i.e.S.; sekundärer Finanzausgleich)*: Regelungen zur Schließung des nach der Verteilung der originären Einnahmen i.d.R. verbleibenden Ausgleichsbedarfs (Differenz zwischen → Finanzkraft und → Finanzbedarf). Er umfasst die Überweisung bereits einzelnen öffentlichen Aufgabenträgern zugeflossener Einnahmen an andere Aufgabenträger. Er kann ebenfalls in horizontaler und vertikaler Richtung vorgenommen werden. Innerhalb des ergänzenden Finanzausgleiche werden Zuweisungen verschiedener Art gezahlt: (a) Die → Ausgleichszuweisungen verfolgen das Ziel, Ungleichgewichte zwischen Finanzbedarf und Deckung zu beseitigen oder zu mildern; sie sind i.d.R. als Zuweisungen ohne Verwendungsauflagen gestaltet. Probleme ergeben sich vornehmlich bei der Messung des Finanzbedarfs und der originären Finanzkraft. (b) Demgegenüber sollen → Lenkungszuweisungen (Zweckzuweisungen) das Verhalten der Zuweisungsempfänger verändern; es handelt sich daher um Zuweisungen mit Verwendungsauflagen. – 3. *Ziel*: Durch die Erfüllung der zuvor genannten Teilaufgaben bezweckt der Finanzausgleich insgesamt die bestmögliche Erfüllung der öffentlichen Aufgaben im föderativen Staat. – 4. *Finanzausgleich in der Bundesrepublik Deutschland*: a) Der *originäre passive Finanzausgleich* ist in Art. 70 ff. GG im Einzelnen geregelt (→ Finanzverfassung). Die Verteilung der einzelnen Steuern auf die unterschiedlichen Aufgabenträger regelt Art. 106 GG. Danach gilt in der Bundesrepublik Deutschland ein (gebundenes) Trennsystem und ein Mischsystem, d.h. man unterscheidet zwischen Steuern, die nur einer Ebene zustehen (→ Bundessteuern, → Landessteuern, → Gemeindesteuern, und solchen, die mehreren Ebenen zustehen (→ Gemeinschaftsteuern im sog. → Steuerverbund). b) *Ergänzender aktiver Finanzausgleich*: Entsprechend dem föderalistischen Staatsaufbau sind vertikaler Finanzausgleich zwischen Bund und Ländern (→ Bund-Länder-Finanzausgleich), horizontaler Finanzausgleich zwischen den Ländern (→ Länderfinanzausgleich), vertikaler Finanzausgleich zwischen Land und Gemeindeebene, horizontaler Finanzausgleich zwischen den Gemeinden (bzw. Gemeindeverbänden; → kommunaler Finanzausgleich) zu unterscheiden.

Finanzausgleichsreform → föderales Konsolidierungsprogramm.

Finanzbedarf – I. Finanzwissenschaft: Die für die → öffentlichen Aufgabenträger zur Erfüllung der ihnen im passiven → Finanzausgleich übertragenen Aufgaben erforderlichen Finanzmittel. Der Finanzbedarf ist für den einzelnen öffentlichen Aufgabenträger und für die öffentliche Hand insgesamt zu bestimmen und mit den im Privatsektor zu belassenden Finanzmitteln ins Verhältnis zu setzen (→ optimales Budget). – Die *Messung des* Finanzbedarfs öffentlicher Aufgabenträger gestaltet sich infolge der nicht präzisen und erschöpfenden Aufgabenzuständigkeiten schwierig. In der Praxis hilft man sich mit groben (Bedarfs-)Indikatoren: (1) Die Einwohnerzahl ist wichtigster Indikator bei der Messung des Finanzbedarfs der Gemeinden (zum Zwecke des kommunalen Finanzausgleichs) und der Länder (zum Zwecke des Länderfinanzausgleichs); z.T. modifiziert durch die Größe der Gebietskörperschaft (Hauptansatzstaffelung). (2) Weitere Indikatoren werden z.T. ergänzend herangezogen (Ergänzungsansätze). – Dem derart gemessenen Finanzbedarf wird im ergänzenden → Finanzausgleich die originäre → Finanzkraft bzw. → Steuerkraft gegenübergestellt; Differenzen zwischen beiden Größen werden z.T. durch → Schlüsselzuweisungen ausgeglichen. – Vgl. auch → Ausgleichsmesszahl (relativer Finanzbedarf).

II. **Finanzplanung:** Fasst den kurzfristigen Geldbedarf und den langfristigen Kapitalbedarf zusammen.

Finanzbericht – Nach § 31 BHO hat das Bundesministerium der Finanzen (BMF) zum Entwurf des → Haushaltsgesetzes und des → Haushaltsplans den Finanzbericht, der über den Stand und die voraussichtliche Entwicklung der Finanzwirtschaft auch im Zusammenhang mit der gesamtwirtschaftlichen Entwicklung Auskunft gibt, zu erstatten. In der jährlich vorgelegten umfangreichen Schrift werden die volkswirtschaftlichen Grundlagen und die wichtigsten finanzwirtschaftlichen Probleme des eingebrachten Bundeshaushaltsplans erläutert. Der Finanzbericht hat sich aus den „Allgemeinen Vorbemerkungen" der Bundeshaushaltspläne seit 1949 entwickelt; die Herausgabe unter der Bezeichnung „Finanzbericht" erfolgt seit 1961. – Auf der *Ebene der Bundesländer* sind die Berichtspflichten bei der Haushaltseinbringung unterschiedlich; meist wird der Finanzbericht mündlich im Rahmen der Haushaltsrede des Länderfinanzministers erstattet.

Finanzhilfe – → Ausgleichszuweisung oder → Lenkungszuweisung, die der Bund den Ländern gewähren kann für bes. bedeutsame Investitionen der Länder und Gemeinden (bzw. Gemeindeverbände), die (1) zur Abwehr einer Störung des gesamtwirtschaftlichen Gleichgewichts, (2) zum Ausgleich unterschiedlicher Wirtschaftskraft im Bundesgebiet oder (3) zur Förderung des wirtschaftlichen Wachstums erforderlich sind. Die Mittel sind befristet zu gewähren und hinsichtlich ihrer Verwendung in regelmäßigen Zeitabständen zu überprüfen (Art. 104b GG). – Vgl. auch → Finanzausgleich, → Finanzverfassung.

Finanzhoheit – Befugnis zur autonomen Regelung der eigenen Finanzwirtschaft sowie zur Begrenzung der finanzwirtschaftlichen Rechte der übrigen Körperschaften. Finanzhoheit umfasst Gesetzgebungshoheit (Gesetzgebungskompetenz), → Verwaltungshoheit und → Steuerertragshoheit über öffentliche Einnahmen, bes. Steuereinnahmen. – Vgl. auch → Finanzverfassung, → Finanzierungshoheit.

Finanzierungsdefizit – Differenz zwischen den regulären Ausgaben und Einnahmen eines öffentlichen Haushalts. Finanzierungsdefizit ist damit der Fehlbetrag, der durch Nettokreditaufnahme, Nettorücklagenentnahmen und Münzeinnahmen gedeckt werden muss. – Vgl. auch → Finanzierungssaldo.

Finanzierungshoheit – Kompetenz bzw. Verpflichtung, die bei der Erfüllung öffentlicher Aufgaben entstehenden Kosten zu tragen; innerhalb des passiven Finanzausgleichs zu regeln. Die Finanzierungshoheit ist gemäß Art. 104a GG grundsätzlich demjenigen Aufgabenträger zugewiesen, der die Aufgaben „wahrnimmt" (→ Konnexitätsprinzip), ob hierfür die Gesetzgebungs- oder Verwaltungszuständigkeit (Gesetzgebungskompetenz, → Verwaltungshoheit) maßgeblich sein soll, ist umstritten. Bei mehreren öffentlichen Aufgaben ist die Finanzierungshoheit (deshalb) zwischen Bund, Ländern und Gemeinden aufgeteilt (→ Gemeinschaftsaufgaben). – Vgl. auch → Finanzhoheit, → Steuerertragshoheit.

Finanzierungssaldo – I. Volkswirtschaftliche Gesamtrechnung: Saldo aus Veränderungen von Forderungen und Verbindlichkeiten einzelner Wirtschaftssektoren oder Saldo aus deren Einnahmen und Ausgaben. Ein positiver Finanzierungssaldo *(Finanzierungsüberschuss)* gibt an, dass anderen Sektoren per Saldo Mittel zugeflossen sind. Diese Situation trifft für den Sektor „private Haushalte" zu. Ein negativer Finanzierungssaldo *(Finanzierungsdefizit)* gibt an, dass aus anderen Sektoren per Saldo Kredite aufgenommen wurden. – Staat und Kapitalgesellschaften sind i.d.R. typische Defizitsektoren. In Relation zum Bruttoinlandsprodukt (Defizitquote) ist das Defizit der öffentlichen Haushalte ein wichtiges Stabilitätskriterium.

II. Finanzwissenschaft: 1. → Budgetkonzept zur Beurteilung des konjunkturellen Impulses der gesamten öffentlichen Haushalte (expansiv oder kontraktiv). Der Finanzierungssaldo kann auf der Grundlage der Finanzstatistik (Kassenrechnung) oder Volkswirtschaftlichen Gesamtrechnung ermittelt werden und fällt unterschiedlich aus. – 2. Im *Haushaltsplan:* Einnahmen-/Ausgabensaldo. – Vgl. auch → Finanzierungsübersicht.

Finanzierungsübersicht – Teil des → Haushaltsplans, der eine Berechnung des → Finanzierungssaldos enthält. Der Finanzierungssaldo ergibt sich aus einer Einnahmen-/Ausgaben-Gegenüberstellung; ausgenommen sind: Einnahmen aus Krediten vom Kreditmarkt, Entnahmen aus Rücklagen, Einnahmen aus kassenmäßigen Überschüssen sowie Münzeinnahmen, Ausgaben zur Schuldentilgung am Kreditmarkt, Zuführungen an Rücklagen und Ausgaben zur Deckung eines kassenmäßigen Fehlbetrags. Gemäß der → Haushaltssystematik der Bundeshaushaltsordnung (BHO) ist die Finanzierungsübersicht dem Haushaltsplan beizufügen.

Finanzkontrolle – 1. *Begriff:* Überwachung und Prüfung der sich im jeweiligen → Haushaltsplan und im Haushaltsvollzug konkretisierenden Finanzpolitik des Staatssektors. Es handelt sich um die Kontrolle der Ordnungsmäßigkeit der Finanzgebarung, denn der Erfolg oder Misserfolg einer Finanzpolitik insgesamt ist nur schwer zu beurteilen bzw. abhängig von Werturteilen, bestimmten Zielfunktionen und dem zugrunde gelegten Zeithorizont. – 2. *Arten:* a) Nach dem *Gegenstand* der Kontrolle: (1) *Rechnungskontrolle:* rechnerische (formelle) Prüfung der Belege, Kassen- und Rechnungsbücher. (2) *Verwaltungskontrolle:* sachliche Prüfung der „Planmäßigkeit", „Gesetzmäßigkeit", „Zweckmäßigkeit" und „Wirtschaftlichkeit". – b) Nach dem *Kontrollzeitpunkt:* (1) vorherige Kontrolle (Visakontrolle); (2) mitschreitende Kontrolle; (3) nachträgliche Kontrolle. – 3. *Zuständigkeit:* Die Finanzkontrolle obliegt v.a. dem unabhängigen → Bundesrechnungshof, dessen Aufgaben in § 88 BHO konkretisiert werden. Diskutiert wird die Frage, wie „weit" das materielle Prüfungsrecht des Bundesrechnungshofes reicht, da es eine offene Frage ist, ob durch eine solche Prüfung der „Primat der Politik" verletzt werden kann. – *Beispiele* solcher Überlegungen sind u.a. die durch den Bundesrechnungshof vorgenommenen Subventionskontrollen bez. Effizienz und Effektivität. – 4. *Ergebnis:* In „Bemerkungen" werden vom Bundesrechnungshof die Prüfungsergebnisse zusammengefasst, auf deren Basis nach Beratungen im Rechnungsprüfungsausschuss des Bundestages das Entlastungsverfahren vor dem Plenum des Bundestages stattfindet. – Vgl. auch → Haushaltskontrolle.

Finanzkraft – I. Finanzwissenschaft: von öffentlichen Haushalten bei normaler bzw. durchschnittlicher Anspannung ihrer Einnahmequellen erzielbare Einnahmen. Im → kommunalen Finanzausgleich und im → Länderfinanzausgleich beschränkt sich die Messung der Finanzkraft auf die (quantitativ wichtigen) Steuereinnahmen (→ Steuerkraft); nicht-steuerliche Einnahmen bleiben z.T. aus theoretischen Gründen, z.T. mit dem Ziel der Erhebungsvereinfachung unberücksichtigt. Im Rahmen des ergänzenden Finanzausgleichs wird die Finanzkraft dem relativen Finanzbedarf (→ Ausgleichsmesszahl) gegenübergestellt. Unterscheiden sich die damit gebildeten → Deckungsrelationen zwischen den Aufgabenträgern, so werden die Unterschiede durch → Ausgleichszuweisungen beseitigt bzw. vermindert.

II. Wettbewerbs- und Kartellrecht: Merkmal, das zusammen mit anderen Merkmalen eine überragende Marktstellung i.S.d. § 18 I Nr. 3 GWB begründen kann (Marktbeherrschung). Die Finanzkraft eines Unternehmens wird in der Fusionskontrolle regelmäßig anhand des Gesamtumsatzes, des Cashflows oder des Gewinns beurteilt.

Finanzmonopol – 1. *Begriff/Charakterisierung:* Aus fiskalischen und/oder wirtschaftspolitischen Gründen staatlicherseits erfolgter Ausschluss des freien Wettbewerbs; alleinige Befugnis des Staates, zu Einnahmezwecken bestimmte Waren und Dienstleistungen als Monopolist herzustellen und/oder zu vertreiben. – *Anders:* allg. Monopol. – Die ausschließliche Gesetzgebung über die Finanzmonopole hat nach Art. 105 I GG der Bund. – Ein Finanzmonopol wird verwaltet durch eine *Monopolbehörde* (Monopolamt); diese erhebt zugleich die organisatorisch mit der Monopolisierung kombinierte Steuer auf die Waren *(Monopolsteuer).* – 2. *Formen:* a) *Total-* oder *Vollmonopol:* Produktion und Verteilung der Waren bis zur Einzelhandelsstufe liegen in Händen der Monopolverwaltung. b) *Teilbranchenmonopol:* Ein oder mehrere Produktionszweige einer Warengattung sind von der Produktion bis zum Einzelhandel monopolisiert. c) *Einstufiges (Teil-Phasen-)Monopol:* Lediglich eine Stufe aus der gesamten Produktions- und Handelskette ist monopolisiert. (1) Beim *Handelsmonopol* erfolgt die Erzeugung durch autorisierte private Unternehmen; die Monopolverwaltung übernimmt den Vertrieb auf der Großhandelsstufe. (2) Beim *Erzeugermonopol* erfolgt die Erzeugung in staatlichen Monopolbetrieben; der Vertrieb wird von privaten Händlern vorgenommen. – 3. *Monopolwaren:* International sind die häufigsten Waren Tabak, Zündwaren, Zigaretten, alkoholische Getränke, ferner Salz, Zucker und Petroleumprodukte. – 4. *Ziele:* a) Einflussnahme auf die Produktion, Marktversorgung, Absatzsicherung, Strukturpolitik, wie etwa die Mittelstandsförderung, die Abwehr von Auslandskonkurrenz etc. b) Dem *fiskalischen Ziel* entspricht es, dass mit der Monopolisierung die Monopolsteuer erhoben wird (→ Verbrauchsbesteuerung, → Branntweinsteuer). Soweit das Aufkommen aus dieser Steuer die Aufwendungen für die Monopolverwaltung einschließlich der staatlichen Übernahmepreise für Ablieferungen an das Monopol nicht deckt, wird das *nicht fiskalische Zielspektrum* des Monopols offensichtlich. – 5. *Finanzwissenschaftliche Beurteilung:* In der Zeit des Absolutismus waren Finanzmonopole ein bevorzugtes Finanzierungsinstrument. Heute gilt die Verbrauchsbesteuerung als überlegen, das Finanzmonopol sowohl aus fiskalischer wie aus wirtschaftspolitischer Sicht als veraltet. – 6. *Bedeutung:* In der Bundesrepublik Deutschland existiert noch ein Finanzmonopol, das → Branntweinmonopol. Das Zündwarenmonopol wurde durch Gesetz vom 27.8.1982 (BGBl. I 1241) abgeschafft.

Finanzplan – I. Finanzwissenschaft: von einer Gebietskörperschaft verfasste Einnahmen- und Ausgabenaufstellung für einen längeren, überschaubaren Zeitraum. Der Finanzplan besitzt als bloße Exekutivplanung im Gegensatz zu dem als Gesetz verabschiedeten → Haushaltsplan keine Rechtsverbindlichkeit. – Der Finanzplan des Bundes 2012 bis 2016 informiert über die mittelfristige Finanzplanung des Bundes und gibt damit den Rahmen vor, an dem sich die finanzwirksamen Entscheidungen auszurichten haben. – Vgl. auch → mehrjährige Finanzplanung, → Haushaltsfunktionen.

II. Betriebliche Finanzplanung: zukunftsbezogene Rechnung, die für einen Planungszeitraum Ein- und Auszahlungen für jede Periode (Tag, Woche, Monat, Quartal, Jahr) gegenüberstellt. – *Erstellung:* Sie folgt dem Bruttoprinzip: Ein- und Auszahlungen sind unsaldiert auszuweisen. Weiterhin gelten der Grundsatz der Vollständigkeit, der Grundsatz der Termingenauigkeit und der Grundsatz der Betragsgenauigkeit. – *Bedeutung:* Der Finanzplan ist ein Instrument der operativen → Finanzplanung und dient daher vorrangig der Liquiditätsplanung (Liquidität).

Finanzplanung – I. Finanzplanung von Unternehmungen: 1. *Begriff:* Prozess der zielgerichteten, d.h. an definierten Liquiditäts-, Rentabilitäts- und Risikozielen (Liquidität, Rentabilität) ausgerichteten Gestaltung zukünftiger Finanzentscheidungen. – 2. *Einordnung:* Teilgebiet der Unternehmensplanung.

Einerseits basiert die Finanzplanung auf betrieblichen Teilplänen, bes. auf Absatz- und Produktionsplänen; andererseits beeinflusst die Finanzierung die übrigen betrieblichen Teilpläne. Aufgrund dieser Interdependenzen gilt die Finanzplanung nur integriert im Gesamtplanungsprozess als durchführbar (integrierte Finanzplanung). – 3. *Aufgaben:* (1) Ermittlung des zukünftigen → Finanzbedarfs; (2) Bestimmung von Art, Höhe und Zeitpunkt von Finanzierungsmaßnahmen. – 4. *Arten:* (1) *Strategische* Finanzplanung: Festlegung der Rahmendaten für Finanzentscheidungen; an Rentabilitäts- und Risikozielen orientiert. (2) *Operative* Finanzplanung: Detailentscheidungen innerhalb der durch die strategische Finanzplanung festgelegten Rahmendaten; an Liquiditätszielen orientiert. Konkretisierung der operativen Finanzplanung im → Finanzplan.

II. Finanzplanung öffentlicher Haushalte: (Bund, Länder und Kommunen): → Haushaltsplan, → mehrjährige Finanzplanung.

Finanzplanungsrat – 1. *Begriff:* Seit 2010 nicht mehr existentes politisches Beratungsgremium, das Empfehlungen für die Koordinierung der Finanzplanungen von Bund, Ländern und Gemeinden auf der Grundlage des § 51a des Haushaltsgrundsätzegesetzes a.F. abgegeben hat. – 2. *Mitglieder waren:* Bundesminister der Finanzen (Vorsitzender) und für Wirtschaft und Technologie, die für die Finanzen zuständigen Minister der Länder, vier Vertreter der Gemeinden und Gemeindeverbände und – mit dem Recht der Teilnahme an den Beratungen – die Deutsche Bundesbank. – 3. Der Finanzplanungsrat hatte folgende *Aufgaben:* Ermittlung einer einheitlichen Systematik, einheitlicher volks- und finanzwirtschaftlicher Annahmen für die Gestaltung der Haushalts- und Finanzplanungen der Gebietskörperschaften sowie der Schwerpunkte im Bereich der öffentlichen Aufgaben. Seit dem Inkrafttreten des § 51a HGrG am 1.7.2002 spielte der Finanzplanungsrat eine zentrale Rolle bei der Einhaltung der Haushaltsdisziplin der Gebietskörperschaften im Rahmen der Europäischen Wirtschafts- und Währungsunion (EWWU). – 4. Der Finanzplanungsrat wurde aufgelöst durch das Gesetz zur Abschaffung des Finanzplanungsrats und zur Übertragung fortzuführender Aufgaben auf den Stabilitätsrat sowie zu Änderung weiterer Gesetze vom 27.5.2010 (BGBl. I S. 671).

Finanzpolitik – I. Betriebliche Finanzpolitik: Summe aller Maßnahmen der Finanzierung einer Unternehmung zur Befriedigung des Kapitalbedarfs, unterstützt durch → Finanzplanung. Finanzpolitik ist als Teil der Unternehmenspolitik in Zielen und Methoden abzustimmen mit Investitionspolitik, Einkaufspolitik, Marketingpolitik, Dividendenpolitik sowie der Gestaltung des Produktionsprogramms und dessen Ablaufes.

II. Öffentliche Finanzpolitik: 1. *Begriff:* Neben der Geldpolitik ein zentrales Instrument der Wirtschaftspolitik. Sie verfolgt das Ziel, Struktur und Höhe des Nationaleinkommens einer Volkswirtschaft mithilfe öffentlicher Einnahmen und öffentlicher Ausgaben zu beeinflussen; sie dient aber auch anderen Politikbereichen, sofern dort öffentliche Mittel eingesetzt werden. – 2. *Einordnung:* Finanzpolitik ist Ordnungspolitik und Prozesspolitik. Unter ordnungspolitischem Aspekt gehört zu einer Wettbewerbswirtschaft z.B. ein Steuersystem, das den Wettbewerbsmechanismus möglichst wenig verfälscht; unter prozesspolitischem Aspekt verändern staatliche Einnahmen und Ausgaben die volkswirtschaftlichen Gesamtgrößen, aber auch Entscheidungen auf Einzelmärkten. Finanzpolitische Maßnahmen gehören vorwiegend zu den indirekt wirkenden Instrumenten. Im Gegensatz zu direkt verhaltensändernden Kontrollen (z.B. Preisstopp) beeinflussen sie i.d.R. die Daten für privatwirtschaftliches Handeln, weniger das Handeln der privaten Wirtschaftssubjekte selbst. Ausnahmen sind prohibitiv wirkende Einnahmen, die einem Ge- oder Verbot gleichkommen (z.B.: Prohibitivzoll). – 3. *Ziele:* a) *Fiskalisches Ziel:* Aufgabe der staatlichen Einnahmesicherung. – b) *Allokatives Ziel:* Vielzahl von Teilzielen, die alle auf eine Veränderung der Ressourcenverteilung gerichtet sind; dabei kann es sich um eine Veränderung zwischen Privaten handeln (Probleme bei der regionalen und sektoralen Strukturpolitik), um eine Veränderung der Ressourcenverteilung zwischen Staat und Privaten (Problem der → Staatsquote) sowie um eine Veränderung der Ressourcenverteilung innerhalb des Staates (Probleme des staatlichen → Haushaltsplans sowie des → Finanzausgleichs). – c) *Distributionsziel* bzw. *Ziel der Einkommensverteilung:* Das Ergebnis des marktwirtschaftlichen Prozesses, der selbst möglichst wenig gestört werden soll, ist unter sozialen Gesichtspunkten zu korrigieren, da eine Marktwirtschaft die Einkommen nach der Leistung, aber nicht nach den Bedürfnissen der Menschen verteilt. Zur Korrektur der Marktverteilung dienen verschiedene Maßnahmen, dazu gehören v.a. das progressive Einkommensteuersystem sowie ein Transfersystem, das dafür sorgen soll, dass auch Leistungsschwache ein Einkommen erzielen, mit dem sie ihre Existenz bestreiten können. – d) *Stabilisierungsziel:* Die öffentliche Hand soll durch gezielte konjunkturelle Impulse (Beeinflussung der gesamtwirtschaftlichen Nachfrage) das Wachstum fördern. In der Bundesrepublik Deutschland hat das Stabilitätsgesetz vom 8.6.1967 (BGBl. I 582) das stabilisierungspolitische Gesamtziel in die Einzelziele Preisniveaustabilität, hoher Beschäftigungsstand, außenwirtschaftliches Gleichgewicht und stetiges wie angemessenes Wachstum gegliedert und damit konkreter gefasst. – 4. *Träger:* Bund, Länder und Gemeinden, wobei jeder Entscheidungsebene bestimmte Aufgaben obliegen, dem Bund z.B. die Verteidigung und die soziale Sicherung, den Ländern die Bildungspolitik, den Gemeinden der Aufbau der örtlichen Infrastruktur. Sobald eine Aufgabe mehrere Ebenen betrifft, kommt es zur → Mischfinanzierung (Art. 104a, 91a, b GG). Auf jeder staatlichen Ebene sind die Entscheidungsprozesse durch die Gewaltenteilung nach Legislative, Exekutive und Judikative sowie durch den Einfluss von Parteien und Verbänden vielfältig strukturiert. Hinzu kommt der Einfluss supranationaler Institutionen; hinzuweisen ist auf das zunehmende Gewicht der EU bei nationalen finanzpolitischen Entscheidungen. – 5. *Instrumente:* a) *Einnahmenpolitik:* (1) → Steuerpolitik; (2) Schuldenpolitik (→ Debt Management). – b) *Ausgabenpolitik:* Im Rahmen einer Stabilisierungspolitik fällt ihr die zentrale Aufgabe zu, durch Konjunktur- und Ausgabenprogramme die Gesamtnachfrage antizyklisch zu variieren, um auf diese Weise eine Veränderung der Investitions- und Konsumtätigkeit zu bewirken; dafür geeignet sind vornehmlich Investitionsausgaben, die sich nicht nur im Fall der Rezession erhöhen, sondern auch in Boomsituationen reduzieren lassen (Problem der Reversibilität). Verbreitetes Instrument der Ausgabenpolitik im Bereich der Allokations- und Distributionsaufgabe sind → Subventionen und → Transfers. – c) *Budgetpolitik:* Je nach seiner Einnahme- und Ausgabestruktur und nach seinen Veränderungen gegenüber der Vorperiode kann ein Haushalt mehr oder weniger expansiv sein und damit entsprechend auf die Gesamtwirtschaft einwirken. Zur Quantifizierung dieser expansiven bzw. kontraktiven Effekte sind im Laufe der letzten beiden Jahrzehnte mehrere Messkonzepte entwickelt worden, von denen v.a. das Konzept des konjunkturneutralen Haushalts Beachtung gefunden hat. Im Rahmen der Schuldenbremse und des europäischen Fiskalpaktes ist das Konzept des strukturellen bzw. konjunkturbereinigten Defizits von großer Bedeutung. Ebenso entscheidend wie problematisch bei der Ermittlung dieser Defizitgröße ist das gewählte statistische Bereinigungsverfahren, mit dem der Einfluss der Konjunktur aus den Daten herausgefiltert werden soll. Je nach angewandter Methode kann es zu teilweise erheblichen Unterschieden bei der Berechnung des strukturellen Defizits kommen. – 6. *Probleme finanzpolitischer Steuerung:* a) *Ausweichmöglichkeiten:* Orientieren sich vornehmlich an den Vermeidungsmöglichkeiten der Steuern; für die meisten steuerpolitischen Instrumente sind daher die → Signalwirkungen von zentraler Bedeutung, die darauf gerichtet sind, die gewünschten Verhaltensänderungen durch steuerliche Entlastungen zu bewirken. – b) *Diskretionäre vs. regelgebundene Finanzpolitik:* Probleme zielorientierter Finanzpolitik bestehen v.a. beider Prognose und Planung sowie bez. des zeitlichen Einsatzes der Instrumente (Timing). Diese Nachteile einer diskretionären Finanzpolitik, die bei der Wahl von Zeitpunkt, Art, Dosierung und Dauer des Einsatzes der Instrumente vielfältig variieren, haben zur Suche nach Alternativen geführt. Mögliche Lösungen bietet eine → regelgebundene Finanzpolitik, die durch Vorwegregelung finanzpolitischer Maßnahmen in Rahmengesetzen die vorzunehmenden Eingriffe an bestimmte Signale binden will. Dies setzt freilich eine bes. leistungsfähige Theorie voraus, die bisher nicht existiert. Erschwerend kommt hinzu, dass expansive und kontraktive Maßnahmen der Finanzpolitik auf unterschiedliche Interessenlagen stoßen: Positive Maßnahmen werden angenommen, Sanktionsversuche dagegen häufig unterlaufen. Die im Grundgesetz verankerte Schuldenbremse stellt eine besonders weitreichende Form regelgebundener Finanzpolitik dar.

finanzpolitische Allokationsfunktion – 1. *Begriff:* Beschreibung der Eingriffe des Staatssektors in den Wirtschaftsprozess, die sich auf die Struktur der Produktion bzw. die Verteilung der Produktionsfaktoren richten; neben der → finanzpolitischen Distributionsfunktion und der → finanzpolitischen Stabilisierungsfunktion eine der Grundfunktionen der Staatstätigkeit (nach Musgrave). – 2. *Begründung:* Ursache für die Wahrnehmung der Allokationsfunktion durch den Staatssektor ist das → Marktversagen: a) Bei den *Internalisierungskonzepten* (Internalisierung externer Effekte; → Coase-Theorem; Pigou-Steuer) geht man davon aus, dass spezifische Eigenschaften eines Gutes eine private Produktion verhindern bzw. einschränken, v.a. externe Effekte und/oder die typischen Kriterien kollektiver bzw. → öffentlicher Güter. Durch Steuern oder Subventionen stellt der Staat die nicht vorhandene „Pareto-optimale Allokationseffizienz" gemäß den Kriterien der Wohlfahrtsökonomik her. b) Bei den *Meritorisierungskonzepten* wird der Boden des methodologischen Individualismus verlassen, indem die Entscheidungssouveränität der Wirtschaftssubjekte angezweifelt oder für unvollkommen erklärt wird (theoretische Konzepte sind u.a. Unsicherheit und Risiko). Seitens des Staatssektors werden bestimmte Daten über Höhe und Struktur des Angebots bestimmter Güter festgelegt (z.B. Zuschüsse im Kulturbereich).

finanzpolitische Distributionsfunktion – 1. *Begriff:* Beschreibung der Eingriffe des Staatssektors in den Wirtschaftsprozess, die sich auf die Veränderung der Einkommenserzielungsmöglichkeiten oder die direkte Einkommensumverteilung durch Steuern oder Transfers richten (Redistribution). Neben der → finanzpolitischen Allokationsfunktion und der → finanzpolitischen Stabilisierungsfunktion eine der Grundfunktionen der Staatstätigkeit (nach Musgrave). – 2. *Begründung:* Die sich aus dem Marktprozess ergebende primäre Einkommensverteilung wird seitens der Gesellschaft und/oder des Staates als nicht gerecht angesehen, wobei a priori kein Maßstab gewonnen werden kann. Dieser Aspekt hängt oft eng mit dem Meritorisierungsargument der finanzpolitischen Allokationsfunktion zusammen, sodass Allokations- und Distributionsaufgabe, die sich auch in ihren Wirkungen nur schwer isolieren lassen, häufig gemeinsam als Versorgungspolitik behandelt werden. Der Staat greift durch die Redistributionspolitik (v.a. das progressive Einkommenssteuersystem sowie die staatlichen Transfers) ein und transformiert die Primärverteilung in eine Sekundärverteilung von Einkommen und Vermögen. Das → Leistungsfähigkeitsprinzip wird als Verteilungsnorm dann ergänzt um das Bedarfsprinzip mit seiner Extremform der Gleichverteilung. In der Folge kann ein Trade-off zwischen Allokationsfunktion und Distributionsfunktion entstehen. Mehr soziale Gerechtigkeit kann zu einer Allokation führen, die nicht mehr dem Kriterium der Effizienz Rechnung trägt und somit den Wohlstand der Gesellschaft im Aggregat schmälert. Dabei unterscheidet man die Auswirkungen der staatlichen Distributionspolitik auf die personelle und auf die funktionelle Verteilung.

finanzpolitische Stabilisierungsfunktion – 1. *Begriff:* Beschreibung der Eingriffe des Staatssektors in den Wirtschaftsprozess, die sich auf eine konjunkturelle Verstetigung der wirtschaftlichen Entwicklung richten. Neben der → finanzpolitischen Allokationsfunktion und → finanzpolitischen Distributionsfunktion eine der Grundfunktionen der Staatstätigkeit (nach Musgrave). – 2. *Begründung:* Ausgangspunkt der Stabilisierungspolitik seitens des Staatssektors ist die keynesianische Theorie; in deren Rahmen sind die auftretenden Unterbeschäftigungsgleichgewichte durch gezieltes antizyklisches Verhalten des Staatssektors, d.h. durch die Beeinflussung der gesamtwirtschaftlichen Nachfrage, zu heilen. Die Nachfrageimpulse des Staatssektors sollen i.d.R. durch eine Schuldenaufnahme finanziert werden (→ Deficit Spending), die im Boom wieder zurückgeführt werden kann. Im Stabilitäts- und Wachstumsgesetz (StWG) (1967) ist zudem die Möglichkeit der Konjunkturausgleichsrücklage vorgesehen worden. Budgetüberschüsse in den Phasen der Hochkonjunktur sollen damit still gelegt werden, um sie dann im Falle der Rezession wieder zu verausgaben. – 3. *Konkretisierung:* In der Bundesrepublik Deutschland ist die Handlungsempfehlung der keynesianischen Theorie mit dem Stabilitätsgesetz (StabG) vom 8.7.1967 aufgenommen worden, das die Ziele konkretisiert und die Instrumente gesetzlich fixiert hat. Grundsätzlich haben Gebietskörperschaften ihre wirtschaftspolitischen und finanzpolitischen Eingriffe so auszurichten, dass einerseits Stabilität des Preisniveaus, andererseits auch ein hoher Beschäftigungsgrad und ein außenpolitisches Gleichgewicht erreicht werden. – 4. *Probleme:* a) Seit Mitte der 1970er-Jahre befindet sich die keynesianisch ausgerichtete Stabilisierungspolitik auf dem Rückzug; die Gründe liegen in einer von ihr nicht lösbaren *Stagflation*, der wachsenden *Verschuldungsproblematik* (→ öffentliche Kreditaufnahme) sowie weiteren instrumentellen Schwachpunkten (z.B. Lag). Allerdings hat die Finanz- und Bankenkrise seit 2007 der Stabilisierungspolitik wieder vermehrt Anhänger verschafft. – b) Eine aus ihr resultierende *Stop-and-Go-Politik* (diskretionäre → Fiskalpolitik; *Gegenteil:* → regelgebundene Fiskalpolitik der Angebotspolitik) führte zu weiterer Verunsicherung der Wirtschaftssubjekte und damit zur Destabilisierung des Marktsystems. – c) *Struktur- und/oder angebotstheoretische Ansätze*, die strukturelle Probleme in den Vordergrund konjunktureller Symptome stellen oder eine Steuerungskompetenz des Staates im Bereich der Stabilisierungsaufgabe generell ablehnen (im Sinn einer neoklassischen Denktradition, die von der „Stabilität des privaten Sektors" ausgeht, die durch konjunkturelle Staatseingriffe stets gestört wird), greifen die Stabilisierungspolitik an. Ein Ergebnis dieser Auseinandersetzung verschiedener ökonomischer Theoriesysteme ist auch aufgrund ihrer oft mit impliziten Werturteilen verbundenen Argumente nicht abzusehen. – d) Die Idee vom zyklischen Budgetausgleich, d.h. für den Konjunkturzyklus insgesamt werden weder Überschüsse noch Defizite erwartet, gilt nur für den Fall eines idealen Konjunkturzyklus mit gleich langen und ausgeprägten Hoch- und Abschwungsphasen. – e) Wenn der Staat eine Art Vollbeschäftigungsgarantie abgibt, werden die Tarifvertragsparteien aus ihrer Verantwortung für die Beschäftigung entlassen. Hohe Lohnabschlüsse können die Folge sein. – f) Wie die ökonomische Theorie der Bürokratie und der

Politik lehren, neigen Legislative und Exekutive eher zu Verringerungen der Steuersätze und Erhöhung der Subventionen, um Wahlen zu gewinnen, das verfügbare Budget zu maximieren bzw. die Anzahl der Mitarbeiter und das Prestige zu optimieren.

Finanzpsychologie – 1. *Begriff*: Ein von G. Schmölders in der → Finanzwissenschaft entwickelter Ansatz, mit dem gegenüber den von den traditionellen „reinen" ökonomischen Theorien aufgestellten Verhaltenskonzepten als Prämissen ihrer Aussagen (Rationalitätskalkül der Wirtschaftssubjekte) ein realitätsnäheres Bild über die Wirkung finanzpolitischer Maßnahmen (→ Finanzpolitik) gewonnen werden kann. Die Finanzpsychologie versucht, das Verhalten der Wirtschaftssubjekte genauer empirisch zu beschreiben (sozialökonomische Verhaltensforschung) und von Individuen und Gruppen getätigte finanzielle Entscheidungen vor dem Hintergrund der Erkenntnisse aus Psychologie und Ökonomie zu untersuchen. – 2. *Anwendung*: Konkret im Bereich der → Steuerpsychologie (z.B. Steuerehrlichkeit) und in der Psychologie der finanzpolitischen Willensbildung; inzwischen auch allg. auf das gesamte Verhalten von Individuen und Gruppen im Finanzsektor bezogen. (Ir)rationale Entscheidungen im Finanzsektor und deren Einfluss auf die Märkte werden von der Forschungsrichtung Behavioral Finance (verhaltensorientierte Finanzierungslehre) untersucht.

Finanzreform – 1. *Begriff*: Gesamtheit der Bemühungen, die im Grundgesetz geregelte → Finanzverfassung und damit das Finanzsystem dem Wandel der politischen, wirtschaftlichen und sozialen Verhältnisse anzupassen; eng zusammenhängend mit Steuerreform und → Haushaltsreform. – 2. *Ziele*: a) Die *Zielfunktion* des Finanzsystems kann sich analog zur allg. volkswirtschaftlichen Zielfunktion im Zug politischen und/oder sozialen Wandels ändern. Eine bestehende Zielfunktion kann bei sich ändernden Rahmenbedingungen dauernd optimiert werden. Eine Finanzreform versucht, diesen Aspekten durch eine einmalige oder permanente Anpassung des Finanzsystems gerecht zu werden. – b) Der *Konkretisierung der Ziele* sind a priori keine Grenzen gesetzt. In der Geschichte der Finanzreform ging es i.d.R. um eine „zweckmäßige" Aufgaben-, Ausgaben- und Einnahmenverteilung zwischen den Gebietskörperschaften eines föderalen Staates und damit um die Gestaltung des → Finanzausgleichs (so bei der großen Finanzreform 1969); auch die Rolle der Besteuerung zwischen Staatssektor und Bürger überhaupt sowie die konkrete Gestalt des Steuersystems stehen oft mit im Mittelpunkt einer Finanzreform. – 3. *Ansatzpunkte*: (1) Häufiger Ansatzpunkt ist die konkrete Ausgestaltung des passiven und aktiven Finanzausgleichs zwischen Bund, Ländern und Gemeinden, d.h. die Verteilung der Aufgaben und der dazu gehörenden Ausgaben; (2) Gesetzgebungs-, Ertrags- und Verwaltungshoheit bei den Einnahmen; (3) die konkrete Ausgestaltung des horizontalen und vertikalen Finanzausgleichs gemäß Grundgesetz. – Weitere Ansatzpunkte sind oft identisch mit den Ansatzpunkten einer Steuerreform. – Vgl. auch → Erzberger'sche Finanzreform (1919/1920), → Miquel'sche Finanzreform, → Verwaltungsreform.

Finanztheorie – 1. *Begriff*: Theoretisch-analytische (modellmäßige) Grundlage der → Finanzwissenschaft im Hinblick auf ihr methodisches Vorgehen bei der Analyse von Umfang, Struktur und → Inzidenz des → öffentlichen Haushalts sowie auf die Verknüpfung der → Budgettheorie mit den gesamtwirtschaftlichen Grundproblemen der Stabilisierung (von Preisniveau und Beschäftigung), der Allokation (von knappen Gütern und Produktionsfaktoren samt den Wettbewerbs- und Wachstumskräften) und der Distribution (von Einkommen und Vermögen). – Die Finanztheorie berücksichtigt namentlich in ihrer Ausprägung als Budgettheorie, dass die öffentliche Finanzwirtschaft in den volkswirtschaftlichen Kreislauf eingebettet ist und kraft ihrer Anbieter- und Nachfragerpotenz an den Güter- und Faktormärkten (Anbieter von Arbeitsstellen, entgeltlichen Leistungen, Wertpapieren; Nachfrager von Kapital, Gütern und Diensten) das marktwirtschaftliche System zu einer „gemischten" Wirtschaft macht (Wirtschaftsordnung). Die Finanztheorie berücksichtigt ferner, dass die öffentliche Finanzwirtschaft als Gewährleister der Versorgung an → öffentlichen Gütern sowie als Hoheitsträger von Besteuerungsakten und Transfer- und Subventionszahlungen das politische System prägt. – 2. *Methodik:* a) *Allgemein:* Die Finanztheorie geht bei ihren Analysen der Wirkungsmöglichkeiten und Wirkungsweisen staatswirtschaftlicher Maßnahmen und Einrichtungen teils von normativen (z.B. wohlfahrtstheoretischen), teils von positiven Prämissen aus. – b) *Differenzialanalyse:* Auf unterschiedliche Akzeptanz stoßen finanztheoretische Methoden, wenn sie Wirkungsanalysen mithilfe der Differenzialanalyse durchführen. Oft wird dieser Ansatz mit Blick auf die Realitätsferne solcher Ergebnisse als zu eng kritisiert. – c) *Individualistische Ausprägung der Finanztheorie:* Die Finanztheorie ist individualistisch orientiert, wenngleich über das Angebot an öffentlichen Gütern wie auch über die zwangsweise Finanzierung dieses Angebots qua Steuern kollektiv entschieden wird. In ihrem grundlegenden Konzept geht die Finanztheorie davon aus, dass die ökonomischen Pläne und Handlungen auf Entscheidungen Einzelner (normativer und methodologischer Individualismus) beruhen und dass alle Austauschvorgänge von Faktoren und Gütern über Märkte geschehen. Erst wenn sich die Koordination der individuellen Einzelpläne über den Markt als unvollkommen oder als unmöglich erweist, wird auf die Koordination der Individualpläne in Kollektiven, bes. im Staat, zurückgegriffen. – 3. *Teilbereiche:* (1) Theorie der → öffentlichen Güter; (2) → Budgettheorie; (3) → Ausgabentheorie; (4) → Einnahmentheorie; (5) Theorie der → Staatsschulden. (6) Ökonomische Theorie der Politik (A. Downs) und der Bürokratie (Niskanen; Buchanan). – Vgl. auch → Finanzpolitik.

Finanzverfassung – Gesamtheit der finanzrechtlichen Grundregelungen zur Aufgaben- und Einnahmenverteilung zwischen öffentlichen Aufgabenträgern, bes. zur Gesetzgebungszuständigkeit, → Steuerertragshoheit und → Verwaltungshoheit der Steuern. – 1. *Aufgabenverteilung* (geregelt durch einschlägige Bestimmungen im GG, v.a. Art. 20–37 und 104a–115 GG): Die ausschließliche bzw. konkurrierende Gesetzgebungshoheit steht für die meisten Aufgaben dem Bund zu, die Verwaltungshoheit dagegen obliegt – mit einigen wichtigen Ausnahmen (z.B. Zölle, Abgaben im Rahmen der Europäischen Gemeinschaft) – grundsätzlich den Ländern. – 2. *Einnahmenverteilung:* Die Steuern sind überwiegend als Verbundsteuern (→ Verbundsystem) ausgestaltet, bei denen die Gesetzgebungskompetenz dem Bund zusteht, das Aufkommen aber zwischen Bund und Ländern (Einkommensteuer, Umsatzsteuer, Körperschaftsteuer) bzw. Bund, Ländern und Gemeinden (Einkommensteuer Art. 106 V GG, Umsatzsteuer nach Art. 106 V a GG, Abgeltungsteuer auf Zinsen und Veräußerungserträge) aufgeteilt wird. Daneben existieren Steuern nach dem → Trennsystem, deren Aufkommen dem Bund (Finanzmonopole, die meisten Verbrauchsteuern) oder den Ländern (Bier-, Erbschaft-, Spielbanksteuer) und Gemeinden (Grundsteuer, Gewerbesteuer) ausschließlich zufließen. Dies wird durch die Kompetenzen der EU zunehmend erweitert werden. – Vgl. auch → Finanzausgleich, → Konnexitätsprinzip.

Finanzvermögen – I. Finanzwissenschaft: 1. *Begriff:* Teil des Vermögens der öffentlichen Hand, der wirtschaftlich genutzt wird (auch Erwerbsvermögen genannt). Das Finanzvermögen unterliegt – abgesehen von haushalts- und aufsichtsrechtlichen Bestimmungen – dem Privatrecht, ohne die für das Verwaltungsvermögen geltenden Abweichungen und Einschränkungen. – *Gegensatz:* Verwaltungsvermögen. – 2. *Bestandteile:* (1) Betriebsvermögen (Wirtschaftsbetriebe, Kapitalbeteiligungen); (2) allg. Kapital- und Sachvermögen, soweit diese nicht Verwaltungs- oder Betriebsvermögen sind (z.b. Darlehen und Treuhandvermögen). – 3. *Zwecke:* (1) Aus den typischen Aufgabenfeldern der öffentlichen Hand abgeleitete Zwecke, z.B. Tätigkeiten, die durch freie Unternehmerinitiativen nicht oder nur unvollkommen wahrgenommen werden bzw. den Unternehmern nicht überlassen bleiben sollen; (2) Finanzvermögen als Folge von Sanierungen; (3) Einnahmeerzielung; (4) Einflussnahme auf Unternehmen und Märkte. – 4. In der *neueren Diskussion* wird die Legitimation dieser Form der Staatstätigkeit kritisch hinterfragt; dabei geht es v.a. um die Privatisierung des Finanzvermögens.

II. Volkswirtschaftliche Gesamtrechnung: Synonym für *Geldvermögen* bzw. *Forderungen*.

Finanzverwaltung – 1. *Begriff:* Gesamtheit aller Behörden, die Einzug und Verwaltung der öffentlichen Gelder durchführen. – 2. *Gesetzliche Grundlagen:* Abschn. X GG; Finanzverwaltungsgesetz (FVG) vom 30.8.1971 (BGBl. I 1426) i.d.F. der Bekanntmachung vom 4.4.2006 (BGBl. I 846, ber. 1202) m.spät. Änd. – 3. *Gliederung:* a) *Bundesfinanzbehörden:* (1) Oberste Behörden: Bundesministerium der Finanzen (BMF); (2) *Oberbehörden:* Bundesmonopolverwaltung für Branntwein, Bundesausgleichsamt, Bundeszentralamt für Steuern, Bundesamt für zentrale Dienste und offene Vermögensfragen; (3) *Mittelbehörden (soweit eingerichtet):* Bundesfinanzdirektionen und das Zollkriminalamt; (4) *örtliche Behörden:* Hauptzollämter einschließlich ihrer Dienststellen (Zollämter), Zollfahndungsämter. – b) *Landesfinanzbehörden:* (1) *Oberste Behörde:* die für die Finanzverwaltung zuständige oberste Landesbehörde (Landesfinanzministerium, Finanzsenator); (2) *Oberbehörden (soweit als Landesfinanzbehörden eingerichtet):* Landesamt für Finanzen bzw. Landesamt für zentrale Dienste; (3) *Mittelbehörden (soweit eingerichtet):* Oberfinanzdirektionen; (4) *örtliche Behörden:* Finanzämter. – 4. *Aufgaben:* Den Bundesfinanzbehörden obliegt die Verwaltung der Zölle, → Finanzmonopole, der bundesgesetzlich geregelten → Verbrauchsteuern einschließlich der → Einfuhrumsatzsteuer (EUSt), die Kfz-Steuer und sonstige auf motorisierte Verkehrsmittel bezogene Verkehrsteuern und der Abgaben im Rahmen der EU. Die übrigen Steuern werden durch Landesfinanzbehörden verwaltet. In Auftragsverwaltung können von den Landesfinanzbehörden Aufgaben der Bundesverkehrswege und des Lastenausgleichs sowie auch die Steuern verwaltet werden, die ganz oder z.T. dem Bund zufließen; ebenso können auch staatliche Aufgaben durch die Gemeinden wahrgenommen werden. Für die den Gemeinden allein zufließenden Steuern (→ Steueraufkommen) kann die den Landesfinanzbehörden zustehende Verwaltung ganz oder z.T. den Gemeinden (Gemeindeverbänden) übertragen werden (Art. 108 GG).

Finanzwirtschaft – *öffentliche Finanzwirtschaft;* die bes. Wesensmerkmale aufweisende Wirtschaft der Körperschaften des öffentlichen Rechts, bzw. – ökonomisch gesehen – des öffentlichen Sektors. Forschungsobjekt der → Finanzwissenschaft. – 1. Finanzwirtschaft *beruht* darauf, dass es eine Vielzahl von Aufgaben und Bedürfnissen gibt, die durch Privatinitiative nicht ausreichend befriedigt werden können, sondern durch → öffentliche Güter (z.B. Verteidigung, Polizei- und Gesundheitswesen, Straßenbau). Neben dieser Allokationsaufgabe bestehen noch Aufgaben auf den Gebieten der Verteilungs- und Sicherungspolitik (Distribution) sowie auf den Gebieten der Stabilisierung (Konjunktur-, Wachstums- und Strukturpolitik), vgl. Exporterlösstabilisierung. – 2. *Wesensmerkmale der Finanzwirtschaft:* a) *Einnahmebeschaffung durch Zwangserwerb.* Im Gegensatz zu den natürlichen und juristischen Personen des Privatrechts, die die von ihnen benötigten Güter im Wege des Tauschs erwerben, beschränken sich die öffentlich-rechtlichen Körperschaften nahezu vollständig auf die hoheitliche Erhebung ihrer Einnahmen, d.h. auf die kollektive Finanzierung der öffentlichen Güter. b) Nach der älteren Auffassung ist Finanzwirtschaft eine *Bedarfsdeckungswirtschaft,* keine Erwerbswirtschaft, die einen Überschuss ihrer Einnahmen über die Ausgaben anstrebt. Sie hat den Charakter einer Hauswirtschaft, ihr Ziel ist der Ausgleich zwischen Ausgaben und Einnahmen. Der Erfolg der Haushaltsführung lässt sich, da eine Gewinn- und Verlustrechnung (GuV) fehlt, formal nur an der Einhaltung des aufgestellten → Haushaltsplans prüfen und materiell daran, ob die erstrebten Ziele mit den eingesetzten Mitteln auf die rationellste Weise erreicht wurden. c) Nach moderner Auffassung ist Finanzwirtschaft eine „politische Wirtschaft", in der für Gestaltung und Ausmaß der Haushaltswirtschaft und ihres Einflusses auf den privatwirtschaftlichen Sektor die Spielregeln des politischen Meinungsbildungs- und Abstimmungsprozesses maßgeblich sind. – 3. Der *Anteil* der öffentlichen Ausgaben am Nationaleinkommen (bzw. zuvor am Sozialprodukt) ist in allen modernen Industriestaaten seit Mitte des 19. Jh. erheblich angestiegen. Adolph Wagner erklärt das mit der Veränderung des Staates zum Kultur- und Wohlfahrtsstaat, Peacock und Wiseman argumentieren mit dem → Niveauverschiebungseffekt und polit-ökonomische Ansätze begründen diese Entwicklung mit dem Verhalten von Politikern und Bürokraten und zunehmendem Staatsversagen.

finanzwirtschaftliche Ordnungsfunktion – Teilfunktion der → Haushaltsfunktionen. Durch planmäßige Gegenüberstellung von Einnahmen und Ausgaben sollen für die Planungsperiode das finanzielle Gleichgewicht und die Rationalität des Regierungshandelns gewährleistet werden.

Finanzwissenschaft – 1. *Begriff/Entwicklung:* Teildisziplin der Volkswirtschaftslehre; Analyse des wirtschaftlichen Handelns des Staates. – Ursprünglich war die Finanzwissenschaft eine *Lehre der ordentlichen Führung öffentlicher Haushalte.* V.a. in Deutschland war diese kameralistische Ausprägung stark vertreten (Kameralistik). Obwohl Ricardo, Wicksell, Edgeworth und Pigou theoretische Arbeiten über die Besteuerung und die öffentlichen Ausgaben leisteten, beschränkte sich die Finanzwissenschaft bis ca. 1930 auf historische und institutionelle Fragen und praktische Probleme der Finanzgesetzgebung und -verwaltung. Die Rückwirkungen der Budgetpolitik (→ Finanzpolitik) auf die Funktionsweise der Gesamtwirtschaft blieben weitgehend unberücksichtigt. Erst die im Anschluss an Keynes entwickelten Konzeptionen der Fiscal Policy und der makroökonomische Theorie veranlassten Forschungen auf diesem Gebiet. – 2. *Methoden:* Die moderne Finanzwissenschaft bedient sich aller Methoden, über die die Wirtschaftstheorie heute verfügt, um die Wirkungen der staatlichen Einnahmen- und Ausgabenpolitik zu analysieren, v.a. der Instrumente der Wohlfahrtsökonomik, der Preistheorie, der Konjunkturtheorie, der Beschäftigungstheorie und der Wachstumstheorie. – 3. *Hauptbereiche* (auch andere Einteilungen sind möglich): a) *Ökonomische Theorie der öffentlichen Haushalte (positive Theorie der Finanzwissenschaft):* Sie liefert systematische Aussagen über die Funktionsweise des öffentlichen Sektors, Zielsetzungen der Budgetpolitik, institutionelle und funktionelle Regelungen (Finanzausgleich, Haushaltsaufstellung, Einnahmen- und Ausgabenpolitik). Der historische Untersuchungsgegenstand der Finanzwissenschaft findet hier noch am ehesten Beachtung. b) *Probleme der Budgetbestimmung (normative Theorie der Finanzwissenschaft):* Die Finanzwissenschaft geht von einem durch die gesellschaftliche Struktur und die politischen Entscheidungsinstanzen gesetzten Zielsystem aus und untersucht, wie das optimale → Budget gestaltet sein soll. Das Zentralproblem ist, wie eine optimale Aufteilung der Produktivkräfte und eine gerechte Einkommensverteilung erreicht werden kann, d.h. welche spezifischen öffentlichen Bedürfnisse befriedigt werden sollen und wer dafür zu zahlen hat. Die Theorie der öffentlichen Verschuldung (→ öffentliche Kreditaufnahme) ist damit ebenfalls in diesem Komplex enthalten. c) *Wirkungen der Budgetpolitik:* Die → Inzidenz der budgetpolitischen Maßnahmen auf mikroökonomischer Basis (Reaktion der Unternehmer und Haushalte auf Veränderungen von Steuern und Staatsausgaben) und deren Einkommensverteilungswirkungen (mikro- und makroökonomische Steuerüberwälzung) steht hier im Mittelpunkt der Untersuchungen (Budgetinzidenz). Darunter fallen auch konjunktur- oder wachstumspolitisch motivierte Analysen der Staatstätigkeit. – Vgl. auch → Finanzpolitik, → Finanztheorie.

Finanzzuweisung → Ausgleichszuweisung, die der Bund den Ländern zum Ausgleich kurzfristiger Mehrbelastungen gewährt, die ihnen entstehen, wenn ihnen durch Bundesgesetz zusätzliche Ausgaben auferlegt oder Einnahmen entzogen werden (Art. 106 VIII GG). Durch eine Finanzzuweisung kann der Bund die Neufestsetzung der Anteile an Gemeinschaftssteuern (z.B. Umsatzsteuer) vermeiden (Art. 106 IV GG). – Vgl. auch → Ergänzungszuweisung, → Finanzhilfe.

Fiscal Dividend – fiskalischer Effekt einer Built-in Stability, die die Steuereinnahmen bei Steuern mit einer Aufkommenselastizität von größer Eins im Aufschwung überproportional steigen und im Abschwung überproportional schrumpfen lässt. – Vgl. auch → Fiscal Drag.

Fiscal Drag – *fiskalische Bremse;* Effekt progressiver Besteuerung, der das Anwachsen des Nationaleinkommens im Aufschwung bremst, weil die Steuerbelastung aufgrund ihrer Aufkommenselastizität von größer als Eins überproportional steigt (Built-in Flexibility, → Fiscal Dividend). In einer wachsenden Wirtschaft mit ständig steigendem Bruttonationaleinkommen bzw. in einer Wirtschaft mit schleichender Inflation wird so ein immer größer werdender Staatsanteil erzeugt; es entsteht die Notwendigkeit, das Progressionsmaß der Steuern von Zeit zu Zeit zu senken und so die Umverteilung von den Privaten zum Staat zu korrigieren. Vgl. → versteckte Progression. – *Gegenteil:* Indexierung des Steuersystems an die Inflation.

Fiscal Policy → Fiskalpolitik.

fiskalische Äquivalenz → Äquivalenzprinzip.

fiskalische Besteuerung – Oberbegriff für alle steuerlichen Maßnahmen des Staates, die darauf abzielen, dem Staat Einnahmen zur Erfüllung seiner Aufgaben zu verschaffen. Früher vorwiegender Zweck der Besteuerung, heute mehr und mehr von nicht fiskalischen Zielsetzungen (→ nicht fiskalische Besteuerung) überlagert. – Theoretische Überlegungen zur fiskalischen Besteuerung zeigen sich in den → Grenzen der Besteuerung.

Fiskalpolitik – *Fiscal Policy.* 1. *Begriff:* Alle finanzpolitischen Maßnahmen des Staatssektors im Dienst der Konjunkturpolitik mittels öffentlicher Einnahmen und Ausgaben (→ finanzpolitische Stabilisierungsfunktion, Konjunkturpolitik, Stabilisierungspolitik). Die Fiskalpolitik ist die finanzpolitische Umsetzung der keynesianischen Wirtschaftstheorie (Keynesianismus). Es geht v.a. um eine antizyklische Fiskalpolitik (antizyklische Wirtschaftspolitik, wenn auch Maßnahmen der Geld- und Kreditpolitik sowie Außenwirtschaftspolitik angewendet werden) zur Beeinflussung der gesamtwirtschaftlichen Nachfrage gemäß den makroökonomischen Ansätzen der keynesianischen Theorie, häufig verbunden mit einer Verschuldungspolitik (negativer Budgetsaldo; → Deficit Spending) zur Erreichung der für die Nachfragebeeinflussung notwendigen Einnahmen, wenn z.B. Ausgaben- bzw. Konjunkturprogramme zur Nachfragestimulierung eingesetzt werden. – Ihre *rechtliche Kodifizierung in der Bundesrepublik Deutschland* fand die Fiskalpolitik im Stabilitäts- und Wachstumsgesetz (StWG) (1967). – 2. *Kritik:* Die Fiskalpolitik als vorwiegend *diskretionäre (antizyklische) Finanzpolitik* (d.h. am Einzelfall orientiert) zur Erreichung stabilisierungs- bzw. konjunkturpolitischer Ziele ist vielfacher Kritik ausgesetzt. So wird bestritten, dass die Fiskalpolitik überhaupt in der Lage ist, die von ihr zielgerichtet zu beeinflussenden volkswirtschaftlichen Aggregate zu erreichen. Der Transmissionsmechanismus zwischen fiskalpolitischem Impuls und der Wirkung auf die Zielgrößen ist abhängig von der spezifischen Konstruktion des Transmissionsmechanismus, einer ganzen Reihe von diesbezüglichen Prämissen (z.B. Verhaltensannahmen über die Wirtschaftssubjekte) und Ceteris-Paribus-Klauseln. Bes. die Vertreter eher neoklassischer Denkrichtungen (Monetarismus, Angebotsökonomik) bezweifeln die theoretische Gültigkeit des keynesianischen Transmissionsprozesses; sie betonen die *Stabilität des privaten Sektors* in einer störungsfreien Marktwirtschaft, erst die Eingriffe des Staatssektors führen zu einer negativen konjunkturellen Wirkung aufgrund nicht adäquater Steuerungsimpulse oder Verunsicherung der Wirtschaftssubjekte. Ebenso werden mögliche Verdrängungseffekte der privaten Aktivitäten durch die staatliche Nachfragebeeinflussung (→ Crowding-out) gegen die Fiskalpolitik angeführt. In letzter Zeit hat die Fiskalpolitik insbesondere durch die globale Finanz- und Wirtschaftskrise wieder mehr Anhänger gefunden. – Ein *empirisch eindeutiger Befund* steht aber – nicht zuletzt, weil in beiden Lagern auch normative Elemente eine Rolle spielen – noch aus. Daneben werden Kritikpunkte laut, die verbunden sind mit der politischen Asymmetrie einer Veränderung der Steuersätze, mit der vermeintlichen Vollbeschäftigungsgarantie (Vollbeschäftigung) des Staates sowie mit der Annahme des idealen Konjunkturzyklus. – 3. Die Kritik an der Fiskalpolitik führte innerhalb der Theorie zu *Weiterentwicklungen*. Die Probleme der zeitpunktgerechten Auslösung von konjunkturpolitischen Impulsen sind in der Debatte um die Lags analysiert und in der Diskussion um die Built-in Flexibility, die → Formelflexibilität bzw. in weiteren regelgebundenen Verfahren (Regelbindung) weitergeführt worden. Die Kritik an einer allzu einseitigen Ausrichtung der Finanzpolitik an der Fiskalpolitik unter Vernachlässigung der stets mit berührten → finanzpolitischen Allokationsfunktion und → finanzpolitischen Distributionsfunktion ist z.B. in Konzepten der → Social Fiscal Policy aufgefangen worden. – Vgl. auch → Überschusspolitik (stabilisierungspolitische Konzeptionen). – *Gegenteil:* Angebotspolitik.

Fiskus – ursprüngliche Bezeichnung für das Staatsvermögen, genauer: für den Staat als Träger vermögenswerter Berechtigungen. Von bes. Bedeutung bis in das 19. Jh., da der Staat bis dahin überwiegend als Hoheits- und Vermögensträger aufgefasst wurde. – Obwohl heute Hoheits- und Vermögensfunktion wieder als Einheit, wenn auch nunmehr mit differenziertem Rechtsschutz gesehen werden, und auch verschiedene Verwaltungszweige mit dem Begriff Fiskus gekennzeichnet werden (Post-, Militär-, Steuer-, Justiz-, Forst- und Domänenfiskus), hat sich der Begriff Fiskus für die Bezeichnung des Staatsvermögens gehalten. Dazu gehört auch eine Gruppe von klassischen → Parafisci, die Sondervermögen, wie z.B. bis zu ihrer Privatisierung Deutsche Bundespost und Deutsche Bundesbahn.

Flat Rate Tax → Steuertarifform mit einem konstanten Steuersatz für alle Einkommenshöhen. Die Flat Rate Tax ist als Quellensteuer angelegt, sodass die Einkommen möglichst nur einmal, final an der Quelle besteuert werden. Es gilt ein einheitlicher Steuersatz mit nur einer Tarifstufe, wobei der Tarif über seinen gesamten Tarifverlauf einen konstanten Grenzsteuersatz aufweist. Wird die Umverteilungswirkung der Einheitssteuer betrachtet, folgt aus einem Tarif ohne Grundfreibetrag keine Steuerprogression, wohingegen ein Tarif mit Grundfreibetrag zu einer indirekten Progressionswirkung führt. Positive Merkmale des einheitlichen Steuertarifs sind seine Einfachheit in der Steuererhebung und -verwaltung sowie seine objektive Transparenz. Zu unterscheiden ist zwischen der synthetischen Einkommenssteuer, bei der alle Erwerbs- und Vermögenseinkommen einer einheitlichen Versteuerung unterliegen und der dualen Einkommenssteuer bei der die Einkommen aus unselbstständiger Tätigkeit einer anderen Besteuerung unterliegt als die Vermögenseinkommen.

Föderales Konsolidierungsprogramm – 1. *Begriff:* → Finanzreform, die durch die dt. Einheit erforderlich wurde, da zunächst die neuen Bundesländer vom regelgebundenen → Finanzausgleich ausgeschlossen blieben (erst seit 1.1.1995 einbezogen). Aufgrund der Finanzschwäche mussten im Gesetz zur Umsetzung des Föderalen Konsolidierungsprogramms (FKPG), das am 23.6.1993 verabschiedet wurde (BGBl. I 944), neue Ausgleichsregeln gefunden werden. – 2. *Maßnahmen:* Der Kernbereich des Gesetzes ist die Neuordnung des bundesstaatlichen Finanzausgleichs, in dem Folgendes neu geregelt wurde: a) *Vertikale Steuerverteilung zwischen Bund und Ländern:* Die vertikale Steuerverteilung wurde durch eine Änderung des Umsatzsteueraufkommens geändert. Der bisherige Länderanteil von 37 Prozent wurde auf 44 Prozent erhöht, während der Bundesanteil entsprechend von 63 Prozent auf 56 Prozent sank. b) *Horizontale Steuerverteilung unter den Ländern:* Im Grundsatz gilt für die horizontale Verteilung des Steueraufkommens das Ursprungslandprinzip (Art. 107 I GG). Bei der Umsatzsteuer wird hingegen die unterschiedliche Finanzkraft der Länder berücksichtigt. Die bisher geltende Regelung wurde auf die neuen Länder ausgeweitet. Danach stehen 25 Prozent des Steueraufkommens als Ergänzungsanteile finanzschwachen Ländern zur Verfügung, bis diese 92 Prozent der länderdurchschnittlichen Steuereinnahmen pro Einwohner realisieren. Die übrigen 75 Prozent des Aufkommens verteilen sich entsprechend der Einwohnerzahl auf die einzelnen Länder. Aufgrund der erheblichen Finanzschwäche in der ehemaligen DDR kommt die Erhöhung des Länderanteils an der Umsatzsteuer vorwiegend den neuen Bundesländern zugute. c) *Ergänzender Finanzausgleich unter den Ländern* bewirkt, dass die ausgleichsberechtigten Länder mind. 95 Prozent der bundesdurchschnittlichen Länderfinanzkraft erreichen. d) *Ergänzungszuweisungen des Bundes an leistungsschwache Länder:* Gemäß Art. 107 II 3 GG kann der Bund aus seinen Mitteln finanzschwachen Ländern Zuweisungen zur ergänzenden Deckung ihres allg. Finanzbedarfs gewähren. Seit 1995 wurde das Gesamtvolumen der Bundesergänzungszuweisungen (BEZ) ausgeweitet – 3. Zur *Fortführung des Solidarpakts:* → Solidarpaktfortführungsgesetz.

Föderalismus – 1. *Charakterisierung:* Politisches Strukturprinzip, nach dem sich ein Gemeinwesen aus mehreren, ihre Entscheidungen abstimmenden, aber ihre Eigenständigkeit bewahrenden Gemeinschaften zusammensetzen soll („Einheit in der Vielfalt"). – Föderalistische *Gestaltungsmöglichkeiten* sind der Staatenbund und der Bundesstaat. Ein Staatenbund ist eine Vereinigung selbstständiger Staaten, die gemeinsame Organe zur Besorgung gewisser Angelegenheiten haben (z.B. die EU). Im Gegensatz zum Staatenbund zeichnet sich der Bundesstaat dadurch aus, dass durch den Zusammenschluss von Staaten ein neuer Staat entsteht. Die zusammengeschlossenen Staaten verlieren ihre Staatlichkeit jedoch nicht, sondern bleiben neben dem neu gebildeten Gesamtstaat als Gliedstaaten mit eigener originärer Staatsgewalt bestehen. – Bei einer nach regionaler Ausdehnung und/oder funktionaler Zuständigkeit abgestuften Abgrenzung der Gemeinschaften wird dann eine Aufgabenverteilung gemäß dem *Subsidiaritätsprinzip* möglich, bei der die Vorteile kleinerer Gemeinschaften mit denen größerer kombiniert werden können (→ ökonomische Theorie des Föderalismus; → ökonomische Theorie des Clubs). – *Gegensatz:* Zentralismus. – 2. Die *Bundesrepublik Deutschland* ist eine Föderation (Bundesstaat; Art. 20 I GG) mit Bund, Ländern und Gemeinden als föderalen Ebenen (die Gemeinden werden verfassungsrechtlich als Bestandteile der Länderebene betrachtet) und funktional abgegrenzten → Parafisci (v.a. Sozialversicherungsträger); → öffentliche Aufgabenträger. Zuständigkeiten der einzelnen Ebenen sowie Art der Zusammenarbeit (→ kooperativer Föderalismus) sind prinzipiell in der → Finanzverfassung festgelegt, wobei zwischen Gesetzgebungs-, Verwaltungs- und Finanzierungs- bzw. Ertragshoheit unterschieden wird.

Föhl-Kontroverse → Steuerparadoxon.

Föhlsches Steuerparadoxon → Steuerparadoxon.

Fonds Deutsche Einheit – ehemaliges Sondervermögen des Bundes; Fonds, der mit dem Ziel eingerichtet wurde, den neuen Bundesländern bis zu deren Einbeziehung in einen gesamtdeutschen → Finanzausgleich (ab Januar 1995) Zuweisungen zur Deckung ihres allg. Finanzbedarfs zu gewähren. – 1. *Rechtsgrundlagen:* Fondsgesetz (Gesetz zum Vertrag vom 18.5.1990 über die Schaffung einer Währungs-, Wirtschafts- und Sozialunion zwischen der Bundesrepublik Deutschland und der Deutschen Demokratischen Republik vom 25.6.1990, Art. 31) m.spät.Änd. (Vertrag über die Herstellung der Einheit Deutschlands, Kapitel IV, Sachgebiet B, Abschn. 2 sowie das Haushaltsbegleitgesetz 1991, Art. 5); Gesetz zur Aufhebung des Strukturhilfegesetzes und zur Aufstockung des Fonds Deutsche Einheit vom 16.3.1992 (BGBl. I 674, Art. 2); Gesetz zur Umsetzung des → Föderalen Konsolidierungsprogramms vom 23.6.1993 (BGBl. I 944, Art. 36); Zweites Gesetz zur Umsetzung des Spar-, Konsolidierungs- und Wachstumsprogrammes vom 21.12.1993 (BGBl. I 2376, Art. 6). – 2. *Ausgestaltung:* Das Gesamtvolumen des Fonds wurde zunächst auf 115 Mrd. DM begrenzt. Hiervon sollten jeweils 85 Prozent direkt in die neuen Bundesländer transferiert werden und 15 Prozent dem Bund zur Erfüllung zentraler Aufgaben in Ostdeutschland verbleiben. Mit dem Haushaltsbegleitgesetz 1991 verzichtete der Bund auf seinen Anteil an den Fondsmitteln. – Entgegen der ursprünglichen Planung wurde der Fonds von 1992 bis 1994 um insgesamt 45,7 Mrd. DM aufgestockt. Zur Finanzierung ist eine Nettokreditaufnahme in Höhe von 95 Mrd. DM vorgesehen. Die Finanzierung erfolgte durch eine Nettokreditaufnahme von 95 Mrd. DM, der fehlende Betrag zum Gesamtvolumen von 115 Mrd. DM wurde durch Zuweisungen aus dem Bundeshaushalt gedeckt. Die Aufstockung des Fonds wurde durch die Mehreinnahmen der Umsatzsteuererhöhung, aus dem Aufkommen des Zinsabschlags und durch haushaltsfinanzierte Beiträge des Bundes und der alten Länder finanziert. Seit 1995 ist der Fonds Deutsche Einheit ein reiner Tilgungsfonds, dessen Schuldendienstverpflichtungen sich Bund, alte Bundesländer und deren Gemeinden teilen. Die Deutsche Bundesbank gibt einen Schuldenstand von 38,6 Mrd. Euro Ende 2004 an. Der Bund hatte zu Beginn 2005 die Verbindlichkeiten des Fonds als Mitschuldner übernommen, die in den → Bundeshaushalt integriert worden sind, die Schulden des Fonds werden seit 2006 nicht mehr separat aufgeführt. Der Fond wird mit Ende des Jahres 2019 aufgelöst, wobei alle Vermögen und Verbindlichkeiten dem Bund übertragen werden.

Fondswirtschaft – Form der öffentlichen → Finanzwirtschaft, bei der bestimmte Einnahmen nur zur Finanzierung bestimmter Ausgaben verwendet werden dürfen. Die Fondswirtschaft ist im modernen Staat durch den einheitlichen → Haushaltsplan (→ Nonaffektationsprinzip) abgelöst worden; ausnahmsweise angewandt z.B. im Fall der → ERP-Sondervermögen, → Lastenausgleichsfonds.

Fontänentheorie – 1. *Begriff:* Argumentationskette in der Theorie der öffentlichen Verschuldung, die im Gegensatz zur → Quellentheorie ein zinssteigerungsbedingtes → Crowding-out verneint (Stützel). – 2. *Aussagen:* Die Fontänentheorie behauptet, dass die vom Staat aufgenommenen Mittel über die Veraugabung wieder auf die Kreditmärkte zurückfließen, das Geldkapitalangebot sich insofern ständig revolviert und somit flexibel ist. Durch die Kreditaufnahme wird das Geldkapitalangebot demnach nicht verknappt; Zinssteigerungen, die private Konsum- und/oder Investitionsentscheidungen berühren, bleiben aus. – 3. *Kritikansatz:* Die Fontänentheorie vernachlässigt Sickerverluste und Friktionen, die einem vollständigen Rückfluss der vom Staat aufgenommenen Mittel entgegenstehen, v.a. das Anlageverhalten der Wirtschaftssubjekte, denen die verausgabten Mittel zufließen. Öffentliche Güter werden als vollkommene Substitute zu privaten Gütern angesehen, zudem unterstellt die Fontänentheorie, dass die Aussagen des Ricardianischen Äquivalenztheorems (→ Ricardianische Äquivalenz) erfüllt sind.

Förderabgabe → bergrechtliche Förderabgabe.

Forderungseffekt – Begriff der finanzwissenschaftlichen Schuldentheorie; Umstrukturierung und Volumenänderung der privaten Forderungen, die durch die öffentliche Defizitfinanzierung und die damit verbundene Schuldenaufnahme bzw. Überschussbildung und die damit verbundene Schuldentilgung entsteht. Der Forderungseffekt gibt den Einfluss der Fiskalpolitik auf die private Investitionstätigkeit an und wirkt über rein liquiditätsmäßige Vorgänge; daher ist er von güterwirtschaftlichen Einflüssen der Fiskalpolitik (→ Pump-Priming, → Lerner-Effekt) zu unterscheiden.

Förderzins → bergrechtliche Förderabgabe.

formale Inzidenz → Inzidenz.

Formelflexibilität – *Formula Flexibility;* Automatismus zur Bremsung von konjunkturellen Schwankungen in Anlehnung an die → regelgebundene Finanzpolitik und die Built-in Flexibility. Durch Gesetz werden Steuersatzvariationen und Staatsausgabenveränderungen festgelegt, die inkraft treten, sobald die Wachstumsrate des Volkseinkommens oder andere strategische Variablen um einen bestimmten Prozentsatz von einem vorher festgelegten Wert abweichen. – Das Konzept der Formelflexibilität ist als Reaktion auf die Time Lags entwickelt worden: Sie soll die diskretionäre Finanzpolitik ablösen, um eine höhere Durchschlagskraft der Konjunkturpolitik zu erreichen. – Die politische Durchsetzbarkeit der Formelflexibilität erscheint gering, da es schwierig ist, geeignete theoretische Konjunkturindikatoren (Konjunkturbarometer) zu finden. Zudem sind einzelne Konjunktursituationen sehr unterschiedlich, sodass eine automatische Gleichbehandlung problematisch ist. Außerdem wird das Haushaltsrecht von Regierung und Parlament beeinträchtigt.

Formula Flexibility → Formelflexibilität.

Free-Rider-Verhalten – *Trittbrettfahrerverhalten;* Begriff der Finanzwissenschaft und Umwelt- und Ressourcenökonomik für die aus dem Rationalprinzip abgeleitete Annahme über das Verhalten des einzelnen Wirtschaftssubjekts bei der Entscheidung über Bereitstellung und Finanzierung → öffentlicher Güter sowie deren Nutzung. Bei öffentlichen Gütern kann das einzelne Wirtschaftssubjekt aufgrund ökonomischer oder technischer Gründen nicht oder nicht oder nicht vollständig von der Nutzung einmal bereitgestellter Güter ausgeschlossen werden (→ Ausschlussprinzip). Der Ausschluss wäre ineffizient, da das Rivalitätsprinzip nicht greift und die Grenzkosten eines weiteren Nutzers gleich Null sind. Es wird bei der Entscheidung seine wahren Präferenzen verschleiern, um nicht zur Finanzierung herangezogen zu werden, wenn es davon ausgehen kann, dass die Güter auch ohne seinen Beitrag bereitgestellt werden. Das

Free-Rider-Verhalten ist somit eine Ursache für eine suboptimale Allokation der betreffenden Güter und kann sogar zu einer pareto-ineffizienten Nicht-Bereitstellung führen.

Freibetrag – Begriff des Steuerrechts für einen von der Besteuerung freibleibenden Betrag. – *Anders:* → Freigrenze.

I. Einkommensteuerrecht: (Lohnsteuerrecht): 1. *Grundfreibetrag:* In den Tarif eingebauter Freibetrag, der das Existenzminimum des Steuerpflichtigen freilassen soll; beträgt im Jahr 2009 7.834 Euro (§ 32a EStG)(→ Einkommensteuertarif). – 2. Freibeträge bei → Einkünfteermittlung: (1) Freibeträge für → Veräußerungsgewinne; (2) Einkünfte aus nichtselbstständiger Arbeit: → Versorgungsfreibetrag; (3) Einkünfte aus Kapitalvermögen: Hier ist der frühere Sparer-Freibetrag mit der Umstellung auf die Abgeltungsteuer ausgelaufen und durch einen → Sparer-Pauschbetrag für Werbungskosten ersetzt worden. – 3. *Freibeträge bei Einkommensermittlung:* (1) → Altersentlastungsbetrag (§ 24a EStG), (2) Entlastungsbetrag für Alleinerziehende (§ 24b EStG), (3) bes. Freibetrag bei Ermittlung der Einkünfte aus Land- und Forstwirtschaft (§ 13 III EStG, für kleinere Betriebe), (4) → Kinderfreibetrag, (5) Betreuungsfreibetrag, (6) → Ausbildungsfreibetrag, (7) Altenheim-Freibetrag. – 4. *Freibeträge im Rahmen des Lohnsteuerabzugs* (§ 39a EStG): Auf der Lohnsteuerkarte haben Freibeträge die Bedeutung, dass der Arbeitgeber den von ihm ausgezahlten Arbeitslohn um die eingetragenen Freibeträge vermindern darf und somit die Lohnsteuer nur auf die verbleibende Restgröße einbehalten muss. Durch die Eintragung eines Freibetrags auf der Lohnsteuerkarte können Arbeitnehmer erreichen, dass die Lohnsteuerbelastung sich von vornherein an der voraussichtlichen Höhe ihres steuerpflichtigen Nettoeinkommens und nicht an den Bruttoeinnahmen orientiert. Welche Freibeträge auf der Lohnsteuerkarte eingetragen werden können, regelt § 39a EStG (u.U. Freibeträge für → Werbungskosten, → Sonderausgaben, Pauschbeträge für Behinderte und Hinterbliebene).

II. Körperschaftsteuerrecht: 1. Freibeträge für kleinere Körperschaften in Höhe von 3.835 Euro, höchstens in Höhe des → Einkommens (§ 24 KStG). – 2. Freibeträge für Erwerbs- und Wirtschaftsgenossenschaften sowie land- und forstwirtschaftliche Vereine in den ersten zehn Jahren in Höhe von 13.498 Euro, höchstens in Höhe des Einkommens (§ 25 KStG).

III. Gewerbesteuerrecht: Bei der Berechnung des Gewerbesteuermessbetrages nach dem Gewerbeertrag bleiben bei Einzelgewerbetreibenden und Personengesellschaften 24.500 Euro des → Gewerbeertrags (§ 11 I 1 GewStG) unbesteuert. Bei Unternehmen von juristischen Personen des öffentlichen Rechts beträgt der Freibetrag 5.000 Euro.

IV. Erbschaftsteuerrecht: 1. Die *persönlichen Freibeträge* (§§ 15, 16 ErbStG, R 72 und 73 ErbStR) betragen nach der Erbschaftsteuerreform 2009 bei unbeschränkter Steuerpflicht bei Erwerb (1) des Ehegatten 500.000 Euro (davor 307.000 Euro); (2) der Kinder und Kinder verstorbener Kinder, wenn sie in Steuerklasse I fallen, 400.000 Euro (davor 205.000 Euro); (3) der Kindeskinder, wenn sie in Steuerklasse I fallen, 200.000 Euro (davor 51.200 Euro) (4) der übrigen Personen der Steuerklasse I 100.000 Euro (davor: 51.200 Euro), (5) der Personen der Steuerklasse II in Höhe von 20 000 Euro (davor 10.300 Euro), (6) des Lebenspartners 500 000 Euro (davor 5.200 Euro), (7) bei beschränkter Steuerpflicht einheitlich nur 2.000 Euro (davor 1.100 Euro). – 2. *Neben* den Freibeträgen aus 1. erhalten der überlebende Ehegatte und neuerdings der überlebende Lebenspartner für jeden Erwerb und Kinder im Sinn der Steuerklasse I Nr. 2 (§ 15 I ErbStG) für Erwerbe von Todes wegen die folgenden *bes. Versorgungsfreibeträge,* die um den Kapitalwert der aus Anlass des Todes des Erblassers zustehenden, nicht der Erbschaftsteuer unterliegenden Versorgungsbezüge zu kürzen sind (§ 17

ErbStG): (1) 256.000 Euro für den Ehegatten, (2) 52.000 Euro für Kinder bis zu fünf Jahren, (3) 41.000 Euro für Kinder zwischen fünf und zehn Jahren, (4) 30.700 Euro für Kinder zwischen zehn und 15 Jahren, (5) 20.500 Euro für Kinder zwischen 15 und 20 Jahren, (6) 10.300 Euro für Kinder zwischen 20 und 27 Jahren.

freies Gut – Güter, die überall und mit der gewünschten Qualität in hinreichendem Umfang vorhanden sind, um die Bedürfnisse aller Individuen einer Volkswirtschaft zu einem gegebenen Zeitpunkt zu befriedigen. In einer Marktwirtschaft hat ein freies Gut einen Preis von Null, z.B. Luft. – *Gegenteil*: wirtschaftliche Güter.

Freigrenze – 1. *Begriff* des Steuerrechts: Beträge, die nur dann steuerfrei bleiben, wenn der Grenzbetrag nicht überschritten wird. Im Gegensatz zu → Freibeträgen ist bei Überschreiten des Grenzbetrags der gesamte Betrag steuerpflichtig. – 2. *Einkommensteuer:* a) Freigrenze bei privaten Veräußerungsgeschäften: Gewinne aus Veräußerungsgeschäften unterliegen der Einkommensteuer nur, wenn der Gesamtgewinn im Kalenderjahr mindestens 600 Euro (ab dem Veranlagungszeitraum 2009) erreicht (§ 23 III EStG).–b) → Einkünfte aus Leistungen (sonstige Einkünfte): einkommensteuerfrei, wenn sie 256 Euro nicht erreichen (§ 22 Nr. 3 EStG).–c) Freigrenze bei Sachbezügen (§ 8 II EStG), Freigrenze von 44 Euro im Kalendermonat. – d) Ist der Schuldzinsenüberhang (der die Zinserträge übersteigende Zinsaufwand) eines Betriebs unter 3 Mio. Euro, finden die Beschränkungen der Zinsschranke keine Anwendung. – 3. *Solidaritätszuschlag:* beim Lohnsteuerjahresausgleich 972 Euro (1.944 Euro bei zusammen veranlagten Ehegatten) (§ 3 SolZG). – 4. *Grunderwerbsteuer:* Der Erwerb eines Grundstücks ist steuerfrei, wenn der maßgebende Wert (§ 8 GrEStG) 2.500 Euro nicht übersteigt (§ 3 GrEStG).

freihändige Vergabe → Ausschreibung, → öffentliche Auftragsvergabe.

Freistellungsprinzip → Internationales Steuerrecht (IStR).

Functional Finance – Auffassung, nach der die → Finanzpolitik ausschließlich konjunkturpolitische Ziele gemäß der → finanzpolitischen Stabilisierungsfunktion verfolgt; von Abba Lerner pointiert vertreten.

fundieren – 1. *I.w.S.*: Sicherstellung von Zins- und Tilgungsdienst durch bestimmte Einnahmequellen. – 2. *I.e.S.*: Überführung (kurzfristiger) → schwebender Schulden in (langfristige) → fundierte Schulden; auch die Ablösung von Bankkrediten durch Emission von Obligationen oder Aktien; Letztgenanntes wird auch als *refundieren* bezeichnet.

fundierte Schulden – langfristig am Kapitalmarkt platzierte Schulden der öffentlichen Hand (→ fundieren, → öffentliche Kreditaufnahme). Beispiel: Durch den Staat herausgegebene Schuldverschreibungen. – *Gegensatz*: → schwebende Schulden.

fünfjährige Finanzplanung → mehrjährige Finanzplanung.

Fünf-Sechstel-Methode – Vereinfachte Methode zur Berechnung der → Gewerbesteuer-Rückstellung. Die Methode ist seit dem Erhebungszeitraum 2008 nicht mehr anzuwenden, da seither die Gewerbesteuer und die darauf entfallenden Nebenleistungen nicht mehr von ihrer eigenen Bemessungsgrundlage abzugsfähig sind.

Funktionalprinzip → öffentliche Ausgaben.

Funktionalreform – die im Zusammenhang mit der → kommunalen Gebietsreform durchgeführte Neuabgrenzung der kommunalen Aufgaben zwischen Gemeinden und Gemeindeverbänden. Zu unterscheiden gilt es zwischen der innerkommunalen Funktionalreform und der interkommunalen Funktionalreform. – Vgl. auch → Verwaltungsreform.

Funktionenbudget – nach Sachgebieten gegliederter → Haushaltsplan. In der Bundesrepublik Deutschland unüblich (Gliederung nach dem Ressortprinzip). Das

Funktionenbudget erscheint in Form der → Funktionenübersicht als ein Anhang im Haushaltsplan. Es besitzt keine Verbindlichkeit, soll vielmehr der in der Theorie entwickelten → politischen Programmfunktion des Haushalts Ausdruck geben.

Funktionenplan – 1. *Begriff*: Teil der 1969 eingeführten neuen Systematik der öffentlichen Haushaltspläne (→ Haushaltssystematik) neben dem → Gruppierungsplan. Der Funktionenplan gliedert die Einnahmen und Ausgaben einzelner Titel nach funktionalen Gesichtspunkten. Der Funktionenplan selbst gliedert sich in Hauptfunktionen, Oberfuktionen und Funktionen. Dadurch sind diejenigen Haushaltsmittel ersichtlich, die für einzelne Aufgaben- und Politikbereiche vorgesehen sind. Eine funktionale Kennziffer ermöglicht es, jeden Ansatz im → Haushaltsplan dem Funktionenplan zuzuweisen. – 2. *Gliederungskennziffern:* 0 allg. Dienst; 1 Bildungswesen, Wissenschaft, Forschung, kulturelle Angelegenheiten; 2 soziale Sicherung, soziale Kriegsfolgeaufgaben, Wiedergutmachung; 3 Gesundheit, Umwelt, Sport, Erholung; 4 Wohnungswesen, Städtebau, Raumordnung, kommunale Gemeinschaftsdienste; 5 Ernährung, Landwirtschaft, Forsten; 6 Energie- und Wasserwirtschaft, Gewerbe, Dienstleistungen; 7 Verkehrs- und Nachrichtenwesen; 8 allg. Finanzwirtschaft. – 3. *Bedeutung* für die → politische Programmfunktion eines Haushalts, da sie eine Art Staatsaufgabenkatalog darstellt. – Vgl. auch → Funktionenbudget, → Funktionenübersicht.

Funktionenübersicht – eine nach dem → Funktionenplan aufgebaute Übersicht über Einnahmen, Ausgaben und → Verpflichtungsermächtigungen eines Haushaltsjahres, die dem → Haushaltsplan als Anlage beizufügen ist. Funktionenübersicht und → Gruppierungsübersicht bilden den → Haushaltsquerschnitt.

Gebietskörperschaft – Körperschaft des öffentlichen Rechts, die auf einem abgegrenzten Teil des Staatsgebiets die Gebietshoheit hat und von den in ihrem Gebiet lebenden Einwohnern gebildet wird: Bund, Länder, → Gemeinden (einschließlich Gemeindeverbände).

Gebietsreform → kommunale Gebietsreform, → Verwaltungsreform.

Gebühr – I. Finanzwissenschaft: 1. *Begriff:* → Abgabe, die als Entgelt für eine spezielle Gegenleistung einer Behörde oder öffentlichen Anstalt erhoben wird (vgl. z.B. § 4 II KAG-NW; → Äquivalenzprinzip). Im Gegensatz zu → Beiträgen belasten Gebühren den Einzelnen, der die öffentliche Leistung tatsächlich in Anspruch nimmt; das Einzelmitglied, nicht die Gruppe als Ganzes gilt als Leistungsempfänger (individuelle Äquivalenz). Beabsichtigte Nebenwirkung kann sein, durch Erhebung von Gebühren die unnötige oder unmäßige Benutzung öffentlicher Einrichtungen zu hemmen. – 2. *Höhe:* Möglichst nach den der betreffenden öffentlichen Einrichtung erwachsenden Kosten bemessen (Kostendeckungsprinzip), d.h. der Verwaltungsaufwand zur Erhebung einer Gebühr und ihres wirtschaftlichen Nutzens müssen verhältnismäßig lohnend sein. – 3. *Einteilung:* a) Nach *Verwirklichung des Kostendeckungsprinzips:* (1) Gebühren mit Kostenbeitragscharakter, z.B. Studiengebühren, und (2) Gebühren mit Gewinnergebnis, u.a. Einkünfte des Passamtes, etwa nach Erleichterung des Auslandsreiseverkehrs. – b) Nach der *Leistungsart:* (1) Benutzungsgebühr (Gebühren für die Inanspruchnahme einer öffentlichen Einrichtung) und (2) Verwaltungsgebühr (Gebühren für die Amtshandlung einer Behörde). Einteilung nicht genügend trennscharf und ökonomisch nicht begründbar, da die Inanspruchnahme einer öffentlichen Einrichtung (Benutzungsgebühr) stets mit einer Amtshandlung (Verwaltungsgebühr) verknüpft ist. – c) Nach den *Verwaltungssektoren,* die die Leistungen erbringen: Gebühren im bzw. für Gerichts- und Justizwesen, Fahrzeugkontrolle und Verkehrsüberwachung, Versorgungs- und Entsorgungsdienste, Verkehrs- und Transportleistungen, Erholung, Sport, Kultur und Informationen, Gesundheitswesen, Schulen, Bildung und Erziehung, öffentliche Verwaltung i.e.S. (z.B. Standesämter, Friedhöfe, Gewerbeaufsicht, Marktkontrolle, Bauämter, Feuerschutz, Passämter).

II. Kostenrechnung: Verrechnung der Gebühren erfolgt je nach Entstehung: (1) Gebühren für Baupolizei, Müllabfuhr als Gebäudekosten; (2) Gebühren für den Rechtsschutz eines Unternehmens als Verwaltungskosten; (3) Prüfungsgebühren für Steuererklärung (u.a. für Abschlussprüfung, technische Überprüfung) i.Allg. als Verwaltungskosten, evtl. auch als Beratungskosten; (4) Gebühren der Dampfkesselüberwachung z.B. als Kostenarten der Hauptkostenstellen.

Gemeinde – eine politische und administrative Einheit mit eigenem Territorium. Die Gemeinden sind Träger der *kommunalen Selbstverwaltung,* die ihnen durch Art. 28 II GG garantiert ist. Das Recht der Selbstverwaltung umfasst die eigenverantwortliche Regelung aller Angelegenheiten der örtlichen Gemeinschaft im Rahmen der Gesetze. Sie verfügen damit über die Personal-, Finanz-, Organisations-, Planungs-, Satzungs-, Gebiet- und Aufgabenhoheit. Gemeinden, kreisfreie Städte und kreisangehörige Städte werden unter dem Begriff *Kommune* zusammengefasst. Als *Gebietskörperschaften* sind die Kommunen juristische Personen öffentlichen Rechts mit eigener Verfassung, eigenem Haushalt und Dienstherrnfähigkeit. – Die Wahrnehmung von *Selbstverwaltungsangelegenheiten* kann den Gemeinden durch Gesetz zur Pflicht gemacht werden (*pflichtige Selbstverwaltungsangelegenheiten*, z.B. Bauleitplanung, Haushaltsgestaltung). Zu den Pflichtaufgaben zählen bspw. die Bereitstellung von Kindergärten, Jugend- und Sozialhilfe, Gemeindestraßen, Wohngeld, Schulverwaltung, Förderung des Wohnungsbau, Abfallbeseitigung und Abwasserbeseitigung. – Darüber hinaus können Gemeinden auch freiwillige Aufgaben (*freiwillige Selbstverwaltungsangelegenheiten*) erbringen. Zu den freiwilligen Aufgaben zählen bspw. die Bereitstellung und der Betrieb von Museen, Schwimmbädern, Theatern, Grünanlagen, Bürgerhäusern, Wirtschaftsföderung, Jugendeinrichtungen oder Sportstätten. – Für die Selbstverwaltungsaufgaben ist die *Gemeindevertretung* (Rat/Gemeinderat/Stadtrat) die höchste Entscheidungsinstanz. – Daneben nehmen die Gemeinden *Weisungsaufgaben* wahr, die ihnen durch Gesetz zur Erledigung nach Weisung zu übertragen sind. Nach Art. 83ff. GG nehmen die Gemeinden Aufgaben als untere Verwaltungsinstanz des Bundes und Landes wahr. Hierzu gehören Aufgaben im Bereich Melderecht, Zivilschutz, Ordnungsrecht, Bauaufsichtsrecht und Ausländerangelegenheiten. – Die *rechtliche Struktur der Gemeinden (Kommunalverfassung)* ist in den *Gemeindeordnungen* der Länder in unterschiedlicher Weise geregelt. Die von den Bürgern unmittelbar gewählte *Gemeindevertretung (Rat)* ist das oberste Gemeindeorgan. Als sog. Beschlussorgan entscheidet sie über alle wichtigen Angelegenheiten der Gemeinde, erlässt die Satzungen der Gemeinde und den Haushalt. Ausführendes Verwaltungsorgan ist der teils direkt gewählte Bürgermeister bzw. als Kollegialorgan der Magistrat oder der Stadtdirektor. Das Verwaltungsorgan bereitet die Beschlüsse der Gemeindevertretung vor, führt sie aus und ist für alle Geschäfte der laufenden Verwaltung zuständig. – *Gemeindeaufsicht*: Kommunalaufsicht. – *Gewerbliche Gemeindenunternehmen*: Kommunalbetrieb. – *Gemeindekredit*: Kommunalkredit.

Gemeindeanteil – Anteil der Gemeinden an der Einkommensteuer (→ Gemeinschaftsteuern), auf der Grundlage der Einkommensteuerleistungen ihrer Einwohner nach Maßgabe eines Bundesgesetzes (Art. 106 GG). Die Gemeinden erhalten 15 Prozent des Aufkommens an Lohnsteuer und an veranlagter Einkommensteuer sowie 12 Prozent am Zinsabschlag (Art. 106 III GG i.V. mit § 1 Gemeindefinanzreformgesetz). Seit dem 1.1.1998 erhalten die Gemeinden auch einen geringfügigen Anteil am Aufkommen der Umsatzsteuer (2,2 Prozent einer bestimmten Restgröße zum Ausgleich des Wegfalls der → Gewerbekapitalsteuer; Art. 106 Va GG i.V. mit § 1 FAG).

Gemeindeertragsteuern → Gemeindesteuern.

Gemeindefinanzen – Gesamtheit aller die Einnahmen und Ausgaben der → Gemeinden und Gemeindeverbände ausmachenden Positionen des kommunalen Haushalts und wichtigster Teil der Kommunalwirtschaft. Gemeindefinanzen dienen der Finanzierung der kommunalen Aufgaben im Rahmen der Selbstverwaltung. Die *Bedeutung* der Gemeindefinanzen ist daran zu erkennen, dass ca. zwei Drittel aller öffentlichen Investitionen von den Gemeinden getätigt werden. – *Steuerstruktur (2011)*: Die Gemeinden erhalten ihre Steuereinnahmen (rund 69,7 Mrd. Euro in 2011) aus den Anteilen an folgenden Steuern (netto): Gewerbesteuer 43,7 Prozent (30,5 Mrd. Euro), Gemeindeanteil an der Einkommensteuer 35,3 Prozent (24,6 Mrd. Euro), Gemeindeanteil an der Umsatzsteuer 5,0 Prozent (3,5 Mrd. Euro), Grundsteuer 14,8 Prozent (10,3 Mrd. Euro). Weitere Einnahmen aus den Zuweisungen der Länder (56,5 Mrd. Euro), den Gebühren (16,6 Mrd. Euro) und sonstige Einnahmen (23,5 Mrd. Euro). Die gesamten Einnahmen des Verwaltungshaushalts der Gemeinen und Gemeindeverbände beliefen sich 2011 somit auf 166,3 Mrd. Euro. Im Gegensatz dazu stehen die Ausgaben für Personal 46,4 Mrd. Euro, für soziale Leistungen 43,3 Mrd. Euro, für den laufenden Sachaufwand 39,3 Mrd. Euro, für laufende Zuweisungen und Zuschüsse (19,3 Mrd. Euro), für Zinsen (4,3 Mrd. Euro) sowie Ausgaben für Sonstiges (4,8 Mrd. Euro). Insgesamt betrugen die Ausgaben 2011 157,2 Mrd. Euro. Hinzu kommen noch die Einnahmen (17,4 Mrd. Euro) und Ausgaben (28,1 Mrd. Euro) des Vermögenshaushalts der Gemeinden. – Vgl. auch → Finanzausgleich, → Gewerbesteuerumlage, → Kommunalverschuldung.

Gemeindefinanzmasse – die den Gemeinden allein oder anteilsmäßig zustehende Ertragshoheit an bestimmten Steuern (→ Steuerertragshoheit). – Vgl. auch → Gemeindesteuern, → Gemeindesteuersystem, → Steuerverbund.

Gemeindesteuern – *Kommunalsteuern.* 1. *Gemeindesteuern i.e.S.* (Gemeindeertragsteuern): → Steuern, deren Aufkommen allein den Gemeinden zufließt (→ Steuerertragshoheit). – *Wichtigste Arten:* → Gewerbesteuer (Gemeinden haben Ertragshoheit, müssen aber einen Teil als → Gewerbesteuerumlage an Bund und Länder abführen), → Grundsteuer, → Grunderwerbsteuer sowie kleinere „eigene" Steuern wie → Hundesteuer, Getränkesteuer, Jagdsteuer und → Vergnügungsteuer. Diese stehen den Gemeinden gemäß Art. 106 VI GG zu. – 2. *Gemeindesteuern i.w.S.:* Gesamtheit der den Gemeinden zur Verfügung stehenden Steuereinnahmen, die aus den Gemeindesteuern i.e.S. und dem → Gemeindeanteil an den → Gemeinschaftsteuern (→ Steuerverbund) besteht. – 3. *Beschränkungen* und *Ordnungsprinzipien* der Erhebung von Gemeindesteuern, Kriterien einer optimalen Ausgestaltung der Gemeindesteuern: → Gemeindesteuersystem. – Vgl. auch → Bundessteuern, → Landessteuern, → Gemeinschaftsteuern.

Gemeindesteuersystem – *Kommunalsteuersystem.* 1. *Begriff:* Die Gesamtheit der → Gemeindesteuern, die zu einem Zeitpunkt gelten und deren Ertragshoheit (→ Steuerertragshoheit) den Gemeinden insgesamt zusteht; ein Teil des Gesamtsteuersystems (→ Steuersystem), ein Teil der → Gemeindefinanzen (→ Kommunalabgaben). – 2. Das Gemeindesteuersystem hat eine bes. Bedeutung in der Steuerpolitik und -theorie wegen der kommunalen *Selbstverwaltung* (Art. 28 GG) und der kommunalen *Finanzautonomie:* Die Gemeinden sind wie Bund und Länder → Gebietskörperschaften, Körperschaften des öffentlichen Rechts, mit grundsätzlich ähnlichen Aufgaben für Wirtschaft und Bevölkerung ausgestattet. Das Gemeindesteuersystem ist in seinen Hauptsteuerarten, den → Realsteuern, mit der „Hebesatzautonomie" (ein Teil der Finanzautonomie) verbunden. – 3. *Beschränkungen und Ordnungsprinzipien* für die Befugnis der Gemeinden, Steuern zu erheben, v.a. im Gemeindeabgabenrecht (basierend auf den Kommunalabgabengesetzen der Bundesländer) und in den (nachrangigen) kommunalen Steuerordnungen (Satzungen im Sinn des Gemeinderechts, von den Aufsichtsbehörden zu genehmigen): Zur Deckung des notwendigen Bedarfs dürfen von den Gemeinden Steuern nur dann erhoben werden (→ Subsidiarität), wenn andere Einnahmen, wie Vermögenserträge, → Gebühren, → Beiträge, → Zuweisungen und Zuschüsse sowie Konzessionsabgaben (wobei die Erhebung teilweise auch obligatorisch ist) nicht ausreichen. – 4. *Kriterien eines „optimalen" Gemeindesteuersystems:* a) *Autonomie.* – b) *Geringe Konjunkturempfindlichkeit* und *hohe Wachstumsreagibilität* der Gemeindesteuern, die damit begründet wird, dass aus Gründen einer über die Zeit gleichmäßigen Versorgung der Bevölkerung und der Wirtschaft (Strukturpolitik) v.a. die Investitionsausgaben (zwei Drittel aller öffentlichen Investitionen werden von den Gemeinden getätigt) gleichmäßig getätigt und konjunkturunabhängig finanziert werden müssen. Die Forderung nach einem konjunkturunempfindlichen Gemeindesteuersystems wird auch mit dem prozyklischen Verhalten der Gemeinden begründet. – c)

Örtliche Radizierbarkeit der Steuern (örtliche Verbrauch- und Aufwandsteuern gemäß Art. 106 VI GG); von diesen Steuern sollen nur die in einer Gemeinde lebenden Bürger betroffen werden. – d) *Merklichkeit* der Steuer, um eine enge Bindung zwischen Bürger und Gemeinde deutlich zu machen. – e) *Finanzielle Ergiebigkeit* ist selbstverständlich angesichts der Versorgungsleistungen und Investitionsausgaben. – f) Um die einseitige Abhängigkeit bestimmter Gemeinden von großen Steuerzahlern zu mildern (z.B. ist die heutige Gewerbesteuer, aus der die meisten Gemeinden sich überwiegend finanzieren, eine „Großbetriebsteuer" geworden), sollen nach dem *Prinzip des Interessenausgleichs* zwischen den Bürgergruppen in einer Gemeinde alle Bürger an der optimalen Gemeindesteuer beteiligt werden; von der zur Diskussion stehenden → Wertschöpfungsteuer verspricht man sich gerade diese Wirkung. – 5. In der *Reformdiskussion* wurden v.a. hervorgehoben: die Notwendigkeit einer Gewerbesteuerreform (→ Gewerbesteuer); die Notwendigkeit einer Grundsteuerreform (→ Grundsteuer); die Abschaffung der → Bagatellsteuern; die Einführung einer Wertschöpfungsteuer, die Gewerbe- und Grundsteuer ersetzen soll und deren Reformen überflüssig machen würde. – *Verwirklicht mit der* → Finanzreform von 1969 wurde die Forderung nach einer Lösung aus der Abhängigkeit der Gemeinden von der Gewerbesteuer (sie ist stark konjunkturreagibel) und nach einer Beteiligung an der gleichmäßiger fließenden Lohn- und Einkommensteuer (Wachstumsreagibilität und fiskalische Ergiebigkeit) durch die Einrichtung einer Gewerbesteuerumlage und die Einrichtung des → Steuerverbunds.

Gemeinlastprinzip – 1. *Begriff*: Grundsatz der Umweltpolitik, nach dem die Kosten der Umweltbelastung, Umweltqualitätsverbesserung und Beseitigung von Umweltbelastungen nicht den Personen, Gütern oder Verfahren zugerechnet werden, von denen Umweltbelastungen ausgehen (Verursacherprinzip), sondern gesellschaftlichen Gruppen (Fondslösungen) oder den → Gebietskörperschaften (öffentliche Haushalte) und damit der Allgemeinheit. Üblicherweise inzidieren die genannten Kosten bei gemeinlastorientierter Zurechnung, unabhängig von der individuellen, einzelwirtschaftlichen Inanspruchnahme der Umwelt, bei einer Steuerfinanzierung z.B. nach der individuellen Einkommens- oder Vermögenslage, nach Gewinn- und Umsatzsituation oder nach anderen Größen, die der Besteuerung zugrunde gelegt werden. Daneben ist das Vorsorgeprinzip mit der Zielsetzung einer die Umwelt schonenden, nachhaltigen Entwicklung die Grundlage der Umweltpolitik. – 2. *Beurteilung*: Aus ökonomischer Sicht hat eine Kostenzurechnung nach dem Gemeinlastprinzip den Nachteil, dass bei seiner ausschließlichen oder vornehmlichen Anwendung keine effiziente (Re-)Allokation der knappen Umweltressourcen erfolgt, da ein Anreiz zur Belastungsvermeidung und -verringerung wie bei der verursachergerechten Zurechnung nicht besteht, vielmehr sogar eine Ausdehnung der vermeintlich kostenlosen Umweltbelastung rational sein könnte. Einsetzbar ist das Gemeinlastprinzip zur unmittelbaren Gefahrenabwehr oder wenn Altlasten saniert werden und die Suche nach den Verursachern sich als schwierig erweist. – 3. *Bedeutung*: Der Sachverständigenrat für Umweltfragen weist dem Gemeinlastprinzip daher nur eine *Ergänzungsfunktion* zu: Das Gemeinlastprinzip soll nur dann greifen, wenn das Verursacherprinzip aus technischen Gründen nicht umgesetzt werden kann (Informationsprobleme etc.) oder zu politisch unerwünschten Zielkonflikten in anderen Politikbereichen (z.B. Stabilisierungspolitik) führen könnte. – 4. *Instrumente*: a) *Ausgabenseitig*: Ausgaben für Planungs-, Vollzug- und Kontrollmaßnahmen der Umweltverwaltung, Ausgaben für die Errichtung und den Betrieb öffentlicher Umweltschutzeinrichtungen (Klärwerke etc.), direkte Transfers an Private (Zuschüsse an private Haushalte und Unternehmen zur Finanzierung und Verbilligung von Umweltschutzmaßnahmen), z.b. Zinszuschüsse und Bürgschaften (Eventualausgaben). – b) *Einnahmeseitig:* Sonderkonditionen für öffentliche Kredite (Zinsverzichte), Steuervergünstigungen (z.B. § 7d EStG).

Gemeinschaftsaufgaben – 1. *Begriff:* Aufgaben der Bundesländer, an deren Erfüllung der Bund durch Beteiligung an der Rahmenplanung und an der Finanzierung (Mischfinanzierung) mitwirkt, wenn diese Aufgaben für die Gesamtheit bedeutsam sind und wenn dies zur Verbesserung der Lebensverhältnisse erforderlich ist (Art. 91a GG). – 2. *Sachbereiche:* (1) Verbesserung der regionalen Wirtschaftsstruktur (Strukturpolitik), der Bund trägt die Hälfte der Ausgaben; (2) Verbesserung der Agrarstruktur und des Küstenschutzes (Agrarpolitik), der Bund trägt mind. die Hälfte der Ausgaben; (3) bei der Förderung von Einrichtungen und Vorhaben der wissenschaftlichen Forschung außerhalb von Hochschulen, bei Vorhaben der Wissenschaft und Forschung an Hochschulen und bei Forschungsbauten an Hochschulen einschließlich Großgeräte können Bund und Länder bei Vorliegen von überregionaler Bedeutung aufgrund von Vereinbarung zusammenwirken (Art. 91b GG), die Kostentragung erfolgt je nach Vereinbarung. – 3. Trotz Mitwirkung des Bundes bleiben die zu Gemeinschaftsaufgaben erklärten Sachbereiche *Aufgaben der Länder*. Diesem Element des → kooperativen Föderalismus wird häufig der Vorwurf der zur Selbstblockade tendierenden Politikverflechtung gemacht; v.a. die Länder bemängeln eingeengte Gestaltungsspielräume.

Gemeinschaftsteuern – 1. *Begriff:* → Steuern, deren Aufkommen gemäß Grundgesetz Bund und Ländern gemeinsam zustehen: Einkommensteuer, → Körperschaftsteuer, → Umsatzsteuer, → Kapitalertragsteuer. Gemeinschaftsteuern können nach dem → Verbundsystem oder → Zuschlagssystem verteilt werden. – 2. *Arten:* a) Vom Aufkommen der *Lohnsteuer und der veranlagten Einkommensteuer* erhalten Bund und Länder je 42,5 Prozent, von der *Körperschaftsteuer* je 50 Prozent und vom *Zinsabschlag* je 44 Prozent. Der Länderanteil steht dem einzelnen Land insoweit zu, als die Steuern von den Finanzbehörden (→ Finanzverwaltung) in ihrem Gebiet vereinnahmt werden (örtliches Aufkommen, Art. 107 I GG). – b) Die Anteile von Bund und Ländern an der *Umsatzsteuer* (einschließlich Einfuhrumsatzsteuer) werden durch Bundesgesetz festgesetzt (Art. 106 III GG). Sie sind neu festzusetzen, wenn sich das Verhältnis zwischen den Einnahmen und Ausgaben wesentlich anders entwickelt (Art. 106 IV GG; vgl. → Finanzzuweisung). Der Länderanteil steht den einzelnen Ländern nach Maßgabe ihrer Einwohnerzahl zu; ein Teil, höchstens jedoch ein Viertel dieses Länderanteils, kann als Ergänzungsanteil für die Länder vorgesehen werden, deren Einnahmen aus der → Landessteuern und aus der Einkommen- und Körperschaftsteuer je Einwohner unter dem Durchschnitt der Länder liegen (Art. 107 I GG); *derzeitige Aufteilung:* vom Aufkommen der Umsatzsteuer stehen dem Bund vorab 4,45 Prozent (ab 2009) als Ausgleich für die Belastungen aufgrund der Senkung des Beitragssatzes zur Arbeitslosenversicherung zu, und vorab 5,05 Prozent (ab 2008) als Ausgleich für die Belastungen aufgrund eines zusätzlichen Bundeszuschusses an die gesetzliche Rentenversicherung. Vom verbleibenden Aufkommen der Umsatzsteuer stehen den Gemeinden 2,2 Prozent zu (ab 1998). Vom danach verbleibenden Aufkommen der Umsatzsteuer stehen dem Bund 50,5 Prozent und den Ländern 49,5 Prozent zu; jeweils abzüglich eines bestimmten Betrags (in 2009: 2.162.712.000 Euro, § 1 FAG). – 3. *Gemeindeanteil:* Von dem Länderanteil am Gesamtaufkommen der Gemeinschaftsteuern fließt den Gemeinden und Gemeindeverbänden insgesamt ein von der Landesgesetzgebung zu bestimmender Hundertsatz zu. Im Übrigen bestimmen die Landesgesetze, ob und inwieweit das Aufkommen der Landessteuern den Gemeinden (Gemeindeverbänden) zufließt (Art. 106 VII GG). – Außerdem erhalten die Gemeinden einen eigenen Gemeindeanteil am Aufkommen der Einkommensteuer. Ihnen stehen 15 Prozent des Aufkommens an Lohnsteuer und an veranlagter Einkommensteuer sowie 12 Prozent am Zinsabschlag zu (Art 106 III GG i.V. mit § 1 Gemeindefinanzreformgesetz). Der Gemeindeanteil wird nach einem Schlüssel auf die Gemeinden aufgeteilt, der von den Ländern aufgrund der Steuerstatistik (Finanzstatistik) ermittelt wird. Außerdem stehen den Gemeinden seit 1998 2,2 Prozent vom (nach Abzügen im Sinn des § 1 I FAG) verbleibenden Aufkommen der Umsatzsteuer zu. – 4. *Sonderbelastung*: Veranlasst der Bund in einzelnen Ländern oder Gemeinden (Gemeindeverbänden) bes. Einrichtungen, die diesen Ländern oder Gemeinden unmittelbar Mehrausgaben oder Mindereinnahmen verursachen, gewährt der Bund den erforderlichen Ausgleich, wenn und soweit den Ländern oder Gemeinden nicht zugemutet werden kann, die Sonderbelastung zu tragen (Art. 106 VIII GG). – Vgl. auch → Bundessteuern, → Landessteuern, → Gemeindesteuern, → Steuerverbund, → Steuerertragshoheit.

Gesamtbetrag der Einkünfte – Begriff des Einkommensteuerrechts: Zwischengröße bei der Ermittlung des → zu versteuernden Einkommens. Der Gesamtbetrag der Einkünfte ermittelt sich aus der Summe der → Einkünfte aus den einzelnen Einkunftsarten des Steuerpflichtigen, vermindert um den → Altersentlastungsbetrag (§ 24a EStG), den Entlastungsbetrag für Alleinerziehende (§ 24b EStG) und den Abzug für Land- und Forstwirte (§ 13 III EStG). – *Anders:* → Gesamteinkommen.

Gesamteinkommen – zur Berechnung von Beiträgen und zur Ermittlung von Leistungsansprüchen in der Sozialversicherung maßgebender Betrag. Gesamteinkommen ist die Summe der → Einkünfte im Sinn des Einkommensteuerrechts; es umfasst bes. Arbeitsentgelt und Arbeitseinkommen (§ 16 SGB IV). – *Anders:* → Gesamtbetrag der Einkünfte.

Gesellschaftsteuer – *Kapitalverkehrsteuer*; 1. In der *EU*: indirekte Steuer auf die Ansammlung von Kapital, seit 1969 vollständig durch eine EG-Richtlinie harmonisiert, die seit 1985 auch die Möglichkeit vorsieht, die Steuer in einzelnen Mitgliedsstaaten abzuschaffen. Die Gesellschaftsteuer wird in mehreren Mitgliedsstaaten noch erhoben. Steuersatz ist i.d.R. 1 Prozent. Den rechtlichen Rahmen bildet die Kapitalverkehrsteuerrichtlinie der EG von 1969, neugefasst am 12.2.2008 (EG-Amtsblatt L 46/2008). – 2. *Deutschland*: Die im Kapitalverkehrsteuergesetz geregelte Gesellschaftsteuer wurde mit Wirkung vom 1.1.1992 abgeschafft. Aufkommen der Gesellschaftsteuer betrug 1991 (umgerechnet) 294,2 Mio. Euro.

Gewerbebesteuerung – 1. *Entwicklung*: Ursprünglich reine → Realsteuer oder → Ertragsteuer, die geschichtlich auf Zunfttabgaben zurückgeht und mit Einführung der Gewerbefreiheit voll ausgebildet wurde. Mit dem Aufkommen des Grundsatzes der persönlichen Leistungsfähigkeit im Steuersystem (Steuergerechtigkeit, → Leistungsfähigkeitsprinzip) verlor die Gewerbebesteuerung relativ an Bedeutung. – 2. *Charakterisierung*: Eine vollständige, alle Produktionsfaktoren umfassende → Gewerbesteuer versucht, den *Ertrag des Kapitals* in einer Gewerbekapitalertragsteuer, den *Ertrag der Arbeit* in einer Lohnsummensteuer (mit Wirkung für das Veranlagungsjahr 1980 außer Kraft) zu erfassen; vorausgesetzt wird, dass sich die Erträge der Faktoren isolieren lassen; dies ist ein unlösbares Analyseproblem. Daneben wird versucht, den *Gesamtertrag eines Gewerbebetriebes* in einer Gewerbeertragsteuer zu erfassen; dann aber ist jede Einzelfaktorsteuer aus systematischen Gründen überflüssig. – Wird nur eine der Einzelfaktorsteuer, etwa eine Lohnsummensteuer, abgeschafft, liegt eine (allokativ nachteilige) einseitige Kapitalbesteuerung vor bzw. eine Begünstigung des

Faktors Arbeit, z.B. aus beschäftigungspolitischen Gründen. – 3. *Probleme:* a) Abgrenzung des Steuerobjekts „Gewerbebetrieb" sowie des „Gewerbes" und der „gewerblichen Tätigkeit" von jeder anderen Art der selbstständigen wirtschaftlichen und beruflichen Tätigkeit. – b) Die Gewerbesteuer stellt nach dem Anteil an der Lohn- und Einkommensteuer die wesentlichste Einnahmequelle der Gemeinden dar. Wegen der hohen Konjunkturreagibilität der Gewerbeertragsteuer erscheint sie jedoch als → Gemeindesteuer wenig geeignet (→ Gemeindesteuersystem). – c) Sehr unterschiedliche Entwicklung des Aufkommens der Gewerbesteuer von Gemeinde zu Gemeinde. – d) Als Gemeindesteuer versucht man die Gewerbebesteuerung mit der Feststellung zu rechtfertigen, dass Gewerbebetriebe erhöhte Verkehrs- und Sozialkosten von den Gemeinden erfordern (Äquivalenzgedanke); heute jedoch nicht mehr vorbehaltlos akzeptiert, da auch andere Gemeindeleistungen erforderlich sind (Schulen, Krankenhäuser, Aufschließung von Wohngebieten). – e) Ein steuersystematischer Fremdkörper, wie die gesamte → Ertragsbesteuerung, da die Einkommensbesteuerung ausgebaut ist (Doppelbesteuerung des Ertrags). – 4. Immer wieder steht daher eine *grundlegende Reform* der Gewerbebesteuerung zur Diskussion, die über eine Abschaffung der Mängel der geltenden Gewerbesteuer weit hinausreicht (→ Gewerbesteuer). Die vom Wissenschaftlichen Beirat beim Bundesfinanzministerium bereits 1982 vorgeschlagene → Wertschöpfungsteuer z.B. soll nicht allein die Gewerbebetriebe belasten, sondern alle in einer Gemeinde lebenden und arbeitenden Bürger. Damit erweitert sich das Problem der Gewerbebesteuerung zu dem des optimalen → Gemeindesteuersystems.

Gewerbeertrag – 1. *Begriff:* heute alleinige Besteuerungsgrundlage für die → Gewerbesteuer. – 2. *Ermittlung des Gewerbeertrags* (§ 7 GewStG) durch Hinzurechnungen zum (§ 8 GewStG) und Kürzungen (§ 9 GewStG) vom gewerblichen Gewinn, der sich bei Einkommensermittlung für den dem Erhebungszeitraum entsprechenden Veranlagungszeitraum (Kalenderjahr) nach den Vorschriften des Einkommen- bzw. Körperschaftsteuergesetzes ergibt. Gemessen werden soll die Ertragskraft des steuerpflichtigen gewerblichen Betriebes, unabhängig davon, an wen diese Erträge verteilt werden. Bei einem vom Kalenderjahr abweichenden Wirtschaftsjahr ist der Gewinn des Wirtschaftsjahres maßgebend, das in dem Erhebungszeitraum endet.Mit Einführung der Unternehmensteuerreform 2008 wurde die Gewerbesteuer in ihren Grundzügen umfassend geändert. a) *Hinzurechnungen zum gewerblichen Gewinn ab Erhebungszeitraum 2008*, soweit diese Posten bei dessen Ermittlung abgesetzt sind: (1) ein Viertel der Summe aus (a) Zinsen (Entgelte) für Schulden; (b) Renten und dauernde Lasten (ohne Pensionszuzahlungen einer unmittelbar vom Arbeitgeber erteilten Versorgungszusage); (c) Gewinnanteilen des stillen Gesellschafters; (d) 20 Prozent der Miet- und Pachtzinsen einschließlich Leasingraten für die Nutzung von beweglichen Wirtschaftsgütern des Anlagevermögens, die im Fremdeigentum stehen; (e) 65 Prozent der Miet- und Pachtzinsen einschließlich Leasingraten für die Nutzung der unbeweglichen Wirtschaftsgüter des Anlagevermögens, die im Fremdeigentum stehen; (f) 25 Prozent der Aufwendungen für die zeitlich befristete Überlassung von Rechten (insbesondere Konzessionen und Lizenzen). Dies gilt nur soweit die Summe aus a bis e den Betrag von 100.000 Euro übersteigt. – *Weitere Hinzurechnungen:* (2) Gewinnanteile persönlich haftender Gesellschafter einer KGaA auf ihre nicht auf das Grundkapital geleisteten Einlagen oder deren Vergütungen (Tantieme) für die Geschäftsführung; (3) bestimmte steuerfreie Gewinnanteile aus Dividenden, die unter das Halbeinkünfteverfahren (nach § 3 Nr. 40 EStG und § 8b KStG) fallen, nach Verrechnung mit bestimmten Betriebsausgaben; (4) Verlustanteile an einer Personengesellschaft; (5) bei körperschaftsteuerpflichtigen

Gewerbebetrieben die nach § 9 I 2 KStG abzugsfähigen Aufwendungen für z.B. mildtätige oder wissenschaftliche Zwecke; (6) Gewinnminderungen durch gewisse Teilwertabschreibungen oder sonstige Minderungen des Anteils an einer Körperschaft; (7) ausländische Steuern, die nach § 34c EStG bei der Ermittlung der Einkünfte abgezogen werden, soweit sie auf Gewinne entfallen, die bei der Ermittlung des Gewerbeertrags außer Ansatz gelassen oder nach § 9 GewStG gekürzt werden. – b) *Kürzungen: Die Summe aus gewerblichem Gewinn und Hinzurechnungen wird gekürzt um* (1) (a) 1,2 Prozent des Einheitswerts des zum Betriebsvermögen des Unternehmers gehörenden Grundbesitzes (→ Einheitswert), (b) an die Stelle der vorgenannten Kürzung tritt bei Grundstücksunternehmen im Sinn des § 9 Nr. 1 GewStG auf Antrag eine Kürzung um den Teil des Gewerbeertrags, der auf die Grundstücksverwaltung und -verwertung entfällt; ab dem Erhebungszeitraum 2009 gilt die Besonderheit, dass die erweiterte Grundstückskürzung bei Personengesellschaften nur in dem Umfang erfolgen kann, wie die Sondervergütungen auf die Überlassung der Grundstücke entfällt; (2) die bei der Gewinnermittlung angesetzten Anteile am Gewinn einer Personengesellschaft; (3) die bei der Gewinnermittlung angesetzten Anteile am Gewinn einer nicht steuerbefreiten inländischen Kapitalgesellschaft, einer Kreditanstalt des öffentlichen Rechts oder einer Erwerbs- und Wirtschaftsgenossenschaft, an der das Unternehmen zu Beginn des Erhebungszeitraums mind. mit 15 Prozent beteiligt ist (gewerbeertragsteuerliches → Schachtelprivileg); (4) die nach § 8 Nr. 4 GewStG dem Gewerbeertrag einer KGaA hinzugerechneten Gewinnanteile; (5) der Teil des Gewerbeertrags des inländischen Unternehmens, der auf eine nicht im Inland gelegene Betriebsstätte entfällt; (6) Spenden i.S.d. § 10d EStG oder § 9 I 2 KStG, wobei die dort geltenden betragsmäßigen Beschränkungen auch hier anzuwenden sind; (7) (a) die bei der Gewinnermittlung angesetzten Anteile am Gewinn einer ausländischen Tochtergesellschaft, an deren Nennkapital das Unternehmen seit Beginn des Erhebungszeitraums ununterbrochen zu mind. 15 Prozent beteiligt ist und die ihre Bruttoerträge ausschließlich oder fast ausschließlich aus aktiven Tätigkeiten bezieht (→ Schachtelprivileg); (b) das Gleiche gilt auf Antrag für Gewinnanteile, die der Muttergesellschaft aus einer über eine Tochtergesellschaft gehaltenen mittelbaren Beteiligung an einer ausländischen Enkelgesellschaft zufließen (§ 9 Nr. 7 Sätze 2 und 3 GewStG); (8) in bestimmten Fällen die Gewinne aus Anteilen an einer ausländischen Gesellschaft.

Gewerbeertragsteuer – seit 1998 alleinige Form der → Gewerbesteuer. – Vgl. auch → Gewerbebesteuerung, → Gewerbeertrag.

Gewerbekapitalsteuer – durch das Gesetz vom 1.1.1998 aufgehobene Steuer, Gesetz zur Fortsetzung der Unternehmensteuerreform vom 29.10.1997 (BGBl. I 2590). – Vgl. auch Gewerbekapital.

Gewerbesteuer – 1. *Grundsätzliches:* → Gewerbebesteuerung. – 2. *Charakterisierung:* Die Gewerbesteuer ist eine Realsteuer (Objekt-, Sachsteuer). Steuergegenstand ist der Gewerbebetrieb und seine objektive Ertragskraft. Der Gewerbesteuer unterliegt jeder Gewerbebetrieb, der im Inland betrieben wird. Besteuerungsgrundlage ist der → Gewerbeertrag. Hebeberechtigt sind die Gemeinden, die den Steuersatz für die Gewerbesteuer durch Beschluss selbst festlegen. Ist ein Gewerbebetrieb in mehreren Gemeinden aktiv, so wird die Bemessungsgrundlage der Gewerbesteuer durch Zerlegung anteilig auf diejenigen Gemeinden verteilt, in denen der Gewerbebetrieb über eine Betriebsstätte verfügt. Steuerschuldner ist der Inhaber des Gewerbebetriebes. – 3. *Berechnung ab dem Erhebungszeitraum 2008:* a) Der Steuermessbetrag der Gewerbesteuer ist durch Anwendung von Steuermesszahlen auf den Gewerbeertrag zu errechnen. Das Ergebnis gibt die Bemessungsgrundlage für den Erhebungszeitraum

(Kalenderjahr) an: (1) Gewerbeertrag ermitteln. (2) Gewerbeertrag ist auf volle 100 Euro abzurunden und (3) bei natürlichen Personen und Personengesellschaften um einen Freibetrag von 24.500 Euro (§ 11 I Nr. 1 GewStG) zu kürzen. Für einige Unternehmen von juristischen Personen des öffentlichen und privaten Rechts gilt ein Freibetrag von 3.900 Euro (§ 11 I Nr. 2 GewStG). (4) Der so gekürzte Gewerbeertrag ist mit einer Steuermesszahl zu multiplizieren. Die Steuermesszahl beträgt ab dem Erhebungszeitraum 2008 einheitlich 3,5 Prozent für Personen- und Kapitalgesellschaften (§ 11 II GewStG). Bei Hausgewerbebetreibenden und gleichgestellten Personen ermäßigt sich sich die Steuermesszahl auf 56 Prozent. – b) Der Steuermessbetrag wird vom Betriebsfinanzamt durch Steuermessbescheid (sog. Gewerbesteuermessbescheid) festgestellt. Bei mehreren Betriebsstätten eines Gewerbebetriebes in verschiedenen Gemeinden zerlegt das Betriebsfinanzamt den einheitlichen Steuermessbetrag und verteilt ihn durch Zerlegungsbescheid auf die hebeberechtigten Gemeinden (→ Zerlegung). – c) Die Gemeinden errechnen die Gewerbesteuer durch Anwendung des Hebesatzes, dessen Höhe durch die Gemeinden für jedes Rechnungsjahr selbst festgesetzt wird, auf den ihnen zustehenden einheitlichen Steuermessbetrag und erteilen den Gewerbesteuerbescheid. Der Hebesatz muss für alle in einer Gemeinde gleich sein. – 4. *Vorauszahlungen:* Am 15. Februar, 15. Mai, 15. August und 15. November in Höhe eines Viertels der Gewerbesteuer, die sich bei der letzten Veranlagung ergeben haben, sind die Vorauszahlungen vom Steuerschuldner zu leisten. Änderungen der Vorauszahlungen für Körperschaft- und Einkommensteuervorauszahlungen führen zu entsprechenden Änderungen der Steuermessbeträge und schlagen daher auf die Vorauszahlungen der Gewerbesteuer durch. Ferner kann auch die Gemeinde die Vorauszahlungsforderungen an die Gewerbesteuer anpassen, die sich für den laufenden Erhebungszeitraum voraussichtlich ergeben wird; dabei ist sie jedoch an den vom Finanzamt vorgegebenen Steuermessbetrag gebunden (19 GewStG). – 5. *Ertragsteuerliche Behandlung ab dem Veranlagungszeitraum 2008:* Die Gewerbesteuer sowie steuerliche Nebenleistungen sind seit dem Veranlagungszeitraum 2008 nicht mehr als Betriebsausgabe abzugsfähig. Dennoch kann bei der Einkommensteuerberechnung eine pauschale Anrechnung der Gewerbesteuer auf die zu zahlende Einkommensteuer (§ 35 EStG) erfolgen. – 6. *Finanzwissenschaftliche Beurteilung:* a) *Einordnung:* Die Gewerbesteuer ist eine → Gemeindesteuer. Trotz → Gewerbesteuerumlage ist die Gewerbesteuer die tragende Säule des kommunalen Finanzsystems geblieben. – b) *Kritik:* Die Gewerbesteuer ist die meistkritisierte Steuer des Steuersystems, da beispielsweise wertschöpfende Sektoren werden *nur selektiv* erfasst, z.B. bleiben die Land- und Forstwirtschaft und die freien Berufe steuerfrei. (3) Das Aufkommen an Gewerbesteuer ist *regional äußerst unterschiedlich;* es führt zu hohem Aufkommen in industriellen Ballungsgebieten. (4) Die Gewerbesteuer führt zu *Wettbewerbsnachteilen* im Außenhandel gegenüber jenen Ländern, die keine Gewerbesteuer kennen; ein Grenzausgleich wie in der Mehrwertsteuer findet nicht statt. (5) Die große *Konjunkturempfindlichkeit* der Gewerbesteuer ist für die Gemeinden ein fiskalischer Nachteil. – c) *Reform:* Für die Akzeptanz der unterschiedlichen Reformmodelle gilt die Hebesatzautonomie als conditio sine qua non. Weitere wesentliche Punkte bilden die Kriterien für ein „optimales" → Gemeindesteuersystem. Seit dem 1.1.1998 sind die Gemeinden am Aufkommen der Umsatzsteuer beteiligt (→ Gemeinschaftsteuern). – *Angedachte Reformmodelle:* (1) *Wertschöpfungsteuer:* Der → Wertschöpfungsteuer gelingt die breiteste Lastverteilung; sie ist relativ konjunkturunempfindlich; wegen des niedrigen Steuersatzes (2 bis 3 Prozent) ist sie nicht sonderlich merklich. (2) *Gemeindeaufschlag auf Lohn- und Einkommensteuer:* hohe Merklichkeit, zugleich ist der Kreis der

Belasteten gegenüber der heutigen Gewerbesteuer erweitert. (3) Eine *Kombination der Modelle* kann die jeweiligen Vorteile miteinander verbinden und zusammen mit dem Hebesatzrecht der Gemeinden die Finanzierung der Gemeindeleistungen und die Beteiligung der Bürger daran transparenter machen. Eine „Revitalisierung" der Gewerbesteuer oder ihre „Anrechnung" auf andere, von den Betrieben zu zahlende Steuerarten kann die Nachteile der Gewerbesteuer nicht beheben. – 8. *Aufkommen* (bis 1979 einschließlich Lohnsummensteuer; bis 1997 einschließlich Gewerbekapitalsteuer): 32,4 Mrd. Euro (2009), 41,1 Mrd. Euro (2008), 40,1 Mrd. Euro (2007), 38,4 Mrd. Euro (2006), 35,1 Mrd. Euro (2005), 28,5 Mrd. Euro (2004), 24.139 Mio. Euro (2003), 23.489,3 Mio. Euro (2002), 24.533,4 Mio. Euro (2001), 27.025,5 Mio. Euro (2000), 21.551,9 Mio. Euro (1995), 19.835,9 Mio. Euro (1990), 15.727 Mio. Euro (1985), 13.851 Mio. Euro (1980), 9.151 Mio. Euro (1975), 5.485 Mio. Euro (1970), 4.781 Mio. Euro (1965), 3.467 Mio. Euro (1960), 1.682 Mio. Euro (1955), 533 Mio Euro (1950).

Gewerbesteuerreform → Gewerbesteuer.

Gewerbesteuer-Rückstellung – 1. *Begriff*: Bei ordnungsmäßiger Buchführung zulässige Rückstellung für noch nicht fällige, das abgelaufene Wirtschaftsjahr belastende → Gewerbesteuer. – 2. *Abzugsfähigkeit*: Die Gewerbesteuer sowie steuerliche Nebenleistungen hierauf stellen ab dem Jahr 2008 keine Betriebsausgaben mehr dar. In der Handelsbilanz ist die Gewerbesteuer weiterhin als Betriebsausgabe zu behandeln und zu buchen. In diesem Bereich ist auch weiterhin eine Gewerbesteuer-Rückstellung zu passivieren. Steuerlich sind die handelsrechtlich berücksichtigten Aufwendungen bzw. Erträge aus der Gewerbesteuer außerbilanziell zu korrigieren. – 3. *Berechnung*: Die Gewerbesteuerrückstellung ermittelt sich aus dem auf volle 100 Euro abgerundeten Gewerbeertrag nach ggf. Abzug eines Freibetrags, multipliziert mit der einheitlichen Steuermesszahl von 3,5 Prozent (ab dem Erhebungszeitraum 2008) sowie dem Hebesatz der jeweiligen Gemeinde. Ist der einheitliche Gewerbesteuermessbetrag auf Gemeinden mit unterschiedlichen Hebesätzen zu zerlegen (§ 28 GewStG), ist die Gewerbesteuerrückstellung in der Handelsbilanz nach dem gewogenen Durchschnitt der in Betracht kommenden Hebesätze zu ermitteln. Die Gewerbesteuer-Rückstellung ist in Höhe der Differenz zwischen der Nettobelastung der voraussichtlich geschuldeten Gewerbesteuer und den geleisteten Vorauszahlungen anzusetzen. – 4. *Auflösung der Gewerbesteuerrückstellung*: Die Gewerbesteuerrückstellung bleibt bis zur Bezahlung der betreffenden Gewerbesteuer in der Handelsbilanz passiviert. Erst bei Bezahlung wird die Rückstellung aufgelöst. Ist die tatsächliche Gewerbesteuerzahllast höher als der zurückgestellte Gewerbesteueraufwand, entsteht in Höhe des Unterschiedsbetrags zwischen der zu zahlenden Gewerbesteuer und der bisher zurückgestellten Gewerbesteuer ein Gewerbesteueraufwand, der in der Handelsbilanz gewinnmindernd zu berücksichtigen ist. Für die Ermittlung des zu versteuernden Einkommens ist er außerbilanzmäßig hinzuzurechnen. Wurde mehr Gewerbesteuer zurückgestellt als tatsächlich zu zahlen ist, ist der zuviel zurückgestellte Betrag in der Handelsbilanz gewinnerhöhend aufzulösen. Der zu versteuernde Gewerbeertrag bleibt unberührt. – 5. Bis einschließlich zum Erhebungszeitraum 2007 war die Gewerbesteuer als → Betriebsausgabe abzugsfähig und minderte damit ihre eigene Bemessungsgrundlage und damit die Gewerbesteuer selbst. Diese Tatsache war bei der Ermittlung der Gewerbesteuer-Rückstellung entsprechend zu berücksichtigen. Daher wurden folgen *Ermittlungsmethoden* angewendet: a) Nach der *Fünf-Sechstel-Methode* wurde die Nettobelastung näherungsweise dadurch ermittelt, dass die Gewerbesteuer mit fünf Sechsteln des Betrages der Gewerbesteuer angesetzt wurde, der sich ohne Berücksichtigung der Gewerbesteuer als Betriebsausgabe ergab. – b) Nach der *Divisor-Methode* ermittelte sich die Gewerbesteuer durch Anwendung eines Divisors auf den Gewerbesteuerbetrag, der sich ohne Berücksichtigung der Abzugsfähigkeit der Gewerbesteuer ergab. Der Divisor errechnete sich nach folgender Formel: Divisor = 1 + ((Messzahl · Hebesatz) / 10.000). Bei Anwendung des gewerbeertragsteuerlichen Staffeltarifs waren verschiedene Divisoren auf entsprechende Teilbeträge anzuwenden. – c) Die verschiedenen *mathematisch exakten Methoden* (i.d.R. Iterationsverfahren) wiesen die Nettobelastung zutreffend aus. Seit dem Erhebungszeitraum 2008 ist die Gewerbesteuer nicht mehr von ihrer eigenen Bemessungsgrundlage abzugsfähig, sodass die vorgenannten Berechnungsmethoden insoweit keine Anwendung mehr finden.

Gewerbesteuerumlage – Umlage zur Beteiligung von Bund und Ländern am Aufkommen der → Gewerbesteuer (Art. 106 VI GG); die Berechnung und Aufteilung zwischen Bund und Länder wird durch § 6 Gemeindefinanzreformgesetz bestimmt. Die Gewerbesteuerumlage ist der „finanzpolitische Preis" für die Beteilung der Gemeinden an der Einkommensteuer, um die Mindereinnahmen des Bundes und der Länder auszugleichen. Die Gemeinden erhalten 15 Prozent des im Gebiet ihres Landes anfallenden Aufkommens an Lohn- und veranlagter Einkommensteuer (Art. 106 V GG). – *Bedeutung*: Die Gewerbesteuerumlage ist eine Maßnahme der Steuerstrukturverbesserung für die Gemeinden, um hebesatz- und aufkommensbedingte Gewerbesteuerunterschiede auszugleichen und die Gemeinden insgesamt von der einseitigen Orientierung auf die Ertragsteuern (gelten als sehr konjunkturreagibel) teilweise zu befreien, zugunsten einer Beteiligung an der stetiger fließenden Einkommensteuer.

Gewinnsteuern → Ertragsbesteuerung.

Gliedsteuer → mehrgliedrige Steuer.

Grenzen der Besteuerung – möglicher (maximaler) Grad der Ausschöpfung einer einzelnen Steuerquelle bzw. der fiskalischen Ergiebigkeit eines gesamten Steuersystems. – 1. *Rein ökonomische Grenzen der Besteuerung*: Vom Nationaleinkommen ausgehend soll langfristig eine Substanzbesteuerung (→ Substanzsteuern) ausgeschlossen werden. Eine zunehmend progressive Einkommensbesteuerung kann das Arbeitsangebot der Wirtschaftssubjekte mindern, eine hohe Gewinnbesteuerung kann das Investitionsverhalten der Unternehmen negativ beeinflussen. – 2. *Ordnungspolitische Grenzen der Besteuerung*: Sie liegt in einem marktwirtschaftlichen System deutlich unter der ökonomisch ermittelten Grenze (→ Steuerquote). – 3. *Wirtschaftspolitische Grenzen der Besteuerung*: Wachstums- (d.h. kapitalbildungs-) und konjunkturpolitische Ziele (Flexibilität des Steueraufkommens) begrenzen das Ausmaß des steuerlichen Eingriffs. Um bei wirtschaftspolitischer Zielvorgabe der Besteuerung trotzdem ein Maximum an Einnahmen zu erzielen, muss der Gesetzgeber die psychologischen Grenzen der Besteuerung berücksichtigen. – 4. *Psychologische Grenzen der Besteuerung*: Diese sind vielfältig und zeigen sich in jeglichem legalen und illegalen Steuerwiderstand (Steuerabwehr, -hinterziehung, -flucht), der sich sogar in Steuerrevolten äußern kann. Um solche Reaktionen zu vermeiden, sollte die Steuertechnik entsprechend verständlich und ausgefeilt sein und möglichst den herrschenden Gerechtigkeitsvorstellungen entsprechen. – Vgl. auch → Steuereinmaleins, → Laffer-Kurve, → Steuerwirkungen.

Grenzen der Staatsverschuldung → Verschuldungsgrenzen.

Grenzsteuersatz – gibt die Erhöhung der Steuerbelastung (in Prozent) an, die infolge einer Erhöhung des bisherigen steuerbaren Tatbestands (→ Bemessungsgrundlage) um eine zusätzliche Einheit resultiert. – Vgl. auch → Durchschnittssteuersatz, → Steuertariftypen.

Grundbetrag – eine bei der Berechnung der → Schlüsselzuweisungen im kommunalen Finanzausgleich verwendete Größe, deren Höhe iterativ so gewählt wird, dass sich aus ihrer Multiplikation mit der Summe aller → Ausgleichsmesszahlen der insgesamt vom Land für Schlüsselzuweisungen bereitgestellte Betrag (Schlüsselmasse) ergibt.

Grunderwerbsteuer → Verkehrsteuer, die erhoben wird, wenn die rechtliche oder wirtschaftliche Verfügungsmacht an einem inländischen Grundstück übergeht. – 1. *Rechtsgrundlage:* GrEStG i.d.F. vom 26.2.1997 (BGBl. I 418, ber. 1804) m.spät.Änd. – 2. *Steuerbare Vorgänge* (§ 1 I–III GrEStG): Hauptfall ist der Abschluss eines Kaufvertrages über ein inländisches Grundstück. Daneben unterliegen zahlreiche weitere tatsächliche und rechtliche Vorgänge der Grunderwerbsteuer, die eine Steuervermeidung verhindern sollen, z.B. unter bestimmten Voraussetzungen die Übertragung von Anteilen an einer Gesellschaft, zu deren Vermögen ein inländisches Grundstück gehört. – 3. *Steuerbefreiungen:* (§ 3 Nr. 1–8 GrEStG): (1) Erwerbe, deren Wert weniger als 2.500 Euro (→ Freigrenze) beträgt; (2) Schenkungen und Erwerbe von Todes wegen; (3) Erwerb eines zum Nachlass gehörenden Grundstücks durch Miterben zur Teilung des Nachlasses; (4) Erwerbe durch Ehegatten; (5) Erwerbe durch früheren Ehegatten im Rahmen der Vermögensauseinandersetzung nach Scheidung; (6) Erwerb durch Verwandte in gerader Linie, Stiefkinder sowie deren Ehegatten; (7) der Erwerb eines zum Gesamtgut gehörenden Grundstücks durch Teilnehmer an einer fortgesetzten Gütergemeinschaft zur Teilung des Gesamtguts; (8) Grundstücksrückerwerbe durch Treugeber. – 4. *Steuerberechnung:* a) *Bemessungsgrundlage:* Wert der Gegenleistung; in bestimmten Fällen der Bedarfswert (§ 8 GrEStG). – b) *Steuersatz:* 3,5 Prozent (§ 11 I GrEStG). Seit dem 1.9.2006 dürfen die Bundesländer den Steuersatz selbst festlegen. So beträgt der Steuersatz in Berlin seit dem 1.1.2007 4,5 Prozent.– 5. *Steuerschuldner:* Steuerschuldner sind regelmäßig die an einem Erwerbsvorgang beteiligten Personen (§ 13 GrEStG) als Gesamtschuldner (§ 44 I AO). – Zum *Entstehungszeitpunkt* der Grunderwerbsteuer vgl. Steuerschuld. – 6. *Verfahren:* Für grunderwerbsteuerbare Vorgänge besteht grundsätzlich Anzeigepflicht. Damit wird dem zuständigen Finanzamt ermöglicht, durch einen Steuerbescheid die Grunderwerbsteuer festzusetzen. I.d.R. wird die Steuer einen Monat nach dessen Bekanntgabe fällig (§ 15 GrEStG). – 7. *Aufkommen:* 6.952 Mio. Euro (2007), 6.125 Mio. Euro (2006), 4.840 Mio. Euro (2003), 4.837,7 Mio. Euro (2002), 5.014,7 Mio. Euro (2001), 5.241 Mio. Euro (2000), 3.253,2 Mio. Euro (1995), 2.154,4 Mio. Euro (1990), 1.562 Mio. Euro (1985), 1.201 Mio. Euro (1980), 770 Mio. Euro (1975), 539 Mio. Euro (1970), 347 Mio. Euro (1965), 189 Mio. Euro (1960), 104 Mio. Euro (1955), 43 Mio Euro (1950).

Grundsätze der Besteuerung → Besteuerungsprinzipien.

Grundsteuer – erhoben als → Realsteuer mit dem Charakter einer → Substanzsteuer auf landwirtschaftliche, gewerbliche und Wohn-Grundstücken.

I. Rechtsgrundlagen: Grundsteuergesetz (GrStG) vom 7.8.1973 (BGBl. I 965) m.spät. Änd.

II. Steuergegenstand: der Grundbesitz, also Betriebe der Land- und Forstwirtschaft, Grundstücke und Betriebsgrundstücke (§ 2 GrStG). – *Befreit* sind u.a. Grundbesitz der öffentlichen Hand, Grundbesitz, der vom Bundeseisenbahnvermögen für Verwaltungszwecke genutzt wird, von Religionsgemeinschaften und Grundbesitz, der unmittelbar gemeinnützigen oder mildtätigen Zwecken oder den Zwecken der Wissenschaft, der Erziehung, des Unterrichts oder dem Zweck eines Krankenanstalt dient (§ 3 GrStG). Weitere Befreiungen gemäß § 4 GrStG. Die unter bestimmten Umständen gewährte Befreiung neu geschaffener

Wohnungen in den neuen Bundesländern gemäß § 43 GrStG lief am 31.12.2001 aus.

III. **Steuerschuldner:** der wirtschaftliche Eigentümer des Steuergegenstandes bzw. bei Erbbaurechten der Inhaber dieses Rechts für die Grundsteuer auf das belastete Grundstück. Bei mehreren wirtschaftlichen Eigentümern sind diese Gesamtschuldner (§ 10 GrStG). – Sekundär haften ggf. der Nießbraucher und i.d.R. – zeitlich begrenzt – der Erwerber (§ 11 GrStG). Der Steuergegenstand haftet dinglich; Steuerforderungen der Steuerbehörde können ohne weiteren Titel im Wege der Zwangsvollstreckung beigetrieben werden.

IV. **Steuerberechnung:** 1. *Bemessungsgrundlage* ist der gemäß BewG für den Steuergegenstand festgestellte → Einheitswert zu Beginn des jeweiligen Kalenderjahres, in den neuen Bundesländern auch der Einheitswert des Jahres 1935, die Wohn- oder die Nutzfläche (§§ 41, 42 GrStG). – 2. Ermittlung des Steuermessbetrages durch Anwendung eines Tausendsatzes (*Steuermesszahl;* § 13 GrStG) auf den Einheitswert oder seinen steuerpflichtigen Teil. Die Steuermesszahlen betragen: (1) allg.: 3,5 Promille (§ 15 GrStG); (2) für Betriebe der Land- und Forstwirtschaft 6 Promille; (3) für Einfamilienhäuser 2,6 Promille für die ersten 38.346,89 Euro, 3,5 Promille für den Rest des Einheitswertes oder seinen steuerpflichtigen Teil; (4) für Zweifamilienhäuser 3,1 Promille. Bei Bemessung der Steuer nach der Wohn- oder Nutzfläche (in den neuen Bundesländern als Ersatzbemessungsgrundlage denkbar, s.o.) beträgt die Steuer bei einem Hebesatz von 300 Prozent für bestimmte Wohnungen 1 Euro/m, für andere 0,75 Euro/m^2 (§ 42 GrStG). Bei anderen Hebesätzen entsprechende Anpassung der Beträge. – 3. Ermittlung der Grundsteuer durch Anwendung eines → Hebesatzes auf den Steuermessbetrag, der von einer Gemeinde für die in ihrem Gebiet liegenden land- und forstwirtschaftlichen Betriebe (*Grundsteuer A*) und die dort liegenden Grundstücke (*Grundsteuer B*) festzusetzen ist (§ 25 GrStG). – 4. *Grundsteuererlass:* Die Grundsteuer wird wegen wesentlicher Ertragsminderung teilweise erlassen, wenn bei Betrieben der Land- und Forstwirtschaft und bei bebauten Grundstücken der normale Rohertrag um mehr als 50 Prozent gemindert ist (ohne Verschulden des Eigentümers): In diesem Fall wird die Grundsteuer in Höhe von 25 Prozent erlassen. Beträgt die Minderung des normalen Rohertrags 100 Prozent, ist die Grundsteuer in Höhe von 50 Prozent zu erlassen (§ 33 GrStG). Der Erlassantrag ist an die Gemeinde bis zum 31. März des Folgejahres zu stellen. Nach aktueller Auffassung des Bundesverwaltungsgerichts ist ein Erlass auch bei dauerhaftem, strukturellem Leerstand möglich mit Ausnahme, dass der Eigentümer den Leerstand selbst zu verantworten hat. Die Grundsteuer kann auch erlassen werden für Kulturgüter und Grünanlagen (§ 32 GrStG).

V. **Verfahren:** 1. Der Steuermessbetrag wird vom Lagefinanzamt (§§ 18, 22 AO) durch *Steuermessbescheid* festgestellt. Er gilt von dem Kalenderjahr an, das zwei Jahre nach dem Hauptfeststellungszeitpunkt beginnt (§ 16 GrStG), grundsätzlich sechs Jahre; in der Zwischenzeit ist anknüpfend an fortgeschriebenen oder nachfestgestellten Einheitswert *Neu- oder Nachveranlagung* möglich. – 2. Nach Mitteilung des Steuermessbetrages setzt die zuständige Gemeinde die Grundsteuer durch *Steuerbescheid* fest. – 3. *Entrichtung* (§ 28 GrStG): vierteljährlich jeweils am 15. Februar, 15. Mai, 15. August und 15. November; Sonderregeln für Kleinbeträge bis zu 30 Euro oder auf Antrag des Steuerschuldners. – Bis zur Bekanntgabe eines neuen Steuerbescheides sind zu den bisher maßgebenden Zahlungszeitpunkten *Vorauszahlungen* unter Zugrundelegung der zuletzt festgesetzten Jahressteuerschuld zu entrichten (§ 29 GrStG); nach Bekanntgabe eines neuen Bescheids werden diese abgerechnet (§ 30 GrStG). – 4. *Erlass:* Grundsteuererlass.

VI. Finanzwissenschaftliche Beurteilung: 1. *Uneinheitlichkeit in der Steuerart:* a) Die Grundsteuer ist eine Art *Sondervermögensteuer* auf den Grundbesitz. - b) Ist sie für die Grundstücke der Betriebe und des Grundvermögens im Wohnungswesen eine echte Grundsteuer, so ist sie für die Land- und Forstwirtschaft demgegenüber eine *Gesamtbetriebsteuer,* fast in einer Art Gewerbesteuer. Sie erfasst Wohnungswert und Wirtschaftswert. - 2. *Steuertechnik* (kompliziert): a) Die zunächst erfolgende *Bildung der* → Einheitswerte ist für die Grundvermögensarten und Grundstücke unterschiedlich: (1) Für land- und forstwirtschaftliche Betriebe wird der Wirtschaftswert (§ 46 BewG) als Ertragswert ermittelt, der Wohnungswert nach den Bewertungsgrößen für Wohngrundstücke minus einem Abschlag von 15 Prozent (§ 47 BewG). (2) Beim Grundvermögen des Wohnungswesens werden unbebaute Grundstücke mit dem gemeinen Wert angesetzt, bebaute Grundstücke nach dem Sachwertverfahren oder Ertragswertverfahren bewertet (§ 76 BewG). In letzterem wird die „Jahresrohmiete" mit bestimmten „Vervielfältigern" multipliziert, die nach Gemeindegröße, Bauausführung, Bauart, Grundstücksart und Baujahr äußerst differenziert gestaffelt sind und zwischen den Extremen 4,5 und 13,5 liegen. (3) Betriebsgrundstücke sind nach den Bewertungsregeln zu bewerten, Fabrikgebäude nach dem Sachwertverfahren. - b) *Verwendung willkürlich gebildeter „Steuermesszahlen":* §§ 13-15 GrStG. - 3. *Generelle Unterbewertung des Grundvermögens und spezielle Unterbewertung für die land- und forstwirtschaftlichen Betriebe:* a) Noch heute werden die 1964 errechneten *Einheitswerte* angesetzt (in den neuen Bundesländern sogar Anwendung der 1935 berechneten Einheitswerte). Der 1974 verfügte Aufschlag von 40 Prozent auf die Werte von 1964 gilt für die Vermögens- und die Erbschaftsbesteuerung, nicht aber für die Grundsteuer. Diese Bevorzugung des Grundvermögens vor anderen Vermögensarten gilt als nicht allokationsneutral und hat die bekannte „Flucht ins Betongold" hervorgerufen. - b) Darüber hinaus erfolgt eine *Bevorzugung der Land- und Forstwirtschaft:* (1) Durch den 15-prozentigen Abschlag auf den Wohnwert und (2) durch das Festhalten an den Bodenwertschätzungen von 1934 für den Anbauboden; demnach liegen die für die steuerliche Bewertung maßgeblichen Reinerträge bei nur ca. 10 Prozent der Verkehrswerte. - 4. *Wohnungsbaupolitisch* motiviert ist die Begünstigung der Ein- und Zweifamilienhäuser durch Ansatz niedrigerer Steuermesszahlen. - 5. Das *Verteilungsziel* dürfte verletzt sein, wenn die Eigentümer der begünstigten Ein- und Zweifamilienhäuser den einkommensstarken Schichten angehören. - 6. Die Grundsteuer ist weitgehend eine → Sollertragsbesteuerung: a) Bei bebauten Grundstücken wird (1) die Sollmiete statt der tatsächlich erzielten angesetzt und (2) ein Vervielfältiger verwendet, der die Grundstücke unabhängig von den erzielten Mieten klassifiziert. - b) Beim Sachwertverfahren gibt es ebenfalls normierte Berechnungen und Pauschalierungen. - 7. Eine *Steuerhäufung* ergibt sich durch die gleichzeitige Belastung von Vermögen und dessen Erträgen mit Grundsteuer und Einkommensteuer. - 8. Als *Gemeindesteuer* ist die Grundsteuer geeignet (→ Gemeindesteuersystem): (1) sie ist kaum konjunkturreagibel; (2) sie ist eine örtlich radizierbare Steuer; (3) sie ist merklich und kann daher eine unmittelbare Beziehung zwischen Steuerzahler und Gemeinde herstellen; (4) zur Hebesatzautonomie: → Gewerbebesteuerung und → Gewerbesteuer; (5) fiskalisch ist die Grundsteuer wegen der vielfältigen Unterbewertungen nicht sonderlich ergiebig; sie erbringt durchschnittlich 15 Prozent der → Gemeindesteuern i.w.S. - 9. *Reform:* a) Sobald eine → Wertschöpfungsteuer eingeführt werden sollte, wird die Grundsteuer abgeschafft. - b) Für eine weiter bestehende Grundsteuer ist die stets verlangte und verschleppte *Neubewertung* des gesamten Grundvermögens unabdingbar; ihre Realisierung dürfte an den politischen Widerständen und verwaltungstechnischen Schwierigkeiten vermutlich scheitern.

VII. Aufkommen: 10.602 Mio. Euro (2006), 9.658 Mio. Euro (2003), 9.261 Mio. Euro (2002), 9.075,8 Mio. Euro (2001), 8.848,9 Mio. Euro (2000), 7.027,2 Mio. Euro (1995), 4.460,3 Mio. Euro (1990), 3.765 Mio. Euro (1985), 2.967 Mio. Euro (1980), 2.122 Mio. Euro (1975), 1.372 Mio. Euro (1970), 1.079 Mio. Euro (1965), 834 Mio. Euro (1960), 704 Mio. Euro (1955), 598 Mio Euro (1950).

Grundsteuer C → Baulandsteuer.

Gruppierungsplan – 1. *Begriff:* Teil der 1969 eingeführten neuen Systematik der öffentlichen Haushaltspläne (→ Haushaltssystematik) neben dem → Funktionenplan. Der Gruppierungsplan gliedert die Einnahmen und Ausgaben einzelner Titel nach ökonomischen Gesichtspunkten; eine Gruppierungskennziffer ermöglicht es, jeden Ansatz im → Haushaltsplan dem Gruppierungsplan zuzuweisen. Allgemein gliedert sich der Gruppierungsplan in Hauptgruppen, Obergruppen und Gruppen. – 2. *Gliederungskennziffern:* 0 Einnahmen aus Steuern und steuerähnlichen Abgaben sowie EU-Eigenmittel (Bsp. Gemeinschaftssteuern); 1 Verwaltungseinnahmen, Einnahmen aus Schuldendienst und dergleichen (Bsp. Verwaltungseinnahmen wie Gebühren); 2 Einnahmen aus Zuweisungen und Zuschüssen mit Ausnahme für Investitionen (Bsp. Schuldendiensthilfe aus dem öffentlichen Breich); 3 Einnahmen aus Schuldenaufnahmen, aus Zuweisungen und Zuschüssen für Investitionen, bes. Finanzierungseinnahmen (Bsp. Schuldenaufnahme am Kreditmarkt); 4 Personalausgaben (Bsp. Ausgaben für Abgeordnete und ehrenamtlich Tätige); 5 sächliche Verwaltungsausgaben, militärische Beschaffungen etc., Ausgaben für Schuldendienst (Bsp. Tilgungsausgaben am Kreditmarkt); 6 Ausgaben für Zuweisungen und Zuschüsse mit Ausnahme für Investitionen (Bsp. Schuldendiensthilfe an öffentlichen Bereich); 7 Baumaßnahmen; 8 sonstige Ausgaben für Investitionen und Investitionsförderungsmaßnahmen (Bsp. Erwerb von beweglichen Sachen); 9 bes. Finanzierungsausgaben (Bsp. Globale Mehr-und Minderausgaben) – 3. Von bes. *Bedeutung* für die → volkswirtschaftliche Lenkungsfunktion: nach den Kriterien der Volkswirtschaftlichen Gesamtrechnung (VGR) ist es möglich, den Haushalt z.B. nach seinen konjunkturellen Impulsen bzw. allg. nach seinen Wirkungen auf volkswirtschaftliche Aggregate hin zu untersuchen. – Vgl. auch → Gruppierungsübersicht.

Gruppierungsübersicht – eine nach dem → Gruppierungsplan aufgebaute Übersicht über Einnahmen, Ausgaben und → Verpflichtungsermächtigungen eines Haushaltsjahres, die dem → Haushaltsplan als Anlage beizufügen ist. Gruppierungsübersicht und → Funktionenübersicht bilden den → Haushaltsquerschnitt.

Haavelmo-Schneider-Theorem – 1. *Lehrsatz* von Haavelmo-Schneider, der einen Wert des Staatsausgabenmultiplikators von Eins im Multiplikatormodell nachweist, wenn die Erhöhung der Staatsausgaben durch einen Anstieg des Steuersatzes und der Steuereinnahmen finanziert wird. In diesem Fall bleiben der Budgetsaldo des Staates, das verfügbare Einkommen der Haushalte sowie deren Ersparnis unverändert. – 2. Als Kritik am Multiplikatoransatz werden verschiedene Aspekte geäußert: (a) Vernachlässigung der personell und funktionell unterschiedlichen Konsumquoten; (b) Flexibilität der Löhne, Preise und Zinsen mittel- bis langfristig; (c) Abhängigkeit der laufenden Konsumausgaben vom aktuellen Einkommen mit einer marginalen Konsumquote zwischen Null und Eins (absolute Einkommenshypothese; *Gegenteil:* permanente Einkommenshypothese; Lebenszyklus-Hypothese); (d) Vernachlässigung von Vermögens- und Kapazitätseffekten im Rahmen der kurzfristigen Analyse.

Hauptentschädigung – wichtigste Ausgleichsleistung des → Lastenausgleichs. – 1. Abgeltung für erlittene *Vermögensverluste:* Vertreibungsschäden, Kriegssachschäden und Ostschäden an Wirtschaftsgütern, die zum land- und forstwirtschaftlichen Vermögen, Grund- oder Betriebsvermögen gehören sowie an Gegenständen, die für die Berufsausübung oder für die wissenschaftliche Forschung erforderlich sind; Vertreibungs- und Ostschäden an Reichsmarkspareinlagen u.Ä., soweit keine Entschädigung im Währungsausgleich für Spareinlagen gewährt wurde; Vertreibungsschäden an literarischen und künstlerischen Urheberrechten sowie Lizenzen u.Ä. und Zonenschäden. – *Ausnahme:* Hausratentschädigung. – 2. Aufgrund einer Schadenfeststellung wurden die Geschädigten in *Schadensgruppen* eingestuft. – 3. *Höhe der Hauptentschädigung:* Grundbetrag, der einer der 21 Schadensgruppe entspricht, in die der Entschädigungsberechtigte eingereiht worden ist; gemäß § 246 LAG festgesetzt. – Geschädigte mit weniger als 50 Prozent Vermögensverlust erhielten keine Hauptentschädigung. – 4. *Erfüllung* der Ansprüche auf Hauptentschädigung vom 1.4.1957 bis 31.3.1979 in Form von Barleistung, Schuldverschreibungen und Eintragung in das Bundesschuldbuch. Auszahlung nach Dringlichkeitsstufen; bevorzugt sind soziale Notstände, hohes Lebensalter, Nachentrichtungen freiwilliger Beiträge zu gesetzlichen Rentenversicherungen, Fälle neuer Eigentumsbildung für Einheitswert-Vermögen, Begründung oder Festigung wirtschaftlicher Selbstständigkeit.

Haushaltsausgleich – der nach Art. 110 I GG vorgesehene Ausgleich des Haushaltsplanes „in Einnahme und Ausgabe", d.h. Ausgleich der mit Zahlungen verbundenen Einnahme- und Ausgabeposten (Ausgleich aus formeller sowie materieller Sicht). – Vgl. auch → Haushaltsplan. – Eine bewusste *Unterdeckung* (→ Deficit Spending) gemäß Stabilitätsgesetz ist erlaubt, muss aber mit realisierbaren Kreditbeschaffungsmöglichkeiten, nicht mit nur fiktiven Einnahmeposten, verbunden sein.

Haushaltsbesteuerung – I. Allgemein: 1. *Haushaltsbesteuerung i.w.S.* (kreislauftheoretisches Begriffsverständnis): a) *Begriff:* Besteuerung der im persönlichen Bereich des wirtschaftenden Menschen realisierten Steuertatbestände, die eine bes. Leistungsfähigkeit ausdrücken. Die Besteuerung der Organisationsgebilde „privater Haushalt" steht im Gegensatz und in Ergänzung zur objektiven → Unternehmensbesteuerung, die die Steuertatbestände in jenen Organisationsgebilden aufsucht, die der Kombination produktiver Faktoren dienen und die Ertragsfähigkeit dieser Organisationen ausdrücken. Private Haushalte sind diejenigen Kreislaufaggregate, denen die in den Unternehmen entstandenen Erträge als Einkommen zugehen (Einkommensentstehungsstrom des Kreislaufs). – b) Erhebung von → Personensteuern: Lohn- und Einkommensteuer, Kirchensteuer, Erbschaft- und Schenkungsteuer; das → Leistungsfähigkeitsprinzip lässt sich aber auch in der Besteuerung der Einkommensverwendung realisieren, weshalb auch die „persönliche → Ausgabensteuer" zu den Personensteuern zählt. – 2. *Haushaltsbesteuerung i.e.S.* (veranlagungstechnisches Begriffsverständnis): Gemeinsame Veranlagung aller Leistungsfähigkeitsindikatoren der gesamten Familie und aller in einem Haushalt zusammenlebenden Personen oder weniger umfassend die Zusammenveranlagung der Ehegatten. Daneben steht die Individualbesteuerung bzw. -veranlagung, bei der jedes Mitglied eines Haushalts getrennt von den anderen veranlagt und besteuert wird.

II. Haushaltsbesteuerung in der Bundesrepublik Deutschland: 1. *Begriff*: Besteuerung von Ehegatten und von Eltern und steuerlich zu berücksichtigenden Kindern als Gemeinschaft. – 2. Die Haushaltsbesteuerung von *Ehegatten* erfolgt bei der *Einkommensteuer* nach § 26 EStG durch Zusammenveranlagung, wenn beide Ehegatten diese wählen oder keine Erklärung abgeben. Die Steuerprogression, die durch die Zusammenrechnung der Einkünfte beider Ehegatten entsteht, ist durch die bes. Gestaltung des Einkommensteuertarifs gemildert (→ Splitting-Verfahren).

Haushaltsfreibetrag – Begriff des Einkommensteuerrechts (früherer § 32a VII EStG): Der Haushaltsfreibetrag war ein Freibetrag für Steuerpflichtige, die kein Anrecht auf das Splittingverfahren hatten und bei denen auch keine getrennte Veranlagung durchgeführt wurde (unverheiratete Steuerpflichtige), wenn ihnen ein → Kinderfreibetrag oder Kindergeld gewährt wurde. Ziel des Haushaltsfreibetrags war es, Alleinstehenden eine steuerliche Entlastung zukommen zu lassen. Da durch den Haushaltsfreibetrag jedoch unverheiratete Paare gegenüber verheirateten Paaren mit Kindern bevorzugt wurden, bedeutete die Regelung über den Haushaltsfreibetrag eine Benachteiligung von Ehe und Familie und wurde deshalb vom Verfassungsgericht beanstandet. Der Haushaltsfreibetrag wurde deshalb bis Ende 2003 stufenweise abgeschafft und seit 2004 durch einen Entlastungsbetrag für Alleinerziehende ersetzt (§ 24b EStG).

Haushaltsfunktionen – Summe der finanzwissenschaftlichen Anforderungen an einen → Haushaltsplan. Die Haushaltsfunktionen sind zu unterschiedlichen Zeitpunkten entsprechend verschiedener finanz- und haushaltstheoretischer Gesichtspunkte entwickelt worden; sie sind daher nicht in sich konsistent, sondern oft gegensätzlich und bergen Zielkonflikte, v.a. bei den aus ihnen abgeleiteten Haushaltsgrundsätzen. – *Teilfunktionen:* (1) → Administrative Kontrollfunktion, (2) → finanzwirtschaftliche Ordnungsfunktion, (3) → politische Kontrollfunktion, (4) → politische Programmfunktion, (5) → volkswirtschaftliche Lenkungsfunktion.

Haushaltsgesetz – Form, in der ein staatlicher → Haushaltsplan parlamentarisch festgestellt wird. Es genügt die einfache Mehrheit. Das Haushaltsgesetz legt das Volumen der Einnahmen und Ausgaben sowie der vorgesehenen Kreditaufnahme, die → Verpflichtungsermächtigungen und den Höchstbetrag der Kassenverstärkungskredite fest. – Der Haushaltsplan i.e.S. samt seinen Anlagen (→ Haushaltsplan) bildet eine Anlage zum Haushaltsgesetz. – *Haushaltsgesetz für Gemeinden und Gemeindeverbände:* → Haushaltssatzung.

Haushaltsgrundsätze – *Budgetprinzipien.* 1. *Begriff:* von → Finanzwissenschaft und Praxis entwickelte Regeln für die öffentliche Haushaltswirtschaft, deren Befolgung v.a. der Kontrollierbarkeit der öffentlichen

Haushaltswirtschaft dienen soll. Die Benutzung der öffentlichen Haushalte als Instrument zur Verwirklichung stabilisierungspolitischer Ziele macht Durchbrechungen der traditionellen Haushaltsgrundsätze (→ Haushaltsfunktionen) erforderlich. – *Gesetzliche Regelung:* In der Bundesrepublik Deutschland haben die Haushaltsgrundsätze samt ihren Ausnahmeregelungen im Grundgesetz (GG), im Gesetz über die Grundsätze des Haushaltsrechts des Bundes und der Länder (Haushaltsgrundsätzegesetz (HGrG)) vom 19.8.1969 (BGBl. I 1273), zuletzt geändert im Rahmen des Haushaltsgrundsätzemodernisierungsgesetzes – HGrGMoG vom 31.07.2009, sowie der Bundeshaushaltsordnung (BHO) entsprechend in den einzelnen Landeshaushaltsordnungen (LHO) ihren Niederschlag gefunden. Die Änderung des Haushaltsrechts durch das Haushaltsgrundsätzemodernisierungsgesetz erlaubt es Bund und Ländern seit dem 01.01.2010 anstelle des traditionellen kameralistischen Systems die doppelte Buchführung (Doppik) anzuwenden. – Vgl. auch → Haushaltsreform. – 2. *Einzelgrundsätze:* a) *Vollständigkeit* (Art. 110 I GG, §§ 8, 12 HGrG, 11, 15 BHO): unverkürzte, d.h. ohne Saldierung vorgenommene Aufnahme sämtlicher erwarteter Einnahmen, Ausgaben und voraussichtlich benötigter → Verpflichtungsermächtigungen in kameralen Haushalten sowie Aufwendungen und Erträgen in doppischen Haushalten *(Bruttoprinzip);* Ausnahmen bestehen bez. kaufmännisch eingerichteter Staatsbetriebe und Sondervermögen sowie der Kreditfinanzierung. – b) *Klarheit:* systematische, aussagefähige Gliederung des Haushalts und Kennzeichnung seiner Einzelansätze. – c) *Einheit* (Art. 110 II GG, §§ 8, 18 HGrG, 11, 12, 26 BHO): Einnahmen, Ausgaben und Verpflichtungsermächtigungen einer Gebietskörperschaft (kamerales System) sowie Erträge, Aufwendungen (doppisches System) sind in einem Haushaltsplan zusammenzufassen (→ Einheitsbudget). – d) *Genauigkeit:* Voranschläge sollen frei von Zweckpessimismus oder -optimismus aufgestellt werden, um die Spanne zwischen erwarteten und wirklichen Ergebnissen zu minimieren (→ Fälligkeitsprinzip). – e) *Vorherigkeit:* Feststellung des Haushaltsplans soll vor Beginn des Haushaltsjahres erfolgen, auf das er sich bezieht. – f) *Spezialität* (§§ 15, 27 HGrG, 19, 20, 46 BHO): (1) *Qualitative Spezialität:* zu verausgabende Mittel dürfen nur für den im Haushaltsplan ausgewiesenen Zweck ausgegeben werden. Ausgenommen sind Ausgaben, für die eine „gegenseitige" oder „einseitige Deckungsfähigkeit" entweder generell (im Bereich der Personalausgaben) oder durch bes. Erklärung im Haushaltsplan zugelassen ist (→ Deckungsfähigkeit). (2) *Quantitative Spezialität:* zu verausgabende Mittel dürfen nur bis zu der im Haushaltsplan ausgewiesenen Höhe ausgegeben werden. Ausgenommen sind über- und außerplanmäßige Ausgaben im Fall eines unvorhergesehenen und unabweisbaren Bedürfnisses; sie bedürfen nach Art. 112 GG im Bereich des Bundeshaushalts der Zustimmung des Bundesfinanzministers. (3) *Temporäre Spezialität:* zu verausgabende Mittel dürfen nur in der *Zeit,* für die der Haushaltsplan gilt, ausgegeben werden. Ausgenommen sind Ausgaben, für die „Übertragbarkeit" entweder generell (Ausgaben für Investitionen und Ausgaben aus zweckgebundenen Einnahmen) oder durch bes. Erklärung im Haushaltsplan zugelassen ist (→ Übertragbarkeit von Ausgaben). – g) *Öffentlichkeit:* unbeschränkte Zugänglichkeit des Haushaltsplans sowie breiteste Publizierung und Diskussion des ganzen „Budgetlebens" (Lotz), bes. des Entwurfs und der parlamentarischen Beratungen. – h) *Nonaffektation* (§§ 7 HGrG, 8 BHO): alle Einnahmen dienen als Deckungsmittel für den *gesamten* Ausgabebedarf, d.h. Abkehr von der früher üblichen → Fondswirtschaft. Ausnahmen bedürfen ausdrücklicher Bestimmung in einzelnen Steuergesetzen. – i) *Sparsamkeit und Wirtschaftlichkeit* (§§ 6 HGrG, 7 BHO): binden die öffentliche Haushaltswirtschaft an das Wirtschaftlichkeitsprinzip. – Vgl. auch → Haushaltsplan, → Bundeshaushalt.

Haushaltsjahr – Rechnungsjahr der öffentlichen Haushalte, für das der → Haushaltsplan aufgestellt wird. Seit 1961 das Kalenderjahr. Das Bundesministerium der Finanzen (BMF) kann für einzelne Bereiche etwas anderes bestimmen (§ 4 BHO). Der Haushaltsplan kann auch für zwei Jahre aufgestellt werden (§ 9 HGrG, § 12 BHO).

Haushaltskontrolle – vierte Phase im „Lebenszyklus" eines öffentlichen → Haushaltsplans (→ Haushaltskreislauf). – *Bestandteile:* 1. *Verwaltungskontrolle:* Überprüfung der verwaltungstechnischen Ordnungsmäßigkeit, bestehend aus: (1) der vorherigen Kontrolle (Unterzeichnen der Anweisungen durch den Dienststellenleiter), (2) der mitschreitenden Kontrolle (interne Eigenprüfung der Behörden) sowie (3) der nachträglichen Kontrolle durch → Rechnungshof bzw. Rechnungsprüfungsamt; das Ergebnis der Rechnungshofprüfung wird in einem Prüfbericht zusammengefasst (auf Bundesebene: Bemerkungen des → Bundesrechnungshofs), der dem Parlament vorgelegt wird. – 2. *Politische Kontrolle:* Prüfung der Kongruenz von Haushaltsführung und Etatvorgabe; wird vom Parlament vorgenommen, das auf der Grundlage des Rechnungshofberichts und einer vom Rechnungsprüfungsausschuss dazu erarbeiteten Analyse über die Entlastung der Exekutive befindet. Zusätzlich führt der Haushaltsausschuss des Parlaments eine mitschreitende Kontrolle durch.

Haushaltskreislauf – *Budgetkreislauf*; Verfahrenszüge bei der Aufstellung, der Entscheidung, dem Vollzug und der Kontrolle des jeweiligen → Haushaltsplans bzw. → Budgets für ein → Haushaltsjahr. – *Beispiel Bundesetat:* (1) Aufstellung des Haushaltsentwurfs: Einholung der geplanten Maßnahmen und Ausgaben der verschiedenen Ministerien durch den Finanzminister und Abstimmung und Zusammenstellung dieser Pläne im Etatentwurf; (2) Beratung und Bewilligung in drei Lesungen im Bundesrat und Bundestag; (3) Vollzug durch die Bürokratie; (4) Kontrolle durch den Bundesrechnungshof. – *Dauer* des Haushaltskreislaufs gewöhnlich drei Jahre.

Haushaltsplan – 1. *Begriff:* Haushaltsplan der öffentlichen Haushalte (→ Budget, → Etat) ist eine systematische Zusammenstellung der für den vorher festgelegten Zeitraum (Haushaltsperiode) geplanten und vollzugsverbindlichen Ausgabeansätze und der vorausgeschätzten Einnahmen eines öffentlichen Gemeinwesens. – 2. Wichtigste *Formen* in der Bundesrepublik Deutschland: (1) Haushaltsplan des Bundes (→ Bundeshaushalt); (2) Haushaltsplan der Länder; (3) Haushaltsplan der Gemeinden, die in etwas anderer Form vorgelegt werden (→ Haushaltssatzung). – 3. *Zweck:* Der Haushaltsplan dient der Feststellung und Deckung des Finanzbedarfs zur Erfüllung der öffentlichen Aufgaben im Bewilligungszeitraum (meist 1.1. bis 31.12.); er ist Grundlage für eine rationale Haushalts- und Wirtschaftsführung. – 4. *Bedeutung:* Bei seiner Aufstellung und Ausführung ist den Erfordernissen des gesamtwirtschaftlichen Gleichgewichts Rechnung zu tragen; in demokratischen Staaten ist der Haushaltsplan als aussagehaltigster Beweis für die von der regierenden Mehrheit verfolgte Politik anzusehen. – Vgl. auch → Haushaltsgrundsätze, → Haushaltsfunktionen, → Haushaltssystematik, → Haushaltskreislauf.

Haushaltsquerschnitt – Zusammenstellung aller Planzahlen eines Haushalts in Form einer Matrix, gebildet aus der → Funktionenübersicht (linke Randspalte der Matrix) und der → Gruppierungsübersicht (Kopfleiste der Matrix). Der Haushaltsquerschnitt ist dem Jahreshaushaltsplan als Anlage beizufügen; 1969 als wesentlicher Teil der neuen → Haushaltssystematik eingeführt. – *Zweck:* Der Haushaltsquerschnitt lässt auf den ersten Blick erkennen, in welcher Höhe Einnahmen bzw. Ausgaben für welche ökonomischen und sozialen Zwecke angesetzt wurden.

Haushaltsrechnung – nach den Grundsätzen der Kameralistik geführte Rechnungslegung über den Vollzug des öffentlichen Haushalts. In der Haushaltsrechnung werden tatsächliche Einnahmen und Ausgaben den Ansätzen aus dem Haushalsplan gegenübergestellt. Jede Ausgabe und jede Einnahme wird zuerst „angewiesen" oder „ins Soll gestellt" und bei der Auszahlung bzw. Einzahlung im „Ist" verbucht; die Differenz zwischen Soll und Ist ist der „Rest", der Bestand, Schuld oder Forderung sein kann. Gemäß Art. 114 GG ist die Haushaltsrechnung dem Bundestag und dem Bundesrechnungshof zu übersenden; sie bildet die Grundlage für die sich anschließende → Haushaltskontrolle.

Haushaltsreform – im Zusammenhang mit der → Finanzreform 1967/1969 vorgenommene Gesetzesänderungen, durch die das bis dahin für die Haushaltswirtschaft in Bund und Ländern im Wesentlichen gültige Haushaltsrecht der Weimarer Demokratie (Reichshaushaltsordnung vom 31.12.1922) abgelöst wurde. V.a. fand die stabilisierungspolitische → Haushaltsfunktion (→ politische Programmfunktion) Berücksichtigung, wurde die Rechtseinheit in Bund und Ländern gesichert und eine → mehrjährige Finanzplanung eingeführt. – Die Änderungen des Grundgesetzes vom 6.7.1967 und vom 12.5.1969 schufen die Voraussetzungen für *weitere gesetzliche Regelungen:* Gesetz über die Grundsätze des Haushaltsrechts des Bundes und der Länder (Haushaltsgrundsätzegesetz – HGrG) vom 19.8.1969 (BGBl. I 1273); Bundeshaushaltsordnung (BHO) vom 19.8.1969 (BGBl. I 1284); die der BHO weitgehend analog formulierten Landeshaushaltsordnungen (LHO) der einzelnen Bundesländer, verabschiedet in den Jahren 1970 bis 1978; und die dem geänderten Haushaltsrecht von Bund und Ländern angepassten, in den einzelnen Bundesländern nur geringfügig voneinander abweichenden Neufassungen der Gemeindehaushaltsverordnungen der Bundesländer, in Kraft getreten 1974/75.

Haushaltssatzung – Form, in der ein kommunaler → Haushaltsplan (→ Vermögenshaushalt, → Verwaltungshaushalt) von einem Kommunalparlament festgestellt wird; einfache Mehrheit genügt. Die Haushaltssatzung legt das Volumen der Einnahmen und Ausgaben sowie der vorgesehenen Kreditaufnahme (→ Haushaltssystematik), die → Verpflichtungsermächtigungen, den Höchstbetrag der Kassenkredite sowie die → Hebesätze der Grund- und Gewerbesteuer für kameralistisch buchende Gemeinden fest. Bei dopisch buchenden Gemeinden werden in der Haushaltssatzung die Höhe von Erträge und Einzahlungen, Aufwendungen und Auszahlungen sowie Verpflichtungsermäßigungen festgesetzt. – Der *Genehmigungspflicht der Aufsichtsbehörde* (länderverschieden, meist Bezirksregierung/Regierungspräsident) unterliegen der Gesamtbetrag der Kredite und Verpflichtungsermächtigungen, der Höchstbetrag der Kassenkredite und die Hebesätze. – Der Haushaltsplan *i.e.S.* samt seinen Anlagen bildet eine Anlage zur Haushaltssatzung. – *Bund und Länder:* → Haushaltsgesetz.

Haushaltssystematik – 1. *Begriff:* Beschreibung der jeweiligen Gliederung der Haushaltspläne des Staatssektors (→ Haushaltsplan). Verschiedene Möglichkeiten sind denkbar, häufig an den jeweiligen als Maßstab zugrunde gelegten → Haushaltsfunktionen orientiert. – 2. *Grundgliederung* gemäß der administrativen Kontrollfunktion nach dem → Ministerialprinzip: Für jede oberste Bundesbehörde wird ein Einzelplan gebildet, der in Kapitel untergliedert wird. Kleinste haushaltstechnische Einheit ist der Titel, eine Zusammenfassung haushaltswirtschaftlicher und ökonomisch zusammengehörender Einnahmen und Ausgaben. – 3. *Ergänzungen:* (1) unter dem Aspekt der → volkswirtschaftlichen Lenkungsfunktion: der → Gruppierungsplan und der daraus entwickelte → Gruppierungsübersicht; (2) unter dem Aspekt der → politischen Programmfunktion: der → Funktionenplan und die → Funktionenübersicht. In der Form einer Matrix werden schließlich Gruppierungs- und Funktionenübersicht zu einem → Haushaltsquerschnitt zusammengefasst. – Vorangestellt wird den Einzelplänen die → Haushaltsübersicht, die → Finanzierungsübersicht sowie der → Kreditfinanzierungsplan. – 4. Trennung in → ordentlichen Haushalt und → außerordentlichen Haushalt: Diese Zweiteilung geht zurück auf die ältere Deckungslehre des Haushalts (Wagner, Schäffle), in deren Rahmen auch die rentabilitätsorientierte oder „objektbezogene Verschuldungsregel" aufgestellt wurde, die eine Kreditaufnahme als außerordentliche Einnahme bezeichnete, die auch nur für außerordentliche Ausgaben (außergewöhnliche), nicht planbare Ausgaben oder werbende (produktive, d.h. über Mittelrückflüsse sich selbst tragende Investitions-)Zwecke verwandt werden durfte (heute dominiert gemäß dem Stabilitäts- und Wachstumsgesetz (StWG) die „situationsbezogene Verschuldungsregel"). – Vgl. auch → Deckungsgrundsatz. – Sie galt seit dem 31.12.1922 (Erlass der Reichshaushaltsordnung) und war durch die vorläufige Bundeshaushaltsordnung vom 7.6.1950 bis zum 31.12.1969 Bundesgesetz. – Mit dem Vordringen neuerer wirtschafts- und konjunkturpolitischer Erfordernisse auch in das Haushaltsrecht ist diese Differenzierung weitgehend hinfällig geworden. Heute gibt es nur noch einen Haushaltsplan bei den Gebietskörperschaften; nur die Gemeinden haben noch die Zweiteilung des Haushalts in einen → Verwaltungshaushalt und → Vermögenshaushalt (→ Kommunalverschuldung). – 5. Trennung nach der Wirksamkeit finanzieller Transaktionen auf den Vermögensstatus der Gebietskörperschaft in *Kapital- und laufendes Budget* (→ Kapitalbudget, → laufendes Budget): In der Bundesrepublik Deutschland auf Staatsebene nicht gebräuchliche Form der Gliederung öffentlicher Haushalte; auf kommunaler Ebene bestehen Parallelen zur Trennung in Verwaltungshaushalt und Vermögenshaushalt. – 6. Trennung nach der zeitlichen Abgrenzung in → Kassenbudget und → Zuständigkeitsbudget.

Haushaltsüberschreitung – Planabweichung vom → Haushaltsplan in Form von über- oder außerplanmäßigen Ausgaben; → Haushaltsgrundsätze. → Ergänzungshaushalt und → Nachtragshaushalt sind keine Haushaltsüberschreitungen.

Haushaltsübersicht – Teil des → Haushaltsplans. Die Haushaltsübersicht enthält eine Zusammenfassung der Einnahmen, Ausgaben und Verpflichtungsermächtigungen der Einzelpläne (§ 13 IV BHO). Sie ist gemäß der → Haushaltssystematik der Bundeshaushaltsordnung dem Haushaltsplan beizufügen.

Hebesatz – der für die Erhebung der → Grundsteuer oder → Gewerbesteuer von den Gemeinden für jedes Rechnungsjahr einheitlich festzusetzende Prozentsatz, mit dem der Steuermessbetrag zu vervielfältigen ist, um die Höhe der Steuer zu berechnen. Der Hebesatz kann für ein Kalenderjahr oder mehrere Kalenderjahre festgesetzt werden. Der Hebesatz muss für alle in der Gemeinde vorhandenen Unternehmen der gleiche sein. Grundsätzlich kann eine Gemeinde für die Grundsteuer einen anderen Hebesatz festsetzen als für die Gewerbesteuer; durch Landesrecht können allerdings Grenzen gezogen werden (§ 16 V GewStG).

Heizölsteuer – zunächst ein Teil der → Mineralölsteuer, dann in der Energiesteuer aufgegangen. Im Rahmen der Energiesteuer liegt die reguläre Steuerbelastung für Heizöl bei 130 Euro pro 1000 kg Heizöl, unter bestimmten Umständen kann Heizöl zum Verheizen jedoch auch geringer besteuert werden (§ 2 III EnergieStG). Gelangen Heizöle aus anderen Ländern ins Inland, kommt es i.d.R. hier zur Steuerentstehung. Selbst das Verbringen von flüssigem Heizöl durch Privatpersonen aus anderen Mitgliedsstaaten ist – entgegen den sonstigen Regelungen für Verbrauchsteuern in der EU – steuerpflichtig, es sei denn, es geht um Flüssiggas in Flaschen (§ 16 EnergieStG).

High Employment Budget Surplus (HEBS) – ein auf den amerik. Council of Economic Advisers (CEA) zurückgehendes → Budgetkonzept zur Messung des konjunkturellen Impulses des Budgets. Ausgangspunkt der Überlegungen ist die These, dass ein bei Vollbeschäftigung ausgeglichener Haushalt keinen Einfluss auf die weitere konjunkturelle Entwicklung ausübt und insofern neutrale Wirkungen hat. Ist die Vollbeschäftigungssituation daher in dem fraglichen Zeitpunkt bei der Berechnung des HEBS nicht gegeben, wird zunächst errechnet, wie hoch die Steuereinnahmen bei unverändertem Steuersystem im Fall der Vollbeschäftigung gewesen wären (und damit uno actu auch die entsprechenden Ausgaben). Diesen hypothetischen Annahmen sind die tatsächlichen Ausgaben gegenüberzustellen. Der Saldo ist der HEBS. – *Kritik:* Mit nur minimalen Fehlern bei der Errechnung des Vollbeschäftigungsniveaus entsteht sofort ein sich potenzierender Fehler.

Hilfsfiskus – 1. Synonyme Bezeichnung der → Parafisci. – 2. Oft Bezeichnung der Untergruppe der Parafisci, deren Existenz durch staatliche Initiative begründet wird.

Hochschule – Stätte für wissenschaftliche Forschung und Lehre, d.h. Weitergabe praktischer und theoretischer Kenntnisse in wissenschaftlicher Form an die Studierenden, an die bei Nachweis der erworbenen Kenntnisse und Fähigkeiten durch die vorgesehene Abschlussprüfung akademische Würden erteilt werden können. Laut Hochschulrahmen-Gesetz (HRG) obliegen der Hochschule die Aufgaben: Pflege der Wissenschaften und der Kunst; Grundlagenforschung; wissenschaftsbezogene Lehre zur Vorbereitung auf entsprechende Berufe; Dienstleistungen auf wissenschaftlicher Grundlage. Hochschulen werden i.d.R. in der Rechtsform Körperschaft des öffentlichen Rechts betrieben und sind zugleich staatliche Einrichtungen (§58 HRG).

I. **Aufbau:** 1. *Leitung* der Hochschule liegt in den Händen eines Rektors bzw. Präsidenten, dem der Prorektor bzw. Vizepräsident/en, die Dekane (Leiter der Fakultäten) bzw. Vorsitzende (der Fachschaften) und der Senat bzw. Fachbereichsrat sowie Ausbildungskommission und Forschungskommission zur Seite stehen. Alle Posten und Gremien werden für eine bestimmte Amtszeit durch Wahl besetzt. – 2. Die *Lehrer* (Dozenten) gliedern sich in ordentliche und außerordentliche Professoren, außerplanmäßige Professoren, Honorarprofessoren, Privatdozenten und Lehrbeauftragte. – 3. *Gliederung* der Hochschule entsprechend der Sachgebiete in Fakultäten bzw. Fachbereiche. – 4. *Voraussetzung* für den Besuch der meisten Hochschulen ist die Reifeprüfung; daneben möglich allg. Hochschulreife (zu erlangen an Abendgymnasien und Kollegs), fachgebundene Hochschulreife, Sonderreifeprüfung. – Wegen der ungenügenden Zahl an Arbeitsplätzen bestehen an einigen Fakultäten bzw. Abteilungen der Hochschule Zulassungsbeschränkungen (Numerus clausus). – 5. *Einteilung* des Studiums an den dt. Hochschulen in Semester (Halbjahre). Sommersemester vom 1. April bis 30. September (Vorlesungen vom 15. April bis 15. Juli), Wintersemester vom 1. Oktober bis 31. März (Vorlesungen vom 15. Oktober bis 15. Februar). – 6. *Lehrformen* an den Hochschulen sind Vorlesungen (Kollegien), praktische Übungen, Seminare und Besprechungen (Kolloquien).

II. **Arten:** 1. *Wissenschaftliche Hochschule:* Hochschule mit Promotions- und Habilitationsrecht. Dazu zählen Universitäten, Technische Universitäten (TU), Gesamthochschulen-Universitäten (auch Bundeswehruniversitäten), Pädagogische Hochschulen, Fernuniversität Hagen sowie Hochschulen mit begrenzter Fächerauswahl. – 2. *Theologische und kirchliche Hochschulen:* Hochschule mit wissenschaftlichem Charakter in Trägerschaft einer anerkannten Glaubensgemeinschaft. – 3. *Kunst- und Musik-Hochschulen.* – 4. *Fachhochschulen (FH).*

III. **Ausbau und Neubau von wissenschaftlichen Hochschulen:** → Gemeinschaftsaufgabe von Bund und Ländern, geregelt durch das Hochschulbauförderungsgesetz vom 1.9.1969 (BGBl. I 1556) m.spät.Änd.

horizontale Gerechtigkeit → Leistungsfähigkeitsprinzip.

horizontaler Finanzausgleich → Finanzausgleich.

Hundesteuer – 1. *Begriff:* Steuer auf das Halten von Hunden als Ausdruck bes. Aufwandes. – 2. *Charakterisierung:* a) eine → Gemeindesteuer, die teils erhoben werden muss, teils erhoben werden kann. – b) Eine *objektive* → Verbrauchsteuer in dem Sinn, dass die ökonomische Situation des Halters nicht berücksichtigt wird; aus dem Aufwand für Hunde wird auf ökonomische Leistungsfähigkeit geschlossen. Soziale und psychische Aspekte (Alleinsein älterer Menschen) finden keinen Ausdruck. Mit der Steuer soll die Anzahl der Hunde begrenzt werden. – 3. *Höhe:* Zumeist in Gemeindesatzungen festgelegte Steuerbeträge innerhalb der von den Landesgesetzen gezogenen Grenzen; höherer Steuersatz bei mehreren Hunden oder Kampfhunden. – *Befreiungen* vornehmlich aus beruflichen, polizeilichen, gesundheitlichen (Blindhunde) etc. Gründen sowie bei Hundehaltung für wissenschaftliche Zwecke. – 4. *Aufkommen:* 236,9 Mio. Euro (2006), 211,6 Mio. Euro (2002).

Idle Money – Ein Begriff für Bargeld, das weder Zinsen noch andere Einkommen erwirtschaftet und letztendlich aufgrund von Inflation an Wert verlieren wird.

Incentives – I. Wirtschafts-/Finanzpolitik: Durch wirtschafts- oder finanzpolitische (bes. steuerliche) Maßnahmen bewirkte Erhöhung der (ökonomischen) Leistungsbereitschaft. Diese äußert sich in privaten Haushalten meist in einer Erhöhung des Arbeitsangebots und in Unternehmen meist in einer Erhöhung der Investitionen. – *Gegensatz:* → Disincentives.

II. Arbeits- und Organisationspsychologie: → Anreiz.

indirekte Steuern – Gruppierung der Steuern (→ Steuerklassifikation), z.B. Verbrauch- und Verkehrsteuern. – *Einteilungskriterien:* (1) Nach der *Festsetzungs- und Veranlagungstechnik:* Festsetzung der indirekten Steuern aufgrund von Tarifen (auch *Tarifsteuern*), z.B. Verbrauchsteuern. Indirekte Steuern werden beim Hersteller von Waren erhoben, wobei eine Überwälzung der Steuerlast unterstellt wird. (2) Nach der *Überwälzung:* Indirekte Steuern sind in den Preisen der Fertiggüter und Dienstleistungen grundsätzlich ganz oder teilweise auf den Verbraucher bzw. Abnehmer überwälzbar. Trotz der von der Finanzwissenschaft mittlerweile nachgewiesenen Tatsache, dass sowohl direkte Steuern überwälzt werden können (Gewerbe-, Körperschaftsteuer) als auch die Überwälzung von indirekten Steuern nicht immer gelingt, wird die Einteilung in den volkswirtschaftlichen Gesamtrechnungen aus Vereinfachungsgründen beibehalten. (3) Nach der *Leistungsfähigkeit:* Sie wird nur mittelbar erfasst, d.h. es folgt eine Besteuerung der Einkommensverwendung und des Vermögensverkehrs. Maßgeblich ist das Kriterium der Überwälzung (→ Steuerüberwälzung). – *Gegensatz:* → direkte Steuern.

indirekte Subvention → Steuervergünstigung.

Individualgut – *privates Gut;* Wirtschaftsgüter, die in der freien Marktwirtschaft von privaten Anbietern angeboten werden. Das → Ausschlussprinzip und das Rivalitätsprinzip werden erfüllt. Beispiele für Individualgüter sind Kleidung, Brötchen, etc. – *Gegensatz:* → öffentliches Gut. – Vgl. auch → meritorische Güter.

Initialzündung → Pump-Priming.

Inkrementalismus – Begriff der Budgettheorie: Methode der Haushaltsplanung (→ Haushaltsplan), u.a. in der Bundesrepublik Deutschland üblich. Die Bedarfsanmeldungen der einzelnen Verwaltungsstellen werden „von unten nach oben" gesammelt, koordiniert und mit Zu- oder Abschlägen versehen als → Haushaltsplan vorgestellt. Der Inkrementalismus kann zur Inflexibilität des Haushalts führen (→ politische Programmfunktion). – *Gegensatz:* → Programmorientierte Haushaltsplanung.

innere Verbrauchsbesteuerung – Fabrikationsteuer.

Intergeneration-Equity-Prinzip – *intergenerative Gerechtigkeit;* ähnlich dem → Pay-as-You-Use-Prinzip. 1. *Begriff:* Zukünftige Generationen sollten mit ihren Steuerzahlungen den Schuldendienst bedienen und somit zu der Finanzierung heutiger öffentlicher, kreditfinanzierter Aufgaben beitragen, wenn es sich um die gesamte Gesellschaft angehende Aufgaben handelt (z.B. Maßnahmen zur Beseitigung von Kriegs(folge-)schäden) oder wenn es rentable Vorhaben mit einer hohen volkswirtschaftlichen Rentabilität sind (objektbezogener Deckungsgrundsatz). – 2. *Kritikpunkte:* (a) Nutzungsdauer öffentlicher

Investitionen ist ungenau zu erfassen; (b) Präferenzen zukünftiger Generationen können nicht berücksichtigt werden.

intermediäre Finanzgewalt – Begriff für → Parafisci, geprägt von F.K. Mann und W. Herrmann.

Internationales Steuerrecht (IStR) – I. Begriff: Der Sprachgebrauch hat sich hinsichtlich des Fachbegriffs „Internationales Steuerrecht" in den letzten Jahren und Jahrzehnten erheblich verändert: a) *Heute* versteht man unter „Internationalem Steuerrecht" meist die Gesamtheit aller Normen des in Deutschland gültigen Steuerrechts, das Fallkonstellationen mit internationalem Bezug regelt (insoweit paralleler Sprachgebrauch zu Ausdrücken wie „internationales Erbrecht", „internationales Privatrecht") (Begriff *IStR i.w.S*). – b) Es findet sich in der Literatur aber auch noch ein engeres, *älteres* Begriffsverständnis, bei dem unter „internationalem" Steuerrecht nur solche Normen verstanden werden, die entweder aa) in internationalen Normen enthalten sind, die sich mit der Abgrenzung der sich überschneidenden Besteuerungsbefugnisse zwischen den Staaten befassen *(IStR i.e.S.)* oder bb) die zwar die Abgrenzung der Besteuerungsbefugnisse betreffen, aber nicht unbedingt in internationalen Normen (völkerrechtlichen Verträgen) enthalten sein müssen, sondern evtl. auch in nationalen Regelungen. – c) Der *Unterschied* zwischen den Begriffswelten liegt v.a. darin, wie man nationale Normen begrifflich einordnet, mit denen der dt. Staat die Besteuerung von Auslandssachverhalten regelt, z.B. die Hinzurechnungsbesteuerung. – d) *Stellungnahme:* Da es für die rechtliche Wirksamkeit und den rechtlichen Rang der Bestimmungen keinerlei Unterschied macht, ob eine steuerrelevante Regelung im Völkerrecht oder im nationalen Recht enthalten ist, ist das modernere Begriffsverständnis das zweckmäßigere. – e) Die Bestimmungen über Fälle mit Auslandsbezug, die in nationalen Rechtstexten enthalten sind, werden in der älteren Literatur oft auch als Außensteuerrecht (AStR) bezeichnet. Für eine *Abgrenzung* der Begriffe IStR und Außensteuerrecht aus dieser älteren Perspektive vgl. dort.

II. Quellen: 1. das nicht kodifizierte *völkerrechtliche Gewohnheitsrecht*, soweit es für die Besteuerung von Bedeutung ist. – 2. die bilateralen oder multilateralen *Doppelbesteuerungsabkommen (DBA)*. – 3. andere bilaterale oder multilaterale *Abkommen* steuerlichen Inhalts, wie etwa Amts- und Rechtshilfeabkommen, die steuerlich relevanten Normen des EG-Vertrages oder des GATT etc. Steuerliche Implikationen solcher internationaler Abkommen werden, sofern es sich um allg. gültig formulierte Normen handelt, oft erst durch höchstrichterliche Entscheidungen allg. bekannt, z.B. durch Entscheidungen des EuGH. – 4. Zum IStR (i.w.S.) gehören sachlich auch die Regelungen verschiedenster nationaler Gesetze, z.B. die Bestimmungen des Außensteuergesetzes, aber auch so grundsätzliche Bestimmungen wie die unbeschränkte Steuerpflicht.

III. Prinzipien zur Abgrenzung der Besteuerungsbefugnisse der einzelnen Staaten im IStR: Hauptanliegen des IStR ist es, einerseits → Doppelbesteuerungen zu vermeiden oder zu mildern und andererseits aus der Sicht der beteiligten Fiski unerwünschte steuersparende Gestaltungsmöglichkeiten abzubauen. Ob Überschneidungen der gegenseitigen Steueransprüche überhaupt entstehen und inwieweit sie vermieden oder gemildert werden können, wird von den Prinzipien bestimmt, die den steuerbegründenden Ansprüchen der Staaten und den von ihnen angewandten Methoden zur Vermeidung der Doppelbesteuerung zugrunde liegen. Die wichtigsten Prinzipien des IStR: – 1. *Souveränitätsprinzip:* Grundprinzip des IStR. Es besagt, dass die souveränen Staaten in der Ausübung ihrer Steuergewalt und in der Festlegung der Steueransprüche in ihrem Hoheitsgebiet autonom sind. Die Begrenzung der Souveränität auf das eigene Hoheitsgebiet schließt nicht aus, dass wirtschaftliche Sachverhalte, die im Ausland begründet sind, der inländischen Besteuerung unterliegen, wenn nur eine genügende Verbindung zum Staatsgebiet besteht (Genuine Link). – 2. *Universalitäts-(bzw. Totalitäts-)prinzip und Territorialitätsprinzip*: regeln den Umfang des Steueranspruches, den ein Staat für ein bestimmtes Steuergut geltend macht. – a) Beschränkt sich der Steueranspruch auf den inländischen Teil eines Steuergutes (z.B. inländisches Einkommen, inländisches Vermögen etc.), so spricht man vom *Territorialitätsprinzip*. Es entspricht der → beschränkten Steuerpflicht. – b) Erfasst der Steueranspruch dagegen das weltweite (mondiale, universale) Steuergut (z.B. das Welteinkommen oder Weltvermögen) eines Steuerpflichtigen, so folgt dieser Steueranspruch dem *Universalitäts-* oder *Totalitätsprinzip*. Es entspricht der unbeschränkten Steuerpflicht. – 3. *Nationalitätsprinzip und Wohnsitzstaatprinzip*: bestimmen den Kreis der Steuerpflichtigen, der der unbeschränkten Steuerpflicht und damit der Besteuerung nach dem Universalitätsprinzip unterliegt. – a) Knüpft die unbeschränkte Steuerpflicht an die Merkmale Wohnsitz oder gewöhnlicher Aufenthalt (bei natürlichen Personen) bzw. Sitz oder Ort der Geschäftsleitung (bei juristischen Personen) an, so spricht man von *Wohnsitzstaatprinzip*. – b) Ist die unbeschränkte Steuerpflicht dagegen an die Nationalität gebunden, so handelt es sich um das *Nationalitätsprinzip*. Die meisten Steuerordnungen folgen heute dem Wohnsitzstaatprinzip. – 4. *Wohnsitzprinzip und Ursprungsprinzip*: regeln die Begrenzung der Steueransprüche zwecks Vermeidung oder Milderung der Doppelbesteuerung bei den Steuern vom Einkommen und Vermögen. – a) *Wohnsitzprinzip* bedeutet, dass die Erfassung eines Steuergutes grundsätzlich im Wohnsitzstaat erfolgt, und zwar unabhängig davon, in welchem Staat dieses Steuergut entstanden bzw. belegen ist (z.B. das weltweit erwirtschaftete Einkommen eines Steuerpflichtigen wird in seinem Wohnsitzstaat besteuert). Unterformen des Wohnsitzprinzips sind für Einkünfte und Vermögen aus dem Betrieb von Seeschiffen und Luftfahrzeugen das Schifffahrtsprinzip und für private Pensionen das Pensionenprinzip. – b) Die Begrenzung der Steueransprüche folgt dem *Ursprungsprinzip* (Quellenstaatprinzip), wenn die Erfassung des Steuergutes in dem Staat erfolgt, in dem das Steuergut entstanden ist bzw. belegen ist (z.B. das im Ausland erzielte Einkommen unterliegt in dem jeweiligen ausländischen Staat der Besteuerung, und das im Inland erzielte Einkommen unterliegt der inländischen Besteuerung). Unterformen des Ursprungsprinzips sind für unbewegliches Vermögen und Einkünfte daraus das Belegenheitsprinzip, für Betriebsstättenvermögen und -einkünfte das Betriebsstättenprinzip, für Einkünfte aus selbständiger und unselbständiger Arbeit das Tätigkeitsprinzip, für Aufsichtsratsvergütungen das Tantiemenprinzip, für Arbeitsvergütungen einschließlich Ruhegehältern aus öffentlichen Kassen das Kassenprinzip und für sonstige Einkünfte (z.B. Zinsen etc.) das Quellenprinzip. – 5. *Bestimmungslandprinzip und Ursprungslandprinzip*: regeln die Begrenzung der Steueransprüche bei den indirekten Steuern, bes. bei der Umsatzsteuer. – a) Wird bei grenzüberschreitendem Warenverkehr das Recht auf Erhebung einer allg. und/oder speziellen Verbrauchsteuer dem Bestimmungsland (Verbrauchsland) des Warenverkehrs zugewiesen, so folgt diese Zuteilung des Besteuerungsrechts dem *Bestimmungslandprinzip*. – b) Hat umgekehrt das Land, von dem der Warenverkehr ausgeht (Ursprungsland), das Besteuerungsrecht, so spricht man von *Ursprungslandprinzip*. Derzeit wird fast in allen Steuerordnungen bereits nach unilateralen Normen das Bestimmungslandprinzip angewandt, sodass Doppelbesteuerungskonflikte bei den indirekten Steuern selten bis gar nicht auftreten. Allerdings soll im Rahmen der Verwirklichung des Europäischen Binnenmarktes bei der Umsatzsteuer für innergemeinschaftliche Lieferungen und

Leistungen vom Bestimmungslandprinzip langfristig auf das Ursprungslandprinzip übergegangen werden. Derzeit existiert insoweit ein Mischsystem (Erwerbsteuer, Versandhandelsregelung, Abhollieferung). – 6. *Freistellungsprinzip und Anrechnungsprinzip:* betreffen die Frage, in welcher Weise der Wohnsitzstaat eines Steuerpflichtigen die Doppelbesteuerung bei den Steuern vom Einkommen und Vermögen anstelle oder in Ergänzung zu den unter 4. genannten Prinzipien zur Begrenzung der Steueransprüche vermeiden oder zumindest mildern will. – a) *Freistellungsprinzip* bedeutet, dass der Wohnsitzstaat die dem Quellenstaat zugeteilten Steuergüter von der inländischen Besteuerung freistellt. – b) *Anrechnungsprinzip* bedeutet dagegen, dass der Wohnsitzstaat zwar das Besteuerungsrecht des Quellenstaates akzeptiert, jedoch auf sein eigenes Besteuerungsrecht nicht verzichtet. Er rechnet lediglich die bereits entrichteten Steuern nach verschiedenen Verfahren an. – Unterprinzipien des Anrechnungsprinzips sind das Pauschalierungsprinzip und das Abzugsprinzip.

IV. Grundsätze für die nationale Gesetzgebung für Fälle mit internationalem Bezug: Die Doppelbesteuerungsabkommen legen lediglich fest, ob ein Staat bestimmte Einkünfte und/oder Vermögensteile besteuern darf; die Entscheidung, ob er von dieser Befugnis auch Gebrauch machen möchte und in welcher Höhe und nach welchen Regeln er dies tut, muss ein Staat in seiner nationalen Gesetzgebung treffen. Er ist dabei frei in seiner Entscheidung, einzige Vorgabe ist, dass es bei der Festlegung, welche Steuern auf die Dinge, die besteuert werden dürfen, erhoben werden sollen, keine Diskriminierung nach der Staatsangehörigkeit geben darf (Art. 24 OECD-Musterabkommen); schon die Unterscheidung nach dem Wohnsitz (unbeschränkte Steuerpflicht/beschränkte Steuerpflicht) ist aber akzeptabel. Auch die Entscheidung, welchen Steuersatz ein Staat auf die Einkunftsteile, die er nach den DBA besteuern darf, zur Anwendung bringen will, ist der Staat völlig frei; nach heute herrschender Auffassung ist es daher insbesondere immer gestattet, sich bei dem Steuersatz für das steuerpflichtige Einkommen an der Höhe des insgesamt vorhandenen Einkommens zu orientieren (Progressionsvorbehalt).

V. Praktische Bedeutung des IStR: Durch die zunehmende internationale Verflechtung haben das IStR und seine Problemstellungen für die Praxis in den letzten Jahren erheblich an Bedeutung gewonnen; heute sind erheblich mehr Unternehmen auf mind. elementare Kenntnis des IStR angewiesen als früher.

Inzidenz – 1. *Begriff:* Wirkungen einer finanzpolitischen Maßnahme (z.B. Steuererhöhung, Ausgabenvariation) auf die Einkommensverteilung, wobei unterstellt wird, dass alle Überwälzungsvorgänge abgeschlossen sind. Aufgabe einer Inzidenzanalyse ist es entsprechend, alle Unterschiede in der Einkommensverteilung ohne und mit finanzpolitischem Eingriff darzustellen. – 2. *Formen:* (1) nach der *Berücksichtigung von Überwälzungsvorgängen:* effektive Inzidenz (Berücksichtigung aller Überwälzungsvorgänge, d.h. Abzielung auf tatsächliche Verteilungswirkung), formale Inzidenz (keine Überwälzungsvorgänge, d.h. Abzielung auf vorgesehene Steuerlast); (2) nach der *Art der Ausgaben- oder Einnahmenänderung:* → differenzielle Inzidenz, → spezifische Inzidenz; (3) nach der *finanzpolitischen Maßnahme:* Ausgabeninzidenz, Budgetinzidenz, Steuerinzidenz; (4) nach dem *Betrachtungsraum:* makroökonomische Inzidenz (gesamte Volkswirtschaft), mikroökonomische Inzidenz (Einzelmarkt).

J

Jahressteuergesetz – Im Gegensatz zu anderen Ländern (z.B. Großbritannien) sind Steuerrechtsänderungen in der Bundesrepublik Deutschland i.d.R. ad hoc für ein einzelnes Steuergesetz erfolgt. Der damit verbundenen Unübersichtlichkeit will man seit 1995 mit einem Jahressteuergesetz begegnen, das sämtliche steuerlichen Maßnahmen des Jahres zusammenfasst. Die bisherigen Erfahrungen zeigen, dass dies kaum gelingt, da der parlamentarische Beratungsprozess die Vorlage wieder in ihre Bestandteile zerlegt. Das Jahressteuergesetz beinhaltet Anpassungen an Recht und Rechtsprechung, Maßnahmen zur Sicherung des Steueraufkommens sowie Vereinfachungen von Besteuerungsverfahren.

Juliusturm – Bezeichnung vom ersten Finanzminister der Bundesrepublik Deutschland für angehäufte Kassenreserven in den 1950er-Jahren; genannt nach einem Turm der ehemaligen Zitadelle in Berlin-Spandau, in dem bis 1914 ein Teil der franz. Kriegsentschädigung als „Kriegsschatz" aufbewahrt wurde.

Kaffeesteuer – 1. *Begriff:* → Verbrauchsteuer auf Kaffee (Röstkaffee, löslicher Kaffee, kaffeehaltige Waren), wird erhoben im Gebiet der Bundesrepublik ohne Büsingen und Helgoland. Erhebung und Verwaltung liegen in der Hand der Zollverwaltung des Bundes (Art. 108 I 1 GG), der Ertrag steht dem Bund zu (Art. 106 I 2 GG). Kaffeesteuer ist eine Mengensteuer. – 2. *Gesetzliche Grundlage:* Kaffeesteuergesetz (KaffeeStG) vom 21.12.1992 (BGBl. I 2 2199) m.spät.Änd. zuletzt mit Wirkung zum 1.1.2007. – 3. *Besteuerungsgrundsätze:* Im Grundsatz wird Kaffeesteuer erhoben auf Kaffee, der im Steuergebiet dem Endverbrauch zugeführt wird. Die Ausfuhr von Kaffee ist daher steuerbefreit, die Einfuhr aus anderen Gebieten (auch im Wege des Versandhandels) führt zum Entstehen der Steuerpflicht. Ausnahmen gelten für die Einfuhr von Kaffee aus anderen EU-Mitgliedsstaaten (mengenmäßig unbegrenzt steuerfrei, **sofern** ein privater Endverbraucher die Einfuhr für seinen eigenen privaten Endverbrauch **selbst** vornimmt) oder bei der Einfuhr als Reisemitbringsel aus Drittstaaten (500 g Kaffee oder 200 g Auszüge, Essenzen oder Konzentrate bzw. Zubereitungen hieraus; bei Einfuhr durch Bewohner grenznaher Gemeinden, Grenzgänger und ähnliche Personen nur 50 g bzw. 20 g). – 4. *Steuersätze:* Für Röstkaffee 2,19 Euro/kg, für löslichen Kaffee 4,78 Euro/kg, bei kaffeehaltigen Waren gestaffelt nach dem Gehalt an Röst- oder löslichem Kaffee je kg der Ware (§3 KaffeeStG). – 5. *Steuerschuldner, Haftung und Steuerentstehung:* Kaffeesteuer entsteht bei Entnahme aus dem Steuerlager, sofern er danach in den Verbrauch gelangt oder keine weitere Steueraussetzung erfolgt. Die Kaffeesteuer wird dann vom Inhaber des Steuerlagers geschuldet. Sonderregelungen für Spezialfälle (z.B. **Versandhandel**). Bei Einfuhr aus Drittstaaten gilt Zollrecht (§ 13 KaffeeStG). – 6. *Steuerbefreiungen:* Außer bei Ausfuhr auch bei Vernichtung unter Steueraufsicht, Verwendung als Probe für betriebliche oder amtliche Untersuchungen, Herstellung in Privathaushalten zum Eigenverbrauch. – 7. *Steuererstattung und -vergütung:* auf Antrag, wenn Kaffee nachweislich aus dem freien Verkehr in ein Steuerlager zurückgenommen wird. – 8. *Steueraufsicht:* Herstellung und Warenverkehr mit Kaffeesteuer unterliegen der Steueraufsicht. Kaffee, für den eine gewerbliche Verwendung anzunehmen ist und für den der Nachweis ordnungsmäßiger Versteuerung oder Steueraussetzung nicht geführt werden kann, kann sichergestellt werden. – 9. *Anzeigepflichten:* bei Einfuhr von Kaffee zu gewerblichen Zwecken aus anderen Mitgliedsstaaten vor Beginn der Beförderung. – 10. *Aufkommen:* rd. 1,1 Mrd. Euro (2007), rd. 1 Mio. Euro (2006), 980,1 Mio. Euro (2003), 1.090,7 Mio. Euro (2002), 1.038,8 Mio. Euro (2001), 1.086,8 Mio. Euro (2000), 1.117,8 Mio. Euro (1995), 986 Mio. Euro (1990), 801 Mio. Euro (1985), 756 Mio. Euro (1980), 647 Mio. Euro (1975), 540 Mio. Euro (1970), 488 Mio. Euro (1965), 352 Mio. Euro (1960), 176 Mio. Euro (1955), 174 Mio. Euro (1950).

kalte Progression → versteckte Progression, → Einkommensbesteuerung.

Kapitalbudget – Erfassung aller *vermögenswirksamen* Maßnahmen der staatlichen Ausgabenpolitik. Budgetdefizite erscheinen als Verringerung des Reinvermögens bzw. des Eigenkapitals. – *Zweck:* Das Kapitalbudget soll Auskunft über die effiziente Verausgabung der finanziellen Mittel geben. – *Nachteil:* Nur Sachanlagen werden erfasst, andere wichtige, nicht vermögenswirksame Investitionsausgaben (Bildungsinvestitionen; Humankapital; Sozialkapital) dagegen nicht. Es besteht die Gefahr, dass die Ausgabenpolitik der

Kapitalertragsteuer

Regierung zu einseitig auf Sachinvestitionen abgestellt wird. - *Gegensatz:* → Laufendes Budget. - Vgl. auch → Haushaltssystematik.

Kapitalertragsteuer – *Zinsabschlagsteuer.*

I. **Steuerrechtliche Regelungen:** 1. *Begriff:* Die Kapitalertragsteuer ist eine bes. Erhebungsform der Einkommensteuer. Ab 2009 gilt mit dem Einbehalt der Kapitalertragsteuer die Einkommensteuer als abgegolten (§ 43 V S. 1 EStG), sofern nicht der bes. Steuersatz nach § 32d II greift oder die Einkünfte einer anderen Einkunftsart zugerechnet werden (§ 43 V S. 2 EStG), d.h. die Kapitaleinkünfte müssen nicht erklärt werden (vgl. auch Abgeltungsteuer). Ist die Kapitalertragsteuer nicht abgezogen worden, findet der bes. Steuersatz nach § 32d I EStG Anwendung; es sei denn, es wurde zu einer Veranlagung optiert (§ 32d VI EStG). - 2. *Höhe:* Für Kapitalerträge, die nach dem 31.12.2008 zufließen, beträgt der Steuersatz der Kapitalertragsteuer grundsätzlich einheitlich 25 Prozent (§ 43a I S. 1 Nr. 1 EStG) zzgl. Solidaritätszuschlag von 5,5 Prozent und ggf. Kirchensteuer von 8 bis 9 Prozent. Der einheitliche Steuersatz wird unabhängig davon erhoben, ob der Schuldner oder der Gläubiger die Kapitalertragsteuer trägt. Der Steuersatz beträgt nur 15 Prozent für Leistungen und Gewinne von Betrieben gewerblicher Art. Für vor dem 31.12.2008 zugeflossene Erträge ergeben sich die Steuersätze aus § 43 i.V. mit § 43a EStG. Die Kapitalertragsteuer liegt hierbei zwischen 10 und 35 Prozent abhängig von der Art der Kapitaleinkünfte zzgl. Solidaritätszuschlag. Bspw. beläuft sich die Kapitalertragsteuer bei Dividenden auf 20 Prozent, bei Zinszahlungen 30 Prozent (sog. „Zinsabschlagsteuer"), bei Tafelgeschäften 35 Prozent. Bei Dividenden ist in Altfällen zu beachten, dass die Kapitalertragsteuer bereits mit Zufluss beim Anteilseigner abzuführen ist. - 3. *Erweiterung der Tatbestandsvoraussetzungen der Kapitalertragsteuer ab 2009:* Die Kapitalertragsteuer wird nunmehr auch bei ausländischen Dividenden erhoben, wenn die auszahlende Stelle im Inland belegen ist (§ 43 I Nr. 6 EStG); darüber hinaus auch bei Veräußerungen von Anteilen an einer Kapitalgesellschaft sowie bei Termingeschäften, wenn die Anschaffung der Wertpapiere nach dem 31.12.2008 vorgenommen wird (§ 43 I Nr. 9-12 EStG). Grundsätzlich unterliegen die vollen Kapitalerträge der Kapitalertragsteuer. Die Besteuerung bei Anteilsveräußerungen wird jedoch nur in Höhe des Gewinns vorgenommen, wenn die Wirtschaftsgüter von der Stelle, die die Kapitalerträge auszahlt, erworben und veräußert werden, sowie seither verwahrt und verwaltet sind (§ 43a II S. 2 EStG). Die Übertragung eines verwalteten Wirtschaftsguts gilt bereits als Veräußerung. Dies gilt jedoch nicht, wenn die Mitteilung erfolgt, dass die Übertragung unentgeltlich war. - 4. Sofern die *Abgeltungswirkung* noch nicht greift, gilt die Kapitalertragsteuer für den unbeschränkt Steuerpflichtigen (Steuerinländern) als Vorauszahlung auf die Einkommensteuer; für den beschränkt Steuerpflichtigen hat sie grundsätzlich eine Abgeltungswirkung. - 5. *Kapitalertragsteueranmeldung:* Ab dem 1.1.2009 ist die elektronische Anmeldung der einbehaltenen Kapitalertragsteuer Pflicht.

II. **Kirchensteuer auf Kapitalertragsteuer:** ab dem Veranlagungszeitraum 2009 beträgt die Kirchensteuer auf Kapitalerträge 8 bzw. 9 Prozent von 25 Prozent der Kapitalertragsteuer. Bei der Berechnung wird die Wirkung des Sonderausgabenabzugs der Kirchensteuer mit einbezogen, sodass sich die Kapitalertragsteuer bei einem Kirchensteuersatz von 9 Prozent von 26,375 Prozent (inkl. Solidaritätszuschlag) auf 24,45 Prozent verringert. Sofern der persönliche Einkommensteuersatz unter 25 Prozent liegt, erhält der Steuerpflichtige eine Erstattung der zu viel einbehaltenen Kirchensteuer bei Durchführung einer Veranlagung.

III. **Geografische Begrenzung:** Die Verpflichtung, dt. Kapitalertragsteuer einzubehalten, kann naturgemäß nur auferlegt werden, wenn sich der Gläubiger oder eine Zahlstelle im Inland befinden. Jedoch finden sich bei ausländischen Zahlungen meist auch im Ausland Bestimmungen über die Einbehaltung einer dortigen Kapitalertragsteuer; diese kann dann nur nach den Bestimmungen der Doppelbesteuerungsabkommen herabgesetzt oder bis zur Höhe der anteiligen dt. Steuer auf die dt. Einkommensteuerschuld angerechnet (aber nicht erstattet) werden. Dabei ist zu beachten, dass ausländische Steuern ab dem Veranlagungszeitraum 2009 maximal in Höhe von 25 Prozent der Kapitalerträge anrechenbar sind, sodass keine Erstattung erfolgt. Die bisherige länderbezogene Anrechnung (per country limitation) kommt in diesen Fällen nicht mehr zu Anwendung.

IV. Möglichkeiten zur Vermeidung der Kapitalertragsteuer: Sind die Kapitalerträge in Deutschland nicht steuerpflichtig, so kann die Einbehaltung dt. Kapitalertragsteuern von vornherein vermieden werden, wenn der Empfänger der Kapitalerträge dem Auszahlenden zuvor eine entsprechende amtliche Bescheinigung vorlegt (Nichtveranlagungsbescheinigung, § 44a II EStG), einen Freistellungsauftrag erteilt (§ 44a II EStG) oder – als Steuerausländer – eine Freistellung im Steuerabzugsverfahren (§ 50d EStG) beantragt; darüber hinaus kann im Fall der Mutter-Tochter-Richtlinie der EU die Kapitalertragsteuer gemäß § 43b EStG vermieden werden. In bestimmten Fällen kommt auch eine nachträgliche Erstattung der Kapitalertragsteuer in Betracht (§§ 44b, 44c, 50d EStG). – Ist der Empfänger der Zahlung steuerbefreit oder ist offensichtlich, dass seine Einkünfte zu keiner Einkommensteuerschuld führen werden, so kann die Kapitalertragsteuer anstelle durch Einzelantrag des Steuerpflichtigen beim Bundesamt für Finanzen auch aufgrund eines Sammelantrags seines Kreditinstituts vermieden werden.

V. Aufkommen: nicht veranlagte Steuern vom Ertrag (davon Zinsabschlag): 14,4 Mrd. Euro (2007, davon Zinsabschlag: 10,7 Mrd. Euro), 11,9 Mrd. Euro (2006, davon Zinsabschlag: 7,6 Mrd. Euro), 12,1 Mrd. Euro (2005, davon Zinsabschlag: 7,0 Mrd. Euro), 12,0 Mrd. Euro (2004, davon Zinsabschlag 6,8 Mrd. Euro), 11,9 Mrd. Euro (2003, davon Zinsabschlag: 7,6 Mrd. Euro), 13,7 Mrd. Euro (2002, davon Zinsabschlag: 8,5 Mrd. Euro), 12,9 Mrd. Euro (2001, davon Zinsabschlag: 6,9 Mrd. Euro), 8,4 Mrd. Euro (2000, davon Zinsabschlag: 5,4 Mrd. Euro).

Kapitalverkehrsteuern → Verkehrsteuern, die den Kapitalverkehr unter Lebenden erfassen. – In der *Bundesrepublik Deutschland* wurden zuletzt nur noch die → Gesellschaftsteuer und die → Börsenumsatzsteuer erhoben; beide geregelt im Kapitalverkehrsteuergesetz (KVStG) und der Kapitalverkehrsteuer-Durchführungsverordnung (KVStDV). Die Gesellschaftsteuer wurde zum 1.1.1992, die Börsenumsatzsteuer zum 1.1.1991 abgeschafft.

Kaskadensteuer – *Lawinensteuer*; Steuer, die auf mehreren Stufen erhoben wird; führt zur Steuer von der Steuer (→ Kaskadenwirkung), z.B. bei der Brutto-Allphasenumsatzsteuer (→ Allphasenumsatzsteuer).

Kaskadenwirkung – *Lawinenwirkung*; Steuerwirkung, die darauf beruht, dass auf jeder Handelsstufe die Steuer im Ankaufspreis enthalten ist, der seinerseits bei jedem weiteren Verkaufsakt die neue Bemessungsgrundlage für die Preiskalkulation bildet. – *Anders:* → Kumulativwirkung.

Kassenbudget – Erfassung der tatsächlichen Einnahmen und Ausgaben des Staates; streng auf den Jahresabschluss abgestellt (→ Haushaltssystematik). – *Gegensatz:* → Zuständigkeitsbudget.

Kassenverstärkungskredit → schwebende Schulden, → öffentliche Kreditaufnahme.

Kinderbetreuungskosten – Aufwendungen, die zur Betreuung eines Kindes entstehen, konnten bis 1999 nur von Alleinstehenden geltend gemacht werden. Der Abzug als → außergewöhnliche Belastung wurde

Kinderfreibetrag

infolge eines Urteils des Bundesverfassungsgerichts vom 10.11.1998 (2 BvR 1057/91; Benachteiligung von Ehe und Familie) seit 2000 bis 2005 durch einen einheitlichen Betreuungsfreibetrag für jedes Kind ersetzt. – Ab dem Veranlagungszeitraum 2011 können Aufwendungen für Dienstleistungen zur Betreuung eines zum Haushalt des Steuerpflichtigen gehörenden Kindes in Höhe von zwei Drittel der Aufwendungen, höchstens 4.000 Euro je Kind, unter gewissen Voraussetzungen als Sonderausgaben geltend gemacht werden (§ 9c EStG, § 10 Abs. 1 Nr. 5 EStG). Voraussetzungen sind, dass beide Elternteile erwerbstätig sind und die Kinder zwischen 0 und 14 Jahren alt sind bzw. wegen einer vor Vollendung des 25. Lebensjahres eingetretenen körperlichen, geistigen oder seelischen Behinderung außerstande sind, sich selbst zu unterhalten. Aufwendungen für Unterricht, die Vermittlung bes. Fähigkeiten sowie für sportliche und andere Freizeitbetätigungen stellen keine abzugsfähigen Betreuungskosten dar. Voraussetzung für die steuerliche Anerkennung ist, dass die Aufwendungen durch Vorlage einer Rechnung und Zahlung auf das Konto des Erbringers nachgewiesen werden können.

Kinderfreibetrag – vom → Einkommen abzuziehender → Freibetrag, der für jedes zu berücksichtigende Kind des Steuerpflichtigen gewährt wird, wenn nicht die Inanspruchnahme von Kindergeld günstiger ist. Der Kinderfreibetrag berücksichtigt im Rahmen des → Familienleistungsausgleichs die Aufwendungen für den Unterhalt und die Berufsausbildung von Kindern (zusammen mit dem Freibetrag für den Betreuungs- und Erziehungs- oder Ausbildungsbedarf). Er beträgt 1.320 Euro für das sächliche → Existenzminimum des Kindes, bei Zusammenveranlagung von Ehegatten 2.640 Euro, wenn das Kind zu beiden Ehegatten in einem Kindschaftsverhältnis steht (§ 32 VI EStG). Der Kinderfreibetrag beläuft sich ab dem Veranlagungszeitraum 2010 auf 2.184 Euro bzw. 4.368 Euro. Bei der Veranlagung wird von Amts wegen geprüft, ob der Kinderfreibetrag für den Steuerpflichtigen günstiger ist als das Kindergeld (§§ 62–78 EStG).

Kirchenfiskus – 1. *Ursprünglich:* Kirchenvermögen. – 2. *Heute:* Synonym für die Kirchen als besteuernde Institutionen (→ Kirchensteuer). Aufgrund dieses Rechts wird die Kirche zu den → Parafisci gerechnet.

Kirchensteuer – eine zur Deckung des allg. Kirchenbedarfs von steuerberechtigten Religionsgemeinschaften erhobene Steuer. – 1. *Höhe und Bemessungsgrundlage:* In den einzelnen Bundesländern verschieden; i.d.R. besteht die Kirchensteuer in einem Prozentsatz der Einkommensteuer bzw. → Lohnsteuer (zz. 8 oder 9 Prozent, bei Pauschalierung der Lohnsteuer 7 bis 9 Prozent) unter Berücksichtigung von Kinderfreibeträgen; höchstens jedoch ein bestimmter Prozentsatz des Einkommens (ca. 2,75-3 Prozent; sog. *Kirchensteuerkappung*). – 2. *Erhebung:* a) *Allgemein:* Von Arbeitnehmern wird die Kirchensteuer im Lohnabzugsverfahren einbehalten, überzahlte Beträge werden im → Lohnsteuer-Jahresausgleich durch den Arbeitgeber oder bei der Veranlagung zur Einkommensteuer durch das Finanzamt ausgeglichen. – b) *Glaubensverschiedene Ehen* (nur ein Ehegatte gehört einer steuererhebenden Religionsgemeinschaft an): Berechnung der Kirchensteuer nicht nach den zusammengerechneten Einkünften der Ehegatten (Grundsatz der Individualbesteuerung); maßgebend dürfen nur die tatsächlichen Einkünfte des steuerpflichtigen Ehegatten sein. Regelung in den Kirchensteuer-Gesetzen. – c) *Konfessionsverschiedene Ehen* (Ehegatten gehören verschiedenen steuererhebenden Religionsgemeinschaften an): Bei Zusammenveranlagung gilt der Halbteilungsgrundsatz, d.h. zur Errechnung der Kirchensteuer kann die gemeinsame Einkommensteuer halbiert und auf jede Hälfte die volle Kirchensteuersatz der entsprechenden Religionsgemeinschaft erhoben werden. Bei betragsmäßiger Übereinstimmung der jeweiligen Steuersätze der

Religionsgemeinschaften kann die Kirchensteuer zunächst so errechnet werden, als ob beide Ehegatten der gleichen Gemeinschaft angehörten und dann auf jede der beteiligten Gemeinschaften aufgeteilt werden. – 3. *Abzugsfähigkeit:* Gezahlte Kirchensteuern sind in vollem Umfange als → Sonderausgaben abzugsfähig.

Klubtheorie → ökonomische Theorie des Clubs.

Kollektivgut → öffentliches Gut.

Kommunalabgaben – aufgrund eigener → Finanzhoheit von den Gemeinden und Gemeindeverbänden erhobene → Abgaben, i.d.R. Grundlage der → Gemeindefinanzen. Zu den Kommunalabgaben gehören u.a. die → Gemeindesteuern, Gebühren (Müllgebühren), Beiträge und die sonstigen an die Gemeinden zu entrichtenden Abgaben (z.B. Konzessionsabgaben). Die entsprechenden Kommunalabgabengesetze sind zu beachten.

kommunale Gebietsreform – Neuabgrenzung der Gemeinden und Gemeindeverbände, die v.a. 1968 bis 1978 in der Bundesrepublik Deutschland zwecks Erhöhung der Verwaltungseffizienz durchgeführt. Formen der Gebietsreform sind a) Gemeindeteilungen, b) Gemeindezusammenschlüsse und c) Gemeindeschlüsseländerungen. Ziel war es, die Lebensbedingungen der ländlichen Bevölkerung an die der Stadt anzugleichen. In diesem Zuge wurde v.a. auf die Stärkung der ländlichen Gemeinden geachtet und besonderes Augenmerk auf die Ballungsräume gelegt.

kommunaler Finanzausgleich – Summe der (vertikalen) Finanzbeziehungen zwischen einem Bundesland und seinen Gemeinden und Gemeindeverbänden und der (horizontalen) Finanzbeziehungen zwischen den Gemeinden und Gemeindeverbänden untereinander. – 1. *Vertikaler Finanzausgleich zwischen Land und Gemeinden:* Zwischen einem Land und seinen Gemeinden ist ein exakter rechnerischer Ausgleich von → Finanzbedarf und → Finanzkraft nicht möglich. Der Ausgleich wird daher vom Grundgesetz lediglich pauschal geregelt. Art. 106 VII GG bestimmt: Von dem Länderanteil am Gesamtaufkommen der Gemeinschaftsteuern fließt den Gemeinden und Gemeindeverbänden insgesamt ein von der Landesgesetzgebung zu bestimmender Hundertsatz zu. Die Höhe dieser Beteiligungsquote (→ Steuerverbundquote) ist von Land zu Land unterschiedlich, weil auch die Aufgabenverteilung zwischen beiden Ebenen von Land zu Land variiert. – 2. *Horizontaler Finanzausgleich zwischen Gemeinden:* Auch die Finanzausstattungen der einzelnen Gemeinden weisen große Unterschiede auf. Der deswegen notwendige Finanzausgleich erfolgt wiederum als vertikaler Ausgleich mit horizontalem Effekt; Ausgleichsmasse ist die Beteiligungsquote an den Ländersteuereinnahmen. – Das *Verfahren* beginnt wiederum mit der Ermittlung des Finanzbedarfs, ausgedrückt in der Bedarfsmesszahl oder → Ausgleichsmesszahl. Diese basiert auf der (in vielen Bundesländern nach Größenklassen gewichteten) Einwohnerzahl der einzelnen Gemeinde (Hauptansatz) zzgl. evtl. Ergänzungsansätze (z.B. Zahl der Schüler). Der so ermittelte Gesamtansatz wird mit dem → Grundbetrag multipliziert, einer Geldgröße, die sich aus dem insgesamt zur Verfügung stehenden Zuweisungsvolumen ergibt. Bei der Berechnung der originären Finanzkraft der Gemeinden werden nur die wichtigsten Steuereinnahmen der Gemeinden berücksichtigt. Mit landeseinheitlichen → Hebesätzen wird daraus eine fiktive → Steuerkraftmesszahl berechnet. Bedarfsmesszahl und Steuerkraftmesszahl werden gegenübergestellt. Die Differenzen werden durch → Schlüsselzuweisungen (teilweise) ausgeglichen. Das Ausgleichsmaß ist von Land zu Land unterschiedlich. Neben diesen Ausgleichszuweisungen bestehen diskretionär vergebene → Bedarfszuweisungen an die Ausgleichsstockgemeinden sowie vielfältige Lenkungszuweisungen, durch die die Länder das Ausgabengebaren der Gemeinden zu beeinflussen versuchen, mit denen z.T. aber auch eine weitere Verringerung der kommunalen Finanzkraftunterschiede angestrebt wird. – Vgl. auch → Finanzausgleich.

Kommunalsteuern → Gemeindesteuern.

Kommunalsteuersystem → Gemeindesteuersystem.

Kommunalverschuldung – Kapitalbeschaffung der Gemeinden und Gemeindeverbände, denen der direkte Weg zur Notenbank und meist auch der zum organisierten Kapitalmarkt versperrt ist; daher vorwiegend durch Direktkredite (meist in Form von Schuldscheindarlehen). – *Schuldenpolitische Sonderregelungen für Gemeinden:* (1) Sie dürfen Kredite nur dann aufnehmen und in den → Vermögenshaushalt einstellen, wenn eine andere Finanzierung nicht möglich oder wirtschaftlich unzweckmäßig ist, und nur für genau definierte Zwecke (Investitionen, Investitionsförderung, Umschuldung). (2) Der Gesamtbetrag der Kreditaufnahme bedarf der Genehmigung durch die Kommunalaufsicht und ist zu versagen, wenn die kommunale Verschuldung zu der dauernden Leistungsfähigkeit der Gemeinden im Widerspruch steht. – Vgl. auch → öffentliche Kreditaufnahme, → Haushaltssystematik, → Haushaltssatzung, → Verschuldungsgrenze.

konjunkturelles Defizit – der Teil des Gesamtdefizits der öffentlichen Haushalte, der eindeutig konjunkturell entstanden ist, v.a. über konjunkturbedingte Steuerausfälle auf der Einnahmenseite des Haushalts (z.B. geringe Gewerbesteuer durch verminderte Produktion), aber auch durch induzierte Mehrausgaben (z.B. an die Bundesagentur für Arbeit). – *Gegensatz:* → strukturelles Defizit.

Konkurrenzsystem – Regelungsform der → Steuerertragshoheit zwischen öffentlichen Aufgabenträgern im aktiven Finanzausgleich. Beim Konkurrenzsystem kann jeder Aufgabenträger nach Belieben auf jede Einnahmequelle zugreifen und Bemessungsgrundlage, Abgabepflicht, Tarifverlauf und -niveau frei wählen. Das Konkurrenzsystem bietet einerseits den Aufgabenträgern damit das höchste Maß an Einnahmeautonomie, erlaubt andererseits keine Koordination der Einnahmewirkungen der gesamten öffentlichen Hand. – Vgl. auch → Mischsystem, → Trennsystem.

Konnexitätsprinzip – verfassungsrechtliche und finanzwissenschaftliche Regel, nach der die Kosten für die Erfüllung einer öffentlichen Aufgabe (→ Finanzierungshoheit) von demjenigen Aufgabenträger zu tragen sind, der über Art und Intensität der Aufgabenerfüllung entscheidet („wer bestellt, bezahlt"). – Die *Anwendung* des Konnexitätsprinzips (in der Praxis) ist wegen der nicht kongruenten Aufteilung von Gesetzgebungskompetenz und → Verwaltungshoheit (→ Politikverflechtung) und wegen der Existenz von → Gemeinschaftsaufgaben häufig schwierig und führt zu politischen Auseinandersetzungen zwischen den beteiligten Aufgabenträgern. – In den Bundesländern mittlerweile im Verhältnis zwischen Land und Kommunen, denen vom Land öffentliche Aufgaben übertragen werden, die zu Kosten bei den Kommunen führen, weitgehend eingeführt. So lautet etwa Art. 71 III Satz 1-3 der Landesverfassung von Baden-Württemberg: „Den Gemeinden oder Gemeindeverbänden kann durch Gesetz die Erledigung bestimmter bestehender oder neuer öffentlicher Aufgaben übertragen werden. Gleichzeitig sind Bestimmungen über die Deckung der Kosten zu treffen. Führen diese Aufgaben, spätere vom Land veranlasste Änderungen ihres Zuschnittes oder der Kosten aus ihrer Erledigung oder spätere vom Land nicht veranlasste Änderungen der Kosten aus der Erledigung übertragener Pflichtaufgaben nach Weisung zu einer wesentlichen Mehrbelastung der Gemeinden oder Gemeindeverbände, so ist ein entsprechender finanzieller Ausgleich zu schaffen."

Konsolidierung – *Konsolidation*.

I. Finanzwissenschaft: Begrenzung und Rückführung von öffentlichen → Defiziten in den Haushalten der Gebietskörperschaften und → Parafisci (Haushaltskonsolidierung).

II. Betriebswirtschaftslehre: 1. Transformation von Schulden in Eigenkapital oder langfristige Verbindlichkeiten.*Anders:* Sanierung. – 2. Aufrechnung konzerninterner Vorgänge (z.B. Beteiligungen, interne Warenströme).Vgl. auch Konzernabschluss.

III. Bankwesen: Zusammenziehung unterschiedlicher Anleihen zu einer einheitlichen; auch als *Unifizierung* bezeichnet.

Kontrollsteuern – 1. *Begriff:* Kontrollsteuern dienen zur Bekämpfung illegaler Steuerzuwiderhandlungen: Eine Steuer gibt Anhaltspunkte für die Erfüllung der Steuerpflicht bei einer anderen. – 2. *Formen:* a) *Materialsteuer:* Bei ihrer Erhebung werden Tatbestände bekannt, die der Verwaltung Hinweise für die Erfüllung der Steuerpflicht bei anderen Steuern bieten. – *Beispiel:* Mehrwertsteuer gibt bes. bei Kleinunternehmen Anhaltspunkte auf den Gewinn des Unternehmens. – b) *Zangensteuern:* wirken auf grobe Formen der Steuertäuschung. So kontrolliert die → Erbschaftsteuer nachträglich die Erfüllung der Einkommensteuer des Erblassers.

kooperativer Föderalismus – Mitte der 1960er-Jahre in der Bundesrepublik Deutschland entstandener und durch die sog. Troeger-Kommission formulierter Begriff zur Beschreibung der (damals zunehmenden) Tendenz und Neigung, öffentliche Aufgaben durch Bund und Länder gemeinsam zu erfüllen (→ Gemeinschaftsaufgaben). – Der Gedanke des kooperativen Föderalismus fand in Form der Art. 91a, 91b und 104a IV GG seinen Niederschlag in der Finanzverfassung.

Körperschaftsteuer – I. Charakterisierung: Erstmals erging 1920 im Rahmen der → Erzbergerschen Finanzreform (1919/1920) ein Körperschaftsteuergesetz. – *Zweck* der Körperschaftsteuer ist die Besteuerung des → zu versteuernden Einkommens der Kapitalgesellschaften oder anderer juristischer Personen oder nicht-rechtsfähiger Vereine und Zweckvermögen des Privatrechts und der Betriebe gewerblicher Art von juristischen Personen des öffentlichen Rechts. Gewinnermittlung nach den Vorschriften des EStG und des KStG. – Mit der Einführung des → körperschaftsteuerlichen Anrechnungsverfahrens (→ Körperschaftsteuersystem) zum 1.1.1977 (sog. *Körperschaftsteuerreform*) wurde die bisherige Doppelbelastung ausgeschütteter Gewinne mit Einkommen- und Körperschaftsteuer aufgehoben und durch eine Einfachbelastung entsprechend den individuellen Gegebenheiten des begünstigten Anteilseigners ersetzt. Die Körperschaftsteuer als eigenständige Steuer wurde nicht beseitigt, sondern die volle Anrechnung der Körperschaftsteuerbelastung der ausgeschütteten Gewinnanteile eingeführt. Durch das Steuersenkungsgesetz 2001 wurde sodann aus europarechtlichen Gründen auf ein neues Verfahren, das Halbeinkünfteverfahren, umgestellt, mit dem die wirtschaftliche Doppelbelastung aus KSt und ESt auf andere Weise als bisher beseitigt wurde. Der Grundgedanke des neuen Systems bestand darin, dass die Körperschaftsteuer etwa in Höhe der halben Einkommensteuerspitzenbelastung erhoben wurde (anfänglicher KSt-Satz im neuen System 25 Prozent), und auf der Ebene der Einkommensteuer die Dividende dann nur noch zur Hälfte steuerlich erfasst wurde, sodass „im Großen und Ganzen" die Gesamtbelastung einer Investition im Bereich der Kapitalgesellschaften letztendlich einer Einmalbelastung der Gewinne im Bereich der Einzel- und Personenunternehmen in etwa entsprach. – Mit der *Unternehmensteuerreform 2008* blieb das System als solches im Grundsatz unverändert; allerdings wird seitdem die Gewichtung zwischen der KSt-Ebene und der Einkommensteuer-Ebene anders verteilt: Als Körperschaftsteuer werden seit 2008 nur noch 15 Prozent verlangt (in etwa 40 Prozent der regulären Gesamtbelastung von Gewinnen bei einkommensteuerpflichtigen Unternehmen), bei der späteren Ausschüttung der Nettogewinne als Dividende werden dann entweder 60 Prozent der Dividende noch steuerlich berücksichtigt (im Bereich von Dividenden, die zu Betriebseinkünften gehören) oder die Belastung der Dividende wird in noch stärker pauschalierter Form erhoben, indem der Steuersatz einheitlich auf 25 Prozent festgesetzt wird (im privaten Bereich, d.h. bei Erfassung unter den „Einkünften aus Kapitalvermögen"). Seitdem spricht man, wo Dividenden nicht mehr halb, sondern zu einem Anteil von 60 Prozent steuerlich erfasst werden, nicht mehr vom Halbeinkünfteverfahren, sondern vom Teileinkünfteverfahren; für die weitergehende Vereinfachung, bei privaten Einkünften den Steuersatz auf 25 Prozent der Einnahme zu pauschalieren, hat sich der Begriff Abgeltungsteuer durchgesetzt.

II. Geltende Körperschaftsteuer: 1. *Gesetzliche Grundlagen:* Körperschaftsteuergesetz (KStG) i.d.F. vom 15.10.2002 (BGBl. I 4144) m.spät.Änd. und die Körperschaftsteuer-Durchführungsverordnung (KStDV). – Die Körperschaftsteuer ist eine → Gemeinschaftsteuer. – 2. *Steuerpflicht:* a) beginnt und endet im Prinzip mit der Rechtsfähigkeit juristischer Personen: (1) *Beginn* mit Vertragsabschluss. (2) *Ende* mit der völligen Abwicklung, bei Kapitalgesellschaften mit Ausschüttung des Vermögens, frühestens mit Ablauf des Sperrjahres. – b) *Umfang:* (1) Unbeschränkte Steuerpflicht: sämtliche Einkünfte bei Kapitalgesellschaften, Erwerbs- und Wirtschaftsgenossenschaften, Versicherungsvereinen auf Gegenseitigkeit, sonstigen juristischen Personen des privaten Rechts, nicht rechtsfähigen Vereinen, Stiftungen, Anstalten, Zweckvermögen, Betrieben gewerblicher Art von juristischen Personen des öffentlichen Rechts, die Sitz oder Geschäftsleitung im Inland haben. Bei nicht rechtsfähigen Personenvereinigungen, Anstalten, Stiftungen und Zweckvermögen nur dann, wenn deren Einkommen weder nach dem KStG noch nach dem EStG unmittelbar bei einem anderen Steuerpflichtigen zu versteuern ist. (2) → Beschränkte Steuerpflicht: inländische Einkünfte bei Körperschaften, Personenvereinigungen und Vermögensmassen, die weder ihre Geschäftsleitung noch ihren Sitz im Inland haben, bzw. die aus sonstigen Gründen nicht unbeschränkt Steuerpflichtig sind (§ 2 KStG i.V. mit § 49 EStG). – 3. *Steuerbefreiung:* a) *Subjektive:* z.B. ganz oder teilweise namentlich bei gewissen Unternehmen des Bundes, bei Staatsbanken, bei Verfolgung kirchlicher, gemeinnütziger oder mildtätiger Zwecke, bei sozialen Kassen, bei Berufsverbänden, bei öffentlich rechtlichen Versicherungs- und Versorgungseinrichtungen von Berufsgruppen (§ 5 KStG). – b) *Objektive:* Mitgliederbeiträge rechtsfähiger und nicht rechtsfähiger Personenvereinigungen (§ 8 V KStG) Dividenden und Gewinne aus der Veräußerung von Anteilen an anderen Körperschaften (§ 8b KStG). – 4. *Besteuerungsgrundlage:* a) Nach § 7 I KStG bemisst sich die Körperschaftsteuer nach dem → zu versteuernden Einkommen, das sich aus dem → Einkommen, vermindert um die Freibeträge für bestimmte Körperschaften und Erwerbs- und Wirtschaftsgenossenschaften sowie Vereine, die Land- und Forstwirtschaft betreiben, errechnet (§ 7 II KStG); das Einkommen wiederum ermittelt sich nach den Bestimmungen des EStG und den bes. Vorschriften des KStG (Einkommensermittlung). Für unbeschränkt steuerpflichtige Körperschaften, die nach den Vorschriften des HGB zur Führung von Büchern verpflichtet sind, gelten alle Einkünfte als Einkünfte aus Gewerbebetrieb (→ Einkommen). – b) Während einer Übergangszeit bis zum 31.12.2006 waren für die Bemessung der Körperschaftsteuer auch die *Gewinnausschüttungen* relevant, soweit sie aus in der Geltungszeit des körperschaftsteuerlichen Anrechnungsverfahrens gebildeten Rücklagen vorgenommen wurden. Es kam mit Ausnahme des sog. Moratoriums zu einer Körperschaftsteuerminderung in Höhe von 1/6 der ausgeschütteten Dividenden, solange das aus der Zeit des alten Systems verbliebene Körperschaftsteuerguthaben noch zur

Finanzierung dieser Minderung ausreichte (Einschränkungen: Körperschaftguthaben), bzw. zu einer Körperschaftsteuererhöhung, soweit die Gewinnausschüttungen auf das sog. EK 02 zurückgingen (Nachversteuerung der Ausschüttung; Herstellung der Ausschüttungsbelastung von 30 Prozent). Letztmalig zum 31.12.2006 wurde der Bestand des EK 02 und des Körperschafsteuerguthabens festgestellt. In 2007 wird keine KSt-Minderung bzw. KSt-Erhöhung bei Ausschüttungen vorgenommen. Seit 2008 soll nunmehr eine ratierliche Auszahlung des Körperschaftsteuerguthabens in zehn gleichen Jahresraten erfolgen. Analog hierzu ist ein pauschaler Erhöhungsbetrag aus dem EK 02 in zehn unverzinslichen Jahresraten an das zuständige Finanzamt zu zahlen. – 5. *Steuertarif:* Seit Einführung des Halbeinkünfteverfahrens existiert im Rahmen der Körperschaftsteuer nur noch ein Steuersatz, und zwar 15 Prozent (bis 31.12.2007: 25 Prozent); bes. Steuersätze wie z.B. Betriebsstättensteuersatz und abweichender Steuersatz für Ausschüttungsbelastung sind entfallen. – 6. *Steuerfestsetzung und -erhebung:* a) Die *festzusetzende Körperschaftsteuer* ergibt sich aus dem zu versteuernden Einkommen multipliziert mit dem Steuersatz, korrigiert um die Änderungen, die sich wegen Körperschaftsteuererhöhung und -minderung ergeben können. – b) Für die *Veranlagung und Entrichtung* der Körperschaftsteuer sind die einkommensteuerlichen Vorschriften entsprechend anzuwenden. Auf die festgesetzte Körperschaftsteuer werden angerechnet (1) die Vorauszahlungen des Veranlagungszeitraums, (2) die einbehaltene → Kapitalertragsteuer, (3) die anzurechnende Körperschaftsteuer und (4) die anzurechnenden festgesetzten und entrichteten ausländischen Körperschaftsteuern (§ 26 I KStG).

III. Finanzwissenschaftliche Beurteilung: 1. *Charakteristik* und *Steuersystematik:* a) *Grundlegend:* Zur theoretischen Grundlegung der Körperschaftsbesteuerung vgl. → Unternehmensbesteuerung. Danach ist gemäß der *Integrationstheorie* eine Körperschaftsteuer überflüssig, weil die Besteuerung der Körperschaftserträge in die → Einkommensbesteuerung zu integrieren sei. Gemäß der *Separationstheorie* aber sei die Körperschaftsteuer als eine Sondersteuer auf Erträge juristischer Personen, in Sonderheit der Kapitalgesellschaften, immer zu erheben wegen ihrer bes. Leistungsfähigkeit. Die bis 2000 geltende Körperschaftsteuer von 1977 ist zwar der Separationstheorie folgend eine *Sondersteuer* auf die Rechtsform der Unternehmung, aber keine auf ökonomischen Vorstellungen beruhende *allg. Unternehmensteuer,* denn sie erfasst nicht alle in einer Wirtschaftseinheit anfallenden Gewinne und Kapitaleinkünfte; sie ist ferner keine reine Einkommensteuer. Vielmehr hält sie einen Mittelweg ein und vereinigt zwei gänzlich verschiedene Steuern in sich: eine Teilgewinn- oder Sonderunternehmungsteuer und eine Quellensteuer der Einkommensteuer. – b) *Steuersätze:* Im Anrechnungsverfahren (bis 2000) waren die zwei Steuersätze unterschiedlicher Höhe Ausdruck völlig verschiedener Steuerarten: (1) Der *Regelsteuersatz* in Höhe von 40 Prozent war eine „Personensteuer" allenfalls in rechtsformaler Hinsicht, nämlich als Besteuerung der „juristischen Personen". (2) Demgegenüber war der *Ausschüttungssteuersatz* in Höhe von 30 Prozent auch ökonomisch eine Personensteuer, da das Anrechnungsverfahren die Überleitung dieser Steuer in die persönliche Einkommensteuer herstellte. Das gilt letztlich auch für Beteiligungsverhältnisse, bei denen die Ausschüttungssteuer zunächst auf die Körperschaftsteuer angerechnet wird. Die Ausschüttungssteuer ist letztlich eine Gliedsteuer der Einkommensteuer (→ mehrgliedrige Steuer), erhoben als *Quellensteuer.* – c) → Bemessungsgrundlage: Steuergegenstand der Körperschaftsteuer mit dem Regelsteuersatz ist der Unternehmensgewinn, bemessen nach dem „zu versteuernden Einkommen" des Einkommensteuergesetzes. Das macht aber die Körperschaftsteuer keineswegs zur „Einkommensteuer der juristischen Personen". Ökonomisch ist die Körperschaftsteuer eine → Ertragsteuer. Das → Leistungsfähigkeitsprinzip spielt bei ihr keine Rolle. Im Ergebnis kann man die Körperschaftsteuer als *Ertragsteuer auf das zu versteuernde Einkommen des Einkommensteuergesetzes* definieren. – 2. *Wirkungen:* Die Wirkungen der Körperschaftsteuer auf die Verhaltensweisen der Wirtschaftssubjekte und auf die gesamtwirtschaftlichen Größen sind v.a. unter dem Aspekt der Reformziele zu beurteilen, die man mithilfe des Anrechnungsverfahrens und der Steuersatzfestlegung erreichen wollte: a) Die Selbstfinanzierung war wegen des hohen Steuersatzes (bis 1977: 50 Prozent) unter bestimmten Umständen teurer als bei Anwendung des Einkommensteuergesetzes. – b) *Kapitalmarktpolitisch* versprach die Beseitigung der Zweifachbelastung über die Finanzierungsstrategie der „Schütt-aus-hol-zurück-Politik" eine günstige Entwicklung der *Eigenkapitalbildung* in den Unternehmen und zugleich der vermehrten und gleichmäßigeren *Vermögensbildung* in privater Hand; dieser Erfolg hat sich nicht eingestellt, obgleich die Ausschüttungsbelastung bei einigen Anteilseignern je nach Ausschüttungsbetrag und Grenzsteuersatz günstiger war. – c) Der → Ausländereffekt wurde dadurch eingeschränkt, dass der Ausschüttungssteuersatz von 15 auf 36 Prozent erhöht (seit 1994 galt ein Steuersatz von 30 Prozent) wurde. Der negative Ausländereffekt erhöhte sich durch die gleichzeitig erhobene Kapitalertragsteuer. – d) Nach wie vor ist die Körperschaftsteuer keine *rechtsformneutrale* Steuer, wobei der Kapitalgesellschaft eine von vornherein höhere Ertragsfähigkeit als anderen Rechtsformen unterstellt wird. Jedoch hängt die Ertragsfähigkeit von vielen ökonomischen Faktoren ab. Dem Gebot der Allokationsneutralität der Besteuerung entspräche es, die bes. Ertragsleistung nicht durch höhere Steuern zu demotivieren. – e) Hinsichtlich der *Überwälzung* der Körperschaftsteuer in den Preisen liegen widersprüchliche Berechnungsergebnisse und Annahmen vor; tendenziell wird unterstellt, dass die Körperschaftsteuer überwälzbar ist. – f) Als Maßnahme der *Verteilungspolitik* erscheint die Körperschaftsteuer ungeeignet, da sich das Aktiensparen generell nicht durchgesetzt hat. – g) Die Körperschaftsteuer gilt wie die Einkommensteuer als Instrument der *Konjunkturpolitik* bzw. Stabilisierungspolitik. – 3. Die *Ertragshoheit* der Körperschaftsteuer besitzen Bund und Länder (→ Gemeinschaftsteuern).

IV. Aufkommen: 16,7 Mrd. Euro (2008), 23,7 Mrd. Euro (2007), 22,9 Mrd. Euro (2006), 16,33 Mrd. Euro (2005), 8.275,2 Mio. Euro (2003), 2.864,1 Mio. Euro (2002), – 425,6 Mio. Euro (2001), 23.574,8 Mio. Euro (2000), 9.272,7 Mio. Euro (1995), 15.384,9 Mio. Euro (1990), 16.277 Mio. Euro (1985), 10.902 Mio. Euro (1980), 5.141 Mio. Euro (1975), 4.456 Mio. Euro (1970), 4.177 Mio. Euro (1965), 3.329 Mio. Euro (1960), 1.591 Mio. Euro (1955), 741 Mio Euro (1950).

körperschaftsteuerliches Anrechnungsverfahren – Vollanrechnungssystem (→ Körperschaftsteuersystem), das mit der Steuerreform 2000 durch das Halbeinkünfteverfahren (heute: Teileinkünfteverfahren) abgelöst wurde.

I. Grundlagen: 1. *Ziel:* Mit der Einführung des körperschaftsteuerlichen Anrechnungsverfahrens verfolgte der Gesetzgeber die Zielsetzung, die Mehrfachbelastung des Einkommens von Körperschaften exakt zu beseitigen und die ausgekehrten Gewinnanteile ausschließlich mit dem individuellen Einkommensteuersatz der begünstigten Anteilseigner zur Steuer heranzuziehen. Zur Erreichung dieser Zielsetzung, die gegenüber der früheren Konzeption (KStG 1975) zu einschneidenden Änderungen auf der Gesellschafts- und Gesellschafterebene führte, hat sich der Gesetzgeber eines Systems der Vollanrechnung mit gespaltenem Steuersatz bedient. – 2. Das Anrechnungsverfahren war gekennzeichnet durch *vier Grundentscheidungen:* a) Der Steuersatz betrug im Regelfall 40 Prozent (letzter Wert; zunächst 56

Prozent, dann 50 Prozent und 45 Prozent) und war auf das zu versteuernde Einkommen anzuwenden. – b) Die Belastung ausgeschütteter Gewinne auf der Gesellschaftsebene belief sich auf 30 Prozent (zunächst 36 Prozent) vor Abzug der Körperschaftsteuer (Ausschüttungsbelastung). – c) Diese Ausschüttungsbelastung wurde auf der Gesellschafterebene auf die Einkommen- oder Körperschaftsteuer der Anteilseigner angerechnet, d.h. faktisch wurde die Körperschaftsteuer der Gesellschaft bei der Ausschüttung der Gewinne an die Anteilseigner diesen vom Finanzamt wieder zurückgezahlt. Dies geschah dergestalt, dass den Anteilseignern zusätzlich zur Bardividende eine Bescheinigung zur Vorlage beim Finanzamt ausgehändigt wurde, aus der sich ergab, wie hoch der zusätzlich zur Bardividende noch anzurechende KSt-Betrag ausfallen musste. – d) Es wurde jedoch von der Bardividende auch noch → Kapitalertragsteuer einbehalten und ebenfalls bei der Veranlagung vom Finanzamt angerechnet. – 3. *Wirkung:* Das körperschaftsteuerliche Anrechnungsverfahren bewirkte, dass die Körperschaftsteuer ihren eigenständigen Charakter nicht verlor und als Aufwandsposition auf der Gesellschaftsebene erhalten blieb. Die Herstellung einer einheitlichen Ausschüttungsbelastung auf der Gesellschaftsebene hatte zur Folge, dass Steuerermäßigungen oder -befreiungen nicht von der Gesellschaft an den Gesellschafter weitergereicht werden konnten. Der Rechtsform der Kapitalgesellschaft kam insoweit eine Abschirmwirkung zu. Steuerermäßigungen und -befreiungen hatten nur noch den Effekt einer Steuerstundung, die im Ausschüttungsfall aufgehoben wurde. – 4. Die *Entlastung von Körperschaftsteuer* vollzog sich im Ausschüttungsfall in zwei Stufen: a) Die Herstellung der Ausschüttungsbelastung auf der Gesellschaftsebene machte eine Anpassung der Tarifbelastung an die Ausschüttungsbelastung erforderlich, was zu einer Körperschaftsteueränderung führte, soweit die Tarifbelastung der für Ausschüttungen als verwendet geltenden Teilbeträge des verwendbaren Eigenkapitals nicht mit der Ausschüttungsbelastung übereinstimmte. – b) Die zweite Stufe der Entlastung vollzog sich auf der Gesellschafterebene durch Anrechnung der Ausschüttungsbelastung auf die Steuerschuld des begünstigten Anteilseigners. Der Anrechnungsanspruch war auf der Gesellschafterebene Einkommensbestandteil. – 5. Die *Abschaffung* des Systems war notwendig, weil es nur für innerstaatliche Verhältnisse konzipiert war; es gab (1) keine Anrechnung von ausländischen Körperschaftsteuern auf dt. Einkommensteuer der Anteilseigner, (2) keine Anrechnung dt. KSt bei der – im Ausland erfolgenden! – Besteuerung ausländischer Anteilseigner, und (3) keine Vermittlung der Anrechnung für dt. Körperschaftsteuer an dt. Anteilseigner, wenn die fragliche Körperschaft eine ausländische Gesellschaft war. Diese Aspekte sorgten nicht nur für schwere Verzerrungen im grenzüberschreitend tätigen Sektor der Wirtschaft, sondern bargen v.a. auch erhebliche Risiken, europarechtlich als diskriminierend angegriffen zu werden. Daher wurde das System vorsorglich ersetzt; spätere Gerichtsentscheidungen des EuGH bestätigten die Zweifel an der Europarechtskonformität.

II. Gesellschafterebene: 1. *Anrechnungsfähig* war ausschließlich inländische Körperschaftsteuer, die nach dem 31.12.1976 und vor dem 2001 vollzogenen Übergang zum Halbeinkünfteverfahren angefallen ist. – 2. *Anrechnungsberechtigt* waren nur Anteilseigner, bei denen die Ausschüttungen der inländischen Besteuerung unterlagen, da bei inländischen Anteilseignern nur insoweit die Notwendigkeit einer Eliminierung der Doppelbelastung mit inländischer Steuer bestand und bei ausländischen Anteilseignern eine Eliminierung der Doppelbelastung mit inländischer Körperschaft- und ausländischer Einkommensteuer ohne Einigung über einen Fiskalausgleich mit dem Ausland nicht finanzierbar war. – 3. *Nicht anrechnungsberechtigt* sind v.a.: (1) ausländische Anteilseigner, soweit sie nicht ihre Anteile in einer inländischen Betriebsstätte halten, (2) Körperschaften des öffentlichen Rechts, soweit die Anteile nicht in Betrieben gewerblicher Art gehalten werden, (3) steuerbefreite Körperschaften, soweit die Befreiung reicht. – 4. *Anrechnungsvorgang:* Der Anrechnungsanspruch, der zuletzt 3/7 der Bardividende ausmachte, konnte (entsprechend einer Ausschüttungsbelastung von 30 auf einen ursprünglichen Gewinn von 100, was zu einer Dividende von 70 führte) grundsätzlich unabhängig von der Zahlung der Körperschaftsteuer auf der Gesellschaftsebene geltend gemacht werden. Erforderlich war jedoch die Vorlage einer speziellen Bescheinigung, die von der ausschüttenden Körperschaft oder einem Kreditinstitut ausgestellt wurde. Um die Zahl der Veranlagungsfälle nicht unnötig aufzublähen, konnte der Anrechnungsanspruch auf Antrag auch im Vergütungsverfahren geltend gemacht werden. – 5. Für *nicht anrechnungsberechtigte Anteilseigner* erlangten grundsätzlich sowohl die Ausschüttungsbelastung als auch die einbehaltene → Kapitalertragsteuer Definitivcharakter, was zu einer erheblichen Steuerbelastung bes. der ausländischen Anteilseigner führen konnte, da auch die ausländische Steuer berücksichtigt werden muss.

III. **Gesellschaftsebene:** 1. *Prinzip:* Zur exakten Beseitigung der Doppelbelastung musste auf der Gesellschaftsebene sichergestellt werden, dass die ausgeschütteten Gewinnanteile exakt mit 30 Prozent des ausgeschütteten Gewinns vor Abzug der Körperschaftsteuer belastet sind. Die dazu erforderliche Angleichung der Tarifbelastung an die Ausschüttungsbelastung machte eine bes. Rechnung erforderlich, da die Bezugsgrößen der Tarif- und Ausschüttungsbelastung, das zu versteuernde Einkommen und die Ausschüttungen, weder in sachlicher noch in zeitlicher Hinsicht übereinstimmten. Der intertemporale Zusammenhang zwischen der Einkommensentstehung und Einkommensverwendung (Ausschüttungen) wurde durch das verwendbare Eigenkapital hergestellt, das in seinen unterschiedlich belasteten Teilbeträgen die Vermögensmehrungen in Abhängigkeit von ihrer steuerlichen Vorbelastung aufnahm. Dem verwendbaren Eigenkapital wurden neben den belasteten Einkommensteilen auch steuerfreie Vermögensmehrungen zugeführt. – 2. Eine in § 28 III KStG a.F. enthaltene Fiktion verknüpfte die Ausschüttungen in eindeutiger Weise mit den Teilbeträgen des verwendbaren Eigenkapitals. Nach dieser *Abgangsregel* gelten die am höchsten belasteten Teilbeträge zuerst als für Ausschüttungen verwendet. Die unbelasteten Teilbeträge des verwendbaren Eigenkapitals galten erst dann als für Ausschüttungen verwendet, wenn kein belastetes verwendbares Eigenkapital vorhanden war. Die Körperschaftsteuer-Minderung galt als Bestandteil der Ausschüttungen. – 3. Nicht abzugsfähige Aufwendungen waren Bestandteile des → zu versteuernden Einkommens und erhöhten insoweit den Bestand an verwendbarem Eigenkapital. Um eine Eliminierung der Körperschaftsteuer-Belastung dieser Einkommensteile zu vermeiden, sah § 31 KStG eine *Verrechnung der nichtabziehbaren Aufwendungen* mit den Teilbeträgen des verwendbaren Eigenkapitals vor, was bewirkte, dass die auf den nichtabziehbaren Ausgaben lastende Körperschaftsteuer Definitivcharakter erlangte. Die mit den ungemildert belasteten Einkommensteilen zu verrechnenden sonstigen nichtabziehbaren Ausgaben wiesen eine körperschaftsteuerliche Definitivbelastung auf. Das verwendbare Eigenkapital als spezifisch steuerrechtliche Größe war nicht identisch mit dem Ausschüttungsvolumen der Gesellschaft, da (1) das Ausschüttungsvolumen nur aufgrund der Handelsbilanz bestimmt werden konnte und (2) die Körperschaftsteuer-Minderungen das Ausschüttungspotenzial erhöhten, während es durch erforderliche Körperschaftsteuer-Erhöhungen gemindert wurde. – 4. Die Herstellung der Ausschüttungsbelastung auf der Gesellschaftsebene war auch für *Kapitalrückzahlungen* und *Liquidationsraten* erforderlich, soweit im Rahmen dieser Leistungen verwendbares Eigenkapital mit Ausnahme von EK 01 und EK 04 als verwendet galt. Durch die Einbeziehung dieser Vorgänge in das Anrechnungsverfahren sollte gewährleistet werden, dass sich die körperschaftsteuerliche Entlastung in einem geschlossenen System vollzog, das in allen Fällen der Beseitigung der Doppelbelastung Rechnung trägt.

IV. **EU-Rechtswidrigkeit:** Die Europarechtswidrigkeit des Systems in seinen Grundzügen ist durch die Rechtsprechung des EuGH mittlerweile bestätigt. In der Tat liegt auf der Hand, dass ein System, das nur bei inländischen Gesellschaften mit inländischen Anteilseignern und inländischen Einkünften funktioniert, für eine internationalisierte Lebensumwelt nicht mehr tauglich ist und schon seiner Konzeption nach dem Gebot des EG-Vertrages, die grenzüberschreitende Betätigung in der EU nicht gegenüber innerstaatlichen Aktivitäten zu benachteiligen, nicht genügen kann.

Körperschaftsteuersystem – 1. *Begriff:* Gesamtheit der steuerlichen Regelungen, die das Zusammenwirken von → Körperschaftsteuer und Einkommensteuer auf die aus einer Kapitalgesellschaft stammenden Gewinne regeln (Anfall von Körperschaftsteuer bei Erwirtschaftung der Gewinne durch die Gesellschaft, von Einkommensteuer bei der Ausschüttung als Dividende; ergibt potenziell eine wirtschaftliche Doppelbelastung). – 2. *Denkbare Formen:* Grundsätzlich kann die wirtschaftliche Doppelbelastung (1) hinsichtlich ihres Ausmaßes ganz, teilweise oder gar nicht beseitigt werden, (2) exakt oder in pauschaler Form, (3) auf der Ebene der Körperschaftsteuer oder bei der Einkommensteuer ansetzen, (4) als Gestaltungsparameter die Bemessungsgrundlage, den Steuersatz oder die Steuerschuld als Produkt dieser beiden Größen nutzen. Demnach ergeben sich, zumal alle diese Möglichkeiten auch kombiniert werden können, in der Theorie eine enorme Vielfalt von Körperschaftsteuersystemen. – 3. *Ausgewählte Formen von Körperschaftsteuersystemen:* a) *Keinerlei Milderungsmaßnahme (klassisches System):* Erhebung von Körperschaftsteuer und Einkommensteuer ohne jede Milderungsmaßnahme; die Erhebung beider Steuern mit teilweise reduzierten Sätze wird gerne als klassisches System bezeichnet, ist aber in Wirklichkeit ein anderes Verfahren (Shareholder-Relief-Verfahren). – b) *Milderung durch Reduzierung der Körperschaftsteuer:* (1) Dividendenabzugssystem durch Absenkung der Bemessungsgrundlage durch Abzug der Dividenden als Betriebsausgaben der Kapitalgesellschaft; bis Anfang der 1990er-Jahre in Griechenland praktiziert. (2) Erhebung der Körperschaftsteuer mit einem reduzierten Steuersatz; technisch nicht vom klassischen System zu unterscheiden; (3) wirtschaftliche Reduzierung der Körperschaftsteuerschuld durch Vergütung der Körperschaftsteuer an den Anteilseigner: Vollanrechnungssysteme und Teilanrechnungssysteme. – *Beispiele:* → Körperschaftsteuerliches Anrechnungsverfahren in Deutschland von 1977 bis Ende 2000, Italien, Frankreich (Teilanrechnung); innerhalb der EU fast durchgehend wieder abgeschafft. – c) *Milderung durch Reduzierung der Einkommensteuer:* (1) Reduzierung bei der Bemessungsgrundlage: entweder durch vollständige Befreiung der Dividendeneinkünfte von der Einkommensteuer (neues griechisches System) oder durch Ansatz der Dividendeneinkünfte nur zu einem bestimmten Prozentsatz, z.B. nur zur Hälfte, möglich. Hier ist das seit 2001 in Deutschland praktizierte Halbeinkünfteverfahren (Erfassung der Dividenden nur zu 50 Prozent) ebenso einzusortieren wie das ab 2009 an seine Stelle tretende Teileinkünfteverfahren (Erfassung der Dividenden zu 60 Prozent, anwendbar nur noch bei Dividenden, die nicht im Rahmen der „Einkünfte aus Kapitalvermögen" zufließen) ersetzt. (2) Reduzierung beim Steuersatz: Versteuerung von Dividenden mit einem gegenüber der sonstigen Einkommensteuer ermäßigten Steuersatz, entweder mit einem Pauschalsatz (z.B. in Belgien) oder z.B. mit dem halben individuellen Einkommensteuersatz des Anteilseigners (Halbsatzverfahren). Hierhin gehört das ab 2009 für dt. Privatanleger (Vereinnahmung von Dividenden nicht betrieblich, sondern als „Einkünfte aus Kapitalvermögen") angewandte Verfahren der pauschalen Abgeltungsteuer, denn es wird im Rahmen der Abgeltungsteuer auf den vollen Betrag der Dividende ein – gegenüber dem ESt-Spitzensteuersatz stark reduzierter – Pauschalsteuersatz von 25 Prozent angewandt. – Vgl. auch → Unternehmensbesteuerung.

Kosten-Nutzen-Analyse – 1. *Begriff:* Verfahren zur vergleichenden Bewertung von Objekten oder Handlungsalternativen; Cost-Benefit-Analyse, Nutzen-Kosten-Analyse, Benefit-Cost-Analyse. – 2. *Merkmale:* Auf der Wohlfahrtsökonomik beruhendes, v.a. in öffentlichen Haushaltswirtschaften angewendetes Verfahren, v.a. öffentlicher Infrastruktur-Investitionsvorhaben. – 3. *Methodik:* Die zukünftigen, auf den gegenwärtigen Zeitpunkt abdiskontierten privaten und gesellschaftlichen sowie pekuniären und nicht-pekuniären Kosten und Nutzen (Erträge) des einzelnen Projektes werden bestimmt und mit den entsprechenden Größen alternativer Investitionsobjekte verglichen. Gewählt wird die Alternative mit der größten Differenz zwischen Nutzen (Erträgen) und Kosten. – Begründung dieses Entscheidungskriteriums in der Wohlfahrtstheorie, nach der die Kosten eines Investitionsobjektes als Minderung, seine Erträge als Zuwachs gesellschaftlicher Wohlfahrt verstanden werden. Die Sicherung der Rationalität staatlicher Investitionsentscheidungen mittels Kosten-Nutzen-Analyse hängt u.a. davon ab, ob die einzelnen Kosten- und Nutzendeterminanten ausreichend quantifiziert werden können. – 4. *Diskussion:* Da die Bewertungsmaßstäbe der Kosten und Nutzen, der Umfang der in das Kalkül einbezogenen externen Effekte, die Wahl der relevanten Zeitperiode und damit verbunden die Bestimmung des Diskontfaktors sowie die Berücksichtigung von Nebenwirkungen nicht „objektiv" festgelegt werden können, ist die Kosten-Nutzen-Analyse manipulationsanfällig. – 5. *Anwendungsgebiete:* insbesondere Umweltökonomik und Ressourcenökonomik. – Vgl. auch → Nutzwertanalyse, → Kosten-Wirksamkeits-Analyse.

kostenrechnende Einrichtungen – öffentliche Einrichtungen auf kommunaler Ebene (Kommunalwirtschaft), die ganz oder teilweise aus Entgelten finanziert werden. Sie entsprechen den klassischen Gebührenhaushalten wie Stadtentwässerung, Straßenreinigung, Friedhöfe, kommunale Einrichtungen, die heute zunehmend als Eigenbetriebe oder Eigengesellschaften geführt werden. Für die Gebührenkalkulation der kostenrechnenden Einrichtungen tritt an die Stelle der finanzwirtschaftlichen Rechnung (Kameralistik) eine betriebswirtschaftliche Kostenrechnung.

Kosten-Wirksamkeits-Analyse – in öffentlichen Haushaltswirtschaften angewendetes Verfahren zur vergleichenden Bewertung von Objekten oder Handlungsalternativen, bei dem Elemente der → Kosten-Nutzen-Analyse mit solchen der → Nutzwertanalyse verbunden werden. – *Darstellung:* Als Kostenbarwert werden die direkten Kosten der jeweiligen Alternative erfasst; externe Effekte bzw. nicht in Geld bewertbare Nutzeneinbußen werden als Negativposten auf der – nicht monetär bewerteten – Nutzenseite berücksichtigt. Die Nutzenmessung erfolgt wie in der Nutzwertanalyse. Gewählt wird diejenige Handlungsalternative, bei der entweder für einen vorgegebenen Nutzwert die geringsten Kosten anfallen oder bei der ein vorgegebener Kostenrahmen den höchsten Nutzwert erzielt.

Kraftfahrzeugbesteuerung – Sonderbelastung der im Straßenverkehr zugelassenen Kraftfahrzeuge (Kfz), aufgrund verkehrs-, energie- und umweltpolitischer Ziele erhoben. – 1. *Besteuerung der Kraftfahrzeuge selbst* durch → Kraftfahrzeugsteuer: Steuer auf die Haltung eines Kfz, Berechnung zunehmend an umweltpolitischen Zielen orientiert. – 2. *Besteuerung der für die Kfz benötigte Treibstoffe*: Bis 2006 → Mineralölsteuer (seit 1930 neben der Kfz-Steuer erhoben), ab 2006 dann Belastung der Treibstoffe als Energieerzeugnisse im Rahmen der Energiesteuer. – 3. Bei der *Einkommen- und Lohnsteuer* stellt sich die Frage, inwieweit die Benutzung eines Kfz für private Zwecke für einen Unternehmer eine Entnahme bzw. für einen Arbeitnehmer einen geldwerten Vorteil darstellen kann und wie man diese Vorgänge ggf. in Geld bewertet: Ein-Prozent-Regelung.

Kraftfahrzeugsteuer – aus steuerrechtswissenschaftlicher Sicht eine → Verkehrsteuer (der Kraftfahrzeugsteuer liegt i.d.R. die Anmeldung eines Kfz als Vorgang des öffentlichen Rechtsverkehrs zugrunde) bzw. aus finanzwissenschaftlicher Sicht eine Verbrauch- und Aufwandsteuer, die auf das Halten von Fahrzeugen erhoben wird. Die Kraftfahrzeugsteuer wird von der Landesfinanzverwaltung erhoben und fließt dem Land zu. – 1. *Rechtsgrundlagen*: (1) Kraftfahrzeugsteuergesetz i.d.F. der Bekanntmachung vom 26.9.2002 (BGBl. I 3818) m.spät. Änd.; (2) Kraftfahrzeugsteuer-Durchführungsverordnung i.d.F. der Bekanntmachung vom 26.9.2002 (BGBl. I 3856) m.spät. Änd. – 2. *Steuerbare Vorgänge*: bes. das Halten von Fahrzeugen (Kraftfahrzeuge und Kraftfahrzeuganhänger). Die *Steuerpflicht* beginnt mit der Zulassung und endet mit der Abmeldung des Fahrzeugs bei der Zulassungsbehörde. – 3. *Steuerbefreiungen* oder andere steuerliche Förderungsmaßnahmen, bes.: (1) wegen *Art der Nutzung*, z.B. Feuerlösch- und Krankentransportfahrzeuge sowie Zugmaschinen eines land- und forstwirtschaftlichen oder schaustellergewerblichen Betriebes (§ 3 KraftStG); (2) wegen Bedürftigkeit des Halters Steuerbefreiung oder -ermäßigung für hilflose, blinde oder außergewöhnlich gehbehinderte Personen (§ 3a KraftStG); (3) nach *technischen Merkmalen*: Befreiungen finden sich auch aufgrund umweltpolitischer Erwägungen, z.B. für Kfz, die bes. strenge Umweltauflagen einhalten; diese Befreiungen werden dann meist zeitlich befristet (z.B. für Kfz, die vor einem bestimmten Datum zugelassen werden), denn sie dienen dazu, der Praxis einen Anreiz zu einer schnellen Umstellung auf die strengeren Normen zu geben; (4) im Zuge von *Übergangsregelungen*: Bei der Umstellung der Kfz-Steuer auf eine CO_2-orientierte Bemessungsgrundlage wird die Kfz-Steuer für bestimmte Pkw, die in der Zeit zwischen November 2008 und Juni 2009 zugelassen wurden, ein Jahr lang nicht erhoben werden, und danach wird deren Kfz-Besteuerung allmählich bis 2013 auf das neue System umgestellt werden. – Weitere noch relevante Befreiungen: Für bes. partikelreduzierte Fahrzeuge mit Selbstzündungsmotor ist die Steuerbefreiung unter bestimmten Voraussetzunge befristet. Die Befreiung gilt für Fahrzeuge, die in der Zeit vom 1.1.2006 bis zum 31.12.2009 nachträglich verbessert werden (§ 3c KraftStG); für Fahrzeuge, die oft im „Huckepackverkehr" bei der Eisenbahn befördert wurden, kommt eine völlige oder teilweise *Rückerstattung* der Steuer in Frage (§ 4 KraftStG). Elektrofahrzeuge sind ab erstmaliger Zulassung fünf Jahre lang steuerfrei (§ 3d KraftStG). – 4. *Steuerberechnung*: a) *Parallelität zweier Systeme während einer Übergangszeit (2009-2013)*: Die Steuerberechnung erfolgt während eines Übergangszeitraums nach unterschiedlichen Kriterien, je nach dem, ob das Fahrzeug ein vor dem 1.7.2009 zugelassenes Kfz ist oder nicht. Bei älteren Altfahrzeugen (Zulassung vor 5.11.2008) gilt das alte System unverändert weiter, bei zwischen dem 5.11.2008 und 1.7.2009 zugelassenen Altfahrzeugen erfolgt ab 2010 eine Günstigerprüfung, ob die Besteuerung nach den alten oder den neuen Regeln günstiger für den Halter ist. Ab 2013 soll eine Überführung der Altfahrzeuge ins neue System der Besteuerung erfolgen. – b) *Altfahrzeuge (Zulassung vor 1.7.2009)*: → Bemessungsgrundlage ist bei Fahrzeugen mit Hubkolbenmotoren der Hubraum, bei übrigen Fahrzeugen das zulässige Gesamtgewicht.

Bei Pkw werden zusätzlich die Schadstoff- und Kohlendioxidemissionen, bei den übrigen Fahrzeugen über 3.500 kg werden die Schadstoff- und Geräuschemissionen mit berücksichtigt (§ 8 KraftStG). – c) Der Steuersatz beträgt jährlich für: (1) Krafträder, die durch Hubkolbenmotoren angetrieben werden, 1,84 Euro je abgefangene 25 ccm Hubraum; (2) Pkw mit Hubkolbenmotoren pro angefangene 100 ccm je nach Zulassungsdatum, Schadstoffausstoß und Motorart zwischen 6,75 Euro und 37,58 Euro; (3) andere Kraftfahrzeuge mit einem zulässigen Gesamtgewicht bis 3,5 t für jede angefangenen 200 kg zulässiges Gesamtgewicht zwischen 6,42 Euro und 40,00 Euro (Staffelsätze, mit steigendem Gesamtgewicht steigende Grenzsteuersätze); (4) für alle übrigen Kraftfahrzeuge mit einem zulässigen Gesamtgewicht über 3,5 t für je 200 kg nach Gewicht, Schadstoffklasse, Geräuschklasse gestaffelte Werte, die jeweils allerdings auf Maximalwerte pro Fahrzeug begrenzt sind (Maximalwerte je nach Fahrzeugklasse 556 Euro, 914 Euro, 1.425 Euro oder 1.681 Euro); (5) für Kraftfahrzeuganhänger pro angefangene 200 kg Gesamtgewicht 7,46 Euro, maximal jedoch 373,24 Euro. Für mit Elektromotoren angetriebene Fahrzeuge ermäßigt sich die Steuer auf die Hälfte; (6) für ausländische Fahrzeuge beträgt die Steuer für jeden ganz oder teilweise im Inland zugebrachten Kalendertag zwischen 0,51 Euro und 3,07 Euro; (7) bei Oldtimer ist eine Jahressteuer von 46,02 Euro oder 191,73 Euro zu entrichten. – d) *Fahrzeuge, die ab dem 1.7.2009 zugelassen werden:* Die Höhe der Steuer richtet sich nach dem C0-Ausstoß des Fahrzeugs, der amtlich festgestellt wird, zzgl. eines gewissen hubraumbezogenen Sockelbetrages. Der C0-bezogene Wert beträgt 2 Euro pro Gramm C0-Ausstoß je Fahrtkilometer; er belastet aber nur den C0-Ausstoß, der über einen gewissen Freibetrag hinausgeht (momentan 120g/km). Dieser Freibetrag wird in Zukunft weiter gesenkt werden; hiermit soll der Industrie ein Anreiz gegeben werden, den Schadstoffausstoß der Fahrzeuge immer weiter zu reduzieren; deshalb gilt die Senkung der steuerfrei belassenen Menge jeweils auch nur für neu zugelassene Fahrzeuge. Der hubraumbezogene Sockelbetrag beläuft sich auf 2 Euro je angefangene 100 cm für Pkw mit Fremdzündungsmotor (Otto und auch Wankel) und 9,50 Euro je angefangene 100 cm für Pkw mit Selbstzündungsmotor (Diesel und auch Elsbett). – 5. *Steuerschuldner:* i.d.R. die Person, für die ein Fahrzeug zugelassen ist. – 6. *Verfahren:* Der Halter hat der Zulassungsbehörde eine ggf. mit der Fahrzeuganmeldung identische *Steuererklärung* abzugeben. Das zuständige Finanzamt setzt die Kraftfahrzeugsteuer durch *Steuerbescheid* jährlich im Voraus fest. – 7. Steuergläubiger, Verwaltungshoheit: Seit 2009 fließt das Steueraufkommen aus der Kfz-Steuer nicht mehr wie früher den Ländern, sondern dem Bund zu; dieser übernimmt auch die Verwaltung (dafür Grundgesetz geändert und Art. 106b GG neu eingefügt). – 8. *Aufkommen:* 7,3 Mrd. Euro (2007), 8,9 Mrd. Euro (2006), 7.335,6 Mio. Euro (2003), 7.591,9 Mio. Euro (2002), 8.376,1 Mio. Euro (2001), 7.015 Mio. Euro (2000), 7.058,6 Mio. Euro (1995), 4.306,3 Mio. Euro (1990), 3.758 Mio. Euro (1985), 3.367 Mio. Euro (1980), 2.711 Mio. Euro (1975), 1.958 Mio. Euro (1970), 1.342 Mio. Euro (1965), 754 Mio. Euro (1960), 372 Mio. Euro (1955), 178 Mio. Euro (1950).

Kreditfinanzierungsplan – Teil des → Haushaltsplans. Darstellung der Einnahmen aus Krediten und der Tilgungsausgaben. Gemäß der → Haushaltssystematik der Bundeshaushaltsordnung ist der Kreditfinanzierungsplan dem Haushaltsplan beizufügen.

Kreditfinanzierungsquote – Größe, die den Anteil der → Nettokreditaufnahme an den › öffentlichen Ausgaben bzw. dem Bruttoinlandsprodukt (BIP) misst. Die Kreditfinanzierungsquote für die Bundesrepublik Deutschland lag im Jahr 2010 bei 14,5 Prozent der bereinigten Ausgaben.

Kulturwirtschaft – die wirtschaftlichen Erscheinungsformen des kulturellen Lebens, seine materielle Grundlage und Ordnung, bes. Struktur und Tätigkeit der dem kulturellen Leben dienenden Einrichtungen. Dazu zählen u.a. Verlage, Musik- und Filmindustrie, TV und Rundfunk, Institutionen der darstellenden und bildenden Künste, Museen und Galerien, Buch- und Kunsthandel.

Kumulativwirkung – Steuerwirkung, die auf demselben Kalkulationsmechanismus wie bei der → Kaskadenwirkung beruht. Die Kumulativwirkung darf aber mit dieser nicht gleichgesetzt werden, da sie allein die neuerliche Besteuerung der auf jeder Handelsstufe entstandenen Wertschöpfung ohne Steuern betrifft.

Kurventarif – 1. *Begriff:* → Steuertarifform, bei der der Steuertarif veränderliche Steigerungsquoten aufweist. Die Steuerbetragsfunktion verläuft stetig (vgl. Abbildung „Kurventarif"). 2. *Arten:* a) *Teilmengenstaffelung (Anstoßtarif):* Zuordnung eines bestimmten Steuersatzes jeweils nur zu einer bestimmten Stufe und nur auf die Steuerbemessungsgrundlage dieser Stufe (nicht auf die Gesamtbemessungsgrundlage, wie beim → Stufentarif). Steuerschuld ist die Summe der Steuerbeträge in den einzelnen Stufen. *Merkmal:* Kein sprunghafter Anstieg des Steuerbetrags bei Überschreiten einer Teilmengengrenze; innerhalb eines bestimmten Bereichs bleibt der Steuersatz konstant, bei großen Steuerstufen ein Mangel. Von 1934 bis 1955 für die Einkommensteuer in

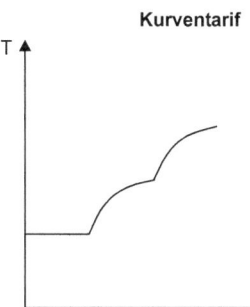

Kurventarif

Deutschland geltend; 1955 mit der Neugestaltung des Einkommensteuertarifs durch den Formeltarif ersetzt. – b) *Spitzentarif:* Vereinfachung der Teilmengenstaffelung, indem jeweils die nummerierten Teilbeträge vorheriger Stufen im Tarif angegeben werden, sodass nur noch von der letzten Stufe der „Spitzenbetrag" ermittelt werden muss. – c) *(Steuerlicher) Formeltarif:* Ermittlung der Steuerschuld mittels mathematischer Gleichungen; technische Verwirklichung der Kombination des progressiven Steuertarifs und des proportionalen Steuertarifs (Teilbereiche). Der Steuerbetrag wird mithilfe einer mathematischen Formel ermittelt, wodurch sich ein stetiger Verlauf der Steuerbetragskurve ergibt; keine sprunghaften Veränderungen der Steuerschuld; innerhalb eines progressiven Besteuerungsbereichs erhöhen sich die Grenzsteuersätze (Spitzensteuersätze) mit jedem kleinsten Zuwachs der Bemessungsgrundlage kontinuierlich.

Laffer-Kurve – These von A.R. Laffer über den Zusammenhang von Steuersatz und Steuereinnahmen: Bei einem Steuersatz von Null fallen keine Steuereinnahmen an; wird der Steuersatz allmählich erhöht, steigen die Steuereinnahmen zuerst überproportional an, dann langsamer bis zu einem Maximalpunkt, danach sinken sie. Bei einem Satz von 100 Prozent fallen keine Einnahmen mehr an, da jegliches Interesse an einer der Besteuerung unterliegenden Einkommenserzielung erlischt. Eine rationale Steuerpolitik sollte demnach immer Steuersätze vor Erreichen des Aufkommensmaximums aufweisen. Diesen Sachverhalt erklärten auch das Swift'sche → Steuereinmaleins, das Gesetz der Verringerung der Steuerausfälle, das Gesetz der wachsenden → Steuerwiderstände. – Die Laffer-Kurve spielte im Rahmen der *Reaganomics* und der *Angebotsökonomik* eine Rolle als Begründung dafür, dass durch Senkungen des Steuersatzes das Steueraufkommen und das Nationaleinkommen gesteigert werden können; die Realität hat dies widerlegt.

Länderfinanzausgleich → horizontaler Finanzausgleich; *Gegenteil*: → vertikaler Finanzausgleich; mehrstufiges, gesetzlich vorgeschriebenes Verfahren zum angemessenen Ausgleich der unterschiedlichen Finanzkraft der Länder: 1. *Gesetzliche Grundlage*: Maßstäbegesetz sowie Finanzausgleichsgesetz. – 2. *Maßnahmen des Länderfinanzausgleichs*: a) Ein erster Ausgleich wird durch den *Verteilungsmodus des Länderanteils* an der Umsatzsteuer erreicht (Umsatzsteuervorwegausgleich), die zu 75 Prozent nach der Einwohnerzahl, zu 25 Prozent nach der mangelnden Steuerkraft verteilt.–b) In einer zweiten Stufe erfolgt der eigentliche *(horizontale) Länderfinanzausgleich*. Er beginnt mit der Ermittlung der Ausgleichsmesszahl, die den Finanzbedarf eines jeden Landes ausdrückt. Sie ergibt sich aus der Zahl der Landeseinwohner, multipliziert mit den bundesdurchschnittlichen Landessteuereinnahmen je Einwohner, zzgl. der Summe der (veredelten, d.h. nach Gemeindegrößenklassen gewichteten) Gemeindeeinwohner des Landes, multipliziert mit den bundesdurchschnittlichen Gemeindesteuereinnahmen je Einwohner. Der so ermittelten Ausgleichsmesszahl wird die → Steuerkraftmesszahl als Maßstab der originären Finanzkraft gegenübergestellt. Sie ergibt sich aus der Summe der Steuereinnahmen des einzelnen Landes zzgl. der Steuereinnahmen seiner Gemeinden. Das Verhältnis zwischen Ausgleichsmesszahl und Steuerkraftmesszahl eines Landes ergibt seine Deckungsrelation.–c) Bundesergänzungszuweisungen im Rahmen des vertikalen Finanzausgleichs an finanzschwache Bundesländer. Sie werden gezahlt, wenn die Finanzkraft eines Bundeslandes auch nach dem horizontalen Finanzausgleich i.e.S. unterhalb von 99,5 Prozent des Länderdurchschnitts bleibt. Der fehlende Betrag wird anschließend zu 77,5 Prozent ausgeglichen. – 3. *Ausgleichsberechtigte Länder* (Nehmerländer) sind 2012: Berlin mit 3,32 Mrd. Euro, Sachsen mit 963 Mio. Euro, Sachsen-Anhalt mit 547 Mio. Euro, Brandenburg mit 542 Mio. Euro, Thüringen mit 541 Mio. Euro, Bremen mit 517 Mio. Euro, Mecklenburg-Vorpommern mit 452 Mio. Euro, Nordrhein-Westfalen mit 402 Mio. Euro, Rheinland-Pfalz mit 224 Mio. Euro, Niedersachsen mit 173 Mio. Euro, Schleswig-Holstein mit 129 Mio. Euro, Saarland mit 92 Mio. Euro und Hamburg mit 21 Mio. Euro. – 4. *Neuregelung des Länderfinanzausgleichs:* Mit Urt. v. 11.11.1999 hatte das Bundesverfassungsgericht festgestellt, dass das geltende FAG die für die gesetzliche Ausgestaltung der Finanzverfassung vorgeschriebenen Maßstäbe nicht mit hinreichender Deutlichkeit bestimme und dem Gesetzgeber aufgegeben, dies durch ein Maßstäbegesetz, das rechtfertigungsfähige Zuteilungs- und Ausgleichsmaßstäbe benenne, zu beheben. Dies ist durch das Maßstäbegesetz vom 9.9.2001 (BGBl. I 2302) geschehen. Aufgrund des Maßstäbegesetzes wurde mit dem → Solidarpaktfortführungsgesetz vom 20.12.2001 der Finanzausgleich (regelt den Länderfinanzausgleich bis 2019) reformiert. – Vgl. auch → kommunaler Finanzausgleich.

Ländersteuern → Landessteuern.

Landesertragsteuern → Landessteuern.

Landessteuern – 1. Finanzwissenschaftlicher *Begriff* zur Kennzeichnung der → Steuerertragshoheit der Länder: a) *Landessteuern i.e.S.:* → Steuern, deren Aufkommen gemäß Art. 106 II GG allein einem einzelnen Bundesland zufließt; auch als *Landesertragsteuern* bezeichnet. Wichtigste Arten (in der Reihenfolge ihrer Aufkommenshöhe): → Grunderwerbsteuer, → Erbschaftsteuer, Rennwett- und Lotteriesteuer, → Biersteuer, → Feuerschutzsteuer, Spielbankenabgabe. – *Gegensatz:* → Bundessteuern, → Gemeindesteuern. – b) *Landessteuern i.w.S.:* Die Gesamtheit der einem Land zustehenden Steuereinnahmen, die aus den Landessteuern i.e.S. und dem Länderanteil an den → Gemeinschaftssteuern besteht; vgl. → Steuerverbund, → Finanzausgleich. – 2. Die *Steuerverwaltungshoheit* über die Landessteuer liegt beim Land, doch ist auch Auftragsverwaltung möglich, ebenso wie eine Verwaltung von Gemeindesteuern durch das Land.

Last der Staatsverschuldung – 1. *Inanspruchnahme von ökonomischen Ressourcen,* die der Staat der (vollbeschäftigten) Wirtschaft entzieht; Last trägt die gegenwärtig betroffene Generation (→ New Orthodoxy Approach). – 2. *Subjektive Nutzeneinbuße;* nicht der Anleiheerwerber, der freiwillig kauft, sondern der zur späteren Tilgung der Anleihe Besteuerte wird die Steuer als Last empfinden (Buchanan). – 3. *Inanspruchnahme zur Tilgung;* Last trägt die Besteuerte. – 4. *Wachstumseinbuße* (→ Aggregate Investment Approach); Last trägt die zukünftige Generation. – 5. *Rechtfertigung der Staatsverschuldung:* objekt- bzw. rentabilitätsorientierte Verschuldungsregel, situationsbezogene Verschuldungsregel, → Pay-as-You-Use-Prinzip, → Intergeneration-Equity-Prinzip. – 6. → Ricardianische Äquivalenz zwischen einer Steuerfinanzierung und einer Nettokreditaufnahme.

Lastenausgleich – 1. *Begriff/Aufgaben:* Neben der Wiedergutmachung nationalsozialistischen Unrechts sowie der Versorgung von Kriegsopfern und Kriegshinterbliebenen stellt der Lastenausgleich ein zentrales Element der zur Bewältigung der Kriegsfolgen dienenden Sozialgesetzgebung dar. Aufgabe des Lastenausgleichs ist es, die Eingliederung der durch Kriegs- und Kriegsfolgeereignisse materiell geschädigten Flüchtlinge und Vertriebenen, Kriegssachgeschädigten, Währungsgeschädigten und Sowjetzonenabwanderer zu unterstützen und Entschädigung für erlittene Vermögensverluste zu gewähren. – 2. *Mittelaufkommen:* Das nach dem Krieg vorhandene Sachvermögen wurde systematisch erfasst und steuerlich belastet; die aufkommenden Mittel wurden einem speziell gebildeten → Ausgleichsfonds zugeführt. Die Abgabeschuld wurde auf 50 Prozent des Einheitswerts des am Währungsstichtag vorhandenen abgabepflichtigen Vermögens festgesetzt und war über einen Zeitraum von 30 Jahren zu bedienen. Diese Vermögensabgabe wurde ergänzt durch zwei Abgaben auf im Rahmen der Währungsreform durch die Umstellung von dinglich gesicherten Verbindlichkeiten (Hypothekengewinnabgabe) sowie von Verbindlichkeiten bilanzierender Unternehmen (Kreditgewinnabgabe) entstandene Währungsgewinne. Diese Abgaben wurden durch im Zeitablauf relativ steigende Zuschüsse von Bund und Ländern an den Ausgleichsfonds ergänzt. – 3. *Leistungen:* Der Lastenausgleich verbindet Entschädigung und Eingliederungshilfe, indem neben Entschädigungsleistungen für den Verlust von Sach- und Geldvermögen auch auf die

Eingliederung zielende Leistungen gewährt werden, v.a. Darlehen für den Wohnungsbau, für die gewerbliche Wirtschaft und die Landwirtschaft, Rentenzahlungen, Mittel für den Erwerb von Hausrat sowie Ausbildungshilfen. – 4. *Ausblick:* Auch wenn der Lastenausgleich im Wesentlichen als abgeschlossen gelten kann, werden auch noch in den nächsten Jahren Zahlungen v.a. für die Bezieher von Rentenleistungen erbracht werden.

Lastenausgleichsfonds → Lastenausgleich, → Ausgleichsfonds.

laufendes Budget – Erfassung aller finanziellen Transaktionen, die zu keiner Veränderung des Vermögensstatus einer Gebietskörperschaft führen. – *Gegensatz:* → Kapitalbudget. – Vgl. auch → Haushaltssystematik.

Lawinensteuer → Kaskadensteuer.

Lawinenwirkung → Kaskadenwirkung.

Leistungsbudget → Performance Budget.

Leistungsentgelte → Transformationsausgaben.

Leistungsfähigkeitsprinzip – *Ability to Pay Principle.* 1. *Charakterisierung:* Fundamentalprinzip der Besteuerung (→ Besteuerungsprinzipien). Anders als das → Äquivalenzprinzip, das auch als Steuerrechtfertigung verstanden wird und ein Angebot von Staatsleistungen überhaupt begründen will, ist das Leistungsfähigkeitsprinzip lediglich ein *Steuerlastverteilungsprinzip*. Das Angebot an Staatsleistungen wird vorausgesetzt; nur ihre Finanzierung wird geregelt. In der → Finanzwissenschaft sowie in Steuerrecht und -politik umstritten. – 2. *Theoretische Fundierung:* a) Das Leistungsfähigkeitsprinzip ist mit den → Opfertheorien verknüpft worden, um zu beweisen, dass mit ihm eine → Steuerprogression notwendigerweise verbunden ist. Dies musste in die Irre führen, weil die Kritik an den Opfertheorien nachweisen konnte, dass mit ihnen beliebige Tarifverläufe konstruiert werden können, weil ferner auch die Kritik an der den Opfertheorien zugrunde liegenden Nutzentheorie die Opfertheorien selbst ad absurdum führt. – b) In der modernen Finanzwissenschaft wird daher das Leistungsfähigkeitsprinzip mit Blick auf grundlegende *Gerechtigkeitsvorstellungen und politische Wertungen* und Entscheidungen interpretiert. Notgedrungen bleibt dabei das Leistungsfähigkeitsprinzip unscharf, weil sowohl die Gerechtigkeitsauffassungen in der Gesellschaft als auch die Indikatoren einer Leistungsfähigkeit unterschiedlich interpretierbar sind. – c) (1) Grundsätzlich muss die „*horizontale*" Gerechtigkeit definiert werden: Soll jeder Besteuerte gleich behandelt werden, muss bereits die Bemessungsgrundlage der Steuer eindeutig und umfassend gestaltet sein. Daneben verlangt die „*vertikale*" Gerechtigkeit, dass jeder in dem Maße Steuern trage, wie er es könne. Wer über eine größere ökonomische Leistungsfähigkeit (Ausstattung mit Kaufkraft) verfügt, soll ein überproportional höheres Steueropfer tragen. Da dieses sich theoretisch nicht exakt bestimmen lässt, muss politisch darüber entschieden werden (Höhe der Freibeträge, Verlauf der Progressionskurve). (2) Als *Indikatoren der Leistungsfähigkeit* gelten Einkommen, Vermögen und Ausgaben (Konsum); Einkommen-, Vermögen-, aber auch eine persönliche → Ausgabensteuer sind mit dem Leistungsfähigkeitsprinzip vereinbar. In den meisten Staaten werden Einkommensteuern erhoben, oft verbunden mit Vermögensteuern. Unter dem Indikatoraspekt wird in der Finanzwissenschaft diskutiert, welche Einkommensbegriffe (→ Quellentheorie, → Reinvermögenszugangstheorie) mit dem Leistungsfähigkeitsprinzip kompatibel sind. – 3. *Wirkungen:* In dieser Hinsicht zeigt sich die Ambivalenz des Leistungsfähigkeitsprinzips. Einerseits ist es erforderlich, ein recht hohes Progressionsmaß einzurichten, wenn man die Steuertraglast deutlich auf die höheren Einkommensschichten verlagern und dadurch Ziele der *Umverteilungspolitik* erreichen will; andererseits können hohe Progressionsmaße den Leistungswillen der einzelnen lähmen (Disincentive-Effekt) und solchermaßen die gesamtwirtschaftliche Produktivität beeinträchtigen, was eine Verfehlung der *Allokationsziele* bedeutet.

Lenkungsteuer → Ordnungsteuer.

Lenkungszuweisung – Geldzuweisung zwischen öffentlichen Aufgabenträgern, die mit bestimmten (Empfangs-, Verwendungs-, Eigenbeteiligungs-)Auflagen verbunden ist, um die politischen (Ausgaben-)Entscheidungen der Zuweisungsempfänger zu beeinflussen. – Als *Rechtfertigung* werden von den Zuweisungsgebern bessere Sachkenntnis bzw. höherer Informationsstand, das Bemühen um die Meritorisierung bestimmter Aufgaben und die Notwendigkeit, (regionale) externe Effekte der von den Zuweisungsempfängern erfüllten Aufgaben internalisieren zu müssen (Internalisierung externer Effekte), angeführt. – Vgl. auch → Zweckzuweisung, → Finanzzuweisung.

Lerner-Effekt – von Lerner vertretene empirisch überprüfbare These: Geht man von dem Wunsch nach Bildung einer Sicherheitsreserve als dominierendem Sparmotiv aus, geht die Sparneigung umso mehr zurück, je mehr der Vermögensbestand in der Relation zum laufenden Einkommen wächst. Entsprechend nimmt die Konsumneigung zu. Makroökonomisch verändert eine derartige Verhaltensweise der privaten Haushalte z.B. die Bedingungen für konjunkturpolitisch motivierte, schuldenpolitische Maßnahmen (→ Deficit Spending).

Leuchtmittelsteuer – eine zum 1.1.1994 abgeschaffte → Verbrauchsteuer auf die Herstellung oder Einfuhr von Leuchtmitteln, die unabhängig davon zu zahlen war, ob der Steuergegenstand zur Beleuchtung verwandt wurde. – Aufkommen 1993: 110 Mio. Euro.

Lindahl-Modell – Modell von Lindahl zur Bestimmung des → optimalen Budgets in einer Demokratie (→ Budgettheorie). Ausgehend von der Annahme zweier nach ökonomischen Gesichtspunkten in sich homogener Gruppen von nutzenmaximierenden Bürgern zeigt Lindahl, dass sich die optimale Höhe des öffentlichen Budgets analog zur Bestimmung der Gleichgewichtsmenge eines privaten Gutes durch den Preismechanismus ergibt. Die Rolle des Preises übernimmt dabei der prozentuale Anteil der jeweiligen Gruppe an den gesamten Bereitstellungskosten für öffentliche Güter. Die beiden Gruppen orientieren sich bei der Entscheidung für eine Budgethöhe am Grenznutzen der dieser Budgethöhe entsprechenden Menge des öffentlichen Gutes. Abnehmenden Grenznutzen unterstellt, wird die Nachfrage einer Gruppe nach dem öffentlichen Gut mit steigendem (sinkendem) prozentualen Anteil an den Gesamtkosten sinken (steigen). Man erhält somit zwei entsprechende Nachfragefunktionen, sodass ein Gleichgewichtspunkt (Lindahl-Gleichgewicht) bestimmt werden kann.

lineare Steuersenkung – Begriff der wirtschafts- und finanzpolitischen Diskussion für eine Herabsetzung der Einkommen- und Körperschaftsteuer um denselben Prozentsatz. – *Gegensatz*: „Gezielte Begünstigung" einzelner Kreise oder Schichten.

Lock-in-Effekt → Wertzuwachssteuer.

Lohnsteuer – die bei Einkünften aus nichtselbständiger Arbeit durch Abzug vom Arbeitslohn erhobene Einkommensteuer.

I. Rechtsgrundlagen: §§ 19, 19a, 38–42f EStG; Lohnsteuer-Durchführungs-VO (LStDV), Lohnsteuer-Richtlinien (LStR) und → Lohnsteuertabellen.

II. Ertragshoheit: Einkommensteuer.

III. Aufgabe: Erfassung des steuerpflichtigen Einkommens bei natürlichen Personen, wenn es ihnen bei unselbständiger Beschäftigung als Arbeitsentgelt zufließt. Grundlage des fiskalischen Anspruchs sind Bestehen und Inhalt eines vertraglichen Arbeitsverhältnisses.

IV. Wesen: keine Sondersteuer, sondern eine Erhebungsform der Einkommensteuer in Form des Abzuges unmittelbar an der Einkommensquelle; zunächst nach Maßstab, Höhe und Durchführung weitgehend von der Einkommensteuer gelöst, durch → Lohnsteuer-Jahresausgleich jedoch wieder angeglichen. – Diese Erhebungsform verlagert die Pflicht zur Erhebung und Abführung der Lohnsteuer vom Arbeitnehmer (Steuerschuldner; § 38 II 1 EStG) auf den Arbeitgeber.

V. **Lohnsteuerpflicht:** Die Lohnsteuer ist bei Arbeitnehmern mit Einkünften aus nichtselbständiger Arbeit (lohnsteuerpflichtige Einkünfte) einzubehalten, die (1) im Inland einen Wohnsitz oder gewöhnlichen Aufenthalt haben (*unbeschränkte Steuerpflicht*) oder (2) im Inland keinen Wohnsitz oder gewöhnlichen Aufenthalt haben, wenn sie entweder im Inland als Arbeitnehmer tätig sind oder ihre ausländische Tätigkeit im Inland verwertet wird (→ beschränkte Steuerpflicht). Zur Einbehaltung verpflichtet sind alle Arbeitgeber, die im Inland einen Betrieb, eine Betriebsstätte, einen ständigen Vertreter oder einen Wohnsitz oder gewöhnlichen Aufenthalt (bzw. Sitz oder Geschäftsleitung) haben; ferner ausländische Arbeitgeber, die gewerbsmäßige Arbeitnehmerüberlassung betreiben (§ 38 EStG).

VI. **Pflichten des Arbeitgebers:** (1) Durchführung und Kontrolle des ordnungsgemäßen Lohnsteuerabzugs (Lohnsteuerberechnung) und der Abführung ans Finanzamt; Lohnsteueranmeldungszeitraum ist grundsätzlich der Kalendermonat. Hat die Lohnsteuer für das vorangegangene Jahr zwischen 800 und 3.000 Euro betragen, ist Anmeldezeitraum das Quartal, bei weniger als 800 Euro das Kalenderjahr (§ 41a II EStG). (2) Abgabe von Lohnsteueranmeldungen bei Beginn eines Dienstverhältnisses; (3) Führung des Lohnkontos; (4) Ausfüllung von Lohnsteuerbescheinigungen; (5) Duldung von Lohnsteueraußenprüfungen und Mitwirkungspflicht (§§ 42 ff. EStG).

VII. **Pflichten des Arbeitnehmers:** (1) Duldung des Lohnsteuerabzugs; (2) Abgabe der Lohnsteuerkarte zu Jahresanfang, ggf. deren Beantragung, v.a. in Fällen, in denen ein zweites oder mehrere Arbeitsverhältnisse eingegangen werden; (3) rechtzeitige Bekanntgabe bei Änderung steuerrelevanter Verhältnisse. Im Fall der schuldhaften Nichtvorlage einer Steuerkarte treten für ihn Nachteile ein: Anwendung der Lohnsteuertabelle nach Steuerklasse VI (§ 39c I EStG).

VIII. **Durchführung des Lohnsteuerabzugs beim Arbeitnehmer:** 1. Einbehaltung der Lohnsteuer vom *laufenden Arbeitslohn:* Nach Feststellung der Höhe des laufenden Arbeitslohns sind davon abzuziehen: der auf den Lohnzahlungszeitraum entfallende Anteil des → Versorgungsfreibetrags und des → Altersentlastungsbetrags sowie ein etwaiger auf der Lohnsteuerkarte eingetragener Freibetrag (Lohnsteuer-Ermäßigungsverfahren). Der Arbeitslohn des Lohnzahlungszeitraums ist auf einen Jahresarbeitslohn hochzurechnen, der um → Pauschbeträge (je nach Steuerklasse) vermindert wird. Dies ergibt den zu versteuernden Jahresbetrag, auf den der → Einkommensteuertarif (§ 32a EStG) angewendet wird. – 2. Einbehaltung der Lohnsteuer von *sonstigen Bezügen:* Der Arbeitgeber hat den voraussichtlichen Jahresarbeitslohn ohne sonstige Bezüge festzustellen und auf diesen, um die in 1. genannten Freibeträge und evtl. um einen Jahresfreibetrag gekürzt, den Einkommensteuertarif nach Minderung durch Pauschbeträge anzuwenden. Außerdem ist die Lohnsteuer für den maßgebenden Jahresarbeitslohn unter Einbeziehung der sonstigen Bezüge festzustellen. Der Unterschiedsbetrag zwischen den ermittelten Jahreslohnsteuerbeträgen ist die von den sonstigen Bezügen einzubehaltende Lohnsteuer. – Hinsichtlich der *Feststellung des voraussichtlichen Jahresarbeitslohns* ist wie folgt zu verfahren: Ermittlung des Arbeitslohns, der bis zur Zahlung des sonstigen Bezugs bereits zugeflossen ist; Schätzung des bis zum Ablauf des Kalenderjahrs noch zu erwartenden Arbeitslohns; Zusammenrechnung der ermittelten Größen; künftige sonstige Bezüge, mit deren Zufließen bis Ende des Jahres zu rechnen ist, bleiben außer Betracht;

künftiger zu erwartender höherer laufender Arbeitslohn (z.B. Gehaltserhöhung) ist zu berücksichtigen, wenn dieser feststeht. – *Ausnahmen von der generellen Besteuerung sonstiger Bezüge:* (1) Sonstige Bezüge, die 150 Euro nicht übersteigen, sind als laufender Arbeitslohn zu behandeln; (2) außerordentliche Einkünfte im Sinn des § 34 I und II Nr. 2 (Entschädigungen) und Nr. 4 (Vergütungen für mehrjährige Tätigkeiten) EStG führen zu einer Ermäßigung der Lohnsteuer (§ 39b III 9 EStG). (3) In einigen Fällen Möglichkeit einer Pauschalierung der Lohnsteuer.

IX. Anmeldung und Abführung: Der Arbeitgeber hat spätestens am zehnten Tag nach Ablauf eines jeden Lohnsteuer-Anmeldungszeitraums (i.d.R. eines Kalendermonats): (1) dem Betriebsstättenfinanzamt eine Steuererklärung einzureichen, in der er die Summe der im betreffenden Zeitraum einzubehaltenden und zu übernehmenden Lohnsteuer angibt (Lohnsteueranmeldung), (2) die insgesamt einbehaltene und übernommene Lohnsteuer an das Betriebsstättenfinanzamt abzuführen.

X. Haftung: 1. Der *Arbeitgeber* haftet a) für die Lohnsteuer, die er einzubehalten und abzuführen hat, b) für die Lohnsteuer, die er beim Lohnsteuer-Jahresausgleich zu Unrecht erstattet hat, c) für die aufgrund fehlerhafter Angaben im Lohnkonto, in der Lohnsteuer-Bescheinigung oder im Lohnzettel verkürzte Lohnsteuer. Bei Arbeitnehmerüberlassungen kann der Entleiher unter bestimmten Voraussetzungen haftungsweise für die Lohnsteuer der geliehenen Arbeitnehmer in Anspruch genommen werden (§ 42d EStG). – 2. Der *Arbeitnehmer* kann im Rahmen der Gesamtschuldnerschaft nur in Anspruch genommen werden, wenn a) der Arbeitgeber die Lohnsteuer nicht vorschriftsmäßig vom Arbeitslohn einbehalten hat, b) der Arbeitnehmer weiß, dass der Arbeitgeber die einbehaltene Lohnsteuer nicht vorschriftsmäßig angemeldet hat. – 3. Gegen Arbeitgeber oder Arbeitnehmer werden, wenn sie in Anspruch genommen werden, *Haftungsbescheide* vom Finanzamt erlassen, es sei denn, der Zahlungsverpflichtete hatte die Haftung schriftlich anerkannt oder der Arbeitgeber eine Lohnsteueranmeldung abgegeben.

XI. Lohnsteuer-Jahresausgleich: Erstattung der im Laufe des Jahres zu viel erhobenen Lohnsteuer an die Arbeitnehmer nach Ablauf des Jahres. Er ist von einem Arbeitgeber, der am 31. Dezember des Ausgleichsjahrs mind. zehn Arbeitnehmer beschäftigt, regelmäßig durchzuführen oder durch den Arbeitnehmer beim Finanzamt zu beantragen. Eine Veranlagung zur Einkommensteuer ist für Arbeitnehmer in bestimmten Fällen zwingend vorgeschrieben, z.B. wenn der Arbeitnehmer neben seinem Arbeitslohn noch andere Einkünfte bezogen hat oder ein Freibetrag auf der Lohnsteuerkarte eingetragen wurde (§ 46 EStG); zu viel einbehaltene Steuern werden erstattet, zu wenig erhobene Steuern nachgefordert. – Vgl. auch → Lohnsteuer-Jahresausgleich.

XII. Elektronisches Verfahren: Elektronisches Lohnsteuerverfahren.

XIII. Aufkommen: 176.760 Mio. Euro (2008), 167.006 (2007), 122.612,1 Mio. Euro (2006), 133.090, 2 Mio. Euro (2003), 132.189,8 Mio. Euro (2002), 132.625,9 Mio. Euro (2001), 135.733,1 Mio. Euro (2000), 144.542,5 Mio. Euro (1995), 92.581,1 Mio. Euro (1990), 75.482 Mio. Euro (1985), 57.039 Mio. Euro (1980), 36.399 Mio. Euro (1975), 17.939 Mio. Euro (1970), 8.558 Mio. Euro (1965), 4.142 Mio. Euro (1960), 2.251 Mio. Euro (1955), 924 Mio Euro (1950).

Lohnsteuer-Jahresausgleich – I. Begriff: Das einkommensteuerliche Verfahren, mit dem Arbeitnehmer überschüssige einbehaltene Lohnsteuern erstattet bekommen können. Der Begriff „Lohnsteuerjahresausgleich" deckt im Grunde zwei Verfahrensarten ab: den Lohnsteuer-Jahresausgleich durch den Arbeitgeber (§ 42b EStG, insoweit noch offizielle Bezeichnung) und den Lohnsteuer-Jahresausgleich durch das Finanzamt (insoweit ist Lohnsteuer-Jahresausgleich zwar auch heute noch die allg. übliche Bezeichnung, war aber nur bis Anfang der 1990er-Jahre die offizielle Bezeichnung des Verfahrens; seitdem wird dieser Vorgang offiziell als Antragsveranlagung bezeichnet).

II. **Allgemeiner Hintergrund der Regelung:** 1. *Ausnahme von der allg. Steuererklärungspflicht für zahlreiche Arbeitnehmer:* Grundsätzlich sind alle unbeschränkt steuerpflichtigen Personen verpflichtet, jährlich eine Steuererklärung abzugeben (§ 26 EStG). Für unbeschränkt steuerpflichtige Arbeitnehmer, d.h. für alle Personen, bei denen das steuerpflichtige Einkommen ganz oder teilweise aus Einkünften aus nichtselbständiger Arbeit besteht, ist dieser Grundsatz jedoch durchbrochen: Arbeitnehmer müssen eine Jahressteuererklärung nur in bestimmten Sonderfällen abgeben, die in § 46 EStG im Einzelnen aufgeführt sind und, da sie sehr technischer Natur sind, dort bei Bedarf nachgeschlagen werden sollten. Ziel dieser Regelung ist es, der Verwaltung (und den betroffenen Arbeitnehmern, für die das Ausfüllen einer Steuererklärung oft ja erheblichen Aufwand bedeutet) „überflüssige" Verwaltungsarbeit zu ersparen in Fällen, in denen die während des Jahres einbehaltene Lohnsteuer normalerweise die gesamte geschuldete Einkommensteuerschuld ohnehin im Wesentlichen abdecken müsste. Wird somit eine Steuererklärung nicht verlangt und eine Jahressteuerschuld nicht mehr durch Veranlagung berechnet, bleibt die während des Jahres vereinnahmte Lohnsteuer folglich endgültig, und die ESt ist damit pauschal erledigt (§ 46 IV EStG). – 2. *Grund für ein Wahlrecht auf Veranlagung:* Weil der Gesetzgeber nur deshalb auf die Veranlagung verzichtet, weil er davon ausgeht, dass es nur um unwesentliche Beträge geht, könnte es Arbeitnehmer benachteiligen, wenn die Veranlagung für sie außer in den in § 46 EStG genannten Fällen zwangsweise ausgeschlossen würde. Es sind z.B. Fälle ohne Weiteres denkbar, bei denen die während des Jahres einbehaltene Lohnsteuer die geschuldete Jahreseinkommensteuer durchaus auch deutlich übersteigen könnte; für diese Fälle wäre es unangemessen, die Durchführung einer Veranlagung zu verweigern. Daher räumt der Gesetzgeber allen Arbeitnehmern, die nicht schon von § 46 II Nr. 1-7 EStG ausnahmsweise zur Abgabe einer Steuererklärung verpflichtet sind, das Recht ein, freiwillig eine Jahressteuererklärung abzugeben und die gesetzlich geschuldete Jahressteuerschuld bestimmen zu lassen; überschüssige Lohnsteuer-Beträge werden dann erstattet (offizielle Bezeichnung: Antragsveranlagung; § 46 II Nr. 8 EStG).

III. **Lohnsteuer-Jahresausgleich durch den Arbeitgeber:** 1. *Grundprinzip:* In einer erheblichen Vielzahl von Fällen ergeben sich Überzahlungen der Lohnsteuer über die gesetzlich geschuldete Höhe der Jahreseinkommensteuer zwangsläufig dadurch, dass die Höhe der monatlichen Bezüge während des Kalenderjahrs geschwankt hat, z.B. infolge von Lohnerhöhungen oder ähnlichen Effekten; denn weil die monatliche Lohnsteuer stets auf der Annahme beruht, der in diesem Monat bezogene Lohn sei auch in allen anderen Monaten des Jahres bezogen worden, ist die Progression, die dem Lohnsteuerabzug zugrunde liegt, in solchen Fällen immer im Vergleich zum wirklich angefallenen Jahreseinkommen zu hoch. Um in diesen einfach gelagerten Fällen der Finanzverwaltung und auch den betroffenen Arbeitnehmern unnötige Arbeit zu ersparen, sieht das Gesetz vor, dass der Arbeitgeber in einigen Fällen von sich aus einen Lohnsteuerjahresausgleich vorzunehmen hat. Dieser führt zwar schon den Abbau der genannten progressionsbedingten Überzahlungen herbei, hat aber insoweit keinen endgültigen Charakter, als das Wahlrecht der betroffenen Arbeitnehmer, eine reguläre Einkommensteuerveranlagung durch das Finanzamt zu beantragen, bestehen bleibt. – 2. *Durchführung:* Der Arbeitgeber, der einen Lohnsteuerjahresausgleich durchführt, tut dies ohne bes. Antrag des Arbeitnehmers von sich aus und zahlt den Erstattungsbetrag dadurch an den Arbeitnehmer aus, dass er ihm vom laufenden Lohn in der Zeit vom letzten Lohnzahlungszeitraum des auszugleichenden Jahres bis einschließlich Monat März des folgenden Jahres in Höhe des Differenzbetrags weniger an Lohnsteuer einbehält und auch nur diesen geringen Betrag an die Finanzbehörden abführt (Aufrechnung). Innerbetriebliche Verrechnung mit Lohnsteuerbeträgen anderer Arbeitnehmer und Barzahlung ist bei entsprechender Buchung auf dem Lohnkonto zulässig. – 3. *Durchführungspflicht:* Arbeitgeber mit mind. zehn Arbeitnehmern am 31. Dezember des Ausgleichsjahrs müssen den Ausgleich durchführen; bei weniger als zehn Beschäftigten und bei unständiger Beschäftigung, wenn die beschäftigungslose Zeit nicht durch amtliche Unterlagen (z.B. Arbeitslosen-Meldekarte) nachgewiesen wird, kann der Arbeitnehmer an das zuständige Finanzamt verwiesen werden. § 42b EStG. – 4. *Keine Durchführung* durch den Arbeitgeber ist in Fällen erlaubt, in denen ein Lohnsteuer-Jahresausgleich aus der Sicht des Gesetzes unerwünscht erscheint, z.B. weil der Fall komplex gelagert ist oder zur Berechnung der Jahressteuerschuld Daten erforderlich sind, über die der Arbeitgeber nicht verfügt. Demnach hat ein Lohnsteuer-Jahresausgleich durch den Arbeitgeber zu unterbleiben, wenn: (1) der Arbeitnehmer es beantragt, (2) der Arbeitnehmer im Ausgleichsjahr ständig oder zeitweise nach den Steuerklassen II, III, IV, V oder VI zu besteuern war oder das Faktorverfahren anzuwenden war, (3) auf der Lohnsteuerkarte des Arbeitnehmers ein Freibetrag oder ein Hinzurechnungsbetrag eingetragen ist oder (4) der Arbeitnehmer im Ausgleichsjahr Kurzarbeiter-, Schlechtwetter- oder Winterausfallgeld, Zuschuss zum Mutterschaftsgeld oder bestimmte andere Bezüge erhalten hat (Einzelheiten s. § 42b I Nr. 4 EStG), (5) im Lohnkonto oder auf der LST-Karte mind. einmal der Buchstabe „U" eingetragen worden ist oder (6) es Besonderheiten bei der Vorsorgepauschale gegeben hatte, (7) der Arbeitnehmer im Ausgleichsjahr ausländische Einkünfte aus nichtselbständiger Arbeit bezogen hat, die nach einem Doppelbesteuerungsabkommen (DBA) oder unter Progressionsvorbehalt nach § 34c V EStG von der Lohnsteuer freigestellt waren. Ferner ist der Lohnsteuer-Jahresausgleich ausgeschlossen, wenn der Arbeitnehmer während des Jahres teilweise rentenversicherungspflichtig und teilweise rentenversicherungsfrei beschäftigt war (Konkurrenz von allgemeiner Lohnsteuertabelle und bes. Lohnsteuertabelle). Ein Lohnsteuer-Jahresausgleich hat außerdem stets zu unterbleiben bei Steuerausländern.

IV. Lohnsteuer-Jahresausgleich durch das Finanzamt (Antragsveranlagung, § 46 II Nr. 8 EStG): Der Lohnsteuer-Jahresausgleich durch das Finanzamt, offiziell nur noch als „Antragsveranlagung" bezeichnet, entspricht der Abgabe einer ganz normalen Einkommensteuerjahreserklärung mit anschließendem Erhalt eines Einkommensteuerbescheides. Dabei werden die einbehaltenen Lohnsteuern auf die Jahreseinkommensteuerschuld angerechnet und evtl. Überschüsse werden dem Arbeitnehmer erstattet. Der Antrag wird einfach dadurch gestellt, dass der Arbeitnehmer nach dem Veranlagungszeitraum eine Einkommensteuererklärung abgibt; hierbei muss darauf geachtet werden, dass die Fristen für die Festsetzung der Einkommensteuer noch nicht abgelaufen sind. Frühere bes. Fristen für die Antragsveranlagung sind aufgehoben worden.

V. Pfändung: Bei Pfändung des Lohnsteuer-Erstattungsanspruchs ist nach Auffassung der Finanzverwaltung der sonst für die Lohnpfändung geltende Pfändungsschutz nicht anzuwenden, die Forderung ist ohne Beschränkung pfändbar.

VI. Beschränkt steuerpflichtige Arbeitnehmer (Steuerausländer mit Lohneinkünften aus dem Inland): 1. *Grundregel:* Bei beschränkt steuerpflichtigen Arbeitnehmern gilt als Grundregel, dass der Lohnsteuerabzug durch den Arbeitgeber endgültig ist und die dt. Einkommensteuerschuld für die betreffenden Einkünfte aus nichtselbständiger

Arbeit dadurch auf pauschale Weise erledigt ist (§ 50 II Satz 1 EStG). Diese Regelung ist zwingend, und die betreffenden Lohneinkünfte würden auch selbst dann nicht mehr vom Finanzamt berücksichtigt werden, wenn der Betroffene aus anderen Gründen doch noch eine Steuererklärung in Deutschland abzugeben hätte; vielmehr würde er dann nur noch mit den Einkünften veranlagt, die noch nicht der Lohnsteuer unterlegen haben. *Beispiel:* Ein beschränkt steuerpflichtiger Arbeitnehmer, der in Deutschland Lohneinkünfte von 60.000 Euro erzielt hatte und außerdem auch noch Mieteinkünfte aus einer dt. Immobilie in Höhe von 10.000 Euro hatte, muss wegen der Mieteinkünfte zwar noch eine dt. ESt-Erklärung abgeben, es werden bei der Veranlagung jedoch die Lohneinkünfte nicht berücksichtigt, da deren Besteuerung durch den Lohnsteuerabzug bereits erledigt ist (§ 50 II Satz 1 EStG). – 2. Der Lohnsteuer-*Jahresausgleich durch den Arbeitgeber* ist bei beschränkt steuerpflichtigen Arbeitnehmern generell verboten. – 3. *Ausnahmen, in denen eine Veranlagung mit den Lohneinkünften durch das Finanzamt dennoch möglich ist:* Ein allg. Wahlrecht auf einen Lohnsteuer-Jahresausgleich bzw. eine Antragsveranlagung gibt es nicht, wenn der Steuerpflichtige nur beschränkt steuerpflichtig ist. Es bedarf daher in allen Fällen, in denen ein beschränkt Steuerpflichtige eine Veranlagung erreichen will, einer ausdrücklichen gesetzlichen Sonderregelung. Im Einzelnen gilt: a) Die Abgabe einer Jahreseinkommensteuererklärung mit anschließender Veranlagung durch das Finanzamt ist *zwingend*, wenn (1) zwar eine Arbeitstätigkeit im Inland ausgeübt wurde, es aber keinen Lohnsteuereinbehalt gegeben hat, weil die Tätigkeit nicht für einen inländischen Arbeitgeber ausgeführt wurde, oder (2) wenn der Betroffene im Kalenderjahr von der unbeschränkten Steuerpflicht zur beschränkten Steuerpflicht gewechselt hat oder umgekehrt (§ 2 VII EStG, § 50 II Nr. 3 EStG), oder (3) beim Lohnsteuereinbehalt *irrtümlich* davon ausgegangen worden war, der Arbeitnehmer sei unbeschränkt steuerpflichtig; das gilt allerdings nur dann, wenn diese Annahme sich auf eine unbeschränkte Steuerpflicht nach den Sonderregeln der § 1 II, § 1 III oder § 1a EStG bezieht (§ 50 II Satz 2 Nr. 2 EStG) oder (4) das Finanzamt auf der dem beschränkt Steuerpflichtigen erteilten Bescheinigung für Lohnsteuerzwecke einen Freibetrag oder einen Hinzurechnungsbesteuerung oder ähnliche Eintragungen vorgenommen hat (§ 39d II EStG). – b) Die Einbeziehung der Lohneinkünfte in die Veranlagung eines beschränkt steuerpflichtigen Arbeitnehmers ist außerdem dann möglich, wenn dieser ein Staatsangehöriger eines Mitgliedstaates der EU oder des übrigen Europäischen Wirtschaftsraums (EWR; Island, Liechtenstein und Norwegen) ist und auch im Gebiet eines dieser Staaten wohnt, sofern er die Veranlagung beantragt (§ 50 II Nr. 4b EStG); diese Regelung ist aus EG-rechtlichen Gründen zwingend, da der Steuergesetzgeber ansonsten gegen das Diskriminierungsverbot im EG-Vertrag und EWR-Vertrag verstoßen würde. – 4. *Terminologisches:* Bei einem Antrag eines beschränkt Steuerpflichtigen auf Veranlagung mit seinen Lohneinkünften ist es bisher allg. eher unüblich, von „Lohnsteuer-Jahresausgleich" oder „Antragsveranlagung" zu sprechen. – 5. *Zu unterscheiden* von einem Antrag eines beschränkt Steuerpflichtigen auf Veranlagung mit seinen Lohneinkünften (z.B. nach § 50 I Nr.4b EStG, s.oben) ist der Antrag eines beschränkt Steuerpflichtigen, als unbeschränkt Steuerpflichtiger behandelt zu werden, ein Antrag, der unter den Voraussetzungen der §§ 1 III, 1a EStG gestellt werden kann; denn dieser Antrag verändert den Status des Steuerpflichtigen grundlegend, sodass er gemäß den Regelungen für die unbeschränkte Steuerpflicht veranlagt wird, während die Berechnung der Jahreseinkommensteuerschuld in den vorgenannten Fällen (Antrag auf Veranlagung als beschränkt Steuerpflichtiger) nach den Regeln für die beschränkte Steuerpflicht erfolgt. Die Bedeutung der Unterscheidung liegt darin, dass bei der Veranlagung als beschränkt Steuerpflichtiger die persönlichen Verhältnisse nicht steuermindernd berücksichtigt werden.

Lohnsteuerklassen – Einordnung der unbeschränkt einkommensteuerpflichtigen Arbeitnehmer in sechs Lohnsteuerklassen (§ 38b EStG): *Steuerklasse I:* Arbeitnehmer, die (1) ledig oder (2) verheiratet, verwitwet oder geschieden sind und bei denen die Voraussetzungen für die Steuerklassen III oder IV nicht erfüllt sind. – *Steuerklasse II:* Die unter Steuerklasse I bezeichneten Arbeitnehmer, wenn bei ihnen ein Entlastungsbetrag für Alleinerziehende (§ 24b EStG) zu berücksichtigen ist. – *Steuerklasse III:* Arbeitnehmer, die verheiratet sind, wenn beide Ehegatten unbeschränkt einkommensteuerpflichtig sind, nicht dauernd getrennt leben und (1) der Ehegatte des Arbeitnehmers keinen Arbeitslohn bezieht oder (2) der Ehegatte des Arbeitnehmers auf Antrag beider Ehegatten in die Steuerklasse V eingereiht wird. Verwitwete Arbeitnehmer für das Kalenderjahr, das dem Kalenderjahr folgt, in dem der Ehegatte verstorben ist. Arbeitnehmer, deren Ehe aufgelöst ist, unter bestimmten Voraussetzungen für das Kalenderjahr, in dem die Ehe aufgelöst worden ist. – *Steuerklasse IV:* Arbeitnehmer, die verheiratet sind, wenn beide Ehegatten unbeschränkt einkommensteuerpflichtig sind, nicht dauernd getrennt leben und der Ehegatte des Arbeitnehmers ebenfalls Arbeitslohn bezieht. – *Steuerklasse V:* Die unter Steuerklasse IV bezeichneten Arbeitnehmer, wenn der Ehegatte des Arbeitnehmers auf Antrag beider Ehegatten in die Steuerklasse III eingereiht wird. – *Steuerklasse VI:* Arbeitnehmer, die nebeneinander von mehreren Arbeitgebern Arbeitslohn beziehen (mehrere Dienstverhältnisse), für die Einbehaltung der Lohnsteuer vom Arbeitslohn aus dem zweiten und jedem weiteren Dienstverhältnis.

Lohnsteuertabelle – Tabelle, in der für jede Höhe des Arbeitslohns unter Berücksichtigung der → Lohnsteuerklassen und → Kinderfreibeträge die entsprechende → Lohnsteuer abzulesen ist. Mit Wegfall des § 38c EStG ist das Bundesministerium der Finanzen (BMF) seit dem 1.1.2001 nicht mehr verpflichtet, Lohnsteuertabellen aufzustellen, heutzutage zu erwerbende Tabellen sind also nicht mehr amtlich. - *Abgeleitet aus den Einkommensteuertabellen* (→ Einkommensteuer-Grundtabelle, → Einkommensteuer-Splittingtabelle): Die Beträge, die für einen bestimmten Zeitraum zu zahlen sind, werden auf einen Jahreslohn hochgerechnet und anhand dessen, unter Berücksichtigung bestimmter Freibeträge und Pauschalbeträge, die von der Jahressteuer auf die auf den Lohnzahlungszeitraum anteilig entfallende Steuer geschlossen. Da je nach persönlichen Verhältnissen des Steuerpflichtigen unterschiedliche Frei- und Pauschalbeträge Anwendung finden und auch die Steuerprogression von den persönlichen Verhältnissen abhängig ist (→ Zusammenveranlagung oder nicht), werden zur Vereinfachung Steuerklassen gebildet.

Lohnsummensteuer – Die Lohnsummensteuer war bis einschließlich 1979 eine Erhebungsform der → Gewerbesteuer. Die Lohnsumme konnte unter Zustimmung der Landesregierung von den Gemeinden als Besteuerungsgrundlage gewählt werden. Durch das Steueränderungsgesetz 1979 wurde die Lohnsummensteuer ab 1.1.1980 abgeschafft.

Londoner Schuldenabkommen – Abkommen über die dt. Auslandsverschuldung, abgeschlossen wurde das Londoner Schuldenabkommen am 27.2.1953 in London zwischen der Bundesrepublik Deutschland als Rechtsnachfolgerin des Deutschen Reiches und den Vertretern der USA, Großbritanniens und Frankreichs (Dreimächte-Ausschuss) in Anwesenheit von Vertretern und Beobachtern aus 22 weiteren Staaten für rund 60 Gläubigerstaaten. - *Ziel:* Ermöglichung der Wiederaufnahme des nach 1933 eingestellten Schuldendienstes und Wiederherstellung normaler wirtschaftlicher Beziehungen zwischen der Bundesrepublik Deutschland und den Gläubigerstaaten, bes. der Kreditwürdigkeit der Bundesrepublik Deutschland. – *Inhalt:* Das Londoner Schuldenabkommen über die öffentlichen und privaten Vorkriegsschulden behandelt lediglich Geldverbindlichkeiten in dt. oder ausländischer Währung, die vor dem 8.5.1945 entstanden oder festgestellt oder fällig waren. – Dem Abkommen unterliegen nicht die im Rahmen der Wiedergutmachung entstandenen Schulden. Nicht geregelt bzw. zurückgestellt wurden die Reparationsansprüche gegen das Reich aus dem Ersten Weltkrieg sowie die während des Zweiten Weltkrieges entstandenen Besatzungskosten. Insgesamt beliefen sich die zu regelnden Schuldverhältnisse auf 13,5 Mrd. DM, von denen 6,2 Mrd. DM erlassen wurden.

Londoner Schuldenkonferenz – (vom 28.2. bis 8.8.1952), Konferenz zur Regelung der dt. Auslandsverschuldung (mit Abschluss im → Londoner Schuldenabkommen) sowie der Verbindlichkeiten aus der von alliierter Seite gewährten Nachkriegswirtschaftshilfe und verschiedener anderer Schulden, die der Bundesrepublik Deutschland aus Vor- und Nachkriegszeit entstanden sind oder für die sie die Haftung übernommen hat.

makroökonomische Inzidenz → Inzidenz. – *Gegenteil:* → mikroökonomische Inzidenz.

Manövrierfonds – nach einem Vorschlag von G. Colm zu errichtender Fonds, mit dessen Hilfe eine konjunkturelle Steuerung der Volkswirtschaft durch die Regierung ermöglicht werden soll. Der Manövrierfonds soll an die Stelle des → Eventualhaushalts treten, weil er nicht jährlich neu aufzustellen ist und der langwierige parlamentarische Instanzenweg entfällt. Da der Einsatz des Manövrierfonds ohne Mitsprache der Legislative möglich ist, birgt er Gefahren des Missbrauchs. – Vgl. auch → regelgebundene Finanzpolitik.

Marktversagen – 1. *Begriff:* Abweichungen des Ergebnisses marktmäßiger Koordination von der volkswirtschaftlich optimalen Allokation von Gütern und Ressourcen im Modell der vollkommenen Konkurrenz. Die Abweichungen zeigen einen potenziellen wirtschaftspolitischen Handlungsbedarf an. – 2. *Ursachen:* (1) Abweichungen der tatsächlichen von den in der Wirtschaftsökonomik unterstellten Bedingungen (Substitutionshemmnisse); (2) mangelnde Marktfähigkeit von Gütern (→ öffentliche Güter, externe Effekte, → meritorische Güter, Verfügungsrechte; (3) wettbewerbsbeschränkende Strategien auf einem Markt oder wettbewerbsbeschränkendes Verhalten von Marktteilnehmern; (4) Marktform des Monopols oder monopolähnlicher Strukturen; (5) Makroökonomische Probleme der Instabilität (Konjunktur-, Wachstums- und Strukturprobleme); (6) Marktablehnung bei verteilungs- und sozialpolitischen Schwierigkeiten; (7) → Staatsversagen. – 3. *Problem der Wahl des Referenzmodells:* Als Referenzmodell wird i.d.R. das Modell der vollkommenen Konkurrenz verwendet (Pareto-Optimum). – *Kritikpunkte* der Eignung dieses Modells für die Ableitung wirtschaftspolitischen Handlungsbedarfs: (1) Realitätsferne der Modellannahmen (→ Nirwana-Vorwurf); (2) Vernachlässigung dynamisch evolutorischer Funktionen von Marktprozessen im Modell (Wettbewerbsfunktionen, evolutorische Wirtschaft); (3) Vernachlässigung weiterer wirtschaftspolitischer Ziele neben dem Allokationsziel. – Alternative Ansätze gehen von einer Vorstellung des funktionsfähigen Wettbewerbs bzw. workable competition (z.B. Chicago School) aus. Unvollkommenheiten, wie z.b. unvollständige Informationen oder verzögerte Anpassungen, sind Voraussetzungen für den dynamischen Wettbewerbsprozess. – 4. *Marktversagen und rationale Wirtschaftspolitik:* Ob die Wirtschaftspolitik tätig werden sollte, ist abhängig von: (1) Korrekturmöglichkeiten wirtschaftspolitischer Handlungsträger (gesamtwirtschaftliche Planung), (2) direkten Kosten wirtschaftspolitischer Maßnahmen, (3) Auswirkungen der Maßnahmen auf andere wirtschaftspolitische Ziele.

Marshall-Plan → ERP.

Maßstäbegesetz → Länderfinanzausgleich.

Maßsteuern → Steuern, die den individuellen Verhältnissen des Steuerpflichtigen genau angepasst sind, z.B. Teile der Einkommensteuer. Im Gegensatz zu Marktsteuern sind Maßsteuern i.d.R. nicht überwälzbar, da durch die Anpassung an die individuellen Verhältnisse des Steuerpflichtigen eine Identität von Steuerzahler und -träger in den meisten Fällen gegeben ist. → Steuerklassifikation nach dem Kriterium Überwälzbarkeit (→ Steuerüberwälzung).

Matrikularbeiträge → Umlagen, die von Gliedstaaten eines Bundesstaates oder ähnlich strukturierten Staatsgebilden (Staatenbund oder internationale Organisation) an den Zentralstaat geleistet werden. Die

Bezeichnung stammt aus dem Heiligen Römischen Reich, in dem die Reichsstände ihren Beitrag zu den Kriegskosten nach der sog. Reichsmatrikel zu entrichten hatten. Der Norddeutsche Bund und das Kaiserreich finanzierte sich ebenfalls durch Matrikularbeiträge, die von den dt. Bundesstaaten – entsprechend ihrer Bevölkerungszahl – an das Deutsche Reich abgeführt wurden (Reich als „Kostgänger" der Länder). Erst durch die → Erzberger'sche Finanzreform (1919/1920) wurde die Finanzierung neu geregelt. Vormalige Regelung durch die → Clausula Miquel. – In ihren Anfängen finanzierte sich die EWG über Matrikularbeiträge.

mehrgliedrige Steuer – 1. *Begriff*: Die Gliederung eines ökonomischen Vorgangs (z.B. Einkommensentstehung) und die darauf aufbauende (Einkommens-)Steuer aus erhebungstechnischen Gründen in mehrere selbstständige Steuern. Lediglich eine (evtl. aus steuertechnischen Gründen vorteilhafte) Erhebungsweise. Die selbstständige Steuer wird als *Gliedsteuer* bezeichnet. – 2. *Erkennungsmerkmal für das Gliedverhältnis* der einen zur anderen Steuer ist die → Anrechenbarkeit von Steuern. Im Steuersystem der Bundesrepublik Deutschland sind die Lohnsteuer, die Kapitalertragsteuer, die körperschaftliche Ausschüttungsteuer sowie bestimmte → Abzugssteuern Gliedsteuern zur veranlagten Einkommensteuer.

mehrjährige Finanzplanung – *mittelfristige Finanzplanung (fünfjährige Finanzplanung)*. 1. *Charakterisierung*: Seit 1967 (Stabilitäts- und Wachstumsgesetz (StWG)) für Bund und Länder, seit 1974/75 für die kommunalen → Gebietskörperschaften gesetzlich vorgeschriebene Ergänzung des traditionellen jährlichen → Haushaltsplans. Die kommunalen Gebietskörperschaften haben als Grundlage für ihre mehrjährige Finanzplanung zusätzlich ein Investitionsprogramm aufzustellen, während bei Bund und Ländern auf die Investitionspläne der Ministerien zurückgegriffen wird. Gegenüber der jährlichen Haushaltsplanung ergibt sich ein um drei Jahre erweiterter Planungshorizont, da das erste Jahr der mehrjährigen Finanzplanung das laufende Kalenderjahr, ihr zweites das des nächsten jährlichen Haushaltsplans ist. Die mehrjährige Finanzplanung wird im Gegensatz zu → Haushaltsgesetz und → Haushaltsplan nicht parlamentarisch festgestellt, sondern von der Bundes-/Landesregierung bzw. der Kommunalverwaltung dem jeweiligen Parlament nur zur Information vorgelegt; sie ist nicht vollzugsverbindlich. – 2. *Zweck*: Mithilfe der mehrjährigen Finanzplanung soll Mängeln der Einjahresbudgetierung – die gleichwohl ihre Existenzberechtigung behält (→ Haushaltsfunktionen) – entgegengewirkt werden. V.a. soll sie: (1) unter *finanzpolitischem Aspekt* die Entscheidungen über längerfristige Prioritäten konkretisieren, Folgekosten aufdecken und zur frühzeitigen Koordination geplanter Maßnahmen verschiedener Planträger beitragen; (2) unter *wirtschaftspolitischem Aspekt* dem privaten Sektor Informationen über die zu erwartenden öffentlichen Aktivitäten vermitteln und konjunkturpolitische Erfordernisse in die Haushaltspolitik einfließen lassen; (3) unter *allgemeinpolitischem Aspekt* die mehrjährigen Programmvorstellungen der Regierung/Verwaltung aufzeigen und durch die Einbindung in eine längerfristige Konzeption die Haushaltsplanaufstellung verbessern und die Haushaltsdebatten versachlichen. – 3. *Gliederung*: a) *Textteil*: Teil, in dem die zugrunde gelegten gesamtwirtschaftlichen Ausgangs- und Entwicklungsdaten erläutert und die Schwerpunkte der Einnahmen- und Ausgabenbereiche dargestellt werden. – b) *Zahlteil*: Teil, der in Anlehnung an die Systematiken des jährlichen Haushaltsplans (→ Haushaltssystematik) aufbereitet wird. – 4. *Beurteilung*: Die mehrjährige Finanzplanung hat die zunächst in sie gesetzten funktionalen Erwartungen bes. infolge mangelnder Bindungsbereitschaft der Regierungen bzw. Verwaltungen nicht erfüllt (→ Finanzplanungsrat). Sie ist in der Praxis eher durch die traditionell aufgestellten jährlichen Haushaltspläne bestimmt, als dass sie umgekehrt für diese die – gleitend fortgeschriebene – Bezugsgrundlage darstellt.

Mehrphasenumsatzsteuer – Umsatzsteuersystem (→ Umsatzbesteuerung), bei dem auf mehreren, aber nicht allen Phasen der Leistungskette → Umsatzsteuer erhoben wird. – *Gegensatz:* → Allphasenumsatzsteuer, → Einphasenumsatzsteuer.

Mehrwertsteuer – im allg. Sprachgebrauch und v.a. von der EU auch amtlich verwendete Bezeichnung für die seit dem 1.1.1968 eingeführte → Umsatzsteuer mit Vorsteuerabzug. Nach der Einkommensteuer ist die Mehrwertsteuer die wichtigste Einnahmequelle für den Staat. Mit dem Haushaltsbegleitgesetz 2006 wurde der Normalsatz von 16 Prozent auf 19 Prozent (ab 2007) angehoben. Der ermäßigte Satz (v.a. für Lebensmittel und existenzielle Güter, Zeitschriften, Bücher) beträgt unverändert 7 Prozent. – Vgl. auch → Umsatzbesteuerung, → Kumulativwirkung.

Mengensteuer – Steuer, deren Bemessungsgrundlage die physische Einheit des besteuerten Gutes ist. – *Gegensatz:* → Wertsteuer.

Merit Goods → meritorische Güter.

meritorische Güter – *Merit Goods*. 1. *Begriff:* Auf Musgrave zurückgehender Begriff für grundsätzlich private Güter, deren Bereitstellung durch den Staat damit gerechtfertigt wird, dass aufgrund verzerrter Präferenzen der Bürger/Konsumenten deren am Markt geäußerte Nachfragewünsche zu einer nach Art und Umfang – gemessen am gesellschaftlich wünschenswerten Versorgungsgrad (Merit Wants) – suboptimalen Allokation dieser Güter führen. – *Beispiele:* Ausbildung, Gesundheits-, Kulturwesen. – 2. Derart legitimierte Eingriffe des Staates in die individuellen Präferenzen sind *umstritten* (Legitimationsproblematik), verletzen sie doch den Grundsatz des methodologischen Individualismus. Häufig werden Eingriffe dieser Art auch mit externen Effekten, also einer Abweichung zwischen privaten und gesellschaftlichen Nutzen bzw. Kosten begründet. – *Gegensatz:* demeritorische Güter.

Merit Wants → meritorische Güter.

Merkmalsbesteuerung – Besteuerung der äußeren Merkmale des Steuerobjekts. – Vorteil: Eindringen in persönliche Verhältnisse wird vermieden. – *Nachteil:* ungenaue Erfassung des Objekts. – Vgl. auch Objektbesteuerung, → Ertragsbesteuerung.

Mifrifi – Abk. für *mittelfristige Finanzplanung*, → mehrjährige Finanzplanung.

mikroökonomische Inzidenz → Inzidenz. – *Gegenteil:* → makroökonomische Inzidenz.

Mineralölsteuer – I. Charakterisierung: eine von der Bundeszollverwaltung erhobene und dem Bund zufließende frühere → Verbrauchsteuer auf eingeführte und im Erhebungsgebiet hergestellte Mineralöle. Die Umsetzung der Energiesteuer-Richtlinie der Europäischen Union in nationales Recht machte es erforderlich, das dt. Mineralölsteuerrecht grundlegend neu zu gestalten. Das Mineralölsteuergesetz galt daher nur bis zum 31.7.2006 und wurde danach von dem Energiesteuergesetz abgelöst (Energiesteuer). Die Mineralölsteuer nahm unter den Verbrauchsteuern den ersten Rang ein. Dieses Aufkommen wurde überwiegend aus der Besteuerung von Kraftstoffen erzielt (89 Prozent), kaum dagegen aus Erdgas (6,6 Prozent) und leichtem Heizöl (4,5 Prozent).

II. Aufkommen: 40.036 Mio. Euro (2011), 38.955,0 Mio. Euro (2007) (Energiesteuer), 39.916 Mio. EUR (2006), 40.101,0 Mio. Euro (2005), 43.187,7 Mio. Euro (2003), 42.192,5 Mio. Euro (2002), 40.490 Mio. Euro (2001), 37.826,3 Mio. Euro (2000), 33.176,6 Mio. Euro (1995), 17.701,6 Mio. Euro (1990), 12.537 Mio. Euro (1985), 10.917 Mio. Euro (1980), 8.754 Mio. Euro (1975), 5.886 Mio. Euro (1970), 3.798 Mio. Euro (1965), 1.362 Mio. Euro (1960), 581 Mio. Euro (1955), 37 Mio. Euro (1950).

Ministerialprinzip – *Ressortprinzip;* Prinzip der Gliederung des Haushaltsplans nach den einzelnen Ministerien (Ressorts; institutionelle Gliederung). In der Bundesrepublik Deutschland angewandt (→ Haushaltssystematik). Die Haushaltsgliederung nach dem Ministerialprinzip dient v.a. der → administrativen Kontrollfunktion. – Mit dieser Gliederung eng verknüpft ist die Problematik des → Inkrementalismus. – *Anders:* → Funktionenplan.

Miquelsche Finanzreform → Finanzreform 1891/93, in deren Rahmen erstmals in Preußen eine progressive, veranlagte Einkommensteuer, durch eine Vermögensteuer ergänzt, eingeführt wurde.

Mischfinanzierung – die bei der Regelung der → Finanzierungshoheit für eine öffentliche Aufgabe getroffene Vereinbarung, nach der die anfallenden Kosten der Aufgabenerfüllung von mehreren Aufgabenträgern gemeinsam getragen werden. Mischfinanzierung ergibt sich nach dem → Konnexitätsprinzip als Folge der Teilung von Gesetzgebungskompetenz und → Verwaltungshoheit. – Vgl. auch → Gemeinschaftsaufgaben, → Politikverflechtung.

Mischsystem – Gruppe von Regelungsformen der → Steuerertragshoheit zwischen öffentlichen Aufgabenträgern im aktiven Finanzausgleich. – *Formen des Mischsystems:* → Zuschlagssystem, → Verbundsystem. – *Gegensatz:* → Trennsystem.

Mitnahmeeffekt – häufig kritisierter, aber in seiner Bewertung umstrittener Effekt der Zahlung von → Subventionen oder allg. von finanziellen Anreizmaßnahmen, bei denen auch ohne zusätzlichen Anreiz teilweise oder in vollem Umfang die gewünschte Verhaltensänderung bereits vorgelegen hätte. Die staatliche Förderung kann sowohl dem Grunde als auch der Höhe nach „mitgenommen" worden sein. Die Intention der Anreizmaßnahme, zusätzliche Verhaltensänderungen hervorzurufen wird also nicht erfüllt. – Mitnahmeeffekte lassen sich bei notwendigerweise generalisierenden Förderungsvoraussetzungen nicht gänzlich vermeiden; es dürfte aber eine Abhängigkeit von der Regelungsdichte gegeben sein. Das Ausmaß der Mitnahmeeffekte lässt sich empirisch nicht exakt ermitteln.

mittelfristige Finanzplanung → mehrjährige Finanzplanung.

Monopolsteuer → Finanzmonopol.

Nachtragshaushalt → Haushaltsplan, der die Positionen, die in einem bereits verkündeten Haushalt geändert werden sollen, umfasst. Der Nachtragshaushalt ist nicht als → Haushaltsüberschreitung anzusehen, sondern als originärer Haushalt, der nach denselben, allerdings beschleunigten Verfahren aufgestellt, beraten und durchgeführt wird wie Jahreshaushaltspläne (§§ 32, 33 BHO). – *Spezielle Form:* → Rektifikationsetat. – Vgl. auch → Ergänzungshaushalt, → Eventualhaushalt.

Nationalitätsprinzip → Internationales Steuerrecht (IStR).

Nebenfiskus → Parafisci.

negative Einkommensteuer – ein die Einkommensteuer und die Personaltransfers (→ Transfers) integrierendes System. Jeder Bürger ohne Einkommen erhält vom Staat eine das → Existenzminimum deckende Unterstützungszahlung (Transferleistung, daher *negative Einkommensteuer);* diese nimmt in dem Maße ab, wie der Bürger eigenes Einkommen erzielt. Ab einer politisch festgelegten Armutsgrenze beginnt die „positive" Einkommensteuer, d.h. die steuerliche Belastung. Die Armutsgrenze muss so gelegt werden, dass das allg. Existenzminimum, Pauschalen für → Werbungskosten und → Sonderausgaben, Arbeitnehmer-, Kinder- und Weihnachts-Freibeträge unbesteuert bleiben. – *Vor-/Nachteil:* Der negativen Einkommensteuer wird eine erhebliche Einsparung an Verwaltungskosten, aber auch der Verlust des Arbeitsanreizes nachgesagt.

Nettokreditaufnahme – *Nettoneuverschuldung;* Schuldenaufnahme am Kreditmarkt (→ öffentliche Kreditaufnahme) abzüglich Schuldentilgung. Kennziffer der Nettokreditaufnahme: → Kreditfinanzierungsquote. – *Umfang:* → Öffentliche Finanzen. – *Gegensatz:* → Bruttokreditaufnahme.

Nettoneuverschuldung → Nettokreditaufnahme.

Nettoumsatzsteuer → Umsatzsteuer, die in einem bestimmten Prozentsatz vom umsatzsteuerlichen Entgelt ohne Umsatzsteuer geschuldet wird. Die seit dem 1.1.1968 erhobene Umsatzsteuer ist eine Nettoumsatzsteuer, die wegen der Möglichkeit, die auf den Vorleistungen lastende Umsatzsteuer abzuziehen (Vorsteuerabzug), regelmäßig nicht kumulativ wirkt (→ Kumulativwirkung), d.h. bei der Weitergabe von Leistungen in der Unternehmerkette entsteht keine „Steuer auf die Steuer". – *Gegensatz:* → Bruttoumsatzsteuer. – Vgl. auch → Umsatzbesteuerung, → Mehrwertsteuer.

Neutralität der Besteuerung – ordnungspolitischer Besteuerungsgrundsatz, mit Steuern keine allokativen Verzerrungen herbeizuführen. In dieser Allgemeingültigkeit ist die Neutralität der Besteuerung heute überholt, da Steuern neben fiskalischen auch nicht fiskalische Ziele zugrunde liegen (→ nicht fiskalische Besteuerung, → Ordnungsteuer). Abgesehen von gewollten Eingriffen in die Produktions- und Konsumstrukturen soll die Besteuerung jedoch möglichst neutral auf den Wettbewerb wirken. – Renaissance des Grundsatzes im Konzept der Angebotsökonomik.

New Orthodoxy Approach – theoretische Erklärung für die Unmöglichkeit der zeitlichen Lastenverschiebung durch die öffentliche Verschuldung (→ Last der Staatsverschuldung), vertreten von Ricardo, später von Pigou, Shoup und Lerner. Jede öffentliche Kreditaufnahme erfolgt aus dem derzeitigen Nationaleinkommen, hat Crowding-out-Effekte (→ Crowding-out) zur Folge, und damit muss allein die heutige Generation eine geringere private Investitions- oder Konsumnachfrage hinnehmen. Eine generative

Lastverschiebung ist unmöglich. Das gilt in einem Modell mit ständiger Vollbeschäftigung bei funktionierendem Preis-, Lohn- und Zinsmechanismus. In einem keynesianischen Ansatz wird im Extremfall keine Verdrängung stattfinden, wenn die Investoren aufgrund pessimistischer Erwartungen in einer Rezession nicht auf Zinsänderungen reagieren (Investitionsfalle). Ähnlich geht die → ricardianische Äquivalenz von einer Gleichwertigkeit der Steuerfinanzierung oder der Nettokreditaufnahme aus, sodass keine differentiellen Effekte entstehen. – *Gegensatz:* → Aggregate Investment Approach. – Vgl. auch → Pay-as-You-Use-Prinzip.

nicht fiskalische Besteuerung – Gesamtheit aller steuerlichen Maßnahmen des Staates, die neben der Einnahmeerzielung primär andere wirtschaftspolitische Ziele verfolgen, z.B. zur Lenkung von Produktionsfaktoren (Allokation), zur Diskriminierung oder Förderung bestimmter Produkte, zur Einkommensumverteilung (Distribution) oder zur Stabilisierung der Wirtschaft (Konjunktur-, Wachstums- und Strukturpolitik). Die unter die nicht fiskalische Besteuerung fallenden Steuern werden → Zwecksteuern genannt. Ungeachtet ihrer Absichten hat jede Steuer fiskalische (→ fiskalische Besteuerung) und nicht fiskalische Wirkungen.

nicht rivalisierender Konsum → Nichtrivalitätsaxiom.

Nichtrivalitätsaxiom – Konzept zur Charakterisierung → öffentlicher Güter, wenn auch das → Ausschlussprinzip nicht gilt. Ein Gut erfüllt das Nichtrivalitätsaxiom, wenn dieses von allen Haushalten ohne gegenseitige Beeinflussung in gleichem Umfang konsumiert werden kann (nicht rivalisierender Konsum) z.B. Preisstabilität, Rundfunksendungen. – *Gegenteil:* → Individualgut; → meritorische Güter.

Nirwana-Vorwurf – Vorwurf der Realitätsferne bestimmter Modelle (Modell der vollständigen Konkurrenz; Gleichgewichtsmodell der Wohlfahrtsökonomik). Diese Modelle werden als Referenzmodelle verwandt, an denen man die Konsequenzen von Abweichungen in der Realität ablesen kann. – Vgl. auch Modellplatonismus; empirisch-induktive Methode, mathematisch-deduktive Methode.

Niveauverschiebungseffekt – *Displacement-Effekt*; finanzsoziologische Erklärung von Peacock und Wiseman für den langfristigen Anstieg der → Staatsquote. Während in ruhigen, normalen Zeiten die Staatsquote relativ konstant bleibt, sinkt in Krisenzeiten (z.B. Krieg) der Steuerwiderstand (Steuerabwehr); Steuer- und Staatsquote können erhöht werden. Durch die Gewöhnung an die Steuerbelastung (Gewöhnungsthese) sinkt der Staatsanteil nach Beendigung der Krise nicht wieder auf das alte Niveau ab, sondern verbleibt auf einem gegenüber dem Ausgangszeitpunkt höheren Niveau. – *Kritik:* Der Niveauverschiebungseffekt kann nur den sprunghaften Anstieg der Staatsquote erklären, keinesfalls jedoch die kontinuierliche Erhöhung der Staatsquote.

Nonaffektationsprinzip – 1. *Begriff:* Finanzwirtschaftlicher Grundsatz der Unzulässigkeit einer Zweckbindung öffentlicher Einnahmen; sämtliche Einnahmen sind als Deckungsmittel für den gesamten Ausgabenbedarf bereitzuhalten bzw. keine Ausgabeleistung darf von dem tatsächlichen Aufkommen irgendeiner Steuer abhängig gemacht werden (§ 7 HGrG; Grundsatz der Gesamtdeckung). – *Ausnahmen* bedürfen ausdrücklicher Bestimmung in den einzelnen Steuergesetzen. – 2. *Finanzpolitische Bedeutung:* Hinter dem Nonaffektationsprinzip steht die Auffassung von der Gleichwertigkeit aller Staatszwecke und die Vorstellung, sich die Freiheit des politischen Handelns durch die Möglichkeit der Bildung von Ausgabeprioritäten von Fall zu Fall zu erhalten. Aus finanzpsychologischen Gründen wird jedoch gegen das Nonaffektationsprinzip dann verstoßen, wenn sich anders bestimmte Ziele nicht so leicht durchsetzen lassen (z.B. Zweckbindung bestimmter Teile der Mineralölsteuer für den Straßenbau). – Vgl. auch → Haushaltsplan, → Haushaltsgrundsätze, → Fondswirtschaft.

Normaldefizit – *Normalverschuldung;* Teil des Gesamtdefizits der öffentlichen Haushalte, an den sich die Privaten langfristig gewöhnt haben, der von ihnen als normal empfunden wird; abgeleitet aus der → potenzialorientierten Verschuldung. Wird bei der Ermittlung des → strukturellen Defizits berücksichtigt. – Vgl. auch konjunkturneutraler Haushalt.

Notensteuer – Zwangsabgabe, die Notenbanken zu entrichten haben, wenn die Notenausgabe ein bestimmtes Notenkontingent überschreitet oder die vorgeschriebene Deckung unterschritten wird. Eine *prohibitive Notensteuer* wird erhoben, um private Banken zur Aufgabe des Notenemissionsgeschäfts zu veranlassen. – *Ziel:* Kontrolle des Geldumlaufs. – *Bedeutung:* Zuerst in den USA (1866), später in Deutschland erhoben; in Deutschland 1933, in den USA 1968 abgeschafft.

Nutzen-Kosten-Analyse → Kosten-Nutzen-Analyse.

Nutzwertanalyse – *Scoring-Modell, Rangfolge-Modell.* 1. *Begriff:* Verfahren zur Alternativenbewertung, wobei Alternativen auch an solchen Bewertungskriterien gemessen werden, die nicht in Geldeinheiten ausdrückbar sind. Berücksichtigt werden bei der Nutzwertanalyse z.B. technische, psychologische und soziale Bewertungskriterien, die sich an quantitativen und qualitativen Merkmalen orientieren (multiattributive Nutzenbetrachtung). – *Anders:* → Kosten-Nutzen-Analyse. – 2. *Kennzeichen:* Die Nutzwertanalyse versetzt die bewertende(n) Person(en) in die Lage, die Alternativenbewertung sowohl unter Berücksichtigung eines multidimensionalen Zielsystems als auch spezifischer Zielpräferenzen vorzunehmen. – 3. *Ablauf:* (1) *Aufstellen eines Zielprogramms:* Ein Gesamtziel, z.B. die Anschaffung eines Informations- und Kommunikationssystems (IuK-System) wird in einzelne Subziele differenziert (z.B. Zeitraum bis zum Abschluss des Projekts, strategische Notwendigkeit, Verbesserung des Marktanteils) und nach ihrer Bedeutung für die Zielsetzung des Unternehmens gewichtet (z.B. null für überhaupt nicht wichtig bis zehn für sehr wichtig). Gleichzeitig werden verschiedene Projektalternativen, z.B. IuK-System des Herstellers X, IuK-System des Herstellers Y sowie Eigenentwicklung etc. aufgeführt. Ergebnis dieses Schrittes ist eine Matrix, die in den Zeilen die Zielkriterien und in den Spalten die Alternativen aufführt. (2) *Angabe der Zielerträge (ZE) für die jeweiligen Alternativen:* Jede Alternative wird für sich hinsichtlich jedes Zielkriteriums direkt bewertet. – *Beispiel:* Beurteilung des IuK-Systems des Herstellers X im Hinblick auf die Erfüllung der angegebenen Kriterien. Die Bewertungen sind die sog. Zielerträge. Sie zeigen den Grad der Erfüllung der einzelnen Kriterien der jeweiligen Alternative und nehmen i.d.R. einen Wert zwischen null (kein Erfüllungsgrad) und zehn (hoher Erfüllungsgrad) an. – *Beispiel:* Erfüllt das IuK-System des Herstellers X das Kriterium „strategische Notwendigkeit" nur zu einem mittleren Grad, erhält diese Alternative den Wert fünf. (3) *Ermittlung der Zielwerte (ZW):* In einem weiteren Bewertungsvorgang werden sog. Zielwerte ermittelt. Der Zielwert bildet sich aus der Multiplikation von Gewichtung und Zielertrag. – *Beispiel:* Wird das Kriterium „strategische Notwendigkeit" mit zehn gewichtet und erfüllt das IuK-System des Herstellers X dieses Kriterium mit einem Wert von fünf (mittlerer Erfüllungsgrad), ergibt sich ein Zielwert von 50. (4) *Ermittlung der Nutzwerte pro Alternative:* Werden die einzelnen Zielwerte der Alternativen aggregiert, bekommt man als Ergebnis den Nutzwert von einer Alternative. Diejenige Alternative mit dem höchsten Nutzwert wird ausgewählt. Vor dem Hintergrund der gegebenen Prämissen und Einschätzungen ist sie als optimal anzusehen. – 4. *Nachteile:* a) Die Wertsynthese der Teilnutzwerte (n_{ij}) zu Gesamtnutzwerten

N_i mithilfe der i.d.R. angewandten Additionsregel ist problematisch, da vorausgesetzt wird, dass die Teilnutzen einheitlich kardinal messbar und die Zielkriterien voneinander nutzenunabhängig sind. – b) Die auf subjektiven Urteilen fußende Zielkriteriengewichtung (k_j–g_j) und Teilnutzenbestimmung; da damit das Ergebnis entscheidend beeinflusst werden kann, kommt es hier i.d.R. bei Mehrpersonenentscheidungen zu Konflikten. – 5. *Vorteile:* Die Nutzwertanalyse ist als eine heuristische Methode zur systematischen Entscheidungsfindung wegen ihres nachvollziehbaren und überprüfbaren Ablaufs als vorteilhafte Ergänzung anderer Methoden zu betrachten, die dem Abbau der Entscheidungsproblematik bei der Bewertung und Auswahl komplexer Alternativen dienen. Sie ist häufig das einzig anwendbare Hilfsmittel zur Analyse einer Entscheidungssituation, wenn eine Zielvielfalt zu beachten ist und/oder ein monetärer Projektwert nicht bestimmt werden kann. – 6. *Beurteilung der mittels Nutzwertanalyse gefundenen Lösung* durch Variation der Parameter (Sensitivitätsanalyse). – 7. Eine *Weiterentwicklung* der Nutzwertanalyse stellt die → Kosten-Wirksamkeits-Analyse dar.

objektbezogene Verschuldung → Deckungsgrundsatz.

objektbezogene Verschuldungsregel → Haushaltssystematik, → Last der Staatsverschuldung. – *Gegenteil:* situationsbezogene Verschuldungsregel.

offene Ausschreibung → Ausschreibung, → öffentliche Auftragsvergabe.

öffentliche Abgaben → Abgaben.

öffentliche Aufgaben – von → öffentlichen Aufgabenträgern zu erfüllende Aufgaben. In der Marktwirtschaft ergibt sich die Begründung öffentlicher Aufgaben aus der Existenz bestimmter Gütermerkmale (→ Nichttrivialitätsaxiom, Nichtanwendbarkeit des → Ausschlussprinzips, Grenzkosten von Null), die eine privatwirtschaftliche Aufgabenerfüllung nicht bzw. nur mit gesamtwirtschaftlich suboptimalem Ergebnis erlaubt (→ öffentliches Gut, → Marktversagen) bzw. bei denen eine privatwirtschaftliche Aufgabenerfüllung aus politisch-meritorischen Gründen nicht erwünscht ist (→ meritorische Güter). Neben diesen mikroökonomischen Aspekten des Marktversagens werden weitere diskutiert mit den Wettbewerbsproblemen, den Stabilisierungsproblemen, aufgeteilt in Konjunktur-, Wachstums- und Strukturschwierigkeiten, sowie der Marktablehnung aus distributionspolitischen Motiven. Die Theorie des Staatsversagens erläutert im Rahmen der ökonomischen Theorie der Politik und der Bürokratie Argumente, warum auch der Staat versagen kann.

öffentliche Aufgabenträger – die Träger → öffentlicher Aufgaben in einem gegliederten Gemeinwesen. Zu den öffentlichen Aufgabenträgern zählen: (1) die regional abgegrenzten → Gebietskörperschaften (in der Bundesrepublik Deutschland Bund, Länder, Gemeinden und Gemeindeverbände), die jeweils eine Vielzahl öffentlicher Aufgaben erfüllen; (2) die funktional (und ggf. zusätzlich regional) abgegrenzten → Parafisci (in der Bundesrepublik Deutschland v.a. die Sozialversicherungsträger); (3) öffentliche Unternehmen, Kirchen, Arbeitgeber- und Arbeitnehmerverbände u.Ä.

öffentliche Aufträge – von Bund, Ländern, Gemeinden, Gemeindeverbänden und sonstigen Personen des öffentlichen Rechts (klassische öffentliche Auftraggeber) zu vergebende Aufträge zur Beschaffung von Gütern und Dienstleistungen (→ öffentliche Auftragsvergabe). – Vgl. auch → Ausschreibung.

öffentliche Auftragsvergabe – 1. *Begriff:* entgeltliche Beschaffung von Gütern und Dienstleistungen durch öffentliche Auftraggeber, die sie zur Erfüllung ihrer Aufgaben benötigen und die sie am Markt erwerben. – 2. *Wirtschaftliche Bedeutung:* a) Bund, Länder und Gemeinden vergeben Aufträge von mehr als 360 Mrd. Euro jährlich. Dazu kommen die Aufträge öffentlicher Unternehmen, die mit mehr als 60 Mrd. Euro jährlich zu beziffern sind. In der EU betrug das Gesamtvolumen der öffentlichen Aufträge 2002 rund 1.500 Mrd. Euro, das sind 16 Prozent des Bruttoinlandsprodukts der EU. Nachgefragt werden Güter und Leistungen fast aller Branchen, von Verbrauchsgütern bis zu technischen Großgeräten. Dem öffentlichen Auftragswesen kommt deshalb nicht nur im Rahmen der staatlichen Haushalts- und Finanzpolitik, sondern auch im Rahmen der Wirtschafts-, Konjunktur- und Infrastrukturpolitik ein hoher Stellenwert zu. Dies birgt nicht nur die Gefahr, ausländische Anbieter im Wettbewerb auszugrenzen, sondern das öffentliche Auftragswesen mit Zwecken zu versehen, die nicht unmittelbar auf das günstigste oder wirtschaftlichste Angebot zielen, sondern etwa auf Gesichtspunkte des

Umweltschutzes. Im Interesse der Öffnung und Offenhaltung der Märkte und Schaffung gleicher Zugangsbedingungen für die Anbieter unterliegt das öffentliche Auftragswesen deshalb verstärkt der rechtlichen Regelung im Rahmen der WTO, der EU und des nationalen Vergaberechts. – b) Infolge der Finanz- und Wirtschaftskrise ab 2008 sind weltweit Konjunkturprogramme verabschiedet worden, die neben Bürgschaften und anderen Sicherungsformen auch Investitionen in Milliardenhöhe vorsehen. In Deutschland wurde Oktober 2008 der Sonderfonds Finanzmarktstabilisierung (Soffin) (Finanzmarktstabilisierungsfonds) geschaffen, der über 480 Mrd. Euro verfügt. Im November 2008 wurde das 15 Punkte umfassende Maßnahmenpaket „Beschäftigungssicherung durch Wachstumsstärkung" („Konjunkturprogramm I") verabschiedet, mit dem Investitionen in Höhe von 50 Mrd. Euro in Gang gesetzt werden sollen. Das im Februar 2009 verabschiedete „Konjunkturpaket II" der Bundesregierung sieht Sonderausgaben in Höhe von 50 Mrd. Euro vor; Kernstück ist ein Investitionsprogramm in Höhe von 17,3 Mrd. Euro für Schulen, Hochschulen, Verkehrswege und andere öffentliche Gebäude. – 3. *Rechtlicher Rahmen:* a) Das am 1.1.1996 im Rahmen der World Trade Organization (WTO) in Kraft getretenen *Übereinkommen über das öffentliche Beschaffungswesen* (Government Procurement Agreement (GPA)) verpflichtet die 27 Vertragsstaaten – wozu auch die EU gehört – auf die Grundsätze der Inländerbehandlung, der Meistbegünstigung, der Transparenz und des vergaberechtlichen Rechtsschutzes. – b) Das *neue dt. Vergaberecht* wird maßgeblich geprägt durch die materiellen Vorschriften des EU-Rechts (Vergaberichtlinie (EG) 18/2004; Sektorenrichtlinie (EG) 17/2004) sowie Richtlinien zum Rechtsschutz bei der Vergabe (Überwachungs-Richtlinie 89/665/EWG und Sektorenüberwachungs-Richtlinie 92/13/EWG, geändert durch Richtlinie 2007/66/EG). Diese Richtlinien schreiben den Mitgliedsstaaten vor, dass öffentliche Aufträge zwingend europaweit ausgeschrieben werden müssen, wenn der Wert der Aufträge bestimmte Schwellenwerte überschreitet. Die Schwellenwerte sind in der Verordnung (EG) Nr. 1422/2007 festgelegt. Sofern diese Schwellenwerte nicht erreicht werden, regelt sich die Vergabe öffentlicher Aufträge nach dem jeweiligen Haushaltsrecht des Bundes und der Länder. – c) (1) Diese Richtlinien sind in Deutschland schließlich umgesetzt worden im Vierten Teil des GWB (§§ 97 ff. GWB) und der auf § 97 VI GWB gestützten Vergabeordnung (VgV) i.d.F. vom 11.2.2003 (BGBl. I 169) m.spät.Änd. Der Schwellenwert, deklaratorisch aufgeführt in § 2 VgV, beträgt aktuell bei Liefer- und Dienstleistungsaufträgen im Bereich der Trinkwasser- oder Energieversorgung und im Verkehrsbereich 400.000 Euro, für Aufträge der Bundesbehörden 130.000 Euro, für alle anderen Liefer- und Dienstleistungsaufträge 200.000 Euro, für Bauaufträge 5 Mio. Euro, für Auslobungsverfahren, die zu einem Dienstleistungsauftrag führen, dessen Schwellenwert (vgl. Fünfte Verordnung zur Änderung der Verordnung über die Vergabe öffentlicher Aufträge vom 14.3.2012 (BGBl. I S. 488). Ferner sind für die Teil- und Fachlose von Dienstleistungsaufträgen und Bauaufträgen je nach Wert bes. Schwellenwerte vorgesehen. (2) Zum Kreis der öffentlichen Auftraggeber, die den Regelungen der §§ 97 ff. GWB und der Vergabeverordnung unterfallen, gehören nicht nur die Gebietskörperschaften und deren Sondervermögen, sondern auch natürliche und juristische Personen des öffentlichen und privaten Rechts, sofern sie überwiegend öffentlich finanziert oder mehrheitlich kontrolliert im Allgemeininteresse liegende Aufgaben nichtgewerblicher Art erfüllen oder im Bereich der Daseinsvorsorge tätig sind, oder wenn mit dem Auftrag eine Baukonzession verbunden wird (vgl. § 98 GWB). (3) Die Vergabe von öffentlichen Liefer-, Bau- und Dienstleistungsaufträgen erfolgt im Wege von offenen, nicht offenen oder Verhandlungsverfahren. Offene

Verfahren sind Verfahren, in denen eine unbeschränkte Anzahl von Unternehmen öffentlich zur Aufgabe von Angeboten, während bei den nichtoffenen Verfahren eine beschränkte Anzahl von Unternehmen zur Angebotsaufgabe aufgefordert wird. Öffentliche Auftraggeber haben grundsätzlich das offene Verfahren anzuwenden, sofern nicht aufgrund der Bestimmungen des GWB etwas anderes gestattet ist. Dazu bestimmt die Vergabeordnung, für welche Arten von öffentlichen Aufträgen welche Arten der Ausschreibung nach welchen Kriterien Anwendung finden können (§§ 4–6 VgV). Die Vergabeverordnung verweist hierzu wiederum auf die Verdingungsordnung für Leistungen (VOL/A) für die Vergabe von Liefer- und Dienstleistungsaufträgen, auf die Verdingungsordnung für freiberufliche Leistungen (VOF) für die Vergabe freiberuflicher Dienstleistungen und auf die Vergabe- und Vertragsordnung für Bauleistungen (VOB/A) für die Vergabe von Bauleistungen. Aufgrund dieser komplizierten Verweisungstechnik vom GWB auf die Vergabeverordnung und von dort auf die Verdingungsordnungen (sog. Kaskadenprinzip) erlangen die Verdingungsordnungen, die an sich von privaten Gremien erstellte Regelwerke mit AGB-Charakter darstellen, die Geltung von Rechtsnormen. – d) *Rechtsschutz:* Die Vergabe von öffentlichen Aufträgen, die wegen des Überschreitens der Schwellenwerte europaweit auszuschreiben sind, unterliegen der Nachprüfung durch Vergabekammern (§ 102 GWB). Damit wird den Mitbietern in diesen Fällen ein Rechtsanspruch auf Einhaltung des Vergabeverfahrens eingeräumt (vgl. § 107 GWB). Die Vergabekammer entscheidet, ob der Antragsteller in seinen Rechten verletzt ist und trifft die geeigneten Maßnahmen, um eine Rechtsverletzung zu beseitigen und eine Schädigung der betroffenen Interessen zu verhindern (§ 114 GWB). Ein bereits erteilter Zuschlag kann nicht aufgehoben werden. Die Entscheidung der Vergabekammer ergeht durch Verwaltungsakt (§ 114 I, II GWB). Gegen die Entscheidung der Vergabekammer ist die sofortige Beschwerde zulässig, über die das für den Sitz der Vergabekammer zuständige Oberlandesgericht entscheidet (§ 116 GWB). Bund und Länder können den Verfahren vor der Vergabekammer ein Vorverfahren vorschalten, in dem eine Vergabeprüfstelle die Einhaltung der Vergabevorschriften überprüft (§ 113 GWB). – 4. Sofern der öffentliche Auftrag den Schwellenwert nicht erreicht, regelt sich die Vergabe des Auftrags nach dem *Haushaltsrecht*. Dieses bindet zwar die öffentlichen Auftraggeber, eröffnet aber den konkurrierenden Bietern grundsätzlich keine eigenen Rechte. Die Bundeshaushaltsordnung (§ 55) und die Landeshaushaltsordnungen sehen lediglich vor, dass Lieferungen und Leistungen grundsätzlich öffentlich auszuschreiben sind, damit die Haushaltsmittel wirtschaftlich und sparsam verwendet werden. Von dem Gebot der öffentlichen Ausschreibung kann ausnahmsweise abgesehen werden, sofern die Natur des Geschäfts oder bes. Umstände dies rechtfertigen. Zur Wahrung der Chancengleichheit aller Anbieter ist beim Abschluss von Verträgen nach einheitlichen Richtlinien, v.a. nach den oben genannten VOB, VOL und VOF vorzugehen. Aus der Nichtbeachtung der Verwaltungsvorschriften durch die Behörden erwächst den unterlegenen Mitgliedern jedoch kein Anspruch wie im Vergabeverfahren nach dem GWB.

öffentliche Ausgaben – 1. *Begriff:* Ausgaben der öffentlichen Hand zur Verwirklichung der → öffentlichen Aufgaben; über Art und Ausmaß entscheiden die politischen Vertretungen. – *Gegensatz:* → öffentliche Einnahmen. – *Anders:* → Staatsausgaben. – 2. *Unterteilung:* a) Nach *Aufgabenbereichen:* Die traditionelle Gliederung nach dem → Ministerialprinzip bedeutet grundsätzlich eine Gliederung der öffentlichen Ausgaben nach der Ressortverantwortung bzw. dem Verwaltungsaufbau. Die Gliederung der öffentlichen Ausgaben nach dem Funktionalprinzip versucht, organisch zusammengehörende, aber institutionell verstreute

Ausgaben zusammenzufassen. – b) Nach *Periodizität* und *Vorhersehbarkeit* bes.: (1) ordentliche Ausgaben; (2) → außerordentliche Ausgaben. Ordentliche Ausgaben sollen durch Steuereinnahmen, außerordentliche durch Schuldenaufnahme finanziert werden. Infolge der Haushalts- und Finanzreform von 1969 wurde die Unterteilung in ordentliche und außerordentliche Ausgaben aufgegeben. – c) Im *finanzstatistischen* Sinn: (1) öffentliche Bruttoausgaben; (2) öffentliche Nettoausgaben: unmittelbare Ausgaben einer Körperschaft bzw. Eigenausgaben einer Körperschaft. Beim Nettoprinzip werden die Zahlungen ausgesondert, die innerhalb und zwischen den verschiedenen → Gebietskörperschaften vorgenommen werden und reinen Transfercharakter haben. – d) Nach *temporaler Nutzenverteilung:* (1) konsumtive Ausgaben (Nutzen in der laufenden Periode); (2) investive Ausgaben (Nutzen in künftigen Jahren). – e) Nach den *ökonomischen Wirkungen:* (1) Ausgaben für Güter und Dienste: (a) öffentliche Sachkapitalinvestitionen (Verkehr, Energie, Gesundheit), (b) öffentliche Ausgaben zur Erzeugung von immateriellem Kapital (Erziehung, Forschung), (c) öffentliche Ausgaben für institutionelle Infrastruktur (Verwaltung, Recht, Sicherheit), (d) Militärausgaben und (e) öffentlicher Verbrauch. (2) Transferausgaben: (a) Sozialtransfers, (b) Subventionen, (c) Zinszahlungen und (d) Finanzinvestitionen. – 3. *Umfang:* → öffentliche Finanzen. – Vgl. auch → öffentliche Kreditaufnahme, → öffentlicher Haushalt, → Ausgabentheorie, → Transformationsausgaben.

öffentliche Auslandsverschuldung – Kreditaufnahme der öffentlichen Hand im Ausland in Form der direkten Verschuldung (vornehmlich Schuldscheindarlehen) und der indirekten Verschuldung (Kauf inländischer Staatspapiere durch Ausländer). – Vgl. auch → öffentliche Kreditaufnahme, Auslandsverschuldung.

öffentliche Ausschreibung → Ausschreibung, → öffentliche Auftragsvergabe.

öffentliche Einnahmen – 1. *Begriff:* Einnahmen der → Gebietskörperschaften (u.U. auch der Sozialversicherungsträger), d.h. die Summe aller Arten von Einnahmen in den → öffentlichen Haushalten. – *Gegensatz:* → öffentliche Ausgaben. – *Anders:* → Staatseinnahmen. – 2. *Unterteilung:* Infolge der Haushalts- und Finanzreform von 1969 wurde die Unterteilung in ordentliche Einnahmen und → außerordentliche Einnahmen aufgegeben. – 3. *Heute üblich:* a) Nach dem Inhalt der marktmäßigen oder politischen *Transfers:* (1) → Erwerbseinkünfte, (2) → Gebühren und → Beiträge, (3) → Steuern, (4) Kreditaufnahme (→ öffentliche Kreditaufnahme); die unter (2) und (3) genannten öffentlichen Einnahmen werden auch als → Abgaben bezeichnet. – b) Nach *Periodizität* und *Quelle* des Eingangs: (1) Einnahmen der laufenden Rechnung (Erwerbseinkünfte, Abgaben, Zinsen, Zuweisungen und Zuschüsse), (2) Einnahmen der Kapitalrechnung (Veräußerung von Sachvermögen, Vermögensübertragungen, Darlehensrückflüsse, Veräußerungen von Beteiligungen). – c) Zum Zwecke des *Haushaltsausgleichs* werden unter der Bezeichnung (Netto-) → Finanzierungssaldo weitere Einnahmearten ausgewiesen: (1) Netto-Schuldenaufnahme am Kreditmarkt (→ Nettokreditaufnahme), (2) Rücklagenauflösungen, (3) Münzeinnahmen (nur für den Bund zutreffend). – 4. *Umfang:* → öffentliche Finanzen. – Vgl. auch → Einnahmentheorie.

öffentliche Finanzen – 1. *I.e.S.:* Alle Dispositionen über Geld (d.h. Zahlungsvorgänge), bei denen ein oder beide Partner zum → öffentlichen Sektor gehören (Haushaltsführung). – 2. *I.w.S.:* Neben den Dispositionen über Geld werden auch Dispositionen über sonstige Wirtschaftsgüter (z.B. Grundstücke, Sachvermögen) und über Personal erfasst (Wirtschaftsführung). – Vgl. auch (öffentliche) → Finanzwirtschaft.

öffentliche Finanzwirtschaft → Finanzwirtschaft.

öffentliche Hand – Bezeichnung für Körperschaften des öffentlichen Rechts, v.a. im Zusammenhang mit ihrer Tätigkeit als Unternehmer (öffentliche Unternehmen) oder im Hinblick auf ihr Vermögen (→ Fiskus). – Die Bezeichnung wird üblicherweise eingesetzt, um die Beteiligung der Gebietskörperschaften (→ Gemeinde, Gemeindebund, Bund und Länder) oder ihrer Unternehmen (Öffentliche Unternehmen) am Wirtschaftsleben zu kennzeichnen. Dabei können im weiteren Sinne sowohl privatrechtlich organisierte Tätigkeiten, wie auch öffentlich-rechtlich organisierte Tätigkeiten der öffentlichen Hand zugerechnet werden.

öffentliche Kreditaufnahme – *öffentliche Schulden*. 1. *Begriff*: Die von der öffentlichen Hand aufgenommenen und normalerweise mit einer Rückzahlungs- und Verzinsungspflicht verbundenen Kredite. Im Gegensatz zur Steuer handelt es sich bei der öffentlichen Kreditaufnahme um Einnahmen, die aus der Beteiligung am marktwirtschaftlichen Prozess resultieren. – *Anders:* → Staatsschulden. – 2. *Schuldenarten:* a) Nach dem *Dokument:* (1) *Briefschulden:* Sie werden über eine gesonderte Schuldenurkunde dokumentiert; (2) *Buchschulden:* Sie werden in ein Schuldbuch eingetragen. – b) Nach der *Fristigkeit:* (1) *Geldmarktpapiere:* Kurzfristige Verschuldung am Geldmarkt; dazu zählen unverzinsliche Schatzanweisungen, Finanzierungsschätze und (eingeschränkt) Schatzwechsel. (2) *Kapitalmarktpapiere:* Langfristige Verschuldung am Kapitalmarkt; dazu zählen Kassenobligationen, Bundesobligationen, Bundesschatzbriefe, Anleihen, Schuldscheindarlehen sowie Sozialversicherungs- und Versicherungsdarlehen. – 3. *Kreditnehmer:* Das statistische Bundesamt berichtet für das Jahr 2011 eine Staatsverschuldung von 2088,47 Mrd. Euro gemäß des Maastricht-Vertrages. Dies entsprich einer Verschuldungsquote von 82% des BIP. – 4. *Gläubigerstruktur:* Seit dem 1.1.1995 ist eine öffentliche Kreditaufnahme von Bund, Ländern und Parafisci bei der Bundesbank untersagt. – 5. *Ziele:* a) *Fiskalisches Ziel:* Die öffentliche Kreditaufnahme dient primär der Einnahmeerzielung zur Finanzierung der staatlichen Aufgabenerfüllung (Deckungskredite) oder zur kurzfristigen Überbrückung von Liquiditätsengpässen (Kassenverstärkungskredit). – b) Im Rahmen der an die keynesianische Theorie anschließenden Fiscal Policy hat die öffentliche Kreditaufnahme als Instrument der *Konjunktur- und Stabilisierungspolitik* eine wichtige Funktion (→ Deficit Spending). Auch für die Verfolgung allokations-, bes. wachstumspolitischer Ziele ist die öffentliche Kreditaufnahme von Bedeutung, da mit ihrer Hilfe auf die volkswirtschaftliche Kapitalbildung (→ Aggregate Investment Approach) und auf die intergenerative Aufteilung der Finanzierungslast zukunftswirksamer Investitionen (→ Pay-as-You-Use-Prinzip) Einfluss genommen werden kann. – 6. *Wirkungen:* a) *Allokative Wirkungen:* (1) *Intratemporal:* v.a. die in der Auseinandersetzung um das sog. → Crowding-out diskutierten Verdrängungseffekte auf den Geld- und Kapitalmärkten (→ Fontänentheorie, → Quellentheorie), aber auch auf den Gütermärkten (Direct Crowding-out). Von diesen allokativen Wirkungen hängt auch der Erfolg des Einsatzes der öffentlichen Kreditaufnahme für die Ziele der Stabilisierungspolitik ab. Daneben wird der budgetinterne Crowding-Out-Effekt zunehmend bedeutend, der davon ausgeht, dass angesichts der steigenden Schuldendienstlast der finanzpolitische Spielraum für andere Zwecke immer mehr abnimmt. (2) *Intertemporal:* In der sog. Lastverschiebungsdiskussion kontrovers diskutiert. Die Frage ist, ob durch die Zins- und Tilgungslast für die öffentliche Kreditaufnahme und/oder aufgrund der infolge von Crowding-out-Effekten in der Gegenwart möglicherweise geringeren volkswirtschaftlichen Kapitalbildung (geringerer Kapitalstock wird an die nächste Generation weitergegeben) eine Lastverschiebung zuungunsten der zukünftigen Generation erfolgt; vgl. → Last der Staatsverschuldung. - b) *Distributive Wirkungen:* (1) *Intratemporal:* → Transferansatz, stellt die These auf, dass eine steigende Staatsverschuldung zu einer Vermögens- und Einkommenskonzentration und daher einer Umverteilung führe, da die Aufbringung der Zins- und Tilgungslast über das Steueraufkommen je nach Steuerart regressiv, zulasten der „Armen" wirke, während die Rendite den Beziehern höherer Einkommen zufließe, da v.a. diese die staatlichen Anleihen zeichnen. (2) *Intertemporal:* Grundsätzlich die gleichen Überlegungen wie zu den intratemporalen Wirkungen. Die intertemporalen Verteilungswirkungen hängen aber zusätzlich von Veränderungen des Steuersystems zwischen den betrachteten Perioden ab. - 7. *Grenzen:* → Verschuldungsgrenzen. - Vgl. auch → öffentliche Finanzen, → Nettokreditaufnahme, → Bruttokreditaufnahme, → Kommunalverschuldung.

öffentliche Kredite - Sammelbegriff für die Kreditgewährung und -aufnahme der öffentlichen Hand (öffentliche Kreditgewährung, → öffentliche Kreditaufnahme).

öffentliche Lasten - 1. *I.w.S.:* Sammelbegriff für alle öffentlich-rechtlichen Pflichten zu einer Leistung oder Duldung ohne Rücksicht auf Rechtsgrund und Inhalt im Einzelnen. - *Beispiel:* → Abgaben. - 2. *I.e.S.:* Öffentlich-rechtliche Pflicht, die als dingliches Recht auf einer Sache, v.a. auf einem Grundstück ruht, und zwar als Leistungspflicht (Hypothekengewinnabgabe), Haftungspflicht (Verwertungsrecht) oder Duldungspflicht.

öffentlicher Haushalt - 1. *Begriff:* a) *I.w.S.:* Der Befriedigung von Kollektivbedürfnissen dienende Einrichtungen aller → Gebietskörperschaften, die zu diesem Zweck → öffentliche Güter anbieten. Die Produktionskosten der öffentlichen Güter finden im öffentlichen Haushalt zahlenmäßigen Niederschlag. - b) *I.e.S.:* Das Rechnungswerk von Bund, Ländern und Gemeinden. Solleinnahmen und -ausgaben werden im → Haushaltsplan (→ Budget) im Voraus für ein Rechnungsjahr festgesetzt; nachträgliche Zusammenstellung der tatsächlichen Einnahmen und Ausgaben erfolgen in der → Haushaltsrechnung. - 2. *Kontrollsystem:* Das Parlament hat das Recht, den Haushaltsplan für jeden Posten zu bewilligen und damit die Regierung sowie die Verwaltung streng an die angesetzten Summen zu binden; Ausnahmen sind möglich (Art. 111 GG: Ausgabeermächtigung der Regierung bei nicht rechtzeitig verabschiedetem Haushaltsplan; außer- und überplanmäßige Ausgaben). Daneben v.a. nachträgliche Haushaltskontrolle durch den Bundesrechnungshof.

öffentlicher Sektor - in Deutschland Bund, Länder und Gemeinden (Gemeindeverbände) als → Gebietskörperschaften sowie supranationale Instanzen (v.a. EU) und andere Organisationen.

öffentliche Schulden → öffentliche Kreditaufnahme.

öffentliches Gut - *Social Good, Kollektivgut.* 1. *Begriff:* a) *I.e.S.:* Begriff zur Abgrenzung von → Individualgütern bzw. → privaten Gütern mithilfe bestimmter Merkmale. - b) *I.w.S.* wird die Theorie der öffentlichen Güter mit der Theorie der → öffentlichen Ausgaben und des → Marktversagens identifiziert. - 2. *Charakteristische Merkmale* (Musgrave): a) *Nichtanwendbarkeit des* → *Ausschlussprinzips:* Die Nutzung des öffentlichen Gutes kann nicht von der Zahlung eines Entgelts abhängig gemacht werden, da der Nutzungsausschluss z.B. aus technischen Gründen nicht durchsetzbar oder aus gesellschaftlichen Gründen unerwünscht ist. - b) *nicht rivalisierender Konsum* (→ Nichtrivalitätsaxiom): Der den Individuen aus der Nutzung des öffentlichen Gutes zufließende Nutzen ist unabhängig von der Zahl der Nutzer (kein Überfüllungsproblem). - c) *Zusammenhang* der beiden Gründe und *externer Effekte:* Während die Entscheidung über Art, Umfang und Verteilung privater Güter durch die dezentrale Abstimmung der individuellen

Präferenzen über den Marktmechanismus erfolgt, ist die Entscheidung über die Erstellung öffentlicher Güter das Ergebnis eines kollektiven Willensbildungsprozesses (Kollektiventscheidung durch den Wahlmechanismus). Die genannten Merkmale verhindern eine effiziente Allokation dieser Güter über den Marktmechanismus (→ Marktversagen). Im Rahmen der Neuen Politischen Ökonomie wird allerdings versucht, auch die Entscheidungen über öffentliche Güter auf die individuellen Präferenzen zurückzuführen. – d) *Weitere Gründe* für das Marktversagen und damit für die Rechtfertigung einer öffentlichen Gütererstellung: lange Reifezeiten von Investitionen und hohes Investitionsrisiko (Forschung und Entwicklung); langfristig sinkende Durchschnittskosten; intergenerative Effekte der Bewirtschaftung natürlicher Ressourcen. – Vgl. auch → meritorische Güter.

Offshore-Käufe – Warenlieferungen, die die USA bezahlen, die aber nicht die amerikanische Küste berühren, z.B. Aufträge zur Deckung des militärischen und zivilen Bedarfs der außerhalb der USA stationierten Truppen. Für die liefernden Länder wirken in Dollar abgerechnete Offshore-Käufe wie zusätzliche Exporte in die USA, sie werden daher umsatzsteuerlich wie Exporte in die USA behandelt und sind von der Umsatzsteuer befreit (→ Offshore-Steuerabkommen).

Offshore-Steuerabkommen – Abkommen zwischen der Bundesrepublik Deutschland und den USA vom 15.4.1954 i.d.F. vom 20.12.1967 (BGBl. I 1297) über die von der Bundesrepublik Deutschland zu gewährenden Abgabenvergünstigungen für die von den USA im Interesse der gemeinsamen Verteidigung geleisteten Ausgaben. Grundlage des Offshore-Steuergesetzes.

ökonomische Theorie der öffentlichen Haushalte → Finanzwissenschaft.

ökonomische Theorie des Clubs – *Clubtheorie, Klubtheorie.* 1. *Charakterisierung:* Ansatz zur Bestimmung der aus der Sicht des Individuums optimalen Mitgliederzahl eines Kollektivs, v.a. von Buchanan und Olson entwickelt. Bestandteil der ökonomischen Theorie der Politik (Neue Politische Ökonomie). Die ökonomische Theorie des Clubs setzt bei der Überlegung an, dass aus der Sicht des rational handelnden Individuums der Zweck eines Zusammenschlusses in der für das Individuum möglichst kostengünstigen Versorgung mit solchen Gütern liegt, für die das Ausschlussprinzip nicht gilt (gruppenspezifische → öffentliche Güter). Das Individuum hat solange ein Interesse an der Ausdehnung der Kollektivgröße, wie sich daraus eine Verbesserung der Nettonutzensituation des Individuums ergibt. Demnach ist die optimale Größe des Clubs erreicht, wenn die Grenzkosten dem Grenznutzen eines weiteren Mitglieds entsprechen. – 2. *Anwendung:* Die ökonomische Theorie des Clubs wurde bes. im Rahmen der ökonomischen Föderalismusdiskussion angewandt (→ ökonomische Theorie des Föderalismus). Zudem ergibt sich hier eine ökonomische Erklärung für parafiskalische Gebilde.

ökonomische Theorie des Föderalismus – Ansätze zur Würdigung der volkswirtschaftlichen Bedeutung des Föderalismus (nach Musgrave): (1) *Fiskalische Standorttheorie:* Ansätze, die sich v.a. mit den *Kriterien, Verhaltensweisen und Mechanismen bei der Wahl von Standorten* durch Wirtschaftssubjekte (Standortwahl) befassen. Dabei spielen Fragen der Finanzierung von und der Versorgung mit → öffentlichen Gütern eine wichtige Rolle. Interpretiert man den Begriff Standort nicht nur räumlich, sondern z.B. auch mit Bezug auf die Mitgliedschaft in Zweckverbänden, so kann man im Rahmen der Standorttheorie Theorien des regionalen und funktionalen Föderalismus unterscheiden. (2) Ansätze, die sich mit der *Aufgabenverteilung, Zusammenarbeit* und den *Finanzbeziehungen* (→ Finanzausgleich) zwischen *autonomen Körperschaften* befassen. Im Mittelpunkt stehen die Analyse von Spillover-Effekten und die Möglichkeiten ihrer Internalisierung. (3)

Ansätze, die sich mit den *Beziehungen zwischen Körperschaften unterschiedlicher hierarchischer Ebenen* befassen. Dabei geht es u.a. um Probleme des optimalen Zentralisierungs- bzw. Dezentralisierungsgrads. - Vgl. auch → Föderalismus.

Opfertheorien - *Pflichttheorien;* theoretische Grundlage der Besteuerung (→ Steuerrechtfertigungslehre). Opfertheorien werden in der Finanzwissenschaft kontrovers diskutiert. - 1. *Charakterisierung:* Versuch einer theoretischen Grundlegung des → Leistungsfähigkeitsprinzips, basierend auf Annahmen über den Verlauf der Gesamt- und Grenznutzenkurven der Individuen (Nutzenfunktion). Die Belastung der Individuen durch Steuern soll sich nach ihrer Fähigkeit richten, Steueropfer (Verzicht auf private Bedürfnisbefriedigung = individuelle Wohlfahrtseinbuße) zu tragen. Dabei sollen die Opfer im Vergleich zwischen den Individuen gemäß der Auffassung von der „horizontalen" Gerechtigkeit (Gleichbehandlung) gleich sein; die Interpretation des Begriffs ist jedoch unterschiedlich. - 2. *Opferkonzepte:* a) *Konzept des absoluten Opfers:* Die Steuern sollen so bemessen werden, dass der absolute Nutzenentgang für alle Besteuerten gleich ist. - b) *Konzept des relativen Opfers (Konzept des proportionalen Opfers):* Die Steuern sollen so bemessen werden, dass die individuellen Opfer in einer festen und gleichen Relation zu den individuellen Gesamtnutzen stehen. - c) *Konzept des Grenzopfers (Konzept des marginalen Opfers):* Die Steuern sollen so bemessen werden, dass das Opfer der letzten besteuerten Einkommenseinheit bei allen Individuen gleich ist. - Die Art der Gleichbehandlung hängt von der Wahl des Konzept ab. - 3. *Bestimmung der den Opfertheorien entsprechenden Steuertarife:* Dieser Versuch basiert auf der Kombination der Opferkonzepte mit der Nutzentheorie. Da für alle Individuen derselbe Tarif gelten soll, muss auch für alle derselbe Verlauf der Grenz- und Gesamtnutzenkurven unterstellt werden. Aber selbst wenn das zuträfe, kann die Theorie nachweisen, dass mit ein und demselben Opferkonzept verschiedene Tarifverläufe, seien sie proportional oder progressiv, verbunden werden können. Somit führt die Entscheidung für ein Opferkonzept nicht zwingend zu der Festlegung auf einen einzigen Tarif und keineswegs zwingend zu der Forderung, nur ein progressiver Tarif sei mit dem Leistungsfähigkeitsprinzip vereinbar. - 4. *Kritik:* Die nutzentheoretische Annahme, dass für alle Individuen identische Gesamt- und Grenznutzenkurven Geltung hätten, dass die Grenznutzenkurve einen nach rechts fallenden Verlauf bei steigenden Einkommen nehmen müsse und dass Nutzen messbar und interindividuell vergleichbar seien, ist brüchig. Die Verknüpfung des Leistungsfähigkeitsprinzips mit den Opferkonzepten und der Nutzentheorie wird daher heute als nicht mehr vollends gültig angesehen. Lediglich für die der Leistungsfähigkeit angemessene Steuerfreiheit solcher Einkommensbeträge, die der Existenzsicherung und damit der Beschaffung inferiorer Güter dienen, dürfen die mit nutzentheoretischen Elementen gestützten Opfertheorien (eine demnach eingeschränkte) Geltung beanspruchen.

optimale Besteuerung - ein vorwiegend aus dem Angelsächsischen stammendes formales Verfahren, um das ökonomische Optimum der Besteuerung zu ermitteln. - 1. *Charakterisierung:* Im Rahmen des neoklassischen Gleichgewichtsmodells soll die Besteuerung so vorgenommen werden, dass die gesamtwirtschaftliche Wohlfahrt (Allokation mit Verteilungsziel) maximiert wird (Wohlfahrtsmaximierung). - 2. *Bedeutung:* Diese Modelle dienen zur Darstellung einiger wichtiger steuertheoretischer Fragestellungen und haben große praktische Relevanz erlangt.

optimales Budget - dasjenige Volumen des öffentlichen → Budgets, bei dem der Grenznutzen der bereitgestellten öffentlichen Leistungen mit den Grenzkosten übereinstimmt, die durch den erforderlichen Verzicht auf private Güter (Einkommen) anfallen. - Vgl. auch → Lindahl-Modell, → Budgettheorie.

ordentliche Ausgaben → ordentlicher Haushalt.

ordentliche Einnahmen → ordentlicher Haushalt.

ordentlicher Haushalt – der → Haushaltsplan, in dem die regelmäßigen Einnahmen (ordentliche Einnahmen) und die aus ihm zu bestreitenden planbaren Ausgaben (ordentliche Ausgaben) zusammengestellt sind. – Die Trennung in ordentlichen Haushalt und → außerordentlichen Haushalt ist heute nicht mehr üblich (→ Haushaltssystematik).

Ordnungsteuer – *Lenkungsteuer;* Steuer, die einem bestimmten ordnungspolitischen Zweck dient. – Vgl. auch → Steuerzweck, → nicht fiskalische Besteuerung, → Zwecksteuern, → Wertzuwachssteuer.

Organisationsreform → Verwaltungsreform.

organisches Steuersystem → organische Steuerreform.

organische Steuerreform – 1. *Begriff/Charakterisierung:* a) *Historisch:* Bezeichnung von Wagner für die → Miquelsche Finanzreform von 1891/1893. – b) *Allgemein:* Geplante Veränderungen im quantitativen und bes. funktionellen Verhältnis von Hauptsteuern eines Staates zueinander, sowie zwischen Haupt- und Nebensteuern, d.h. eine umfassende Steuerreform. Bei den meisten historischen Steuersystemen notwendig, da diese häufig steuerpolitischen Grundsätzen nicht genügen und nur unter Inkaufnahme erheblicher fiskalischer oder finanzausgleichspolitischer Nachteile über längere Zeit hinweg unverändert beibehalten werden können. – Die Forderung nach einer organischen Steuerreform wurde von der Wissenschaft schon 1949, v.a. aber seit 1953 immer wieder erhoben, nachdem die Entwicklung nach dem Zweiten Weltkrieg ein Missverhältnis zwischen Wirtschafts- und Steuerstruktur hervorgerufen hatte. Eine organische Steuerreform wurde als eine grundlegende Neuanpassung der Strukturen durch eine „große" Steuerreform verstanden, als deren Kernstück die Einführung einer Betriebsteuer (→ Unternehmensbesteuerung) anstelle der geltenden Gewinnsteuer vorgesehen war (Steuerreform). – 2. *„Organisch":* Forderung nach Neuabstimmung der Einzelglieder des bestehenden Steuersystems, unter Verwirklichung folgender, bislang nur mangelhaft beachteter Punkte: a) Die Steuererträge sollen möglichst ökonomisch und in der der herrschenden Rechts- und Kulturgesinnung gemäßen Weise, entsprechend dem → Leistungsfähigkeitsprinzip, aufgebracht werden. – b) Die einzelnen Steuern sollen sich in Ausgestaltung und vermutlicher Wirkung gegenseitig ergänzen und minimal beeinträchtigen. – c) Das ganze Steuergebäude soll auf das herrschende Wirtschaftssystem und die daraus folgenden wirtschaftspolitischen Aufgaben zweckvoll abgestimmt sein. – d) Die Verteilung der Steuerquellen soll der politischen Struktur der Bundesrepublik Deutschland Rechnung tragen. – 3. *Hauptbedenken gegen Verwirklichung:* Zeitbedingtheit und Kompromisshaftigkeit jedes, auch des „organischen" Steuersystems sind unvermeidlich. Eine wirklich organische, d.h. nicht nur tarifsenkende Reform ist angesichts der durch sie ausgelösten wirtschaftsstörenden Anpassungsprozesse nur dort zu verantworten, wo begründete Aussicht auf kontinuierliche innere und äußere Wirtschafts- und Sozialpolitik besteht. Aus diesen Gründen werden heute anstelle grundlegender Steuerreformen in groß angelegten Aktionen eher Reformen in kleineren Schritten befürwortet, d.h. eine *permanente Steuerreform.*

originärer Finanzausgleich → Finanzausgleich.

örtliches Aufkommen → Landessteuern.

örtliche Steuern → örtliche Verbrauchs- und Aufwandsteuern.

örtliche Verbrauchs- und Aufwandsteuern – werden von Gemeinden auf der Grundlage von gemeindlichen Abgabesatzungen erhoben, das sind bes. Getränkesteuer, Vergnügungssteuer, Hundesteuer, Schankerlaubnissteuer, Jagd- und Fischereisteuer, Zweitwohnungsteuer sowie die Verpackungssteuern. Alle diese Steuern sind → Bagatellsteuern. – Einige dieser Steuerarten werden nicht in allen Bundesländern erhoben, manche – wie z.B. die Zweitwohnungsteuer – auch nur in einigen Gemeinden des Bundesgebietes.

Parafisci – *Nebenfisci, intermediäre Finanzgewalten;* in der Güterversorgung der Bürger intermediärer Bereich zwischen privatem (Individualgüter, Marktprozess) und öffentlichem Bereich (→ öffentliches Gut, Prozess der politischen Abstimmung). – 1. *Merkmale:* a) *Begriffsmerkmale:* Rechtlich oft in der Form der öffentlich-rechtlichen Körperschaft; organisatorische Selbstverwaltung; finanziell weit gehende Autonomie mit kollektiver Finanzierung, z.B. über Zwangsabgaben (z.B. prozentualer Zuschlag der Kirchen zur Einkommensteuer, Pflichtbeiträge zur gesetzlichen Arbeitslosen-, Kranken- und Rentenversicherung, Zwangsumlagen der berufsständischen Kammern) oder weitgehend autonom verwaltete staatliche Zuschüsse an Sozialfisken, Kammern, Sondervermögen, Wohlfahrtsverbände etc. *(diagonaler Finanzausgleich).* – b) *Wichtigstes theoretisches Merkmal:* Neben Produktion kollektiver Güter für die Mitglieder der Parafisci stets als „gruppenexterner Effekt" auch Wahrnehmung von im öffentlichen Interesse liegenden Aufgaben. Parafisci sind auch in die Debatte um den funktionalen → Föderalismus mit einzubeziehen. – 2. *Entstehungsgründe:* a) *Entstehung der Parafisci „von oben":* Einrichtung von neuen Institutionen mit Hoheitsfunktionen durch den Staatssektor **oder** durch die direkte „Auslagerung" von bestimmten Aufgabenbereichen aus dem zentralen Budget (v.a. von F.K. Mann vertreten). Der Parafisci wird auch als → Hilfsfiskus bezeichnet oder – kritisch – wird von einer „Flucht aus dem Budget" gesprochen. – b) *Entstehung der Parafisci „von unten":* Zumeist selbstorganisierte Interessenverbände der Bürger, die erst nach und nach in eine gesellschaftliche Aufgabenerfüllung hineinwachsen (können). Ökonomisch begründet v.a. in der Kollektivgüterökonomik, aber auch in der → ökonomischen Theorie des Clubs oder der Verbände (bes. durch C. Smekal vertretene Richtung). – 3. *Beispiele:* Als Parafisci gelten unstreitig die klassischen Parafisci, wie Kirchen und Religionsgemeinschaften, die Sozialfisci, wie Kranken-, Unfall-, Renten- und Arbeitslosenversicherung, sowie die Ständefisci, wie die berufsständischen Vertretungen des Handels, des Handwerks, der Industrie, der Landwirtschaft, der freien Berufe in speziellen Kammern und Verbänden. Daneben gelten als internationale Parafisci z.B. die EU, Euratom und die Weltbank. V. a. unter dem Aspekt der Parafisci „von unten" wird aber inzwischen auch über die Parafiskalität von Parteien oder bestimmten Bürgerinitiativen etc. diskutiert. – 4. *Finanzwissenschaftliche Beurteilung:* V.a. die klassischen Parafisci werden oft kritisiert; es geht dabei bes. um die Umgehung bestimmter → Haushaltsgrundsätze, viele selbstständige Fonds machen die Haushaltswirtschaft der öffentlichen Hand unübersichtlich und unkontrollierbar. Dagegen wird heute beachtet, dass Spezialisierung, größere Beweglichkeit und Effizienz der Aufgabenerfüllung in kleineren organisatorischen Einheiten mit größerer Bürgernähe eine funktionale Differenzierung in der kollektivgüterwirtschaftlichen Versorgung oft erst ermöglichen. Bes. bei den Parafisci „von unten" ist die Einordnung in ein wünschenswertes Maß an funktionalem Föderalismus, an Partizipation und dezentraler Aufgabenerfüllung aber auch weiterhin umstritten (→ Politikverflechtung). Neben ökonomischen Effizienz- und Effektivitätsaspekten weist die Diskussion oft über ökonomische Zusammenhänge hinaus.

Parallelpolitik – Begriff für einen unerwünschten Effekt staatlicher Politik, wenn sie sich nicht in Anlehnung an die keynesianische Wirtschaftstheorie antizyklisch verhält (Fiscal Policy, antizyklische Finanzpolitik). Im Abschwung werden die staatlichen Nachfrageimpulse schwächer, im Boom dagegen stärker. Es liegt prozyklisches oder den Konjunkturzyklus verstärkendes Verhalten vor. Der Grund liegt z.b. in der Befolgung des Haushaltsgrundsatzes der Ausgeglichenheit ohne Berücksichtigung einer möglichen Schuldenaufnahme (vgl. ältere Deckungsbzw. Verschuldungsregel im Grundgesetz bis 1969 in → Haushaltssystematik); bei sinkenden Steuereinnahmen müssen die Ausgaben zurückgeführt werden bzw. umgekehrt. – Aktuell ist dieses Problem v.a. bei den nicht so stark in die konjunkturelle „Pflicht" genommenen Gemeinden.

Parkinsonsche Gesetze – 1. *Erstes Parkinsonsches Gesetz*: Die mit einem hintergründigen Humor aufgrund von Statistiken in eine ironisierende „mathematische Formel" gefasste Erfahrung, die der engl. Geschichtsforscher und Soziologe C. Northcote Parkinson während des Krieges als Zivilbeamter in der engl. Admiralität machte, dass die bürokratische Verwaltung in Behörden und in Unternehmungen mit einer angeblich mathematisch errechenbaren Zuwachsrate wächst, „gleich, ob die Arbeit zunimmt, abnimmt oder ganz verschwindet". – 2. *Zweites Parkinsonsches Gesetz*: Die Zuwachsrate der Ausgaben des Staates ist stets größer als die seiner Einnahmen.

passiver Finanzausgleich → Finanzausgleich.

Pauschbeträge – I. Pauschbeträge für Werbungskosten: Einkommensteuerlich bei der Ermittlung der Einkünfte (→ Einkünfteermittlung) abziehbare → Werbungskosten, wenn nicht höhere Werbungskosten nachgewiesen werden. – *Höhe:* (1) von den Einnahmen aus nichtselbständiger Arbeit: 920 Euro (sog. → Arbeitnehmer-Pauschbetrag), ab dem Veranlagungszeitraum 2011 1.000 Euro; (2) von den Einnahmen aus wiederkehrenden Bezügen und Unterhaltsleistungen: 102 Euro (§ 9a EStG).

II. Pauschbeträge für Betriebsausgaben: Anders als § 9a zu den Werbungskosten sieht das EStG keine allg. Pauschbeträge für Betriebsausgaben vor. Die Verwaltung lässt jedoch aus Gründen der Vereinfachung bei einzelnen Berufsgruppen oder Aufwendungsarten pauschale Abzüge zu. – *Beispiele:* doppelte Haushaltsführung, Reisekosten etc.

III. Pauschbeträge für Einnahmen: Einnahmen aus nichtselbständiger Arbeit werden z.T. pauschal angesetzt, z.B. wenn sie unter die Sachbezugsverordnung fallen, wie etwa die Gewährung von freier Kost und Wohnung (§ 8 II EStG, §§ 1 ff. SachBezVO). Auch die Nutzung eines betrieblichen Kfz zu privaten Fahrten oder Fahrten zwischen Wohnung und Arbeitsstätte führt zu pauschalierten Einnahmen (§ 8 II EStG).

IV. Pauschbeträge für Sonderausgaben: Einkommensteuerlich festgesetzte Mindestbeträge für → Sonderausgaben, die zur Anwendung gelangen, wenn keine höheren Aufwendungen nachgewiesen werden. Zu unterscheiden sind der → Sonderausgaben-Pauschbetrag und die Vorsorgepauschale (§ 10c EStG).

V. Pauschbeträge für außergewöhnliche Belastungen: Zur Abgeltung bestimmter → außergewöhnlicher Belastungen werden Pauschbeträge gewährt (vgl. §§ 33b, 33c EStG), die bei Ausstellung der Lohnsteuerkarte als → Freibeträge eingetragen werden können bzw. von Amts wegen einzutragen sind (§ 39a EStG). – 1. *Behinderten-Pauschbetrag:* zur Abgeltung der außergewöhnlichen Belastungen, die den Körperbehinderten unmittelbar aus ihrer Körperbehinderung erwachsen. – a) *Begünstigter Personenkreis:* (1) behinderte Menschen, deren Grad der Behinderung auf mind. 50 festgestellt ist; (2) behinderte Menschen, deren Grad der Behinderung auf weniger als 50, aber mind. auf 25 festgestellt ist, wenn dem behinderten Menschen wegen seiner Behinderung nach gesetzlichen Vorschriften Renten oder andere laufende Bezüge zustehen, und zwar auch dann, wenn das Recht auf die Bezüge ruht oder der Anspruch auf die Bezüge durch Zahlung eines Kapitals abgefunden worden ist bzw. behinderte Menschen, deren Behinderung zu einer dauernden Einbuße der körperlichen Beweglichkeit geführt hat oder auf einer typischen Berufskrankheit beruht. – b) Die *Höhe des Pauschbetrages* richtet sich nach dem Grad der dauernden Behinderung und beträgt zwischen 310 und 3.700 Euro. – c) Steht der Pauschbetrag einem *Kind des Steuerpflichtigen* zu, für das er einen → Kinderfreibetrag erhält, so wird der Pauschbetrag auf Antrag auf den Steuerpflichtigen übertragen, wenn ihn das Kind nicht in Anspruch nimmt. – 2. *Hinterbliebenen-Pauschbetrag:* a) *begünstigter Personenkreis:* Personen, denen laufende Hinterbliebenenbezüge gewährt worden sind, wenn die Bezüge nach dem Bundesversorgungsgesetz und ähnlichen Gesetzen, nach den Vorschriften über die gesetzliche Unfallversicherung, nach den beamtenrechtlichen Vorschriften an Hinterbliebene eines an Folgen eines Dienstunfalls verstorbenen Beamten oder nach den Vorschriften des Bundesentschädigungsgesetzes geleistet werden, auch wenn das Recht auf die Bezüge ruht oder der Anspruch auf die Bezüge durch Zahlung eines Kapitals abgefunden wurde. – b) Die *Höhe des Pauschbetrages* beträgt 370 Euro. – c) Übertragung des Pauschbetrages analog zum Behinderten-Pauschbetrag. – 3. *Pflege-Pauschbetrag:* a) *begünstigter Personenkreis:* Steuerpflichtige, denen Aufwendungen für eine Person erwachsen, die nicht nur vorübergehend so hilflos ist, dass sie für die gewöhnlichen und regelmäßig wiederkehrenden Verrichtungen im Ablauf des täglichen Lebens in erheblichem Umfang fremder Hilfe bedürfen, falls der Steuerpflichtige die Pflege im Inland entweder in seiner Wohnung oder in der Wohnung des Pflegebedürftigen persönlich durchführt und er dafür keine Einnahmen erhält. – b) Die *Höhe des Pauschbetrages* beträgt 924 Euro. – 4. *Berufsausbildungs-Pauschbetrag:* → Ausbildungsfreibetrag, Ausbildungskosten.

Pay-as-You-Earn-Prinzip – Erhebung der Steuer im Rahmen des → Quellenabzugsverfahrens.

Pay-as-You-Use-Prinzip – finanzwissenschaftlicher Begriff für intergenerative Lastenverschiebung öffentlicher Verschuldung (→ Last der Staatsverschuldung); intertemporales → Äquivalenzprinzip. Die Ausgabenspitzen für langfristige Objekte sollen durch Anleihen finanziert werden, deren Tilgung von den nachfolgenden Generationen über Steuerzahlungen entsprechend dem aus diesen Objekten erlangten Nutzen aufgebracht wird. Nachteile sind die fehlende Quantifizierungsmöglichkeit des Nutzens, die Nichtberücksichtigung der Präferenzen späterer Generationen, die heute nicht gefragt werden können, sowie die schwer prognostizierbare Nutzungsdauer. – *Ähnlich:* → Intergeneration-Equity-Prinzip. – Vgl. auch → New Orthodoxy Approach, → Aggregate Investment Approach.

Performance Budget – *Leistungsbudget;* nach dem Zweiten Weltkrieg in den USA und in den Niederlanden diskutiertes und in Teilbereichen der Verwaltung eingeführtes Gliederungssystem für öffentliche Haushaltspläne. Neben der Gliederung in Sachgebiete (→ Funktionenbudget) soll das Performance Budget auch Auskunft über den durch die Ausgaben erzielten Erfolg geben. – *Beispiel:* Statt „4 Mrd. Euro für Straßenbau" u.Ä. „200 km Straßen durch Ausgabe von 4 Mrd. Euro". – Vgl. auch → Haushaltssystematik.

Periodizitätsprinzip → Periodizitätstheorie.

Periodizitätstheorie – Theorie, nach der die → Bemessungsgrundlage der Einkommensteuer lediglich durch regelmäßig (periodisch) fließende Quellen bestimmt wird (Periodizitätsprinzip). Wesentlicher Bestandteil der → Quellentheorie.

permanente Steuerreform → organische Steuerreform.

Personalsteuern → Personensteuern.

Personensteuern – *Subjektsteuern, Personalsteuern.* 1. *Begriff:* Steuern, mit denen die wirtschaftliche Leistungsfähigkeit von natürlichen und juristischen Personen erfasst werden soll (→ Leistungsfähigkeitsprinzip). – *Aus steuerjuristischer Sicht* gelten Einkommen- einschließlich Lohnsteuer, Körperschaft-, Vermögen- und Kirchensteuer, *aus finanzwissenschaftlicher Sicht* Einkommen- (einschließlich Lohnsteuer), Vermögen-, Erbschaft- und Schenkungsteuer sowie persönliche Ausgabensteuer (nicht Körperschaftsteuer) als Personensteuern; → Steuerklassifikation nach dem Kriterium der Verknüpfung von Steuersubjekt und -objekt. – *Gegensatz:* → Realsteuern. – 2. *Merkmale:* (1) Berücksichtigung der persönlichen Verhältnisse des Steuerpflichtigen, z.B. Familienstand und Kinderzahl; (2) Berücksichtigung der wirtschaftlichen Leistungsfähigkeit, z.B. durch einen progressiv gestalteten Einkommensteuer-Tarif, Steuerermäßigung bei außergewöhnlichen Belastungen. – 3. *Bedeutung hinsichtlich der Abzugsfähigkeit* bei der Ermittlung des steuerpflichtigen Einkommens: Im Gegensatz zu den → Realsteuern sind die Personensteuern nicht abzugsfähige Steuern (§ 12 Nr. 3 EStG). – *Ausnahme:* Die tatsächlich gezahlte Kirchensteuer, die als → Sonderausgabe abzugsfähig ist (§ 10 I Nr. 4 EStG).

Pflichttheorien → Opfertheorien.

Plafond – I. Finanzwissenschaft: 1. *Steuerpolitik:* Spitzensteuersatz, der die progressive Steuerbelastung nach oben begrenzt (steuerlicher Plafond). Der Plafond sollte so gewählt werden, dass keine unerwünschten → Disincentives auftreten. – 2. *Schuldenpolitik:* Betrag, bis zu dem sich die öffentliche Hand am Kapitalmarkt (Schuldendeckel nach §§ 19 ff. StabG) oder bei der Zentralbank (seit 1.1.1995 verboten) verschulden darf.

II. Wirtschaftstheorie: 1. *Oberer Plafond:* Dadurch gekennzeichnet, dass die Produktionsmenge wegen Vollausnutzung aller Produktionsfaktoren (Vollbeschäftigung) trotz Nachfrageerweiterung nicht mehr gesteigert werden kann. Das reale → Einkommen kann also im Gegensatz zum monetären nicht mehr erhöht werden. Nach Hicks erhöht sich der Plafond in demselben Verhältnis wie das Gleichgewichtseinkommen. – 2. *Unterer Plafond:* Makroökonomisch durch jene Einkommenshöhe bestimmt, bei der das gesamte Einkommen für Konsumzwecke verbraucht bzw. das Sparen gleich null wird.

Planungswertausgleich – 1. *Charakterisierung:* Ausgleich für Bodenwertsteigerungen bzw. -senkungen. 1956 von der Regierung vorgeschlagen. Der Grundstückseigentümer sollte eine der Wertsteigerung angepasste Geldzahlung an die Gemeinde leisten, wenn infolge der kommunalen Planung und Plandurchführung im Bebauungsgebiet Wertsteigerungen auftraten; umgekehrt sollte er Ausgleichszahlungen erhalten, wenn sich Wertminderungen einstellten. – 2. *Ziel:* Der Planungswertausgleich sollte dem Interessensausgleich dienen, da Planungsmaßnahmen unvermeidlich die Bodenpreise beeinflussen und die Benutzbarkeit des Bodens entweder erhöhen oder mindern. Kein Eigentümer sollte allein infolge der kommunalen Maßnahmen begünstigt oder geschädigt werden. – Allokationspolitisch versprach man sich von einem Planungswertausgleich eine Faktormobilisierung und dadurch eine gesamtwirtschaftlich optimale Nutzung des Bodens. – 3. *Realisierung:* In gewissem Umfang ist für einen Teilbereich der Bau- und Planungsmaßnahmen im Städtebauförderungsgesetz ein System der Bodenwertabschöpfung eingerichtet. – Vgl. auch → Baulandsteuer.

Politikverflechtung – die bes. im Zuge des → kooperativen Föderalismus seit Mitte der 1960er-Jahre in der Bundesrepublik Deutschland beobachtbare Tendenz zur gemeinsamen Aufgabenerfüllung durch Bund, Länder und Gemeinden (→ Gemeinschaftsaufgaben) sowie zur nicht kongruenten Verteilung von Gesetzgebungskompetenz, → Verwaltungshoheit und → Finanzierungshoheit einer Aufgabe. – *Folgen der Politikverflechtung:* Kompetenzstreitigkeiten, verminderte Effizienz der öffentlichen Aufgabenerfüllung, fehlende politische Sanktionierbarkeit politischer Entscheidungen, Machtverlagerung von der Legislative zur Exekutive u.a. Als Konsequenz werden eine striktere Trennung und eine Dezentralisierung von Kompetenzen gefordert.

Politikversagen → Staatsversagen. – *Gegenteil:* → Marktversagen.

politische Kontrollfunktion – Teilfunktion der → Haushaltsfunktionen. Durch die regelmäßig wiederkehrende Beratung und ggf. Beeinflussung der ausgabenwirksamen Regierungstätigkeit ermöglicht das Budget eine vorherige und nachträgliche politische Kontrollfunktion des Regierungshandelns.

politische Programmfunktion – Teilfunktion der → Haushaltsfunktionen. Im Etat sollen politische Ziele in konkrete Ausgabenprogramme umgesetzt werden, mithin stellt der Haushaltsplan den monetären Ausdruck des politischen Handlungsprogramms der Regierung dar.

Popitzsches Gesetz – 1. *Begriff:* Vom Finanzwissenschaftler und -politiker J. Popitz 1926/1927 aufgestellte These der „Anziehungskraft des Zentralen Haushalts", die dazu führe, dass sich im Zeitablauf immer mehr Zuständigkeiten von den Gliedstaaten, sekundär auch von den Gemeinden, auf den Zentralstaat verlagerten. – 2. *Gründe:* (1) geringere Elastizität der Einnahmen der Gliedstaaten, die den Zentralstaat zu finanziellen Unterstützungszahlungen zwinge, ihm damit zugleich aber auch die Übernahme von Zuständigkeiten ermögliche; (2) Inhomogenität der Gliedstaaten in Größe und Finanzkraft, die diesen Zusammenhang noch verstärke; (3) der nur dem Zentralstaat offen stehende Zugriff auf die Notenbank; (4) politische Präponderanz, die die Kompetenzen des Zentralstaats stärke; (5) die im Zuge der Entwicklung zum Wohlfahrtsstaat auftretende Umwandlung von zunächst örtlich gelösten Aufgaben in „gesetzlich geregeltes Versorgungsrecht" (→ Wagnersches Gesetz). – 3. *Beurteilung:* Der behauptete Zusammenhang ist z.T. aus den politischen Besonderheiten der Weimarer Zeit abgeleitet, „Gesetzescharakter" kann er nicht beanspruchen, wenngleich viele der von Popitz behaupteten Zusammenhänge hohe Plausibilität besitzen und auch heute noch gelten dürften. Methodisch lässt sich eine Zentralisierung der Aufgabenzuständigkeiten nur schwer nachweisen. In der Bundesrepublik Deutschland ist sie – (verkürzt) gemessen an den Ausgabenanteilen der Ebenen – nicht feststellbar; sie bestätigt sich hingegen bez. der Verteilung der Gesetzgebungskompetenz.

Popitz-Schliebensche Finanzreform – 1924/1925, eine Fortsetzung der mit der → Erzbergerschen Finanzreform (1919/1920) begonnenen Stärkung der Finanzgewalt des Zentralstaates. Abkehr von dem Prinzip des „Kostgängerstaates" (Reich = Kostgänger der Länder). Mit der Währungsreform von 1923, dem Londoner Schuldenabkommen von 1924 und dem sich einstellenden Wirtschaftsaufschwung waren die Erfolgsbedingungen äußerst günstig. Nach der Schaffung der Reichsabgabenordnung von 1919 und der Erhebung der Einkommensteuer 1920 zur Reichssteuer (einfach durchgestaffelter progressiver Tarif von Steuersätzen bis zum Plafond von 40 Prozent) wurde v.a. der → Finanzausgleich weiter ausgebaut, mit bes. Betonung der Stellung der Gemeinden im Staatswesen („Unterbau des Staates" mit hoher finanzwirtschaftlicher Eigenständigkeit). Der Finanzausgleich wurde zu einem vom Reich dominierten → Trennsystem ausgebaut, die Länder erhielten bestimmte Steuerarten bzw. Anteile daran zugewiesen. Mit den beim Reich anfallenden Überschüssen wurden v.a. die Reparationen bedient. – Vgl. auch → Finanzreform.

potenzialorientierte Verschuldung – vom Sachverständigenrat zur Begutachtung der gesamtwirtschaftlichen Entwicklung (SVR) entwickeltes Verschuldungskonzept, das Teil der Angebotspolitik ist. Die Verschuldungspolitik ist nicht an eine Beeinflussung der gesamtwirtschaftlichen Nachfrage (→ Deficit

Spending) gebunden, sondern orientiert sich am Wachstum des Produktionspotenzials. Hiermit wird eine Verstetigung im Sinne eines konjunkturneutralen Haushaltes angestrebt.

primärer Finanzausgleich → Finanzausgleich.

privates Gut → Individualgut. – *Gegenteil:* → öffentliches Gut.

programmorientierte Haushaltsplanung – Begriff der finanzwissenschaftlichen Budgetlehre; Methode der Haushaltsplanung. Ausgehend von überministeriell fixierten politischen Programmen erfolgt die Planung von „oben nach unten". In neueren Modellen zur Haushaltsplanung vorgeschlagen. – *Gegensatz:* → Inkrementalismus. – Vgl. auch → Haushaltsplan.

Progression → Steuerprogression, → versteckte Progression, progressive Kosten, Progressionsvorbehalt.

Public Utilities – *Utilities, Public Utility Companies;* Bezeichnung für Versorgungsbetriebe, die die Öffentlichkeit mit Gas, Strom und Wasser versorgen, sowie die Müllentsorgung organisieren. – *Beispiele* für Public Utilities in Deutschland: EON, RWE, Vattenfall, EnBW (Energie Baden-Württemberg AG).

Pump-Priming – *Initialzündung;* Begriff der Finanzwissenschaft für den expansiven Impuls (Erhöhung der privaten Investitionstätigkeit und des privaten Konsums), den eine Volkswirtschaft durch Erhöhung der Staatsausgaben im Zustand der Unterbeschäftigung erhält. Der Begriff ist abgeleitet vom „Angießen" einer Wasserpumpe vor der Inbetriebnahme. Pump-Priming ist abhängig von der Höhe der zusätzlichen Staatsausgaben sowie von der Finanzierung i.d.R. durch Schuldaufnahme (→ Deficit Spending). Auch die Reaktionen der Wirtschaftssubjekte sind von entscheidender Bedeutung für die Wirkungsweise dieses Effekts. – Die von der Bundesregierung Deutschlands beschlossenen Konjunkturpakete I (Oktober 2008) und Konjunkturpaket II (Februar 2009) sind ein Beispiel für Pump-Priming. – Vgl. auch → Staatsausgabenmultiplikator, → Steuermultiplikator, → Transfermultiplikator, → Haavelmo-Schneider-Theorem.

Q

Quellenabzug → Steuerabzug.

Quellenabzugsverfahren – Erhebungsverfahren, wonach die Erhebung der Steuern am Orte und zur Zeit des Entstehens der steuerpflichtigen Vergütung (an der „Quelle") erfolgt; angewendet z.B. bei der Gehaltszahlung (→ Lohnsteuer, → Kirchensteuer, → Solidaritätszuschlag) und der Auszahlung von Dividenden und Zinsen (→ Kapitalertragsteuer, → Zinsabschlagsteuer). Die Besteuerung von Kapitalerträgen erfolgt seit 2009 durch ein Quellenabzugsverfahren. Kapitalerträge werden dabei einmalig (daher abgeltend) mit 25 Prozent besteuert. Die Erhebung erfolgt dabei unabhängig vom persönlichen Einkommensteuersatz des Steuerpflichtigen. Liegt der persönliche Steuersatz unter 25 Prozent, so kann dieser auf Antrag auch auf die Kapitalerträge angewendet werden (Günstigerprüfung §32d VI EStG) Das Quellenabzugsverfahren sichert das Steueraufkommen, da die Steuer (z.B. beim Lohn) abgezogen und gar nicht erst ausgezahlt wird. – Vgl. auch → Abzugsteuern.

Quellenbesteuerung – Steuererhebung durch → Quellenabzugsverfahren.

Quellensteuern – I. *Außensteuerrecht:* 1. *Begriff:* a) Quellensteuern i.w.S. sind alle Steuern, die vom Quellenstaat von Steuerausländern im Rahmen der → beschränkten Steuerpflicht direkt vom Ertrag erhoben werden. – b) Quellensteuern i.e.S. sind alle Steuern, die vom Quellenstaat im Rahmen der beschränkten Steuerpflicht von den Einnahmen ohne Veranlagung durch → Steuerabzug einbehalten werden. – 2. *Quellensteuern i.e.S.* werden in den meisten Staaten erhoben auf Dividenden, Zinsen und Lizenzgebühren. – 3. Im Rahmen von Doppelbesteuerungsabkommen (DBA) werden die *Quellensteuersätze für Dividenden* i.d.R. gesenkt, die *Quellensteuersätze für Zinsen* und *Lizenzgebühren* dagegen häufig aufgehoben.

II. *Allgemeines Steuerrecht:* Synonym für → Abzugsteuern. Vgl. auch → Quellenbesteuerung.

III. *Wirtschaftliche Bedeutung, Anwendungsfälle:* 1. *Haftungsrisiko:* Quellensteuern sind für die Wirtschaftspraxis insofern von bes. Bedeutung, als derjenige, der eine Vergütung ohne Abzug auszahlt, wenn ein Steuerabzug (Quellensteuer) angeordnet ist, regelmäßig für den Betrag der Quellensteuer dem Finanzamt gegenüber haftet. Wer den Einbehalt von Quellensteuer bewusst unterlässt, begeht sogar Steuerhinterziehung. Von daher ist es für die Wirtschaftspraxis wichtig, alle mit der Vornahme von Zahlungen befassten Personen regelmäßig in der Gesetzeslage hinsichtlich der Quellensteuern schulen zu lassen. – 2. *Anwendungsfälle:* In Deutschland relevant sind a) unabhängig vom Aufenthaltsort des Zahlungsempfängers: Lohnsteuer, Kapitalertragsteuer, Bauabzugsteuer (§§ 38ff., 43ff., 48ff. EStG) – b) nur bei Zahlungen an beschränkt steuerpflichtige Zahlungsempfänger zu beachten: Aufsichtsratsteuer (§ 50a I Nr. 4 EStG 2009), Zahlungen an ausländische Künstler, Sportler etc. für Auftritte in Deutschland (§ 50 I Nr. 1, 2 EStG 2009), Zahlungen für Lizenzrechte und bestimmte andere Rechte (§ 50 I Nr. 3 EStG 2009). – 3. *Verhältnis zu Doppelbesteuerungsabkommen und anderen Sonderregelungen:* Beim Einbehalt von Quellensteuern dürfen Ermäßigungsansprüche, die sich aus bes. Vorschriften ergeben (z.B. aus Doppelbesteuerungsabkommen), üblicherweise vom Zahlenden nur dann beachtet werden, wenn die Finanzbehörden amtlich bestätigt haben, dass der verminderte Steuerabzug im Einzelfall genehmigt ist (§ 48d EStG, § 50d EStG); die eigenständige Beachtung von Quellensteuerermäßigungsvorschriften durch die Betroffenen ist i.d.R. also strikt untersagt.

Quellentheorie – I. Theorie der Besteuerung: Quellentheorie als theoretische Grundlage des steuerrechtlichen Einkommens. – 1. *Charakterisierung:* Neben der → Reinvermögenszugangstheorie der bedeutsamste Versuch, für das steuerliche Einkommen (→ Einkommensbesteuerung) eine theoretische Basis zu bestimmen; 1902 von B. Fuisting entwickelt. – 2. *Begriff des Einkommens:* Die Quellentheorie definiert als Einkommen nur jene ökonomischen Verfügungsgrößen, die aus dauerhaften Quellen der Gütererzeugung dem einzelnen „zur Bestreitung seines persönlichen Lebensunterhaltes" zufließen. – a) Damit betont die Quellentheorie die Regelmäßigkeit des Zuflusses, allerdings allein aus der „Gütererzeugung". – b) Die Quellentheorie schließt folgende ökonomische Verfügungsrechte, obwohl sie den einzelnen zugehen, aus der Definition aus: (1) die aperiodisch zugehenden (z.B. Erbschaften, Schenkungen, Glücksgewinne, Vermögensveräußerungen, Vermögenswertsteigerungen) und (2) alle jene Einkommensteile, die für die „Kapitalreproduktion" verwendet werden (ein Element der Einkommensverwendung). Die Quellentheorie kommt so zu einem extrem engen Einkommensbegriff, bei dem das Interesse an der Vermögens- und Kapitalerhaltung dominiert und der überdies wegen der Anknüpfung an volkswirtschaftliche Wertschöpfungsvorgänge stark an einen *makroökonomischen* Einkommensbegriff erinnert. – 3. *Bedeutung:* Die Quellentheorie hat zu gewissen Teilen Eingang in die Einkommensdefinition der dt. Einkommensteuer gefunden, ohne dass diese jedoch eine allg. theoretische Einkommensdefinition formuliert hat.

II. Theorie der öffentlichen Verschuldung: Die Quellentheorie geht von einem starren Geldkapitalangebot aus, sodass eine Ausdehnung der Staatsverschuldung ceteris paribus zu Zinssteigerungen führt, die, zinselastisches Investitionsverhalten der Privaten vorausgesetzt, eine Verdrängung privater Nachfrage nach sich ziehen. – Vgl. auch → Fontänentheorie, → Crowding-out.

Quotensystem → Verbundsystem.

Quotitätsprinzip – Prinzip zur Gestaltung von Steuer- (Quotitätsteuern) bzw. Subventionstarifen, bei dem am Anfang die Beschlussfassung über die Tarife steht. Die Höhe der Gesamtsteuerschuld (des gesamten Subventionsbetrages) kann erst nach erfolgter Besteuerung (Subventionierung) ermittelt werden. – *Gegensatz:* → Repartitionsprinzip.

Reagibilität – Begriff in der → Finanzwissenschaft für die Schwankungen des Steueraufkommens in Abhängigkeit von der → Bemessungsgrundlage. Die Reagibilität wird bestimmt durch die Veränderungen der Bemessungsgrundlage in Bezug auf das Volkseinkommen, durch die Progressionsstufe des Steuersatzes und durch die zeitliche Verzögerung der Steuerzahlung. Das Ausmaß der Reagibilität ist entscheidend für die Wirksamkeit der Built-in Flexibility.

Realausgaben → Transformationsausgaben.

Realsteuern – *Objektsteuern, Sachsteuern*. 1. *Begriff*: Steuern, die an Steuerobjekte anknüpfen, ohne Berücksichtigung der persönlichen Verhältnisse des Eigentümers oder sonst Berechtigten. Die Realsteuern stellen deshalb im Grundsatz nicht auf die persönliche Leistungsfähigkeit (→ Leistungsfähigkeitsprinzip) des Berechtigten ab. Realsteuern sind → Grundsteuer und → Gewerbesteuer (§ 3 II AO). → Steuerklassifikation nach dem Kriterium der Verknüpfung von Steuersubjekt und -objekt. – 2. *Bedeutung hinsichtlich der Abzugsfähigkeit* bei der Ermittlung des steuerpflichtigen Einkommens: Die Realsteuern sind als → Betriebsausgaben oder → Werbungskosten abzugsfähig. – *Gegensatz*: → Personensteuern.

Realtransfer – Sonderform des → Transfers, bei der die Leistung der öffentlichen Hand in der unentgeltlichen Bereitstellung von Gütern und Dienstleistungen besteht.

Rechnungshof – oberste und unabhängige Behörde, der die Ordnungs- und Wirtschaftlichkeitsprüfung des Staatshaushalts nach dessen Vollzug und damit die Erfüllung der → administrativen Kontrollfunktion obliegt. In der Bundesrepublik Deutschland besteht für den Bund der → *Bundesrechnungshof* (Art. 114 II GG), für jedes Bundesland ein *Landesrechnungshof*, deren formale Grundlagen weitgehend analog ausgestaltet sind. Bei den Gemeindeverbänden führt das *Rechnungsprüfungsamt* die örtlichen Prüfungen durch; hinzu kommt eine landesrechtlich unterschiedlich gestaltete *überörtliche Prüfung*. Der 1977 errichtete Europäische Rechnungshof (EuRH) wurde durch die Einheitliche Europäische Akte (EEA) als selbstständiges Gemeinschaftsorgan primärrechtlich verankert (vgl. Art. 13 EUV und 285 ff. AEUV).

Redeflation → Reflation.

Reflation – *Redeflation;* finanzpolitische Maßnahme: Anhebung des durch Deflation unter Kostendeckung gefallenen Preisniveaus infolge wirtschaftlichen Aufschwungs bis zur Höhe der langfristigen Grenzkosten. – *Anders*: Inflation.

refundieren → fundieren.

regelgebundene Finanzpolitik – Alternative zur diskretionären Finanzpolitik, v.a. im Blick auf die bei der diskretionären Finanzpolitik auftretenden zeitlichen Verzögerungen (Lag) sowie die Verunsicherung der Investoren und der Konsumenten durch eine sog. Stop-and-Go-Policy. Die regelgebundene Finanzpolitik soll diese Lags durch institutionalisierte Entscheidungsabläufe beim Vorliegen bestimmter Indikatorenwerte verkürzen (regelgebundener Mitteleinsatz). Problematisch sind die Wahl der Indikatoren, die mangelnde Vergleichbarkeit einzelner Situationen sowie die tendenzielle Ausschaltung des Parlaments.

Regression – 1. *Finanzwissenschaft*: → Steuerregression. – 2. *Kostenrechnung*: regressive Kosten.

Reichsschuld – 1. *Begriff*: Verschuldung des Deutschen Reiches. – 2. *Höhe* 1945 (nach unterschiedlichen Quellen): a) insgesamt 379.800 Mio. RM, davon Altverschuldung: 2.100 Mio. RM, Auslandsverschuldung (langfristig): 1.300 Mio. RM, Inlandsschulden (langfristig; Anleihen, Schatzanweisungen etc.): 135.400 Mio. RM, Inlandsschulden (kurzfristig; Schatzwechsel, U-Schätze etc.): 241.000 Mio. RM (Statistisches Handbuch von Deutschland, München 1949). – b) 700 Mrd. RM (andere Quellen). – 3. *Regelung*: Gläubiger waren größtenteils Kreditinstitute. Ihnen wurden bei der Währungsreform durch das Umstellungsgesetz anstelle der entwerteten Reichsschuldtitel z.T. → Ausgleichsforderungen zugewiesen. Regelung für verbriefte Reichsschuld mit Kapitalanlagecharakter im Kriegsfolgengesetz.

Reinvermögenszugangstheorie – 1. *Charakterisierung*: Neben der → Quellentheorie der bedeutsamste Versuch, für das steuerliche Einkommen (→ Einkommensbesteuerung) eine theoretische Basis zu bestimmen; 1896 von G. von Schanz entwickelt (→ Schanz-Haig-Simons-Ansatz). – 2. *Begriff des Einkommens*: Die Reinvermögenszugangstheorie definiert als Einkommen alles, was im Laufe eines Jahres in die rechtliche Verfügungsgewalt eines Einkommensempfängers eingeht, d.h. alles, was dem Reinvermögen (Differenz zwischen Vermögen und Schulden) eines Steuerpflichtigen zugewachsen ist, unabhängig von Entstehungsquelle und Regelmäßigkeit (Periodizität). – a) *Einkommenselemente* sind bes. laufende Faktorentgelte, geldwerte Leistungen Dritter, Zufallseinkommen wie Geschenke, Erbschaften, Lotteriegewinne, Konjunkturgewinne, Versicherungskapitalien sowie preisbedingte Vermögenswertänderungen. – b) Da die Periodizität des Zugangs kein Definitionsbestandteil des Einkommens ist, entfallen zahlreiche Abgrenzungsprobleme. – c) Die Reinvermögenszugangstheorie grenzt alle Einkommensteile, die für die „Kapitalreproduktion" verwendet werden, aus; sie nimmt somit ein Element der Einkommensverwendung in die ansonsten auf die Entstehung ausgerichtete Definition auf. – d) Die Reinvermögenszugangstheorie kommt gegenüber der Quellentheorie zu einem erheblich erweiterten Einkommensbegriff, der nicht makro-, sondern mikroökonomisch orientiert ist. – Vgl. auch → Einkommen. – 3. *Kritik*: Gegenstand der Kritik ist die mikroökonomische Ausrichtung; z.B. preisbedingte Vermögenswerterhöhungen bedeuten aufgrund der Erhöhung der ökonomischen Dispositionsfähigkeit für den einzelnen, nicht aber für die Gesamtwirtschaft einen Einkommenszugang. – 4. *Bedeutung*: Die Reinvermögenszugangstheorie hat teilweise Eingang in die dt. Einkommensteuer gefunden; sie trug erheblich dazu bei, die Gewinnermittlungsmethode (Einkommensermittlung) über den Vermögensvergleich im Einkommensteuergesetz zu verankern.

Rektifikationsetat – spezielle Form des → Nachtragshaushalts, bei dem statt eines zusätzlichen Nachtragshaushalts ein berichtigter Hauptetat geschaffen wird.

rentabilitätsorientierte Verschuldungsregel → Haushaltssystematik, → Last der Staatsverschuldung.

Repartitionsprinzip – Prinzip zur Gestaltung von Steuer- (Repartitionsteuern) bzw. Subventionstarifen, bei dem am Anfang die Beschlussfassung über den erwünschten Umfang der Gesamtsteuerschuld (des gesamten Subventionsbetrages) steht. Danach erfolgt durch eine entsprechende Tarifgestaltung die Aufteilung der Gesamtsumme auf die einzelnen Steuer- bzw. Subventionssubjekte. – *Gegensatz*: → Quotitätsprinzip.

Reprivatisierung – Rückführung von in Staatseigentum übergegangenen Unternehmungen in Privateigentum (Privatisierung).

Reptilienfonds → Dispositionsfonds, Verfügungsmittel des Bundeskanzlers, die der Präsident des Bundesrechnungshofes kontrolliert. Die Ausgaben müssen nicht offen gelegt werden; im Haushalt sind sie als geheim ausgewiesen. Der Begriff stammt aus der Zeit des Kaiserreichs; O. von Bismarck verfügte über einen Fonds zur Bestechung von Journalisten „um die Reptilien in ihre Höhlen zu jagen". – *Beispiel*: Zuschüsse an

Bundesnachrichtendienst und Bundesamt für Verfassungsschutz.

Ressortprinzip → Ministerialprinzip.

Ricardianische Äquivalenz – These, die besagt, dass die Konsumenten zukunftsorientiert denken und daher erwarten, dass eine Erhöhung der Staatsverschuldung in der Gegenwart mit einer Steuererhöhung zu dem Zeitpunkt in der Zukunft verbunden ist, zu dem die Staatsschuld zurückgezahlt wird. Die Staatsverschuldung ist demnach äquivalent mit einer Steuerzahlung. Neben den Implikationen für die Lastverschiebungskontroverse gibt es verschiedene Aspekte für die Stabilisierung angesichts einer Rezession: die Crowding-Out-Effekte (s. → Crowding-Out) bei der Finanzierungsalternativen sind identisch. In der empirischen Forschung ist die Existenz der Ricardiniansichen Äquivlaenz umstritten.

Rivalität im Konsum Gegensatz zu nicht rivalisierendem Konsum (→ Nichtrivalitätsaxiom).

S

Salzsteuer – Steuer auf Salzherstellung oder -einfuhr. Vermutlich älteste, zugleich problematischste → Verbrauchsteuer, da sie lebensnotwendigen Bedarf erfasst und angesichts gleicher individueller Verbrauchsmengen als Kopfsteuer anzusehen ist. Da die körperlich Arbeitenden wegen des physiologisch bedingten Kochsalzverbrauchs geradezu nach der Schwere ihrer täglichen Arbeitsanstrengungen belastet werden und diese Menschen i.d.R. nicht zu den oberen Einkommensschichten gehören, kann man die Salzsteuer als das „Schulbeispiel für eine unsoziale Steuer" bezeichnen (Schmölders). In der Bundesrepublik Deutschland seit 1.1.1993 abgeschafft; Aufkommen 1992: 27,8 Mio. Euro.

Schachtelprivileg – I. Begriff: Instrument zur Vermeidung ertrag- oder substanzsteuerlicher Mehrfach- oder Doppelbelastungen, die sich bei der Verschachtelung von Kapitalgesellschaften ergeben. Im Fall von Schachtelgesellschaften werden die Gewinne bzw. die Beteiligungswerte aus der Bemessungsgrundlage der jeweiligen Steuerart ausgenommen. Es handelt sich nicht um ein für die begünstigten Gesellschaften geschaffenes Privileg, sondern um eine notwendige Korrektur zur Vermeidung von Mehrfachbesteuerungen.

II. Inländisches Schachtelprivileg: 1. *Körperschaftsteuerliches Schachtelprivileg* besteht darin, dass Dividendeneinkünfte bei der Körperschaftsteuer steuerfrei sind (§ 8b I KStG), weil die der Dividendenausschüttung zugrunde liegenden Gewinne bei der Gesellschaft, die diese erwirtschaftet hat, der Körperschaftsteuer unterliegen. Das sog. erweiterte körperschaftsteuerliche Schachtelprivileg stellt auch Gewinne aus der Veräußerung von Anteilen an einer Kapitalgesellschaft von der Körperschaftsteuer frei, weil im Halbeinkünfteverfahren Veräußerungsgewinne aus Anteilen und Dividenden aus den entsprechenden Anteilen gleich behandelt werden (§ 8b II KStG). Voraussetzung der Regelungen ist, dass eine körperschaftsteuerpflichtige Institution (meist eine Mutterkapitalgesellschaft) an einer anderen Gesellschaft (meist eine Tochterkapitalgesellschaft) beteiligt ist, nicht jedoch, dass der Dividendenempfänger oder Veräußerer eine natürliche Person ist. Eine bestimmte Mindestbeteiligungsquote zwischen Mutter- und Tochtergesellschaft ist seit der Einführung des Halbeinkünfteverfahrens nicht mehr notwendig. – 2. *Gewerbesteuerliches Schachtelprivileg* steht jedem Gewerbebetrieb zu, der Dividenden aus einer anderen Kapitalgesellschaft bezieht. Allerdings nur, wenn die Beteiligungsquote am Anfang des Jahres mind. 15 Prozent (vor Erhebungszeitraum 2008: 10 Prozent) beträgt (§ 9 Nr. 2a GewStG) und – bei ausländischen Tochtergesellschaften – die Tochtergesellschaft entweder fast ausschließlich aktiven Tätigkeiten nachgeht oder sie unter die Mutter-Tochter-Richtlinie fällt (§ 9 Nr. 7 GewStG; im letzteren Fall auch heute noch eine Beteiligungsquote von 10 Prozent ausreichend). Falls laut Doppelbesteuerungsabkommen eine niedrigere Grenze als 15 Prozent geregelt ist, so kommt diese zum Tragen. Wird das gewerbesteuerliche Schachtelprivileg nicht gewährt, so sind Dividenden bei der Gewerbesteuer voll zu erfassen (§ 8 Nr. 5 GewStG).

III. Grenzüberschreitende Schachtelprivileg: Das Schachtelprivileg wird in Deutschland innerstaatlich wie grenzüberschreitend nach den oben genannten Regeln gewährt.

IV. Andere Steuern: 1. *Vermögensteuerliches Schachtelprivileg* bestand darin, den Wert der Anteile an der Untergesellschaft bei der Vermögensteuer der Obergesellschaft steuerfrei zu stellen. Da die Vermögensteuer nicht mehr erhoben wird, ist das Schachtelprivileg ohne Bedeutung. – 2. *Erbschaftsteuerliches Schachtelprivileg:* nicht möglich, weil eine gleichzeitige Erbschaftsteuerbelastung desselben Vermögens auf der Ebene einer Mutter- und einer Tochterkapitalgesellschaft nicht vorliegen kann.

V. Vergleichbare ausländische Regelungen: Wie in Deutschland, so sind mittlerweile bei den Ertragsteuern auch in vielen anderen EU-Staaten neben den Dividenden auch die Veräußerungsgewinne vom Schachtelprivileg erfasst (z.B. Luxemburg, Niederlande, Dänemark).

VI. Steuerpolitik: Bei den zahlreichen Voraussetzungen der Schachtelprivilege zielen steuerpolitische Maßnahmen vorwiegend auf die Verwirklichung eines begünstigten Sachverhalts ab. Sachverhaltsgestaltungen sind sowohl darauf gerichtet, die Bedingungen für die Gewährung der Schachtelprivilege zu schaffen, als auch die mit der Steuerfreiheit der Dividenden und Gewinne verbundene Nichtabzugsfähigkeit der damit zusammenhängenden Kosten (z.B. Zinskosten für den Erwerb der Beteiligung, aus der die steuerfreien Dividenden stammen) zu vermeiden. Diesen Gestaltungsüberlegungen wurde jedoch die ab 2004 für das körperschaftsteuerliche Schachtelprivileg geltende Regelung, dass die nichtabziehbaren Kosten der steuerfreien Einkünfte stets pauschal mit 5 Prozent der bezogenen Dividende bzw. des erzielten Veräußerungsgewinns angesetzt und im Gegenzug die tatsächlichen Kosten unbeanstandet verbucht werden dürfen (§ 8b V KStG), entgegengesetzt.

Schanz-Haig-Simons-Ansatz – ursprünglich von Schanz im Rahmen seiner → Reinvermögenszugangstheorie entwickelter breiter Einkommensbegriff, dessen Diskussion sich vom dt. in den engl. Sprachraum verlagerte und dort mit den Namen Haig und Simons verbunden ist. Letztere weisen darauf hin, dass auch die zur Aufrechterhaltung des Kapitalstocks verwendeten Einkommenselemente in theoretischer Sicht Einkommen darstellen. Von grundlegender (allokationspolitischer) Bedeutung für die moderne Diskussion um einen breiten Einkommensbegriff (→ Comprehensive Tax Base) für die Einkommensbesteuerung.

Schaumweinsteuer → Verbrauchsteuer mit reinem Finanzcharakter auf Schaumweinherstellung. – 1. *Rechtsgrundlagen:* Gesetz zur Besteuerung von Schaumwein und Zwischenerzeugnissen (SchaumwZwStG) vom 21.12.1992 m.spät.Änd.; Durchführungsbestimmungen vom 17.3.1994 m.spät.Änd. Die Verwaltung erfolgt durch die Bundesfinanzbehörde (Art. 108 I Satz 1 GG); der Ertrag steht dem Bund zu (Art. 106 I Nr. 2 GG). – 2. *Steuergegenstand:* Schaumwein, Zwischenerzeugnisse. – 3. *Steuerbefreiung:* a) Proben zu betrieblichen oder amtlichen Untersuchungen und Qualitätsprüfungen. – b) Einfuhren von Privatpersonen zu privaten Zwecken aus anderen Mitgliedsstaaten, sofern diese die Waren selbst abholen. – c) Versand unter Steueraussetzung in andere Mitgliedsstaaten oder Export in Drittlandsgebiet. – d) Schaumwein, der unter Steueraufsicht vernichtet wird. – 4. *Steuersätze:* (1) Regelsatz für Schaumwein: 136 Euro/hl; (2) bei Schaumwein mit weniger als 6 Prozent vol.: 51 Euro/hl; (3) Regelsatz für Zwischenerzeugnisse: 153 Euro/hl; (4) für Zwischenerzeugnisse mit weniger als 15 Prozent vol.: 102 Euro/hl; (5) in bes. Fällen für Zwischenerzeugnisse: 136 Euro/hl (§ 24 SchaumwZwStG). – 5. *Steueraussetzung,* solange Schaumwein sich in einem Steuerlager befindet oder unter Steueraufsicht befördert wird, Entstehung der Steuer bei Entfernung aus dem Steuerlager, wenn sich kein weiteres Steueraussetzungs- oder Zollverfahren anschließt (Entnahme in den freien Verkehr), bei unerlaubter Herstellung Entstehung mit der Herstellung. Steuerschuldner ist der Inhaber des Steuerlagers, ansonsten der Hersteller. – 6. *Verfahren:* Der Steuerschuldner hat die Steuer bis spätestens zum 15. Tag des Monats nach der Entstehung anzumelden und bis zum 25. Tag des zweiten

Monats nach der Steuerentstehung zu entrichten. – 7. *Steuererlass oder -erstattung:* bei Ausfuhr in andere Mitgliedsstaaten zu gewerblichen Zwecken oder Rücknahme in ein Steuerlager im Inland. – 8. *Steueraufsicht* für Hersteller und Inhaber eines Steuerlagers. – 9. *Aufkommen:* 448 Mio. Euro (2011), ca. 400 Mio. Euro (2007), 421 Mio. Euro (2006), 432,3 Mio. Euro (2003), 420,2 Mio. Euro (2002), 457,2 Mio. Euro (2001), 477,5 Mio. Euro (2000), 553,9 Mio. Euro (1995), 494,1 Mio. Euro (1990), 350 Mio. Euro (1985), 274 Mio. Euro (1980), 179 Mio. Euro (1975), 119 Mio. Euro (1970), 69 Mio. Euro (1965), 33 Mio. Euro (1960), 13 Mio. Euro (1955), 10 Mio. Euro (1950).

Schedulensteuer → Einkommensbesteuerung.

Schenkungsteuer → Erbschaftsteuer.

Schlüsselmasse → Grundbetrag.

Schlüsselzuweisung – nach einem feststehenden Schlüssel, d.h. regelgebunden verteilte Zuweisung. Zu den Schlüsselzuweisungen gehören die im → Länderfinanzausgleich übertragenen Beiträge und Zuweisungen zwischen Geber- und Nehmerländern, → Ergänzungszuweisungen des Bundes und der größte Teil der im → kommunalen Finanzausgleich gewährten Zuweisungen (letztere sind Schlüsselzuweisungen i.e.S.). – Die *Höhe* der Schlüsselzuweisungen errechnet sich aus der Multiplikation der Differenz zwischen Finanzkraft (→ Steuerkraftmesszahl) und Finanzbedarf (→ Ausgleichsmesszahl) der Gemeinden mit dem → Grundbetrag.

Schuldendeckel → Verschuldungsgrenzen.

Schuldendienstquote – Relation zwischen der Höhe des Schuldendienstes und den Einnahmen des Staates. Kennziffer für das Maß der Belastung eines Staatshaushalts, das durch die Bedienung eines Schuldenstandes (Zinsen, Tilgung) entsteht. Die Schuldendienstquote drückt die Schuldendienstfähigkeit aus; deren logische Grenze ist erreicht, wenn der Schuldendienst schneller wächst als die laufenden Einnahmen. – *Entwicklungspolitischer Zusammenhang:* Anteil des Schuldendienstes der öffentlichen Verschuldung (Zinsen, Tilgung) in Prozent der Exporteinnahmen.

Schuldenpolitik – planvoller Einsatz der staatlichen Schuldenaufnahme zur Finanzierung der Staatstätigkeit und zur Umsetzung von allokativen und stabilisierungspolitischen Zielen der staatlichen Wirtschaftspolitik. – *Maßnahmen:* → Debt Management, → Deficit Spending.

Schuldenstandsquote → Verschuldungsgrenzen, → Verschuldungsquote.

Schuldenstrukturpolitik → Debt Management.

schwebende Schulden – *unfundierte Schulden, Floating Debt;* kurzfristige Verbindlichkeiten der öffentlichen Hand zur Überbrückung vorübergehender Kassenanspannungen (Überbrückungskredite, Kassenverstärkungskredite), d.h. noch nicht endgültig platzierte Schulden. – *Gegensatz:* → fundierte Schulden. – Vgl. auch → öffentliche Kreditaufnahme.

Scoring-Modell → Nutzwertanalyse.

sekundärer Finanzausgleich → Finanzausgleich.

Signalwirkungen – veränderte Verhaltensweise der Wirtschaftssubjekte schon während der Diskussion einer Steuerrechtsänderung bzw. einer Neueinführung (Wahrnehmungsphase) mit dem Ziel, die Steuerzahlung zu vermeiden oder zu mindern; bestimmte Form der → Steuerwirkung. Ökonomisch handelt es sich um zeitliche, räumliche oder sachliche Substitutionsprozesse. – *Beispiele:* Vorziehen von Käufen bei drohender Erhöhung spezieller Verbrauchssteuern; steuerlich bedingte Verlagerung von Standorten; Substitution eines bisher besteuerten Produktionsfaktors durch einen nicht besteuerten. Man unterscheidet diese Wahrnehmungsphase von der Marktphase mit den Versuchen, die Steuerlast vor oder zurück zu wälzen, und von der Inzidenzphase (→ Inzidenz) mit den Incentives und den Disincentives-Wirkungen der Steuerrechtsänderungen.

situationsbezogene Verschuldung → Deckungsgrundsatz. – *Gegenteil:* → objektbezogene Verschuldung.

situationsbezogene Verschuldungsregel → Haushaltssystematik, → Last der Staatsverschuldung.

Social Fiscal Policy – Ergänzung der traditionellen Fiscal Policy (→ Fiskalpolitik) unter expliziter Berücksichtigung der finanzpolitischen Allokations- und Distributionsfunktion.

Social Goods → öffentliches Gut.

Solidaritätszuschlag – I. Finanzwissenschaft: 1. *Begriff:* Steuer, die als Ergänzungsabgabe zur Einkommensteuer und zur Körperschaftsteuer nach Art. 106, 1, Nr. 6 GG als Bundessteuer erhoben werden darf. → Bemessungsgrundlage ist die Einkommen- und Körperschaftsteuerschuld. – 2. *Begründung:* Einkommen- und Körperschaftsteuer bedürfen als Gemeinschaftsteuern der Zustimmung des Bundesrates. Der Bund besitzt seit der Finanzreform von 1969 ein Zuschlagsrecht zu diesen Steuern, das er selbstständig wahrnehmen kann. Dies war bisher zweimal erfolgt, von 1968 bis (auslaufend) in die 1980er-Jahre und seit dem 1.1.1995 mit dem Solidaritätszuschlag. Dieser wurde eingeführt, um die Kosten der dt. Wiedervereinigung zu finanzieren. Er wird in West- und Ostdeutschland erhoben. Das Aufkommen aus dem Zuschlag steht dem Bund zu, nicht wie die Einkommensteuer Bund und Ländern gemeinsam.

II. Einkommensteuer: Ergänzungsabgabe in Höhe von 5,5 Prozent der geschuldeten Einkommen- oder Körperschaftsteuer. Darüber hinaus wird sie auf Lohnsteuer, Kapitalertrag- oder Zinsabschlagsteuer erhoben. Die Erhebung wird nur vorgenommen, wenn die Bemessungsgrundlage über 972 bzw. 1.944 Euro liegt. Darüber hinaus kann der Zuschlag höchstens 20 Prozent des Unterschiedsbetrags zwischen Bemessungsgrundlage und Freigrenze betragen. Der Solidaritätszuschlag ist als → Personensteuer weder bei der Ermittlung der Einkünfte (→ Einkünfteermittlung) noch als → Sonderausgabe oder → außergewöhnliche Belastung abzugsfähig. Ab dem Veranlagungszeitraum 2011 erfolgt die Erhebung des Solidaritätszuschlags unabhängig von der Bemessungsgrenze von 972 oder 1.944 Euro. Er beläuft sich auf 5,5 Prozent ohne der Beschränkung von 20 Prozent. Zugunsten des Steuerpflichtigen wird diese Regelung auch für die Jahre 2009 und 2010 angewendet.

III. Verfassungsmäßigkeit: Der siebte Senat des Niedersächsischen Finanzgerichts hält die Erhebung des Solidaritätszuschlags für nicht verfassungsgemäß. Daher wurde dem Bundesverfassungsgericht die Klage vorgelegt (AZ 7 K 143/08). Spätestens ab dem Jahr 2007 wird die verfassungsrechtliche Berechtigung zur Erhebung des Solidariätszuschlags infrage gestellt. Das BVerfG (Beschluss vom 8.9.2010, 2 BvL 3/10, BFH/NV 2010 S. 2217) weist die vom Niedersächsischen Finanzgericht vorgelegte Frage als unzulässig ab. Beim BFH sind noch die Verfahren II R 50/09, II R 20/10 und I R 22/10 anhängig, in denen die Vereinbarkeit der Festsetzung des Solidaritätszuschlags in den Veranlagungszeiträumen 2005 und 2007 mit dem Verfassungsrecht bezweifelt wird.

IV. Aufkommen: 13,1 Mrd. (2008), 12,3 Mrd. Euro (2007), 11,3 Mrd. Euro (2006), 10,3 Mrd. Euro (2005), 10.288,1 Mio. Euro (2003), 10.403,3 Mio. Euro (2002), 11.068,6 Mio. Euro (2001), 11.841,2 Mio. Euro (2000), 13.430,4 Mio. Euro (1995).

Solidarpaktfortführungsgesetz – Gesetz vom 20.12.2001 zur Neufassung des Finanzausgleichsgesetzes ab 1.1.2005 und damit zur Reformierung des bundesstaatlichen Finanzausgleichs. – *Inhalt:* stärke Ausrichtung des Finanzausgleichs auf den Aspekt seiner Anreizwirkungen (v.a. Erhöhung der Umsatzsteuerergänzungsanteile zugunsten der neuen Bundesländer statt garantierter Mindestauffüllung sowie im Rahmen des → Länderfinanzausgleichs Abflachung des Ausgleichstarifs und gleichzeitige Verbreiterung der Bemessungsgrundlage); Neuregelung der Vergabe von Bundesergänzungszuweisungen (allg. Bundesergänzungszuweisungen statt Fehlbetrags-Bundesergänzungszuweisungen; Berücksichtigung von teilungsbedingten Sonderlasten aus dem bestehenden starken infrastrukturellen Nachholbedarf und zum Ausgleich unterproportionaler kommunaler Finanzkraft in den neuen Ländern; Ausgleich für überdurchschnittlich hohe Kosten politischer Führung zugunsten kleinerer Länder; vgl. → Ergänzungszuweisung); Neugestaltung der Abwicklung des → Fonds Deutsche Einheit.

Sollertragsbesteuerung – finanzwissenschaftlicher Begriff für den Tatbestand, dass Steuern auf solche Vermögens- oder Kapitalbestände erhoben werden, bei denen lediglich unterstellt wird, sie würden Erträge abwerfen (→ Sollsteuern). Der Besteuerungsidee nach „sollen" Bestände an produktiven Faktoren Erträge abwerfen. Die Sollertragsbesteuerung lässt sich unter allokationspolitischem Aspekt zur Kapital- und Vermögenslenkung einsetzen, wenn in bestimmten Wirtschaftsbereichen der Faktoreinsatz künstlich verteuert oder die Faktorverschwendung steuerlich „bestraft" werden soll (W. Andreae).

Sollertragsteuern → Sollsteuern.

Sollsteuern – *Sollertragsteuern*; Steuern, die an das Halten von Vermögens- oder Kapitalbeständen unabhängig von tatsächlich erzielten Erträgen anknüpfen (→ Sollertragsbesteuerung). Fehlen Erträge, führen Sollsteuern zur Aufzehrung der Vermögens- und Kapitalsubstanz (bestehende Gefahr bei Vermögen-, Grund- und Erbschaftsteuer); entsprechend werden Sollsteuern in diesem Fall auch als *Substanzsteuern* bezeichnet (*anders:* → Substanzsteuern im Sinn der Betriebswirtschaftlichen Steuerlehre).

Sonderabgaben – 1. *Begriff/Charakterisierung:* Abgaben, die nur einer Gruppe auferlegt werden; i.d.R. erhoben als Ausgleichsabgabe (z.B. Ausbildungsplatzabgabe, Abgabe nach dem Milch- und Fettgesetz, Schwerbehindertenabgabe), Branchenabgaben oder Fondbeiträge etc. Da Sonderabgaben geeignet sind, die Zuständigkeitsverteilung der bundesrepublikanischen Finanzverfassung zu unterlaufen, ist eine genaue Abgrenzung zum abgabenrechtlichen Steuerbegriff (→ Abgaben) und eine Präzisierung der Einsatzbereiche nötig: Laut Bundesverfassungsgericht ist eine Sonderabgabe anstelle einer Steuer nur (ausnahmsweise) zulässig, wenn die Gruppe, der die Sonderabgaben auferlegt wird, eine bes., spezifizierbare Beziehung zu dem mit der Abgabenerhebung verfolgten Zweck aufweist und hinsichtlich bestimmter Merkmale (gemeinsame Interessen) homogen ist. – 2. *Verwendung:* Das Abgabenaufkommen ist gruppennützig zu verwenden, d.h. die Gelder müssen der gleichen Gruppe wieder zufließen. Verwendung und Erhebung sollten demselben Zweck dienen. Sonderabgaben dürfen nicht wie zur Steuer zur Finanzierung allgemeiner Staatsausgaben herangezogen werden; das → Nonaffektationsprinzip gilt nicht. Sonderabgaben sind Abgaben zur Finanzierung bes. Aufgaben, die nicht in den Haushaltsplänen erfasst sind. – 3. *Bedeutung:* Sonderabgaben sind von wirtschaftspolitischer Bedeutung, da sie als pretiales allokationspolitisches Lenkungsinstrument (Wirkungszweckabgaben) gezielt einsetzbar sind, z.B. Schwerbehindertenabgabe (Unterstützung der Durchsetzung der Pflichtplatzquote nach dem Schwerbehindertengesetz), Abwasserabgabe, zukünftig evtl. eine Emissionsabgabe.

Sonderabschreibung – I. *Begriff:* Im Gegensatz zu Absetzung für Abnutzung (AfA), Absetzung für außergewöhnliche technische oder wirtschaftliche Abnutzung (AfaA) und zur Teilwertabschreibung steht die

Sonderabschreibung in keiner Beziehung zur Wertminderung eines Wirtschaftguts; ihr Zweck ist die Gewährung einer Steuervergünstigung durch Manipulation der Bemessungsgrundlage „Gewinn". Von Sonderabschreibungen i.w.S. spricht man i.Allg. beim abnutzbaren Anlagevermögen; wird die Steuervergünstigung dabei anstelle der AfA nach § 7 EStG gewährt, so spricht das Gesetz i.d.R. von *erhöhten Absetzungen* (z.B. §§ 7 b–d, 7g, 7h, 7i, 7k EStG), während Sonderabschreibungen i.e.S. (Bewertungsfreiheiten) zusätzlich zur linearen AfA nach § 7 EStG in Betracht kommen (z.B. § 7f EStG, § 82f EStDV). Für die Wertherabsetzung beim nicht abnutzbaren Anlagevermögen und beim Umlaufvermögen ist der Begriff „Bewertungsabschlag" üblich. Dem Wesen nach stellen auch die Abzüge von den Anschaffungs- oder Herstellungskosten nach § 6b EStG (sog. Reinvestitionszulage, 6b-Rücklage) oder R 6.6 EStR (Ersatzbeschaffungsrücklage) Sonderabschreibungen dar. – *Handelsrechtlich* fallen die Sonderabschreibungen unter die Kategorie der steuerrechtlichen Abschreibungen (§§ 254, 279 II HGB). Sie müssen auch in der Handelsbilanz vorgenommen werden, wenn sie steuerlich in Abzug gebracht werden sollen (Maßgeblichkeitsprinzip).

II. Sonderabschreibungen zur Förderung der Anschaffung/Herstellung bestimmter Wirtschaftsgüter oder bestimmter Arten von Betrieben: Sonderabschreibungen sind vom Gesetzgeber häufig zur Förderung bestimmter Investitionen gewährt worden, bes. für Immobilieninvestitionen. Diese Regelungen über Sonderabschreibungen haben i.d.R. eine zeitlich begrenzte Laufzeit, weil entweder der Förderzweck erreicht oder die Subvention zu teuer wird. Dementsprechend haben § 7b EStG (erhöhte Absetzungen für Einfamilienhäuser, Zweifamilienhäuser, Eigentumswohnungen), § 7c EStG (erhöhte Absetzungen zur Schaffung neuer Mietwohnungen), § 7d EStG (erhöhte Absetzungen für Wirtschaftsgüter, die dem Umweltschutz dienen), § 7e EStG (Bewertungsfreiheit für Fabrikgebäude, Lagerhäuser und landwirtschaftliche Betriebsgebäude), § 7f (Bewertungsfreiheit für abnutzbare Wirtschaftsgüter des Anlagevermögens privater Krankenhäuser), § 7k (erhöhte Absetzung für Wohnungen mit Sozialbindung) daher keine aktuelle Bedeutung mehr. Ihre Stichtage sind abgelaufen oder die Vorschriften sind aufgehoben worden. *Bis zum Veranlagungszeitraum 2007* kann die Ansparabschreibung für kleinere Betriebe (§ 7g EStG); Rücklagenbildung vor der Anschaffung und spätere Sonderabschreibung bis zu 20 Prozent der geplanten Anschaffungs- oder Herstellungskosten insgesamt in den ersten fünf Jahren geltend gemacht werden. *Ab dem Veranlagungszeitraum 2008* gilt stattdessen der Investitionsabzugsbetrag (§ 7g EStG n.F.); die erhöhten Absetzungen bei Gebäuden in Sanierungsgebieten und städtebaulichen Entwicklungsbereichen (§ 7h EStG; zu jeweils 9 Prozent in den ersten sieben und 7 Prozent in den nächsten vier Jahren der Modernisierungsaufwendungen) und die erhöhten Absetzungen bei Baudenkmälern (§ 7i EStG; Absetzbarkeit von Herstellungsaufwand, der zur Erhaltung des Gebäudes sinnvoll ist, zu jeweils 9 Prozent in den ersten sieben und 7 Prozent in den nächsten vier Jahren). Für selbstgenutzte Wirtschaftsgüter, die nicht zur Einnahmenerzielung verwendet werden, sind Sonderabschreibungen begrifflich ausgeschlossen.

III. Sonderabschreibungen zur Beeinflussung der Standortwahl: *Zonenrandgebiet:* § 3 ZonenrandFG; *Berlin (West):* § 14 BerlinFG (Förderung der Wirtschaft von Berlin (West)); *neue Bundesländer:* § 4 FördergebietsG. Diese Arten von Sonderabschreibungen sind allesamt wegen Fristablaufs für aktuelle Neuinvestitionen nicht mehr nutzbar; der Gesetzgeber hat hier die Förderung auf Investitionszulagen umgestellt.

IV. Gemeinsame Vorschriften für Sonderabschreibungen (einschließlich erhöhter Absetzungen) gemäß § 7a EStG: 1. Fallen im

Begünstigungszeitraum *nachträgliche Anschaffungs- oder Herstellungskosten* an, so bemessen sich die Sonderabschreibungen vom Jahr der Entstehung der nachträglichen Anschaffungs-/Herstellungskosten an bis zum Ende des Begünstigungszeitraums nach den erhöhten Anschaffungs-/Herstellungskosten. – 2. Können Sonderabschreibungen bereits für *Anzahlungen* oder *Teilherstellungskosten* geltend gemacht werden, so können nach erfolgter Anschaffung bzw. Herstellung Sonderabschreibungen nur insoweit in Anspruch genommen werden, als sie nicht bereits geltend gemacht wurden. – 3. Bei Wirtschaftsgütern, bei denen *erhöhte Absetzungen* in Anspruch genommen werden, müssen in jedem Jahr des Begünstigungszeitraums mind. Absetzungen in Höhe der AfA nach § 7 I oder IV EStG berücksichtigt werden; Sonderabschreibungen sind grundsätzlich nur neben der linearen AfA nach § 7 I oder IV EStG zulässig, nicht neben der degressiven AfA. – 4. Liegen bei einem Wirtschaftsgut die Voraussetzungen für die Inanspruchnahme von Sonderabschreibungen aufgrund mehrerer Vorschriften vor, so darf nur eine dieser Vorschriften angewandt werden *(Kumulierungsverbot)*. – 5. Ist ein Wirtschaftsgut *mehreren Beteiligten* zuzurechnen und erfüllen nur einzelne Beteiligte die Voraussetzungen für die Inanspruchnahme der Sonderabschreibungen, so können diese nur anteilig geltend gemacht werden. – 6. Sonderabschreibungen sind bei Wirtschaftsgütern, die zu einem *Betriebsvermögen* gehören, in einem gesonderten Verzeichnis aufzunehmen, es sei denn, die notwendigen Angaben sind aus der Buchführung ersichtlich.

V. Bedeutung: Der Gesetzgeber benutzt die Sonderabschreibungen als wirtschafts- und sozialpolitisches Steuerungsinstrument und räumt dem Steuerpflichten das *Wahlrecht* ein, Teile der zu aktivierenden Anschaffungs- bzw. Herstellungskosten, die eigentlich erst in späteren Perioden durch die Leistungserstellung verzehrt werden, sofort in Abzug zu bringen und somit die ertragsteuerliche Bemessungsgrundlage zu mindern. Diese Möglichkeit der Bildung stiller Rücklagen wird auch nicht durch das sog. Wertaufholungsgebot für Kapitalgesellschaften (§ 280 HGB) eingeschränkt, sodass dem Steuerpflichtigen ein wesentliches *bilanzpolitisches Instrumentarium* zur Verfügung steht. Die Vorverlagerung vorhandenen Aufwandspotenzials stellt eine erhebliche *Liquiditätshilfe* für den Betrieb dar, da – unterstellt, die Ertragslage sei so gut, dass durch die Sonderabschreibungen keine buchmäßigen Verluste entstehen – mit der Gewinnverschiebung auf spätere Perioden auch Steuerzahlungen nachverlagert werden. Die vorerst eingesparten Steuerbeträge können damit solange anderweitig zinsbringend angelegt werden, bis sie später infolge der dann konsequenterweise geringeren Periodenabschreibung für Steuermehrzahlungen aufgebracht werden müssen. Durch diesen sog. *Zinseffekt* erhöht sich die *Rentabilität*, wobei der Zinsvorteil umso größer ist, je länger die Nutzungs- und damit die Abschreibungsdauer ist. Allerdings tritt hierbei i.d.R. (d.h. bei durchschnittlich gleichbleibendem Steuersatz) keine echte Steuerersparnis, sondern nur eine Steuerstundung ein, weil *keine zusätzlichen Betriebsausgaben* geltend gemacht werden und die Höhe des zu versteuernden Gesamtgewinns während der Nutzungsdauer des abzuschreibenden Wirtschaftsgutes insgesamt nicht gemindert wird. Bezieht man die *progressiven Steuertarif* in die bilanzpolitischen Überlegungen mit ein, so erreicht man die größtmögliche Steuerminderung dann, wenn das Abschreibungspotenzial entsprechend dem jeweiligen Steuersatz eingesetzt wird, d.h. z.B. bei steigendem Steuersatz die Sonderabschreibungen in späteren Perioden geltend zu machen. Dieser sog. *Steuersatzeffekt,* der mit dem Zinseffekt konkurriert, diesen aber auch ergänzen und damit verstärken kann, übt ebenso wie dieser einen wesentlichen Einfluss auf Liquidität und Rentabilität des Unternehmens aus und ist bei einem gegebenen Abschreibungspotenzial umso stärker, je höher der

Steuersatz des Steuerpflichtigen ist. Zu beachten ist ferner, dass sich wegen der gesenkten Steuerbilanzwerte auch erbschaftsteuerlich (und damit endgültige) Steuervorteile ergeben können, wenn es während der Laufzeit der Sonderabschreibungen zu einem Betriebsübergang kommt. Hinsichtlich einer *betrieblichen Steuerplanung* kann man resümierend feststellen, dass die *Vorteilswirkung* von Sonderabschreibungen gegenüber normalen Abschreibungen *umso größer* ist, (1) je mehr die Sonderabschreibungsbeträge an den Nutzungsdauerbeginn gelegt werden können, (2) je größer die *zeitlichen Steuersatzunterschiede* bei fallenden Steuersätzen sind, (3) je kleiner die *zeitlichen Steuersatzunterschiede* bei steigenden Steuersätzen sind, (4) je länger die *Abschreibungsdauer,* d.h. Nutzungsdauer des Anlagegutes ist, (5) je höher der *Steuersatz* bei einem *festen Zinssatz* ist, (6) je höher der *Kalkulationszins* (z.B. Zins für alternative Geldanlage) angenommen wird.

Sonderausgaben – 1. *Begriff:* Bestimmte Ausgaben, die weder als Betriebsausgaben oder Werbungskosten abzugsfähig (also i.d.R. privat veranlasst) sind, aber dennoch aufgrund von Sondervorschriften (§§ 10 ff. EStG) von der Bemessungsgrundlage der Einkommensteuer abgezogen werden können. – 2. Der Abzug der Sonderausgaben erfolgt zur Ermittlung des gesamten steuerlichen Einkommens vom → Gesamtbetrag der Einkünfte. Den Sonderausgaben gleichgestellt sind bestimmte Abschreibungen (§§ 10f, 10g EStG) und der Verlustabzug nach § 10d EStG. – 3. Es sind zwei *Arten von Sonderausgaben* zu unterscheiden: a) *unbeschränkt abzugsfähige Sonderausgaben,* die in unbegrenzter Höhe abgezogen werden können, und beschränkt abzugsfähige Sonderausgaben, die nur im Rahmen bestimmter Höchstbeträge geltend gemacht werden können. – Zu den *unbeschränkt abzugsfähigen Sonderausgaben* gehören bes.: (1) auf bes. Verpflichtungsgründen beruhende Renten und dauernde Lasten, (2) → Kirchensteuer, (3) Steuerberatungskosten (seit dem 1.1.2006 nicht mehr als Sonderausgaben abzugsfähig). – b) Nur *beschränkt abzugsfähige Sonderausgaben* sind: (1) Unterhaltsleistungen an den geschiedenen oder getrennt lebenden Ehegatten (bis zu 13.805 Euro pro Jahr; § 10 Nr.1 EStG; Realsplitting), (2) Vorsorgeaufwendungen, (3) bestimmte Kosten für die Berufsausbildung (Berufsausbildungskosten), (4) Teile des Schulgelds für ein Kind des Steuerpflichtigen, (5) Beiträge für Altervorsorgeverträge (§ 10a EStG), (6) Spenden (§ 10b EStG) und (7) seit dem Veranlagungszeitraum 2006 zwei Drittel der Aufwendungen für Kinderbetreuung, maximal jedoch 4.000 Euro je Kind (→ Kinderbetreuungskosten) – 4. *Verfahren:* Zur Berücksichtigung der Sonderausgaben werden bestimmte Mindestbeträge als Pauschalbeträge angesetzt, und zwar der → Sonderausgaben-Pauschbetrag (§ 10c I EStG) und zusätzlich – vom Arbeitslohn – eine Vorsorgepauschale. Im Rahmen der Veranlagung zur Einkommensteuer können höhere Sonderausgaben berücksichtigt werden, wenn dafür Nachweise beigebracht werden; hierfür kann bei Arbeitnehmern auch schon während des laufenden Jahres ein → Freibetrag auf der Lohnsteuerkarte eingetragen werden (§ 39a I Nr. 2 EStG).

Sonderausgaben-Pauschbetrag – Für bestimmte → Sonderausgaben wird dem Steuerpflichtigen ein Sonderausgaben-Pauschbetrag von 36 Euro (bei Zusammenveranlagung von Ehegatten: 72 Euro) abgezogen, wenn er nicht höhere Aufwendungen nachweist (§ 10c I EStG). Zu den Sonderausgaben zählen: Unterhaltsleistungen, Rentenverpflichtungen, gezahlte → Kirchensteuer, Steuerberatungskosten (bis 31.12.2005), Berufsausbildungskosten, Schulgeld und Spenden.

Sondervermögen des Bundes – wirtschaftlich verselbstständigte, rechtlich unselbstständige Vermögensteile, die aus dem Bundesvermögen getrennt und mit eigenem Haushalt versehen sind, um Aufgaben zu erfüllen, die sonst das Budget hätte übernehmen müssen. Nach Art. 115 Absatz 1

GG neuer Fassung unterliegen die Kreditermächtigungen des Kernhaushalts der maximal zulässigen Nettokreditaufnahme. Am 31.12.2010 bestehende Kreditermächtigungen für bereits eingerichtete Sondervermögen bleiben davon unberührt. – *Beispiele:* Sonderfond Finanzmarktstabilisierung (SoFFin, Finanzmarktstabilisierungsfonds), → ERP-Sondervermögen, Erblastentilgungsfonds, Entschädigungsfonds, Bundeseisenbahnvermögen, Bundes-Pensions-Service für Post und Telekommunikation e. V., Sondervermögen „Kinderbetreuungsausbau", Sondervermögen „Energie- und Klimafonds".

Souveränitätsprinzip → Internationales Steuerrecht (IStR).

Sparer-Freibetrag – Begriff des Einkommensteuerrechts. Ein → Freibetrag von 750 Euro bei Einzelveranlagung (1.500 Euro bei Zusammenveranlagung von Ehegatten), der bei der Ermittlung der → Einkünfte aus Kapitalvermögen nach Abzug der → Werbungskosten zu berücksichtigen ist (§ 20 IV EStG). Durch die Einführung der Abgeltungsteuer am 1.1.2009 wurde der Sparer-Freibetrag durch einen → Sparer-Pauschbetrag (§ 20 IX EStG) ersetzt. Dieser beläuft sich auf 801 Euro bei Einzelveranlagung (1.602 Euro bei Zusammenveranlagung von Ehegatten) und wird bei der Ermittlung der Einkünfte aus Kapitalvermögen als Werbungskosten abgezogen; der Abzug der tatsächlichen Werbungskosten ist damit ausgeschlossen. – Betreffend Sparer-Freibetrag vgl. auch → Kapitalertragsteuer.

Sparer-Pauschbetrag – Mit Einführung der Abgeltungsteuer ab dem 1.1.2009 wurde der → Sparer-Freibetrag und die Werbungskostenpauschale durch einen Sparer-Pauschbetrag (§ 20 IX EStG) ersetzt. Bei der Ermittlung der Einkünfte aus Kapitalvermögen werden als Werbungskosten ein Betrag von 801 Euro (1.602 bei Zusammenveranlagung) abgezogen; der Abzug der tatsächlichen Werbungskosten ist ausgeschlossen. Der gemeinsame Sparer-Pauschbetrag ist bei der Einkunftsermittlung bei jedem Ehegatten je zur Hälfte abzuziehen; sind die Kapitalerträge eines Ehegatten niedriger als 801 Euro, so ist der anteilige Sparer-Pauschbetrag insoweit, als er die Kapitalerträge dieses Ehegatten übersteigt, bei dem anderen Ehegatten abzuziehen.

spezifische Inzidenz – Form der → Inzidenz. Die spezifische Inzidenz gibt die durch eine einzelne isolierte staatliche Maßnahme bedingte Einkommensverteilungsänderung bei sonst konstant gehaltenem → Budget an. Damit sind Aussagen über einer Maßnahme spezifisch zuordenbarer Wirkungen möglich (Partialanalyse); die Prämisse einer einseitigen Ausgaben- oder Einnahmenänderung ist jedoch realitätsfern. – *Gegensatz:* → differenzielle Inzidenz.

Splitting-Verfahren – I. Einkommensteuerrecht: Eine Form der Besteuerung von Ehegatten (→ Zusammenveranlagung).

II. Börsenwesen: Aktien, deren Kurs sehr hoch gestiegen ist, werden in zwei oder mehr Aktien aufgeteilt, wobei die Altaktionäre im Verhältnis ihrer Altaktien Anrecht auf diese neuen Aktien haben. Durch das Splitting-Verfahren verringert sich der Nennbetrag der einzelnen Aktie bzw. bei nennwertlosen Aktien der Anteil am Gesellschaftsvermögen. Aufgrund der erhöhten umlaufenden Stückzahl und des niedrigeren Kurses ergibt sich eine bessere Handelbarkeit der Aktien und Anteilsscheine.

III. Produktionsplanung und -steuerung: Maßnahme, um Terminüberschreitungen aus der *Durchlaufterminierung* zu beseitigen. Sofern für einen Arbeitsgang eines Fertigungsauftrags mehrere Maschinen zur Verfügung stehen, kann der Auftrag aufgeteilt und parallel bearbeitet werden. – *Vorteil:* Reduktion der Durchlaufzeit. – *Nachteil:* Mehrfache Rüstkosten.

Staatsanteil – Anteil des öffentlichen Sektors an den gesamtwirtschaftlichen Aktivitäten (→ Staatsquote). Zu den normativen Entscheidungshilfen zur Bestimmung des optimalen Staatsanteils vgl. → öffentliches Gut, → optimales Budget. Im Rahmen der Verwendungsrechnung der Volkswirtschaftlichen Gesamtrechnung (VGR) werden die Staatsausgaben als Prozentsatz des Bruttoinlandsproduktes (BIP) ermittelt.

Staatsausgaben – Teil der → öffentlichen Ausgaben, die vom Staat ausgehen, wobei unter „Staat" verstanden wird: (1) Bund und Länder, (2) Bund, Länder sowie Gemeinden und Gemeindeverbände, d.h. sämtliche → Gebietskörperschaften, oder (3) Bund, Länder, Gemeinden, Gemeindeverbände sowie die Träger der Sozialversicherung. Im letzteren Fall sind Staatsausgaben und → öffentliche Ausgaben identisch. – *Gegensatz:* → Staatseinnahmen.

Staatsausgabenmultiplikator – Maßzahl, die anzeigt, um wie viel sich das Inlandsprodukt (Y) verändert, wenn der Staatssektor seine Ausgaben für Güter und Dienstleistungen (G) variiert. Man greift auf das Multiplikatormodell zurück mit der Nachfrage Y = C + G, wobei C die laufenden Konsumausgaben angeben. Dieser Konsum ist gemäß Konsumfunktion C = b Yv, mit b als marginaler Konsumquote und Yv als verfügbarem Einkommen. Das verfügbare Einkommen ergibt sich unter Abzug der Steuern und Zurechnung der Transferausgaben zu: Yv = (1 – t) Y – T + Tr, wobei t den proportionalen Einkommensteuersatz, T die Kopfsteuer sowie Tr die Transferzahlungen des Staates angeben. Durch partielle Differenziation der Produktion im Gleichgewicht nach den Staatsausgaben G errechnet man für den Staatsausgabenmultiplikator in diesem Modell einen Wert von: dY / dG = 1/ (1-b (1-t)). Der Staatsausgabenmultiplikator ist größer als der → Transfermultiplikator oder → Steuermultiplikator, da die Käufe von Gütern und Dienstleistungen unmittelbar nachfragewirksam werden, während es bei Veränderungen des Transfers und der Steuern auch zu Veränderungen der nachfragewirksamen Ersparnis kommt. – Vgl. auch → Haavelmo-Schneider-Theorem, Multiplikator, → öffentliche Ausgaben.

Staatsbankrott – 1. *Begriff:* Zahlungsunfähigkeit des Staates, d.h. teilweise oder völlige Nichterfüllung der von einer öffentlichen Körperschaft eingegangenen Verpflichtung zur Zins- und/oder Kapitalzahlung. – 2. *Formen:* (1) Repudiation (Verweigerung jeder Zins- und Tilgungszahlung); (2) vorläufige Einstellung von Zins- und/oder Tilgungszahlungen; (3) einseitige Herabsetzung der Zinsen und/oder Verschiebung von Tilgungszahlungen; (4) einseitige Umwandlung einer Edelmetallschuld in eine Papierschuld. – 3. *Ursache:* Der Staat hat bei freier Währung die Möglichkeit, seine Zahlungsfähigkeit mittels Geldschöpfung, d.h. Verschuldung bei der Notenbank, wieder herzustellen bzw. aufrechtzuerhalten. Durch den inflatorischen Prozess wird zugleich die Staatsschuld entwertet, ihre relative Last reduziert. Diese Möglichkeit wird durch den Verfall des Außenwerts der Währung begrenzt, und es besteht die Gefahr, dass die inländischen Wirtschaftssubjekte die eigene Währung zurückweisen, da deren Zahlungsmittelfunktion durch die Entwertung gestört ist. Ein derartiger Zusammenbruch einer Währung erzwingt eine Währungsreform. – 4. *Bedeutung:* V.a. bei den hochverschuldeten Entwicklungsländern de facto Staatsbankrott, die bisher (zumeist über Umschuldungsabkommen) aufgefangen werden konnten (Auslandsverschuldung der Entwicklungsländer). Durch den Vertrauensverlust internationaler Investoren wird dem jeweiligen Land eine längere Zeit der Zugang zum internationalen Finanzmarkt erschwert bzw. verwehrt (z.B. Argentinienkrise)

Staatseinnahmen – Teil der → öffentlichen Einnahmen, der dem Staat zugeht, wobei unter „Staat" verstanden wird: (1) Bund und Länder, (2) Bund, Länder sowie Gemeinden und Gemeindeverbände, d.h. sämtliche → Gebietskörperschaften, oder (3) Bund,

Länder, Gemeinden, Gemeindeverbände sowie die Träger der Sozialversicherung. Im letzteren Fall sind Staatseinnahmen und öffentliche Einnahmen identisch. – *Gegensatz:* → Staatsausgaben.

Staatshaushalt – Gegenüberstellung von Solleinnahmen und Sollausgaben des Staatssektors in einem → Haushaltsplan, getrennt aufgestellt von Bund, Ländern und Gemeinden.

Staatsquote – 1. *Begriff:* Verhältnis der gesamten Staatsausgaben zum Bruttoinlandsprodukt (BIP). Die Staatsquote fällt unterschiedlich aus, je nachdem, ob die Staatsausgaben in der Abgrenzung der Finanzstatistik oder der Volkswirtschaftlichen Gesamtrechnung (VGR) nachgewiesen werden. – 2. *Bedeutung:* Die Staatsquote soll den Grad der Inanspruchnahme der gesamten Volkswirtschaft durch den staatlichen Sektor ausdrücken. Da auch Ausgaben des Staates einbezogen werden, die nicht Teilmenge des BIP sind, ist die Staatsquote eine „unechte" Quote. Sie ermöglicht damit zwar eine Einordnung der absoluten Beträge der Staatsausgaben in einem gesamtwirtschaftlichen Zusammenhang, liefert jedoch nur begrenzte Information über den Grad der Inanspruchnahme der gesamtwirtschaftlichen Leistung durch den Staat. Aussagefähiger ist die *Veränderung der Staatsquote* im Zeitablauf. Sie zeigt, ob die Staatsausgaben in einem bestimmten Zeitraum schneller oder langsamer gewachsen sind als das BIP. *Internationale Vergleiche von Staatsquoten* sind problematisch, da bereits geringe Unterschiede in den jeweils angewandten Konzepten der VGR die Aussagefähigkeit erheblich herabsetzen können.

Staatsschuldbuch – bei der → Bundeswertpapierverwaltung (BWpV) geführtes Schuldbuch, in dem die Buchschulden des Staates (Namen der einzelnen Berechtigten) registriert sind. – Vgl. auch → öffentliche Kreditaufnahme.

Staatsschulden – Teil der öffentlichen Schulden (→ öffentliche Kreditaufnahme), der vom Staat aufgenommen wird, wobei unter „Staat" verstanden wird: (1) Bund und Länder, (2) Bund, Länder sowie Gemeinden und Gemeindeverbände, d.h. sämtliche → Gebietskörperschaften, oder (3) Bund, Länder, Gemeinden, Gemeindeverbände sowie die Träger der Sozialversicherung. Im letzteren Fall sind Staatsschulden und öffentliche Schulden identisch. – *Theorie der Staatsschulden:* Von jeher gehört die Frage, ob eine höhere → Staatsquote durch *Steuern oder Anleihen* zu finanzieren sei, zu den grundsätzlichen Fragen der → Finanztheorie. Spricht eine Vermehrung der zukunftswirksamen öffentlichen Strukturinvestitionen zunächst für eine Anleihefinanzierung (→ Pay-as-You-Use-Prinzip, intergenerative Gerechtigkeit; rentabilitätsorientierte Rechtfertigung der Staatsverschuldung, objektbezogener → Deckungsgrundsatz), so sind aber je nach dem Auslastungsgrad des Produktionspotenzials und je nach den wirtschaftspolitischen Zielen die stabilisierenden, allokativen und distributiven Effekte, die die beiden alternativen Finanzierungsweisen haben können, unterschiedlich und nur mithilfe der *Differenzialinzidenzmethode* festzustellen. – Allgemein ist bei ausgelastetem Produktionspotenzial die höhere Staatsquote nur auf Kosten der privaten Investitionen, Ersparnis und Konsumausgaben möglich (→ Crowding-out). (1) Eine *Steuerfinanzierung* würde je nach der zu wählenden Steuerart entweder eine Einbuße an privaten Investitionen und damit an Wachstum (im Fall der Gewinnbesteuerung) bedeuten oder Verteilungsnachteile (im Fall der Verbrauchsbesteuerung) haben. (2) Demgegenüber lässt sich bei der *Kreditfinanzierung* hinsichtlich der Verteilungswirkungen kein Nachteil feststellen (Gandenberger-These), doch würden sich die im Zuge der Zinssteigerungen zu erwartenden Wachstumsverluste nach einem längeren oder kürzeren Zeitablauf wegen der Umwegsrentabilität und des längeren Reifeprozesses der öffentlichen Investitionen evtl. wettmachen lassen.

Staatstätigkeit – Aktivitäten der öffentlichen Hand zur Erfüllung der → öffentlichen Aufgaben. Musgrave unterscheidet zwischen Aufgaben des Staates im Bereiche der Allokation, der Distribution und der Stabilisierung. – Vgl. auch → Staatsanteil.

Staatsversagen – *Politikversagen.* 1. *Begriff:* Durch staatliches Handeln oder Unterlassen von Handlungen hervorgerufene Fehlallokationen. – 2. *Begründung* für die Vermutung von Staatsversagen: (1) Erkenntnismängel: Der Kritische Rationalismus ist eine Wissenschaftsauffassung, die davon ausgeht, dass es keine endgültigen Wahrheiten z.B. über die Wirkungszusammenhänge beim Einsatz der wirtschaftspolitischen Instrumente gibt; (2) Mängel beim Entwurf und der Koordination wirtschaftspolitischer Entscheidungen; (3) im parlamentarischen Gesetzgebungsverfahren angelegte Anreize für politische Unternehmer, korrigierend in Marktabläufe einzugreifen. Diese Politik sind gemäß der ökonomischen Theorie der Politik (Public Choice, A. Downs) daran interessiert, durch Wahlsiege persönliche Interessen zu verfolgen; (4) Beeinflussungen wirtschaftspolitischer Entscheidungen durch Interessenvertreter (Interessengruppen, Rent Seeking); (5) Ineffizienzen bei der Ausführung wirtschaftspolitischer Entscheidungen (ökonomische Theorie der Bürokratie). – *Anders:* → Marktversagen.

Staatsverschuldung → öffentliche Kreditaufnahme, → Staatsschulden.

Staatswirtschaft – derjenige Teil der Volkswirtschaft, in der wirtschaftlich relevante Entscheidungen von solchen Institutionen getroffen werden, deren Aufgaben überwiegend darin bestehen, Dienstleistungen eigener Art für die Allgemeinheit zu erbringen und die sich hauptsächlich aus Zwangsabgaben finanzieren. Im Unterschied zur Marktwirtschaft wird die Entscheidung über den Einsatz knapper Güter nicht von privaten, sondern von staatlichen Stellen getroffen, d.h. nichtmarktliche Bedürfnisbefriedigung unter Einsatz hoheitlicher Gewalt. Der Begriff der Staatswirtschaft ist weitgehend deckungsgleich mit dem Begriff der → Finanzwirtschaft. – Vgl. auch → staatswirtschaftliche Planung.

staatswirtschaftliche Planung – Entwurf eines Handlungsprogramms für die Zukunftsgestaltung der Aufgaben des Staates (Versorgung mit → öffentlichen Gütern, Korrektur bestimmter Allokations- und Distributionseffekte des Marktes in Struktur und Prozess). – *Instrumente:* Raumordnungs-, Landes- und Regionalplanungen, Regierungsprogramme, Personalbedarfs- und -entwicklungspläne, Organisationspläne, → Haushaltsplan, → Finanzplan, Programmbudget, bestimmte Entscheidungstechniken (→ Kosten-Nutzen-Analyse, → Nutzwertanalyse, → Kosten-Wirksamkeits-Analyse, Entscheidungsbaumverfahren).

Steuerabzug – *Quellenabzug;* bes. Erhebungsform der → Abzugsteuern. Der Steuerabzug ist die steuertechnische Durchsetzung des Quellenprinzips. Die Einkommensteuer ist grundsätzlich eine Veranlagungssteuer. In gewissen Fällen wird statt der Veranlagung jedoch ein Steuerabzug an der Quelle durchgeführt und zwar bei der → Lohnsteuer durch den Arbeitgeber, bei der → Kapitalertragsteuer durch den Schuldner, bei der Bauabzugssteuer durch den Auftraggeber sowie in bestimmten Fällen der → beschränkten Steuerpflicht. *Mit der Unternehmensteuerreform 2008* wurde zum 1.1.2009 eine sog. Abgeltungsteuer für bestimmte Einkünfte aus Kapitalvermögen eingeführt. Der Steuersatz beträgt einheitlich 25 Prozent. Mit der Einführung der Abgeltungsteuer sind die im Ausland gezahlten Steuern maximal in Höhe von 25 Prozent auf die inländische Einkommensteuer anrechenbar (§ 32d V EStG). Die bisher länderbezogene Anrechnung (per country limitation) kommt in diesen Fällen nicht mehr zu Anwendung.

Steueranspannung – Intensität, mit der die öffentlichen Aufgabenträger die ihnen zugewiesenen Steuerquellen ausschöpfen. Abhängig von: (1) Höhe des → Steuertarifs; (2) Höhe des Steuerhebesatzes (bei manchen Steuerarten, z.b. Gewerbe- und Grundsteuer); (3) Abgrenzung der → Bemessungsgrundlage; (4) Art und Ausmaß gewährter Steuerermäßigungen und Steuerbefreiungen; (5) Intensität der Steuerkontrollen und Sanktionierung von Steuervergehen und -verstößen. – Bei der Ausgestaltung des → Finanzausgleichs sind Finanzkraftunterschiede aufgrund unterschiedlicher Steueranspannung zu eliminieren, z.b. indem mit fiktiven Einnahmen gerechnet wird.

Steueranstoß – Steueränderung, die Verhaltensänderungen bei den Besteuerten auslöst. – Vgl. auch → Steuerwirkungen, → Signalwirkungen.

Steuerarten – die einzelnen → Steuern, die insgesamt das → Steuersystem bilden. – In der *Bundesrepublik Deutschland* gibt es ca. 30 verschiedene Steuerarten. – Vgl. auch Steuerartendependenzen, Steuerarteninterdependenzen.

Steueraufkommen – 1. *Begriff*: Summe der Einnahmen der öffentlichen Hand aus den einzelnen → Steuern in einer bestimmten Periode (Rechnungsjahr, Kalenderjahr etc.). Steueraufkommen in der Bundesrepublik Deutschland: vgl. unter den einzelnen Steuerarten. – 2. *Verteilung des Steueraufkommens*: → Steuerertragshoheit. – 3. *Anteile der Gebietskörperschaften am Steueraufkommen*: a) *Bund*: 2007: 42,8 Prozent, 2006: 41,7 Prozent, 2002: 43,5 Prozent, 2000: 42,5 Prozent, 1995: 45,0 Prozent, 1990: 48,7 Prozent, 1985: 47,2 Prozent, 1980: 48,3 Prozent. – b) *Länder*: 2007: 39,6 Prozent, 2006: 39,9 Prozent, 2002: 40,4 Prozent, 2000: 40,6 Prozent, 1995: 38,5 Prozent, 1990: 34,3 Prozent, 1985: 35,3 Prozent, 1980: 34,8 Prozent. – c) *Gemeinden*: 2007: 13,5 Prozent, 2006: 13,8 Prozent, 2002: 11,9 Prozent, 2000: 12,2 Prozent, 1995: 11,7 Prozent, 1990: 13,3 Prozent, 1985: 14,1 Prozent, 1980: 14,0 Prozent. – d) *EU*: 2006: 4,5 Prozent, 2002: 4,2 Prozent, 2000: 4,7 Prozent, 1990: 3,8 Prozent, 1985: 3,5 Prozent, 1980: 2,9 Prozent. – Vgl. auch → Finanzausgleich.

Steueraushöhlung – 1. *Begriff*: Durch → Ertragsteuern wird der für die Einkommensbesteuerung zur Verfügung stehende Wertestrom „ausgehöhlt", da das Steuersystem häufig aus solchen Steuern besteht, die in Ertrags- und Einkommensentstehungssphäre desselben Wertestromes im Wirtschaftskreislauf ansetzen. – Im dt. Steuersystem bewirken dies Gewerbe-, Grund- und Körperschaftsteuer auf thesaurierte Gewinne. – 2. *Probleme durch Steueraushöhlung*: a) Die *Ertragshoheit* der → Gebietskörperschaften wird in unterschiedlicher Weise berührt und verändert: Grund- und Gewerbesteuer stehen den Gemeinden zu, Körperschaftsteuer Bund und Ländern gemeinsam, demgegenüber werden von der Steueraushöhlung nur Bund und Länder betroffen; die Einkommensteuer steht Bund und Ländern gemeinsam zu, wobei die Körperschaftsteuer einen Teil der Steueraushöhlung ausgleicht. – b) Die Möglichkeiten der *steuerlichen Lastverteilung* nach der Leistungsfähigkeit werden eingeschränkt: Je mehr Ertragsteuern in einem Steuersystem bestehen, desto „unpersönlicher" wird die Steuerlast verteilt, desto geringere Möglichkeiten verbleiben der Einkommensteuer, da allein sie die Merkmale der individuellen steuerlichen Leistungsfähigkeit berücksichtigen kann. – Vgl. auch → Gemeinschaftsteuern, → Leistungsfähigkeitsprinzip, → Ertragsbesteuerung, → Einkommensbesteuerung, → Finanzhoheit, → Steuerhoheit.

Steuerbelastungsgefühl – subjektives Maß der Steuerlast, das sich aus den objektiven Einkommenseinbußen und aus den subjektiv empfundenen Nutzeneinbußen zusammensetzt. – Beeinflussungsfaktor des → Steuerwiderstands. – Vgl. auch → Steuerillusion.

Steuerbemessungsgrundlage → Bemessungsgrundlage.

Steuerdestinatar – der nach Absicht des Gesetzgebers wirtschaftliche Träger einer Steuer. – *Beispiel:* Bei der → Umsatzsteuer ist der Unternehmer Steuerschuldner, der Verbraucher Steuerdestinatar. Ob der Wille des Gesetzgebers bez. Steuerschuldner und Steuerdestinatar realisiert wird, hängt von der Möglichkeit zur Steuerüberwälzung am Markt ab (→ Steuern).

Steuereinmaleins – eine von Swift 1728 formulierte Erkenntnis, dass bei einer Verdoppelung des Steuersatzes sich die Einnahmen keineswegs verdoppeln müssen *(Swiftsches Steuereinmaleins)*. Heute als *Steuerertragsgesetz* bezeichnet (der Volks- und Betriebswirtschaft entnommen); es besagt, dass bei einer prozentualen Erhöhung des Steuersatzes der Steuerreinertrag mit einem geringeren Prozentsatz wächst oder sogar zurückgeht. Derartige Steuerausweicheffekte sind bes. bei einkommens- und vermögensabhängigen Steuern und aufgrund von inflationsbedingten Einkommensverlusten zu erwarten. Bei Steuern auf die Einkommensverwendung werden sie durch Substitutionsvorgänge verursacht. – Vgl. auch → Laffer-Kurve.

Steuereinnahmen → öffentliche Einnahmen.

Steuerertragsgesetz → Steuereinmaleins.

Steuerertragshoheit – *Steuerertragskompetenz;* Teil der → Steuerhoheit. – 1. *Begriff:* Recht auf das → Steueraufkommen. Die Steuerertragshoheit ist geteilt. Verteilung des Steueraufkommens auf Bund, Länder und Gemeinden festgelegt in Art. 106 GG. – 2. *Ausprägungen:* a) *Originäre Steuereinnahmen:* (1) des *Bundes:* → Finanzmonopol, Zölle, → Verbrauchsteuern (mit Ausnahmen), → Versicherungsteuer, Abgaben im Rahmen der EU (Abschöpfungen); (2) der *Länder:* Vermögensteuer (gegenwärtig nicht mehr erhoben), → Erbschaftsteuer, → Kraftfahrzeugsteuer, → Verkehrsteuern (mit Ausnahmen), → Biersteuer, Spielbankabgabe; (3) der *Gemeinden* und *Gemeindeverbände:* → Grundsteuer, örtliche Verbrauch- und Aufwandsteuer (z.B. Getränkesteuer, Hundesteuer), → Gewerbesteuer, an der jedoch Bund und Länder durch eine Umlage (Gewerbesteuerumlage) beteiligt werden. – b) → *Gemeinschaftsteuern,* an denen Bund und Länder unterschiedlich hoch beteiligt sind (Einkommensteuer, → Körperschaftsteuer und → Umsatzsteuer). – 3. *Aufbau:* Verteilung des → Steueraufkommens nach einem *Mischsystem:* a) *Trennsystem:* Die einzelnen Steuern fließen entweder ausschließlich dem Bund (→ Bundessteuern), den Ländern (→ Landessteuern) oder den Gemeinden (→ Gemeindesteuern) oder in Form der → Gemeinschaftsteuern dem Bund und den Ländern gemeinsam zu. – b) *Verbundsystem:* Die Gemeinden werden am Länderanteil der Gemeinschaftsteuern und der Bund und die Länder an den → Realsteuern beteiligt.

Steuerertragskompetenz → Steuerertragshoheit.

Steuerexport/-import – Begriffe im Zusammenhang mit regionalen Steuerinzidenzanalysen, denen die Fragestellung zugrunde liegt, ob und inwieweit Steuern regional überwälzbar sind. – *Zu unterscheiden:* (1) Steuerexport/-import über die *Leistungsbilanz:* Belastung der Export- bzw. Importgüterpreise, (2) Steuerexport/-import über die *Kapitalbilanz:* Belastung der Faktoreinkommensströme an das Ausland bzw. Inland und (3) Steuerexport/-import durch *Offset:* Abzug einer im Inland bzw. Ausland gezahlten Steuer von einer im Ausland zu zahlenden Steuerschuld oder von der → Bemessungsgrundlage.

Steuergegenstand → Steuerobjekt.

Steuergesetzgebungshoheit – *Steuergesetzgebungskompetenz;* Teil der → Steuerhoheit. – 1. *Begriff:* Das Recht zur Gesetzgebung im Bereich des Steuerrechts schließt das *Steuererfindungsrecht* ein. – 2. *Arten:* a) Steuergesetzgebungshoheit des *Bundes:* (1) *ausschließliche Gesetzgebung* für Zölle und → Finanzmonopole (Art. 105 I GG); (2) *konkurrierende Gesetzgebung* für die übrigen Steuern, deren Aufkommen

(→ Steueraufkommen) dem Bund ganz oder teilweise zustehen oder für die ein Bedürfnis nach bundesgesetzlicher Regelung besteht (Art. 105 II i.V. mit Art. 72 II GG). – b) Steuergesetzgebungshoheit der *Länder:* (1) *ausschließliche Gesetzgebung* für örtliche Verbrauch- und Aufwandsteuern, solange und soweit sie nicht bundesgesetzlich geregelten Steuern gleichartig sind (Art. 105 IIa GG); Recht, den Steuersatz der Grunderwerbsteuer festzulegen (ausdrückliche Sonderregelung in Art. 105 IIa GG, seit 2006). (2) *konkurrierende Gesetzgebung* solange und soweit der Bund von seinem Gesetzgebungsrecht keinen Gebrauch macht (Art. 105 II i.V. mit Art. 72 I GG).

Steuergesetzgebungskompetenz → Steuergesetzgebungshoheit.

Steuerharmonisierung in der EU – 1. *Grundlagen:* a) *Harmonisierungsbedarf:* Der EG-Binnenmarkt ist unterschiedlichen Steuergesetzen unterworfen, die den Wettbewerb zwischen den Marktteilnehmern (v.a. zwischen Unternehmen der betreffenden Staaten) verzerrt. – b) *Harmonisierungsermächtigung:* Bei der Gründung der E(W)G wurde in Art. 93 (ex-Art. 99) EGV für die indirekten Steuern den Organen der EG eine ausdrückliche Ermächtigung dazu erteilt, die Steuergesetze der Mitgliedsstaaten durch EG-Richtlinien aneinander anzugleichen und auf diesem Wege die Wettbewerbsverzerrungen zu verhindern. Diese Ermächtigung wurde später auf das Funktionieren des Binnenmarktes eingeschränkt. Für die direkten Steuern ergibt sich aus der allg. Regelung des Art. 94 EGV (Harmonisierung aller Rechts- und Verwaltungsvorschriften der Mitgliedsstaaten, soweit sie das Funktionieren des Gemeinsamen Marktes behindern) ebenfalls eine Ermächtigung, Richtlinien zu erlassen. D.h. die Steuerhoheit bei indirekten und direkten Steuern liegt grundsätzlich bei den Mitgliedsstaaten. Der Spielraum, wie diese ihre Möglichkeiten als Gesetzgeber nutzen dürfen, kann von der EG so weit eingeengt werden, wie dies notwendig ist, um den Binnenmarkt von Behinderungen und Wettbewerbsverzerrungen zu befreien. – c) *Voraussetzungen der Harmonisierung:* Sowohl im Bereich der direkten als auch der indirekten Steuern setzt eine Harmonisierung durch Richtlinien voraus, dass ein Richtlinienvorschlag der Europäischen Kommission vom Rat der Wirtschafts- und Finanzminister (ECOFIN-Rat) einstimmig gebilligt wird. Wegen der nationalen Bedeutung ist für die Fälle, die einen weiteren Souveränitätsverzicht bedeuten würden, eine Zustimmung schwierig. Die Steuerharmonisierung in der EU ist daher v.a. von Vorschlägen, die sich auf enge Detailfragen beschränken, i.d.R. von sehr langen Verhandlungszeiten über Gesetzesinitiativen sowie teilweise auch vom Scheitern von Vorlagen im Gesetzgebungsprozess geprägt. – d) *Abgrenzung zur Abschaffung von Binnenmarkthindernissen durch Rechtsprechung:* In der Praxis spielt neben der Steuerharmonisierung in der EU v.a. die Rechtsfortbildung durch den Europäischen Gerichtshof und die nationalen Gerichte eine große Rolle. In diesem Prozess werden nicht neue Normen geschaffen, sondern schon bestehende Normen, z.B. die europäischen Grundfreiheiten, konsequent angewandt und daraus Vorgaben abgeleitet, die bei der Gestaltung der Steuergesetze im Binnenmarkt einzuhalten sind (z.B. das Diskriminierungsverbot). – Unterschiede zu einer Steuerharmonisierung in der EU: (1) Die Gerichtsentscheidungen lassen den Mitgliedsstaaten grundsätzlich volle Ermessensfreiheit bei der Wahl ihrer nationalen Gesetzgebung; sie zeigen die aufgrund höherrangigen Rechts nicht erlaubten Alternativen auf. Eine Steuerharmonisierung in der EU würde dagegen eine Vereinheitlichung erzwingen. (2) Durch Gerichtsentscheidungen können nationale Regeln nur verworfen werden, wenn sich nachweisen lässt, dass sie als solche schon mit den Grundgedanken des Binnenmarktes unvereinbar sind. In verschiedenen Staaten zwar unterschiedlich ausgestaltete, jede für sich aber bei isolierter

Betrachtung rechtlich zulässige nationale Regelung kann nur mittels Steuerharmonisierung in der EU durch Richtlinien beseitigt werden. – e) *Entwicklung:* In den letzten Jahren wird offiziell nicht mehr versucht, eine weitgehende Angleichung zu erreichen; vielmehr beschränkt sich die Europäische Kommission – auch bei ihren Vorschlägen zu einer weiteren Steuerharmonisierung in der EU – nach dem Subsidiaritätsprinzip auf Punkte, die die Mitgliedsstaaten selbst nicht lösen können. – 2. *Bereich der indirekten Steuern:* Im Bereich der indirekten Steuern hat eine Harmonisierung frühzeitig begonnen (Ende der 1960er-Jahre). Praktisch vollständig harmonisiert werden konnten jedoch nur die Kapitalverkehrsteuern (durch die Kapitalverkehrsteuer-Richtlinie von 1969). Als bes. wichtig für den grenzüberschreitenden Handel erwies sich die Umsatzsteuer. Hier konnten Einigungen erzielt werden über die Einführung des Mehrwertsteuer-Systems in der gesamten Gemeinschaft (Erste Umsatzsteuer-Richtlinie) und schließlich auch darüber, dass die Bemessungsgrundlage in allen Mitgliedsstaaten – mit einigen wenigen verbleibenden Ausnahmen – nach gleichen Regeln zu berechnen sei (Sechste Umsatzsteuer-Richtlinie von 1977). Wegen des hohen Aufkommens der Umsatzsteuer und ihrer Relevanz für das Preisniveau war eine Einigung über die Angleichung der Steuersätze jedoch nicht möglich. Mit der Abschaffung der Steuergrenzen im EG-Binnenmarkt war es jedoch in Einzelfällen möglich, dass Waren aus anderen Mitgliedsstaaten auf den Markt eines Landes gelangen konnten, ohne dass die Steuerbelastung an das Niveau dieses Landes angepasst werden musste. Um die daraus resultierenden Wettbewerbsverzerrungen in Grenzen zu halten, wurden daher erstmals auch Vorschriften über einen Mindeststeuersatz auf 15 Prozent in die betreffende Richtlinie aufgenommen. Wofür ein ermäßigter Steuersatz verlangt werden darf, ist ebenfalls strikt durch EG-Vorgaben geregelt; allerdings sind diese infolge zahlreicher Übergangsvorschriften und Wahlrechte in diesem Bereich teilweise von Land zu Land unterschiedlich angewandt und sehr kompliziert. – Ab 2006 wurde außerdem für fast alle bisherigen Schritte im Bereich der Umsatzsteuerharmonisierung eine Zusammenfassung in einem einheitlichen, leichter lesbaren Text verwirklicht: Mehrwertsteuersystemrichtlinie. Für die Praxis folgt aus der Steuerharmonisierung in der EU im Bereich der Umsatzsteuer, dass fast alle Fragen, die sich bei der Auslegung von Umsatzsteuergesetzen ergeben, in die Zuständigkeit des Europäischen Gerichtshofs fallen. – Im Bereich der speziellen Verbrauchsteuern hat die Gemeinschaft kleinere Fortschritte bei der Steuerharmonisierung erreicht. Diese beschränken sich auf die Angleichung der drei wichtigsten Steuern – Tabaksteuer, Alkoholsteuern und Mineralölsteuer – sowie auf die Vorgabe allg. Grundsätze für die Gestaltung solcher Steuern (Verbrauchsteuer-Systemrichtlinie), die Festlegung der zu besteuernden Gegenstände und nähere technische Regelungen (Mineralölsteuerstruktur-Richtlinie, Alkoholsteuerstruktur-Richtlinie, Tabaksteuerstruktur-Richtlinie) und auf die Vorgabe von Mindeststeuersätzen (zur Verhinderung eines ruinösen Steuersenkungswettbewerb zwischen den Mitgliedsstaaten). Für die übrigen Verbrauchsteuern gilt der Grundsatz, dass die Mitgliedsstaaten bei der Gestaltung ihrer Gesetze frei sind, solange sie nicht zur Einführung von Grenzkontrollen oder ähnlichen Formalitäten beim Grenzübertritt innerhalb der EU führen. – 3. *Direkte Steuern:* Weitgehende Pläne zu einer vollständigen Harmonisierung der direkten Steuern sind bereits sehr frühzeitig gescheitert. Die bisherigen Fortschritte beschränken sich auf Detailfragen; im Einzelnen sind zu nennen: (1) Amtshilferichtlinie über die Auskunftserteilung zwischen den Finanzbehörden (1977); (2) Fusionsrichtlinie über die Behandlung grenzüberschreitender Verschmelzungen, Spaltungen, Einbringungen und Anteilstauschvorgänge (1990); (3) Mutter-Tochter-

Richtlinie über die Behandlung von grenzüberschreitenden Dividendenzahlungen im europäischen Konzern (1990); (4) Schiedsabkommen zwischen den Mitgliedsstaaten (1990); (5) Zinsrichtlinie über die Besteuerung privater Zinserträge in der EU (2003); (6) Zinsen-und-Lizenzgebühren-Richtlinie (2003 m.spät.Änd.). Von bes. Interesse unter theoretischen Gesichtspunkten ist die Vereinbarung der EU mit der Schweiz (das sog. Zinsabkommen, 2005), da es sich hierbei bei inhaltlicher Betrachtung um ein – wenn auch auf enge Details begrenztes – erstes Doppelbesteuerungsabkommen der EU mit einem anderen Land handelt. – 4. *Die Entwicklungsperspektiven* der Steuerharmonisierung in der EU sind weiterhin im Bereich der konsequenten Anwendung der EG-Vertragsvorschriften und der bisher zur Steuerharmonisierung in der EU erlassenen Regelungen durch die Gerichte zu erwarten.

Steuerhäufung – Konzentration mehrerer Steuern auf ein Steuersubjekt infolge → Steuerüberwälzung. Diese die steuerliche Leistungsfähigkeit mindernde Steuerinzidenz ist problematisch, da kaum vorhersehbar. – *Beispiel:* Zuckersteuer, Mehrwertsteuer, überwälzte Gewerbesteuer auf allen Stufen, überwälzte Teile der Körperschaft- und Einkommensteuer auf allen Stufen und schließlich „Steuern von der Steuer" (→ Kaskadenwirkung) belasteten den Zuckerverbrauch.

Steuerhoheit – 1. *Begriff:* das einer öffentlich-rechtlichen Körperschaft zustehende Recht, → Steuern zu erheben (originäre Steuerhoheit: Bund, Länder; derivate Steuerhoheit: Gemeinden, Kirchen). Die Steuerhoheit ist Teil der → Finanzhoheit, die das gesamte staatliche Finanzwesen mit der Einnahmen- und Ausgabenseite umfasst. – 2. *Bedeutung:* Obwohl sich die Steuerhoheit nur auf einen Teil der Einnahmen, die Steuern, bezieht, wird sie in der Politik häufig als wichtigster Teil der Handlungsfreiheit gesehen, da die staatliche Handlungsfreiheit stets eng mit der Finanzierbarkeit verbunden ist. – 3. *Arten:* → Steuergesetzgebungshoheit (Steuergesetzgebungskompetenz, Objekthoheit), → Steuerertragshoheit (Steuerertragskompetenz), Steuerverwaltungshoheit (Steuerverwaltungskompetenz) und Steuerrechtsprechungshoheit.

Steuerillusion – steuerpsychologischer Begriff für das subjektive Gefühl, von einer Steuer belastet zu sein (→ Steuerbelastungsgefühl). Die tatsächliche Belastung kann höher oder geringer sein. Bes. bei → Abzugsteuern bzw. → Quellensteuern kann eine Steuerillusion derart vorliegen, dass der Einzelne seine tatsächliche Belastung unterschätzt. Durch Abgabenbezeichnungen, die nicht Steuern heißen („Opfer", „Beitrag", „Hilfe" oder „Pfennig"), kann Steuerillusion zur Vermeidung von Steuerwiderständen genutzt werden.

Steuerimport → Steuerexport/-import.

Steuerinzidenz → Inzidenz.

Steuerkapitalisierung – Abzug des kapitalisierten jährlichen Steuerbetrags von dem Kaufpreis eines besteuerten Vermögensobjekts. Ziel ist, dass dem Käufer aus dem aufgewendeten Kaufpreis unbeschadet seiner laufenden Steuerzahlung die gleiche Nettoverzinsung verbleibt wie ohne Besteuerung.

Steuerklassen → Erbschaftsteuerklassen, → Lohnsteuerklassen.

Steuerklassifikation – Einteilung von → Steuern nach bestimmten Gesichtspunkten. Die Wahl der Einteilungskriterien ist von dem Untersuchungszweck abhängig, daher gibt es eine große Zahl mehr oder weniger unterschiedlicher Steuerklassifikationen.

I. Beispielhafte Steuerklassifikationen: In der Tabelle „Steuerklassifikation" sind vier Steuerklassifikationen beispielhaft gegenübergestellt: eine betriebswirtschaftliche (Rose), eine steuerrechtliche (Tipke), eine finanzwissenschaftliche (Nöll v.d. Nahmer) und die Gliederung der Steuern im Finanzbericht. Alle Einteilungen knüpfen an das → Steuerobjekt an. Trotzdem ergeben sich

Steuerklassifikation

Finanzstatistische Klassifikation (nach Finanzbericht)

Betriebswirtschaftliche Klassifikation (nach Rose)	Steuern auf das Einkommen und Vermögen			Steuern auf den Vermögensverkehr		Steuern auf die Einkommensverwendung					Finanzwissenschaftliche Klassifikation (nach Nöll v. d. Nahmer)
	Steuern vom Gewerbebetrieb	Steuern vom Vermögensbesitz	Steuern vom Einkommen		Steuern vom Umsatz	allgemeine	Kraftfahrzeugst	Mineralölst	sonstige Steuern		
Ertragsteuern	Gewerbeertragst		Einkommen-St (Kirchen-St) Körperschaft-St							Ertragsteuern	Einnahmesteuern
Faktorsteuern	Gewerbekapitalst									Vermögenstandsteuern	
Substanzsteuern	Grundst	Vermögen St								Vermögenstandsteuern	
Verkehrsteuern	Schankerlaubnisst			Erbschaft- und Schenkungst / Grunderwerbst		UmsatzSt	VersicherungSt	KraftfahrzeugSt	MineralölSt	Verbrauchsteuern / sonstige Steuern	Vermögenverkehrsteuern
Produktsteuern											
										allg. Ausgabesteuer	Ausgabesteuern
		sonstige Steuern auf das Einkommen		spezielle Rechtsverkehrsteuern						spezielle Ausgabesteuern	

Steuern auf das Einkommen | **Steuern auf die Einkommensverwendung**

Steuerrechtliche Klassifikation (nach Tipke)

zahlreiche Divergenzen aus den unterschiedlichen Zwecksetzungen der einzelnen Gliederungen. Die Divergenz äußert sich u.a. darin, dass einem Begriff *verschiedene Inhalte* zugeordnet werden. So fallen nach dem Verständnis der betriebswirtschaftlichen Steuerlehre unter den Begriff „Ertragsteuern" andere Steuerarten als nach den hierzu identischen Auffassungen von Steuerrechts- und Finanzwissenschaft: Eine Überschneidung liegt nur hinsichtlich der Gewerbesteuer vor. Die mangelnde Übereinstimmung der Begriffsinhalte kann dadurch erklärt werden, dass Steuerrechts- und Finanzwissenschaft mit einem historisch begründeten Begriffsverständnis arbeiten, demzufolge mit „Ertragsteuern" die Erträge aus der Kombination der volkswirtschaftlichen Produktionsfaktoren Arbeit, Boden und Kapital besteuert werden sollen, während die betriebswirtschaftliche Klassifikation die Ertragsteuern als Steuern auf das wirtschaftliche Ergebnis der Unternehmung sieht. Das Schema *umfasst nicht* die Sonderfälle Zoll und Spielbankabgabe. „Sonstige Steuern" sind die Salz-, Zucker-, Kaffee-, Tee-, Leuchtmittel-, Tabak-, Bier-, Schaumwein-, Getränke-, Vergnügung-, Hunde-, Jagd-, Luxuspferde-, Motorboot-, Zweitwohnungsteuer u.a. (von denen eine Reihe in Deutschland nicht mehr existieren).

II. **Weitere Steuerklassifikationen:** 1. → Direkte Steuern und → indirekte Steuern: Einteilungsmerkmale sind (1) die Veranlagungs- und Erhebungstechnik, (2) die Überwälzbarkeit, (3) die steuerliche Leistungsfähigkeit. – 2. *Marktsteuern* und → *Maßsteuern*: Auch hier ist die Möglichkeit der Überwälzung ein Gliederungskriterium (Schmölders). – 3. → Personensteuern (bzw. Personal- oder Subjektsteuern) und → Realsteuern (bzw. Objekt- oder Sachsteuern): Gliederungskriterium ist die Berücksichtigung bzw. Nichtberücksichtigung der persönlichen Verhältnisse des Steuerschuldners in der Steuerbemessungsgrundlage. – 4. → Besitzsteuern, → Verkehrsteuern, → Verbrauchsteuern, Zölle: abgestellt auf die Besteuerung des Objekts. – 5. *Periodische Steuern* und *nicht periodische Steuern*: Gliederung erfolgt nach der Regelmäßigkeit der Entstehung der Steuer. – 6. *Veranlagungsteuern* und *Fälligkeitsteuern*: Unterscheidung ist bes. im Rahmen des Steuerstrafrechts erheblich. – 7. *Steuern der Einkommensentstehung, der Einkommensverwendung und Steuern außerhalb des Leistungskreislaufs*: Gliederung nach der Entstehung im Wirtschaftskreislauf (Haller).

Steuer-Kombinationstarife – → Steuertarife, die nicht für alle Steuerbemessungsabschnitte denselben Steuertariftyp anwenden, sondern Struktur und Typ abschnittsweise verändern.

Steuerkraft – die von → Gebietskörperschaften bei normaler bzw. durchschnittlicher Anspannung ihrer zugewiesenen Steuerquellen (→ Steueranspannung) erzielbaren Steuereinnahmen; gemessen durch die → Steuerkraftmesszahl.

Steuerkraftmesszahl – Größe, mit der die Höhe der originären → Steuerkraft eines öffentlichen Aufgabenträgers gemessen werden soll: Summe der mit fiktiven, landeseinheitlichen Hebesätzen modifizierten Steuereinnahmen der Gemeinden; wenig ergiebige Steuerarten (z.B. → örtliche Verbrauch- und Aufwandsteuern) werden aus Vereinfachungsgründen i.d.R. nicht berücksichtigt. Im Rahmen des kommunalen (ergänzenden) → Finanzausgleichs wird die Steuerkraftmesszahl zur Berechnung der → Schlüsselzuweisungen der → Ausgleichsmesszahl (relativer Finanzbedarf) gegenübergestellt.

steuerliche Beziehungslehre – Teilgebiet der finanzwissenschaftlichen Steuerlehre (→ Finanzwissenschaft), die die wechselseitige Abstimmung der einzelnen Steuerarten eines Systems herstellen soll. Die Einzelsteuern sollen sich in ihren Zwecken und Zielen ergänzen und kontrollieren. – Zu *unterscheiden*: (1) in *steuertechnischer Hinsicht*: → mehrgliedrige Steuern, Ergänzungsteuern, Folgesteuern und Kontrollsteuern; (2)

hinsichtlich der Erfassung von (zumeist negativen) *Wirkungszusammenhängen:* → Steueraushöhlung, → Steuerhäufung und → Kaskadenwirkung.

Steuermentalität – von G. Schmölders geprägter Begriff zur Kennzeichnung der allg. Einstellung zum Abgabewesen bzw. zur Besteuerung, wobei diese durch die sozio-kulturelle und politische Einschätzung der Staatsautorität allg. und seiner Leistungserbringung im Besonderen geprägt ist. Bez. Steuermentalität lassen sich auffallende internationale Unterschiede (allg. Nord-Süd-Gefälle in Europa) aufzeigen. – Vgl. auch → Steuermoral.

Steuermoral – Einstellung des → Steuerpflichtigen zum Steuerdelikt. Mangelnde Steuermoral führt zu illegalem → Steuerwiderstand (z.B. Steuerhinterziehung). – Vgl. auch → Steuermentalität.

Steuermultiplikator – Maßzahl, die anzeigt, um wie viel sich das Inlandsprodukt (Y) verändert, wenn der Staatssektor die Steuerbelastung der privaten Haushalte (T) variiert. Man nimmt ein Multiplikatormodell an mit der folgenden Nachfrage nach inländischen Gütern: Y = C + G, wobei G die Staatsnachfrage ist. Für die Konsumnachfrage gilt die Konsumfunktion: C = b Yv, wobei Yv das verfügbare Einkommen ist. Für das verfügbare Einkommen trifft zu: Yv = (1 – t) Y – T + Tr, wobei t den proportionalen Einkommensteuersatz darstellt, T die vom Einkommen unabhängige Kopfsteuer und Tr die entsprechenden Transferzahlungen. Berechnet man das partielle Differential der Produktion im Gleichgewicht nach den Kopfsteuern T, so erhält man den folgenden Wert für den Steuermultiplikator: $dY/dT = -b / (1-b(1-t))$,

Der Steuermultiplikator ist größengleich mit dem → Transfermultiplikator und um die Größenordnung 1 kleiner als der → Staatsausgabenmultiplikator für Güter und Dienstleistungen, da zusätzliche Nachfrageeffekte einer Steuersenkung nur mittelbar wirksam werden. – Vgl. auch → Haavelmo-Schneider-Theorem, Multiplikator.

Steuern – I. Begriff: öffentliche → Abgaben, die ein Gemeinwesen kraft Zwangsgewalt in einseitig festgesetzter Höhe und (anders als bei → Gebühren und → Beiträgen) ohne Gewährung einer Gegenleistung von natürlichen und juristischen Personen seines Gebietsbereichs erhebt. Entsprechend der heute gültigen → Steuerrechtfertigungslehre werden eine unbeschränkte staatliche Steuerhoheit und steuerliche Unterwerfung als unbestrittene, weil gemeinschaftsbedingte Normen, anerkannt; dementsprechend Begriffsumschreibung in der Finanzwissenschaft als „Zwangsabgaben ohne Anspruch auf Gegenleistung" und in der Abgabenordnung (§ 3 I AO) als „Geldleistungen, die nicht eine Gegenleistung für eine bes. Leistung darstellen und von einem öffentlich-rechtlichen Gemeinwesen zur Erzielung von Einkünften allen auferlegt werden, bei denen der Tatbestand zutrifft, an den das Gesetz die Leistungspflicht knüpft; die Erzielung von Einnahmen kann Nebenzweck sein."

II. Entwicklung: 1. Steuern waren schon in *antiken Finanzwirtschaften* gebräuchlich. – 2. Im europäischen *Mittelalter und zu Beginn der Neuzeit* standen sie als Geldbeschaffungsmittel noch hinter Erträgen aus Domänen und Regalien zurück. – 3. Mit dem *Absolutismus* begann die ununterbrochene Zunahme ihrer Bedeutung. – 4. In *modernen demokratischen Staatswesen* liegt das Bewilligungsrecht bei den vom Volk periodisch gewählten Parlamenten, womit gewährleistet sein soll, dass die Steuerlast unter Beachtung von Steuergerechtigkeit und steuerökonomischen Prinzipien (→ Steuerwirkungen, → Steuereinmaleins, Psychological Breaking Point etc.) auferlegt wird. Durch ständige Erhöhung der Sätze und Einführung immer neuer Steuern ist das Steueraufkommen in vielen Ländern auf 1/3 des Volkseinkommens gestiegen; daraus ergibt sich, dass die Steuerpolitik ein bedeutsames Mittel zur Lenkung der volkswirtschaftlichen Einkommensströme geworden ist.

III. **Grundbegriffe:** 1. *Steuersubjekt:* die zur Besteuerung herangezogene Person. – *Steuerschuldner:* Der gesetzlich zur Entrichtung Bestimmte; er stimmt i.d.R. mit dem Steuerzahler überein. – *Ausnahme:* Steuererhebung im Quellenabzugsverfahren. Er ist mit dem → Steuerträger, d.h. dem mit der Steuer wirklich Belasteten nur dann identisch, wenn → Steuerüberwälzung unterbleibt. → Steuerdestinatar: die vom Gesetz nicht als Steuerzahler, aber als Steuerträger vorgesehene Person. – 2. → Steuerobjekt *(Steuergegenstand):* Tatbestand, an den die Steuererhebung anknüpft. Gezahlt wird die Steuern aus der → Steuerquelle (Einkommen oder Vermögen). – 3. Rechtlich greift die Besteuerung an der → Bemessungsgrundlage an. Von der Steuereinheit, einem festgelegten Anteil der Steuerbemessungsgrundlage (Maß, Gewicht, Wertziffer), wird der *Steuersatz* oder *Steuerbetrag* erhoben; → Steuertarif ist ein listenmäßiges Verzeichnis, das den Steuereinheiten bestimmte Sätze oder Beträge zuordnet.

IV. **Einteilung:** Die Einteilung der Steuern ist nach unterschiedlichen Gesichtspunkten möglich. – Vgl. auch → Steuerklassifikation.

V. **Kostenrechnung:** Steuern werden als Kosten nur verrechnet, soweit sie die betriebliche Tätigkeit an sich (Kauf und Einsatz von Produktionsfaktoren, ihre Kombination und Transformation zu Fertigprodukten und deren Absatz) belasten, nicht dagegen, soweit sie das Ziel der betrieblichen Tätigkeit, den Gewinn, belasten. Diese allg. betriebswirtschaftliche Auffassung deckt sich im Wesentlichen mit den *Leitsätzen für die Preisermittlung aufgrund von Selbstkosten (LSP).* Danach sind für die Preiskalkulation *zu unterscheiden:* (1) *Kalkulierbare Steuern,* bes. Gewerbesteuer, Grundsteuer, Kraftfahrzeugsteuer und Beförderungsteuer sowie als Sonderkosten die Umsatzsteuer und bes. auf dem Erzeugnis lastende Verbrauchsteuern. (2) *Nicht kalkulierbare* Steuern sind v.a. Einkommen-, Körperschaft-, Kirchensteuer, Erbschaft- und Schenkungsteuer; dies sind also keine Kosten.

VI. **Handelsbilanz:** Steuern sind als Anschaffungsnebenkosten (z.B. Grunderwerbsteuer) oder als Teil der Herstellungskosten (Gewerbesteuer, Grundsteuer; nicht jedoch gewinnabhängige Steuerarten) zu aktivieren, sonst laufender Periodenaufwand. Für Abgrenzungsposten für aktive latente Steuern besteht grundsätzlich ein Aktivierungswahlrecht im Einzelabschluss. – *Ausnahme:* Latente Steuern im Konzernabschluss, die durch Konsolidierungsmaßnahmen entstehen; hier gilt Aktivierungspflicht. Sichere Steuerverbindlichkeiten sind unter den sonstigen Verbindlichkeiten, unsichere unter Steuerrückstellungen zu passivieren. – In der *Gewinn- und Verlustrechnung (GuV) von Kapitalgesellschaften* sind Steueraufwendungen getrennt nach Steuern vom Einkommen und vom Ertrag sowie sonstige Steuern auszuweisen. Im Gegensatz zum Gesamtkostenverfahren enthält die Position „sonstige Steuern" beim Umsatzkostenverfahren nur die nicht aktivierten Steuern.

Steuerobjekt – *Steuergegenstand;* Tatbestand, dessen Vorhandensein Grundlage der Besteuerung (→ Steuern) ist. Inbegriff der sachlichen Voraussetzungen zur Entstehung der Steuerschuld. Steuerobjekt kann ein Wirtschaftsgut oder ein wirtschaftlicher Vorgang sein. – *Beispiel:* Der Arbeitslohn ist das Steuerobjekt und wird mit der Einkommensteuer besteuert.

Steuerordnung → Steuersystem.

Steuerparadoxon – I. Finanzwissenschaft: 1. *Begriff:* Eine von C. Föhl aufgestellte These, dass wie alle anderen Steuern auch Gewinnsteuern überwälzbar (→ Steuerüberwälzung) seien. Durch die Wiederverausgabung der Steuereinnahmen durch den Staat oder durch Kreditfinanzierung steigt die gesamte Nachfrage nach Gütern und Diensten, ohne dass sich das Angebot ausdehnt, und ermöglicht dadurch für eine Überwälzung notwendigen Preiserhöhungen. – 2. *Bedeutung:* Die Aussage von Föhl löste eine umfangreiche Diskussion aus *(Föhl-Kontroverse),* da sie im völligen Gegensatz zu der bisherigen mikroökonomisch abgeleiteten Nichtüberwälzungsthese stand. Es zeigte sich, dass die Prämisse unveränderter Konsum- und Investitionsausgaben infolge erhöhter Gewinnbesteuerung unhaltbar ist und dass sich eindeutige Aussagen über die Überwälzung von Gewinnsteuern kaum fällen lassen. – Vgl. auch → Inzidenz.

II. *Investitionsrechnung*: Ein abschreibungsfähiges Investitionsobjekt ist vor Steuern nicht vorteilhaft (Kapitalwert < Anschaffungszahlung), nach Steuern jedoch vorteilhaft (Kapitalwert > Anschaffungsauszahlung).

Steuerpflicht – 1. Die *persönliche Steuerpflicht* bezeichnet bei den → Personensteuern die Personen, die von der Steuer erfasst werden (Steuersubjekt) und den Umfang, in dem diese Erfassung eintritt (unbeschränkte Steuerpflicht, → beschränkte Steuerpflicht). – 2. Die *sachliche Steuerpflicht* bezeichnet dagegen das → Steuerobjekt. – Vgl. auch → Steuerpflichtiger.

Steuerpflichtiger – 1. *Steuerrecht allgemein (Abgabenordnung)*: derjenige, der eine Steuer schuldet, für eine Steuer haftet, eine Steuer für Rechnung eines Dritten einzubehalten und abzuführen, eine Steuererklärung abzugeben, Sicherheit zu leisten, Bücher und Aufzeichnungen zu führen oder andere ihm durch die Steuergesetze auferlegte Verpflichtungen zu erfüllen hat (§ 33 I AO). Steuerpflichtige sind auch gesetzliche Vertreter, Vermögensverwalter und Verfügungsberechtigte. Steuerpflichtiger ist nicht, wer in fremder Sache Auskunft zu erteilen, Urkunden vorzulegen, ein Sachverständigengutachten zu erstellen oder das Betreten von Grundstücken, Geschäfts- und Betriebsräumen zu gestatten hat (§ 33 II AO). – 2. *Spezielle Steuerarten*: Vom vorstehenden Begriffsverständnis ganz zu unterscheiden sind die speziellen Begriffe → beschränkt Steuerpflichtiger (Steuerausländer) und unbeschränkt Steuerpflichtiger (Steuerinländer), die sich auf zwei unterschiedliche Kategorien der subjektiven Steuerpflicht beziehen und festlegen, nach welchen Regeln jemand bei der Einkommen-, Körperschaftsteuer oder Erbschaftsteuer besteuert wird.

Steuerpolitik – I. Finanzwissenschaft/Wirtschaftspolitik: 1. *Begriff*: Einsatz steuerlicher Maßnahmen im Dienste der Finanz- und Wirtschaftspolitik (→ Finanzpolitik). – 2. *Ziele*: a) *Fiskalische Ziele*: Steigerung des Steueraufkommens. – b) *Nicht fiskalische Ziele*: Die Steuerpolitik kann jegliche staatspolitischen Ziele verfolgen, z.B. allokative Ziele durch differenzierte Umsatzsteuersätze, wachstumspolitische Ziele durch erhöhte Abschreibungen, distributive Ziele durch einen progressiven Einkommensteuertarif und konjunkturpolitische Ziele durch eine Built-in Flexibility. – 3. *Ansätze*: a) *Auswahl der Steuerobjekte*, z.B. Neueinführung oder Abschaffung von Steuern. – b) *Steuertechnik*, diesbezüglich vielfältige Eingriffsmöglichkeiten, z.B. Steuerbefreiungen, Ausdehnung oder Einschränkung der Steuerbemessungsgrundlage, Steuersatzänderungen. – 4. *Wirkungen*: In allen Bereichen der Volkswirtschaft (Einkommensentstehung, -verwendung und -verteilung, bei privaten Haushalten wie bei Unternehmen und auch im Ausland) zeigen sich Wirkungen, wobei die Interdependenzen der Auswirkungen einen hohen Komplexitätsgrad aufweisen und häufig nicht-deterministisch sind. Für staatliche Entscheidungsträger ist die Kenntnis der Wirkungen seiner Maßnahmen unerlässlich, doch nie umfassend erreichbar, sodass man beabsichtigte und unbeabsichtigte Wirkungen unterscheiden muss. – 5. *Grenzen*: Liegen in den ökonomischen und psychischen → Grenzen der Besteuerung i.Allg., im Besonderen jedoch in den Vorstellungen vom Sinn und Zweck der einzelnen → Steuern. Ferner muss eine aktive Steuerpolitik stets beachten, dass in demokratisch regierten Staaten Variationen im Steuergefüge nur sehr langsam in die Tat umgesetzt werden können, woraus eine strukturelle Schwerfälligkeit der Steuerpolitik resultiert.

II. Betriebswirtschaftslehre: Der auf das Objekt → Steuern bezogene Teilbereich der allg. Unternehmenspolitik, mit der die Erreichung der Unternehmensziele gewährleistet werden soll. – 1. *Ziele:* In der sog. betriebswirtschaftlichen Steuerlehre werden zahlreiche steuerpolitische – vornehmlich steuerbilanzpolitische – Ziele diskutiert. In allgemeingültiger Form kann eine *steuerpolitische Zielfunktion* definiert werden als: Minimiere den Barwert der Steuerauszahlung, der sich durch die Wirkungen des Einsatzes steuerpolitischer Mittel auf die Größen Steuerhöhe und Zahlungszeitpunkt erzielen lässt, und beachte hierbei die Gewährleistung des vorgegebenen Erfolgsniveaus. – 2. *Mittel:* Vgl. Abbildung „Steuerpolitisches Instrumentarium". a) *Sachverhaltsgestaltung:* Die über die bloße Ausübung der steuerlichen Wahlrechte hinausgehende steuerlich motivierte Beeinflussung des verwirklichten Sachverhalts unter den oben genannten Zielsetzungen (z.B. Wahl der Rechtsform, Bestimmung des Standorts, Anschaffung geringwertiger Wirtschaftsgüter). – b) Ein *steuerliches Wahlrecht* folgt immer erst auf einen realisierten Sachverhalt. Ein Wahlrecht liegt dann vor, wenn an den verwirklichten Sachverhalt nicht zwingend eine bestimmte Rechtsfolge anknüpft, sondern der Steuerpflichtige entweder bestimmen kann, welche von mind. zwei alternativen Rechtsfolgen bei ihm Anwendung finden soll, oder er die Wahl hat, ohne weitere Sachverhaltsgestaltung eine bestimmte Rechtsfolge eintreten zu lassen oder jegliche Rechtsfolge zu vermeiden. – *Differenzierung der steuerlichen Wahlrechte:* (1) Die *steuerbilanziellen Wahlrechte* (z.B. Wahl der Abschreibungsmethode, Übertragung stiller Reserven nach § 6b EStG, Bewertung von Vorratsvermögen nach Lifo, etc.) dienen der Beeinflussung der Steuerbilanz. Neben der ordentlichen, regelmäßig jährlich zu erstellenden Ertragsteuerbilanz existieren steuerliche Sonderbilanzen (außerordentliche Steuerbilanzen), die zu bestimmten Anlässen anzufertigen sind (z.B. Umwandlung, Beendigung, Gründung) und ebenfalls durch den Einsatz bestimmter Wahlrechte gestaltet werden können. (2) Wahlrechte, die die Überschussrechnung nach § 4 III EStG beeinflussen (z.B. § 6c EStG, § 7 EStG). (3) Wahlmöglichkeiten, die es dem Steuerpflichtigen erlauben, auf die *Rechenwerke* einzuwirken, die der Ermittlung

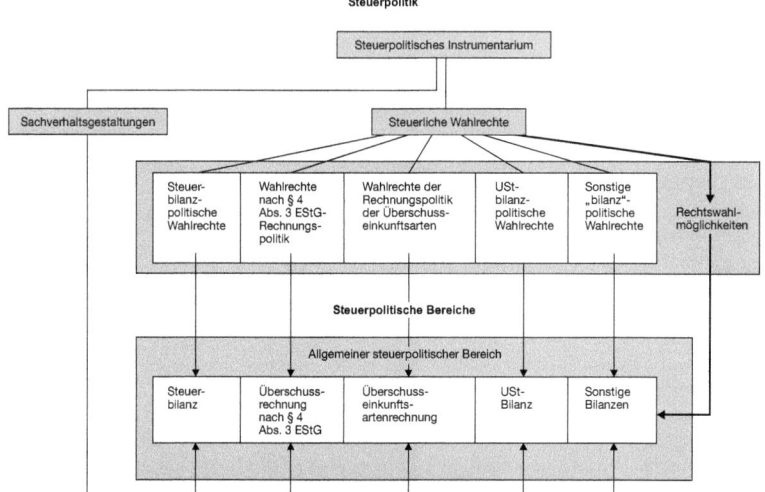

Steuerpolitik

der Überschusseinkunftsarten (→ Einkünfte) nach § 2 I Nr. 4–7 EStG dienen (z.B. §§ 82g, 82i EStDV). (4) Außerhalb dieser speziellen Gebiete verbleibt ein großer Bereich, in dem der Steuerpflichtige aufgrund vorhandener Wahlrechte steuerpolitische Aktivitäten entfalten kann. Da diesem Umfeld ein unmittelbarer Bezug zu einer der genannten speziellen Steuerpolitiken fehlt, wird es als *allg. steuerpolitischer Teilbereich* bezeichnet, der die Wahlrechte umfasst, deren Wirkung über die Beeinflussung der zuvor genannten Rechenwerke hinausgeht *(Rechtswahlmöglichkeiten)*. Insgesamt sind über 100 Rechtswahlmöglichkeiten bekannt (z.B. Option nach § 9 UStG). – 3. *Wirkungen:* a) Die *Sachverhaltsgestaltungen* zeigen ihre Wirkungen sowohl im allg. steuerpolitischen Bereich als auch in den einzelnen genannten speziellen Steuerpolitiken – b) *Steuerpolitische Wahlrechte* beeinflussen die Steuerschuld unmittelbar oder mittelbar über eine Beeinflussung der Bemessungsgrundlage, des Steuersatzes oder beider Größen. Weitere Folgen aufgrund der Steuerartendependenzen und Steuerarteninterdependenzen. Ferner lassen sich durch die Ausübung von Wahlrechten Steuerbemessungsgrundlagen persönlich (bestimmten Steuerpflichtigen) oder sachlich (unterschiedlichen Einkunftsarten, Vermögensarten) zuordnen. Weitere Konsequenzen durch die Veränderung der mit den Steuerpflichtigen verbundenen Verwaltungsaufgaben. Von entscheidender Bedeutung ist die Möglichkeit, den Zahlungszeitpunkt zu verschieben. – c) Aus dem Zusammenspiel dieser Konsequenzen ergibt sich die vom Steuerpflichtigen zur Erreichung seines steuerpolitischen Ziels angestrebte *Folge.* Bei der Durchführung betriebswirtschaftlicher Steuerpolitik sind die durch sie anfallenden *Kosten* mit in den Vorteilhaftigkeitskalkül einzubeziehen. – 4. *Ungewissheit:* Steuerpolitische Entscheidungen werden von Ungewissheit beeinflusst. – a) Auf der *Sachverhaltsseite* ist zum einen ungewiss, welche Würdigung der bereits realisierte oder zukünftig zu realisierende Sachverhalt durch die Finanzverwaltung erfährt, zum anderen ist die Sachverhaltsentwicklung mit Ungewissheiten behaftet. – b) Die *Steuerrechtsseite* unterliegt der Ungewissheit bes. durch die Risiken, die durch Gesetzgebung, Rechtsprechung und Finanzverwaltung verursacht werden. – c) *Vermeidung der Ungewissheit* ist kaum möglich; allenfalls bezogen auf den Bereich der für den Steuerpflichtigen erkennbaren „eingrenzbaren Ungewissheit" durch verbindliche Zusagen seitens der Finanzverwaltung oder durch Steuerklauseln. Hinsichtlich „uneingrenzbarer Ungewissheiten" (unerwarteter Rechtssprünge) besteht keine Möglichkeit des Steuerpflichtigen, sie im Rahmen seriöser Planungen zu berücksichtigen. Der Steuerpflichtige ist hier bes. auf Übergangsregelungen durch Gesetzgeber und Finanzverwaltung angewiesen, um steuerlich untragbare Ergebnisse für bereits getroffene Dispositionen zu vermeiden.

Steuerprogression – eine der drei möglichen Ausprägungen der → Steuertariftypen, gekennzeichnet durch einen mit steigender Bemessungsgrundlage wachsenden Durchschnittssteuersatz *(progressiver Steuertarif).* Der Grenzsteuersatz ist immer höher als der Durchschnittssteuersatz. Der Durchschnittssteuersatz kann degressiv, linear oder progressiv steigen, was zu verzögerter, linearer oder beschleunigter Progression führt. – *Wirkung* der Steuerprogression: → Grenzen der Besteuerung, Psychological Breaking Point, Steuerabwehr. – Vgl. auch: → Steuerregression; → Steuerproportionalität, in der praktischen Ausgestaltung des progressiven Steuertarifs außerdem als logische Konsequenz zu beobachten: Progressionsvorbehalt.

Steuerproportionalität – eine der drei möglichen Ausprägungen der → Steuertariftypen, gekennzeichnet durch einen konstanten durchschnittlichen Steuersatz für jede Höhe der Steuerbemessungsgrundlage *(proportionaler Steuertarif).* Der Grenzsteuersatz entspricht dem Durchschnittssteuersatz.

Steuerpsychologie – Teilbereich der → Finanzpsychologie, deren Erklärungsobjekt die psychologischen → Grenzen der Besteuerung sind. Ziel ist es, die Steuerzwecke besser zu verwirklichen. Zu den steuerpsychologischen Maßnahmen gehören z.B. Informationsvermittlung über die mit Steuern finanzierten staatlichen Leistungen, geschickte Namensgebung (z.B. Pfennigabgaben) oder unmerkliche Ausgestaltung der Steuern.

Steuerquelle – Güter- bzw. Geldstrom oder -bestand, aus dem die Steuer „letztlich" gezahlt wird.

Steuerquote – *Steuerlastquote;* Relation der Steuerschuld oder der tatsächlichen Steuereinnahmen zu einer anderen monetären Größe, um die relative Belastung durch die Besteuerung darzustellen (z.B. Anteil der Steuern am Bruttoinlandsprodukt einer Periode).

Steuerrechtfertigungslehre – Lehre zur Begründung der Erhebung von → Steuern. Die Steuerrechtfertigungslehre geht von den Funktionen des Gemeinwesens aus. – *Arten:* (1) Äquivalenztheorie (auf dem → Äquivalenzprinzip aufbauende Steuerrechtfertigungslehre; Interessentheorie); (2) Assekuranztheorie (auf dem → Assekuranzprinzip aufbauende Steuerrechtfertigungslehre); (3) → Opfertheorien (→ Leistungsfähigkeitsprinzip; → Ability to Pay Principle). – Steuerrechtfertigungslehre und → Steuertheorie werden i.d.R. synonym verwendet.

Steuerregression – eine der drei möglichen Ausprägungen der → Steuertariftypen, gekennzeichnet durch einen mit steigender Bemessungsgrundlage sinkenden Durchschnittsteuersatz *(regressiver Steuertarif).* Der Grenzsteuersatz ist niedriger als der Durchschnittssteuersatz. Der Durchschnittsteuersatz kann degressiv, linear oder progressiv fallen, was zu verzögerter, linearer oder beschleunigter Regression führt. – *Auswirkung:* Die Steuerregression wird durch die Eigenschaft der → Verbrauchsteuern bewirkt, niedrige Einkommensschichten relativ stärker zu belasten als höhere. Da Wirtschaftssubjekte mit einem geringen Einkommen i.d.R. eine höhere Konsumquote haben als Bezieher größerer Einkommen, werden sie relativ mehr von einer Verbrauchsteuer erfasst als die übrigen Gruppen. Deshalb sind hohe Verbrauchsteuersätze aus sozialpolitischen Gesichtspunkten bedenklich.

Steuerrevolte – Aufbegehren eines großen Teils der Steuerpflichtigen gegen die Staatsautorität wegen drückender Steuerlasten. Im Laufe der Geschichte gab es zahlreiche derartige Steuerwiderstandsbewegungen, z.B. die Boston Tea Party (1773), den Winzeraufstand von Bernkastel (1926), Steuerrevolten in den USA Ende der 1970er- und Anfang der 1980er-Jahre in verschiedenen Bundesstaaten, sowie die Proteste in Großbritannien wegen der Einführung einer kommunalen Kopfsteuer (Poll Tax) 1990.

Steuersubjekt → Steuern.

Steuersystem – *Steuerordnung.* 1. *Begriff:* Gesamtheit der in einem Land erhobenen bzw. mit einem bestimmten Sinngehalt zu erhebenden → Steuern. a) *I.e.S.:* Darstellung der Vielzahl der gleichzeitig erhobenen Steuern (deskriptiver Aspekt). – b) *I.w.S.:* Forderung nach einem logischen Zusammenhang aller Steuern (gestalterischer Aspekt). – 2. *Arten:* a) Nach der *Art der Entstehung:* historisches Steuersystem, rationales Steuersystem. – b) Nach der *Konzeption:* äußeres Steuersystem, inneres Steuersystem. – c) Nach der Anzahl der → Steuerarten: monistisches Steuersystem, pluralistisches Steuersystem. – 3. *Heutige Steuersysteme* sind so vielgestaltig und komplex, müssen auf die föderalistischen Strukturen (→ Föderalismus) und verschiedenste politische Ziele Rücksicht nehmen, dass die Gestaltung rationaler Steuersysteme mit als theoretische Aufgabe bzw. – sofern überhaupt möglich – als Maßstab für eine „permanente Steuerreform" denkbar ist. – Vgl. auch → Gemeindesteuersystem.

Steuersystemtheorie – befasst sich grundsätzlich mit der Kompatibilität des → Steuersystems mit dem Wirtschaftssystem. Außerdem werden als spezielle Probleme diskutiert: (1) wie die direkte Besteuerung mit einer Erhöhung der → Mehrwertsteuer zu ergänzen sei, ohne dass Distributionsnachteile wegen der ihr innewohnenden Regressivität in Kauf genommen werden müssen; (2) inwieweit ein Einkommensteuersystem (Berücksichtigung der persönlichen Leistungsfähigkeit, Besteuerung der Einkommensentstehung) durch ein Ausgabensteuersystem (Besteuerung der Einkommensverwendung) abzulösen sei, um die negativen Wirkungen der Einkommensbesteuerung zu vermeiden. Auch die Theorie der → optimalen Besteuerung wird zur Steuersystemtheorie gezählt, da sie danach fragt, welches System an (allg. oder speziellen) Verbrauchsteuern die allg. Wohlfahrt am wenigsten beeinträchtigt. – Vgl. auch → Steuertheorie.

Steuertarif – gesetzlich festgelegte funktionale Beziehung zwischen der Bemessungsgrundlage einer Steuer und der Steuerschuld. – Vgl. auch → Steuertariftypen, → Steuer-Kombinationstarife.

Steuertarifformen – Ausprägungen der verschiedenen → Steuertariftypen: → Stufentarif, → Kurventarif.

Steuertariftypen – Gestaltung des Verlaufs des → Steuertarifs bei steigender Bemessungsgrundlage. – *Arten:* Steuertariftypen mit Proportionalität (proportionaler Steuertarif, → Steuerproportionalität), Progression (progressiver Steuertarif, → Steuerprogression) und Regression (regressiver Steuertarif, → Steuerregression), wobei zwischen beschleunigter, linearer und verzögerter Progression bzw. Regression unterschieden wird. – *Darstellung* von Steuertariftypen in verschiedenen → Steuertarifformen.

Steuertechnik – alle administrativen und juristischen Maßnahmen der Steuererhebung und -kontrolle, z.B. Festsetzung des Namens der Steuer, Bestimmung von Steuerobjekt, -bemessungsgrundlage, -subjekt, -tarif, -satz und Steuerrechtsprechung. Funktion der Steuertechnik ist es, den allg. Steuergrundsätzen (→ Besteuerungsprinzipien) zu dienen und die Ausgestaltung einer Steuer im Detail festzulegen. Bei der Ausgestaltung der Steuertechnik sind die potenziellen Wirkungsweisen zu berücksichtigen, um die mit einer bestimmten Steuer angestrebten Ziele zu verwirklichen. – Vgl. auch → Grenzen der Besteuerung, → Steuerwirkungen, → Steuern.

Steuertheorie – 1. *I.w.S.:* Sammelbezeichnung für die → Steuerrechtfertigungslehre, die Lehre vom → Steuersystem (→ Steuersystemtheorie), die Lehre von den → Steuerwirkungen, die Lehre von den Steuergrundsätzen (→ Besteuerungsprinzipien) und die Lehre von den → Grenzen der Besteuerung. – 2. *I.e.S.:* Synonyme Bezeichnung für die *Steuerrechtfertigungslehre.* – Vgl. auch → Finanztheorie.

Steuerträger – der durch eine Steuer tatsächlich wirtschaftlich Belastete; ökonomischer Begriff im Unterschied zum steuerjuristischen Begriff des Steuerschuldners (→ Steuern). Der Steuerträger trägt die Steuer aus seinem Einkommen oder Vermögen. – *Anders:* → Steuerdestinatar.

Steuerüberwälzung – I. Allgemein: 1. *Begriff:* Rechtlich zulässige Form der Steuerabwehr. Prozess der Übertragung der Steuerlast vom Steuerpflichtigen (Steuerzahler) auf den Steuerträger. Maßgeblich für die Steuerüberwälzung ist die Elastizität von Angebot und Nachfrage nach einem Gut. Möglichkeit und Grad der Steuerüberwälzung hängen auch vom Einkommen ab, da mit höherem Einkommen die Elastizität der Nachfrage steigt. Am Ende dieses Prozesses der Steuerüberwälzung steht die endgültige Steuerbelastung (→ Inzidenz). – 2. *Arten:* a) *Fortwälzung:* Ein Anbieter gibt die Steuer in einer Preiserhöhung an den Nachfrager weiter; üblicher, unterstellter Fall bei Umsatz- und Verbrauchsteuern. Für den Anbieter von Arbeitskraft ist eine Fortwälzung über Lohnerhöhungen abhängig von der Verhandlungsmacht der Gewerkschaften. – b) *Schrägwälzung:* Der Anbieter verteuert andere Produkte, da eine Preiserhöhung bei dem belasteten Gut aufgrund der Nachfrageelastizitäten nicht möglich ist. – c) *Rückwälzung:* Der Nachfrager wälzt eine Steuer auf den Anbieter bzw. Lieferanten über. Der Unternehmer versucht die Löhne oder Einkaufspreise, die privaten Haushalte versuchen die Güterpreise zu drücken. – 3. *Umfang:* Die Frage, in welchem Umfang die verschiedenen Steuern überwälzt werden können, versucht die Steuerwirkungslehre (→ Steuerwirkungen) mit zwei unterschiedlichen *Betrachtungsweisen* zu lösen: a) *Makroökonomische Analyse der Steuerüberwälzung:* Kriterium ist die Veränderung des Einkommens der Besteuerten. Im Rahmen der Kreislauftheorie (Kreislaufanalyse) werden dabei die Auswirkungen von Änderungen bestimmter Steuersätze auf die Einkommen verschiedener Gruppen (Haushalte und Unternehmer) oder verschiedener Branchen untersucht. – b) *Mikroökonomische Analyse der Steuerüberwälzung:* Gegenstand ist die Untersuchung der Auswirkungen verschiedener Steuern im Rahmen der *mikroökonomischen Preistheorie.* Analysiert werden die kurz- und langfristigen Effekte einer Steuer auf die individuelle Kosten- und Preis-Mengen-Struktur. Im Mittelpunkt steht dabei die Frage, wie sich die gewinnmaximalen Preise und Ausbringungsmengen in den verschiedenen Marktformen verändern. Variieren weder der Preis noch die Menge, so hat der Steuerzahler selbst die Steuerlast zu tragen, andernfalls wird diese auf den „Vormann" (Rückwälzung) oder auf den Abnehmer abgewälzt (Fortwälzung).

II. *Umsatzsteuerrecht:* In dem seit 1.1.1968 geltenden Umsatzsteuerrecht i.d.R. völlige Überwälzung der Steuer auf den Endabnehmer, da für die Unternehmer in der Produktions- und Handelskette die Steuer wegen des Vorsteuerabzugs nur den Charakter eines durchlaufenden Postens hat.

Steuerverbund – 1. *Begriff:* Steuerarten, deren → Steuerertragshoheit sich gemäß dem → Verbundsystem auf mehrere öffentliche Aufgabenträger verteilt. – 2. *Arten:* a) *Einzelverbund:* Das Aufkommen einer einzelnen Steuer wird aufgeteilt; *Gesamtverbund:* Das Aufkommen mehrerer Steuern wird aufgeteilt. – b) *„Kleiner" Steuerverbund:* Steuerverbund zwischen Bund und Ländern, in der Bundesrepublik Deutschland Körperschaft- und Umsatzsteuer; *„großer" Steuerverbund:* Steuerverbund zwischen Bund, Ländern und Gemeinden, z.B. Einkommen- und Gewerbesteuer. – 3. *Messzahl:* → Steuerverbundquote. – Vgl. auch → Finanzverfassung, → Finanzausgleich.

Steuerverbundquote – *Verbundquote;* die bei Verbundsteuern (→ Gemeinschaftssteuern) den beteiligten öffentlichen Aufgabenträgern zugewiesenen Aufkommensanteile. – Vgl. auch → Finanzausgleich, → Steuerverbund.

Steuervergünstigungen – steuerliche Vorteile, die aus wirtschaftspolitischen, sozialen oder sonstigen Gemeinwohlgründen gewährt werden und daher nicht im → Leistungsfähigkeitsprinzip wurzeln, sondern vorrangig der Verwirklichung wirtschafts- und sozialpolitischer Lenkungsziele dienen; auch die aus Gründen der Gemeinnützigkeit gewährten Steuervorteile (steuerbegünstigte Zwecke, §§ 51 ff. AO). – *Arten:* (1) Abschreibungsvergünstigungen, (2) steuerfreie Rücklagen, (3) Investitionszulagen und -zuschüsse, (4) Steuerabzugsbeträge, (5) Aufschub der Gewinnrealisierung oder der Besteuerung von Gewinnen. – Steuervergünstigungen ergeben sich aus Vorschriften der einzelnen Steuergesetze (z.B. steuerfreie Rücklage nach § 6b III EStG) aber auch aufgrund bes. Gesetze (z.B. Fördergebietsgesetz, Investitionszulagengesetz). Steuervergünstigungen müssen mit dem Europarecht vereinbar sein, sie können insbesondere **gegen** das Verbot der Diskriminierung von Ausländern gegenüber Inländer oder gegen das EG-rechtliche Beihilfeverbot verstoßen. – *Anders:* Steuerbefreiungen.

Steuerwiderstand – Gesamtheit der psychologisch bedingten Gegenreaktionen, die die Besteuerung bei den ihr Unterworfenen hervorruft. Je stärker der Steuerwiderstand, desto eher versucht der Steuerpflichtige, der Steuer auszuweichen, sie zu umgehen oder auf die finanzpolitische Willensbildung Einfluss zu nehmen (Steuerabwehr). → Steuermentalität und → Steuermoral sowie das subjektive Belastungsgefühl bestimmen den Steuerwiderstand, der neben negativen fiskalischen Effekten auch zu negativen Auswirkungen auf andere finanzpolitische Ziele und auf die Einstellung zum Staat führen kann.

Steuerwirkungen – 1. *Begriff:* Effekte der Steuern oder Steuerrechtsänderungen auf volkswirtschaftliche Größen. Steuerwirkungen umfassen Steuerausweichreaktionen in der Ankündigungs- oder Wahrnehmungsphase (→ Signalwirkungen), Überwälzungsprozesse bei der Steuerauferlegung in der Markt- oder Zahlungsphase sowie Anreizwirkungen in der Inzidenzphase (→ Inzidenz) beim Steuerträger. – 2. *Arten:* a) Sachliche, räumliche, zeitliche *Substitutionsprozesse* der potenziell Betroffenen, um der Steuer legal auszuweichen. – b) *Überwälzung:* Prozess der Übertragung der Steuerlast vom Steuerpflichtigen auf den Steuerträger (→ Steuerüberwälzung nach vorne oder zurück)c) *Steuereinholung:* Derjenige, der die Steuerlast trägt, kann versuchen, durch verstärkte Wirtschaftstätigkeit die Einkommenseinbuße auszugleichen (→ Incentives). Wenn ein bestimmtes subjektives Belastungsgefühl überschritten ist, können auch entgegengesetzte Effekte (→ Disincentives) eintreten. Wirkungen auf die unternehmerische Investitionsentscheidung (Bedeutung für die Konjunktur- und Wachstumspolitik), auf die private Spar- und damit Konsumscheidung und Wirkungen aus der Arbeitsangebots- und Nachfrageverhalten stehen im Mittelpunkt des Interesses. – Vgl. auch Steuerabwehr; Steuervermeidung. – 3. *Einfluss auf die Einkommensverteilung:* Alle aufgezeigten Effekte schlagen sich in veränderten Einkommenspositionen nieder und enden in der Steuerinzidenz (→ Inzidenz).

Steuerwissenschaften – Gesamtheit der rechts-, wirtschafts- und sozialwissenschaftlichen Disziplinen, die sich mit der Besteuerung und ihren Auswirkungen beschäftigen: (1) Steuerrechtswissenschaft (Steuerrecht), (2) Staats- bzw. Verfassungsrechtslehre (Verfassung), (3) → Finanzwissenschaft und (4) betriebswirtschaftliche Steuerlehre.

Steuerzahler – führt die Steuer an das Finanzamt ab; i.d.R. identisch mit dem Steuerpflichtigen; nur in den Fällen des Quellenabzugsverfahrens fallen Steuerzahler (z.B. bei der Lohnsteuer das Unternehmen) und Steuerschuldner auseinander (→ Steuern).

Steuerzweck – oberste Zweckbestimmung von Steuern, abhängig von der historischen Entwicklung der staatlichen Aktivität. – 1. Rein *fiskalischer Zweck* im europäischen Mittelalter; erweiterte fiskalische Zwecksetzung durch die Merkantilisten: Ausbau der → Verbrauchsbesteuerung zur finanziellen Sicherung einer aktiven Handelsbilanz (Merkantilismus). – 2. *Sozialpolitischer Zweck* tritt mit aufkommendem Hochkapitalismus neben den fiskalischen: Einkommensungleichheiten beschleunigen Einführung der Einkommensbesteuerung als nachträgliche Korrektur der Verteilung des Nationaleinkommens. Daneben kommt es zu einer allg. Verstärkung der Steuerlast zur Erfüllung der wachsenden öffentlichen Aufgaben (Schulen, Hygiene, Straßen, Rechtswesen, Heer, Polizei). – 3. → Steuerpolitik rückt seit den 1930er-Jahren ins Zentrum der Volkswirtschaft, sie wird Instrument zur *Stärkung von Konsum oder Investition;* einzelne Steuern oder Steuerparagraphen lenken die Aktivität der Individuen in die volkswirtschaftlich gebotene bzw. erwünschte Richtung (Zwecksteuer). Eigene Investitionen der öffentlichen Hand in wachsendem Umfang. – 4. Heute wird die

Besteuerung zur Erreichung *jeglicher staatspolitischer Zwecke* (→ fiskalische Besteuerung, → nicht fiskalische Besteuerung) eingesetzt. Vgl. auch die Aufgaben des Staates auf dem Gebiet der Allokation, der Distribution und der Stabilisierung nach R.A. Musgrave.

strukturelles Defizit – Konzept des Sachverständigenrates zur Begutachtung der gesamtwirtschaftlichen Entwicklung (SVR); dient der Ermittlung des konjunkturbereinigten Konsolidierungsbedarfs der öffentlichen Haushalte. Das strukturelle Defizit steht in einem engen Zusammenhang mit dem konjunkturneutralen Haushalt und dem konjunkturellen Impuls, und wurde im Jahresgutachten 1994/1995 weiterentwickelt. – Dem Konzept des strukturellen Defizits wird vom Sachverständigenrat mittlerweile eine größere *Bedeutung* beigemessen als dem des konjunkturneutralen Haushalts und dem des konjunkturellen Impulses. – Mit dem strukturellen Defizit wird der Teil des Gesamtdefizits der öffentlichen Haushalte mittels Zeitreihenverfahren ökonometrisch geschätzt, der dauerhaften Charakter hat, sich also nicht im Laufe eines Konjunkturzyklus selbsttätig abbaut oder durch gesetzlich befristete Maßnahmen begründet ist. Das strukturelle Defizit entspricht also jenem Teil des Gesamtdefizits, der bei Normalauslastung des Produktionspotenzials besteht. – Vgl. Angebotspolitik, Monetarismus; *Gegenteil*: → konjunkturelles Defizit.

Stufentarif → Steuertarifform, bei der die Bemessungsgrundlage in Tarifstufen, denen jeweils ein bestimmter Steuersatz (Steuerzusatztarif) oder Steuerbetrag (Steuerbetragstarif) zugeordnet wird, skaliert wird. – *Merkmal*: Innerhalb der Stufengrenzen wird die Progression unterbrochen. – *Arten*: a) *Steuerzusatztarif*: Der Durchschnittssteuersatz ändert sich von Stufe zu Stufe, bleibt aber innerhalb des Bereiches konstant; folglich Abwechslung zwischen Progression und Proportionalität; vgl. Abbildung „Stufentarif (1)". *Problem*: Eine Erhöhung der Steuersätze führt dazu, dass die Besteuerung in sich nicht mehr ausgewogen ist. – b) *Steuerbetragstarif*: Der Steuerbetrag ändert sich von Stufe zu Stufe, bleibt aber innerhalb einer Stufe konstant. Dieser Tarif weist eine „innere Regression" auf, weil der Durchschnittssteuersatz innerhalb eines Bereichs mit wachsender Bemessungsgrundlage sinkt; vgl. Abbildung „Stufentarif (2)":

Stufentarif (1)

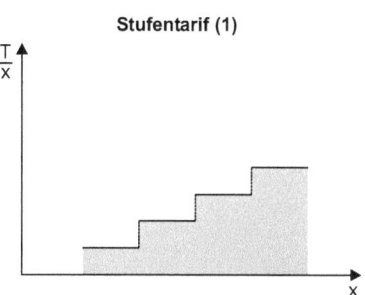

Stufentarif (2)

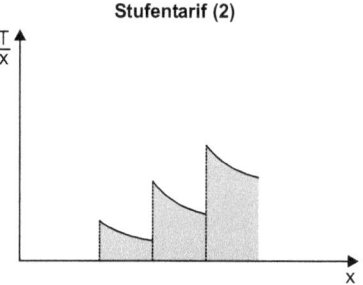

Bis 1933 galt in Deutschland der Stufentarif in Form des Steuerzusatztarifs für die Einkommensteuer; wurde 1934 durch den Anstoßtarif (→ Kurventarif) ersetzt.

Subjektsteuern → Personensteuern.

Subsidiarität – 1. *Begriff*: Der katholischen Soziallehre entstammendes *gesellschaftsethisches Prinzip* (Ethik), das auf die Entfaltung der individuellen Fähigkeiten, der Selbstbestimmung und Selbstverantwortung abstellt. Nur dort, wo die Möglichkeiten des Einzelnen bzw. einer kleinen Gruppe (Familie, Gemeinde) nicht ausreichen, die Aufgaben der

Daseinsgestaltung zu lösen, sollen staatliche Institutionen subsidiär eingreifen. Dabei ist der Hilfe zur Selbsthilfe der Vorrang vor einer unmittelbaren Aufgabenübernahme durch den Staat zu geben. Der individuelle Aspekt der Subsidiarität (Selbstverantwortung) und der gesellschaftliche Aspekt (Schaffung der materiellen Voraussetzungen hierfür durch den Staat) lassen sich nicht scharf voneinander abgrenzen: Je nach Akzentuierung entsprechen sowohl marktwirtschaftliche als auch wohlfahrtsstaatliche Konzepte (Wohlfahrtsstaat) dem Subsidiaritätsprinzip. Das Subsidiaritätsprinzip ist ein zentrales Element des ordnungspolitischen Konzepts der Sozialen Marktwirtschaft. – 2. *Finanzwissenschaft:* Subsidiarität wird als Grundsatz für die Aufgabenverteilung zwischen Privaten und Staat sowie innerhalb des privaten und öffentlichen Sektors angewandt. Die Verantwortung für eine Aufgabe ist der jeweils kleinsten dafür geeigneten Einheit zu übertragen; die Abstufung der Einheiten reicht vom Individuum über den privaten Haushalt und andere private Gemeinschaften bis hin zu den öffentlichen Kollektiven unterschiedlicher Größe (Verbände, Gemeinden, Länder, Zentralstaat, supranationale Organisationen). Aus der Subsidiarität ergeben sich Empfehlungen für die Zuständigkeit des Staates (z.B. für die Empfangsberechtigung von Sozialhilfeleistungen) und für die Aufgabenverteilung zwischen den verschiedenen Ebenen. – *Zuständigkeiten der einzelnen Verwaltungsebenen:* Die übergeordnete Ebene greift erst dann ein, wenn die untergeordnete überfordert ist. – *Umfang der Wirtschaftstätigkeit öffentlicher Verwaltungen:* Eine negative Interpretation von Subsidiarität besagt, dass sich die öffentliche Hand nur dann wirtschaftlich betätigen darf, wenn die privaten Unternehmen nicht im Stande sind, die notwendigen Aufgaben zu erfüllen *(Lückenbüßerfunktion);* bei einer positiven Formulierung von Subsidiarität übernehmen die öffentlichen Unternehmen eine *Vorreiterfunktion,* durch die die Betätigung privater Unternehmen erst möglich wird. – 3. *Sozialpolitik:* Im Rahmen der *Sozialpolitik* bedeutet der Grundsatz der Subsidiarität, dass eine Wahrnehmung von (sozialen) Aufgaben durch den Staat nur dann erfolgen soll, wenn diese von nichtstaatlichen Einrichtungen (z.B. freie Wohlfahrtspflege, SozialKirchen) nicht erfüllt werden können. – 4. *Europarecht:* Mit dem am 1.11.1993 erfolgten Inkrafttreten des *Vertrags zur Gründung der Europäischen Union* (EUV) ist ein spezifisch gemeinschaftsrechtliches Subsidiaritätsprinzip formal etabliert worden. a) *Rechtsgrundlage:* Art. 5 EUV-Lissabon besagt, dass bei Angelegenheiten, die nicht in die ausschließliche Zuständigkeit der Gemeinschaft fallen, die Gemeinschaft nur tätig wird, „sofern und soweit die Ziele der in Betracht gezogenen Maßnahmen von den Mitgliedstaaten weder auf zentraler noch auf regionaler Ebene ausreichend verwirklicht werden können, sondern vielmehr wegen ihres Umfangs oder ihrer Wirkungen auf Unionsebene besser zu verwirklichen sind" (Art. 5 Abs. 3 EUV). Der Subsidiaritätsgrundsatz des Unionsrechts entspricht also dem *föderalen Prinzip* und dient dem *Zweck,* dass in der Union staatliche Entscheidungen möglichst bürgernah getroffen werden und die nationale Identität der Mitgliedstaaten gewahrt bleibt. – b) Das europarechtliche Subsidiaritätsprinzip bedeutet keine Zuweisung von Zuständigkeiten, sondern eine Anweisung für deren *praktische Ausübung.* Der Europäische Rat von Edinburgh hat 1992 ein Gesamtkonzept zur Anwendung des Subsidiaritätsprinzips verabschiedet. Seither werden sämtliche Rechtsetzungsakte der EU einer Subsidiaritätsprüfung unterzogen. Mit dem Protokoll Nr. 30 präzisierte der Amsterdamer Vertrag weiter die Anwendung des Subsidiaritätsprinzips. – 5. *Genossenschaftswesen:* im Gegensatz zum Zentralitätsprinzip im Konzern (genossenschaftlicher Finanzverbund). Übergeordnete Verbundunternehmen sind nur dienende Institutionen der vorgelagerten Stufen; sie besitzen keinen von der genossenschaftlichen Primärstufe zu isolierenden Selbstzweck, sondern erfüllen Aufgaben, die von vorgelagerten kleineren Einheiten nicht oder nur in unzureichendem Maße erbracht werden könnten. – 6. *Versicherungswesen:* Subsidiarität im Versicherungswesen bedeutet, dass ein Rangverhältnis zwischen zwei oder mehreren Versicherungen besteht. Die subsidiäre Versicherung kommt erst dann zum Tragen, wenn eine andere Versicherung nicht leisten muss.

Subsidiaritätsprinzip → Subsidiarität.

Substanzsteuern – I. Betriebswirtschaftliche Steuerlehre: In Abgrenzung zu den → Ertragsteuern knüpfen die Substanzsteuern an Roh- oder Reinvermögensgrößen, d.h. an *Bestands*größen an. Zu den Substanzsteuern zählen die frühere Vermögensteuer (seit Ende 1996 nicht mehr erhoben), und Gewerbekapitalsteuer (→ Gewerbesteuer), die → Grundsteuer, und die → Erbschaftsteuer (bzw. Schenkungsteuer).

II. Finanzwissenschaft: → Sollsteuern.

Subvention – I. Finanzwissenschaft: Einseitige Übertragungen des Staates an die Unternehmen; Geldzahlungen oder geldwerte Vorteile (z.B. Steuervergünstigungen, Preisnachlässe bei Käufen des Staates, Bürgschaften), die der Staat oder Institutionen der EU ohne (marktwirtschaftliche) Gegenleistung i.d.R. Unternehmen gewährt. Häufig liegen Subventionen bestimmte Bedingungen oder erwartete Verhaltensweisen zugrunde. Subventionen werden verschieden abgegrenzt. Im Subventionsbericht der Bundesregierung werden v.a. Geldzahlungen („Finanzhilfen") und Steuervergünstigungen des Bundes dargestellt. In den Volkswirtschaftlichen Gesamtrechnungen (VGR) gelten nur laufende Transfers an Produzenten (ohne Vermögenstransfers) als Subventionen, allerdings i.d.R. keine Steuervergünstigungen. Die Wirtschaftsforschungsinstitute in Deutschland legen den Begriff der Subventionen in ihren Arbeitsbereichen umfassender aus. – Die *Problematik* der Subventionen liegt darin, dass sie leicht – häufig versteckt – einzuführen, aber nur schwer wieder abzuschaffen sind und häufig weitere Maßnahmen nach sich ziehen. Die Begründungen für Subventionen sind meist fragwürdig, Erfolgskontrollen fehlen regelmäßig. Subventionen sind politisch beliebt, weil wählerwirksam Leistungen gewährt werden können, deren Finanzierung aber verschleiert wird.

II. Wirtschafts-/Strafrecht: 1. *Begriff:* Leistung aus öffentlichen Mitteln nach Bundes- oder Landesrecht oder nach dem Recht der Europäischen Gemeinschaften an Betriebe und Unternehmen, die wenigstens z.T. ohne marktmäßige Gegenleistung gewährt wird und der Förderung der Wirtschaft dienen soll (vgl. Legaldefinition in § 264 VII StGB). – 2. Subventionen als *Gegenstand eines strafbaren Delikts:* Subventionsbetrug.

Subventionierung → Subvention, interne Subventionierung.

Subventionsbericht – nach § 12 StabG alle zwei Jahre von der Bundesregierung vorzulegender Bericht über Höhe und Entwicklung der → Subventionen, gegliedert nach Aufgabenbereichen, Subventionsarten und Subventionsgebern; Instrument der Subventionskontrolle. Bei den Subventionsarten unterscheidet der Subventionsbericht nach Erhaltungssubventionen (z.B. Steinkohlebergbau), Anpassungssubventionen (z.B. landwirtschaftlicher Strukturwandel) und Förderungs- oder Wachstumssubventionen (z.B. Airbus). Im Subventionsbericht wird nicht von Subventionen, sondern von „Finanzhilfen und Steuervergünstigungen" gesprochen; neben den Subventionen im eigentlichen Sinn sind auch Vermögenstransfers und → Steuervergünstigungen sowie einige Ausgaben an private Haushalte enthalten.

Sunset Legislation – seit 1976 in einer Reihe von US-Bundesstaaten erprobtes Konzept zur Kürzung von Staatsausgaben durch automatische zeitliche Begrenzung der Maßnahmen und Programme der öffentlichen Hand. Es wird von vornherein ein Endtermin festgelegt; für eine Weiterführung ist ein erneuter Beschluss der Legislative notwendig. – Sunset

Legislation wird oft als „legislativ"-bezogene Ergänzung zum „exekutiv"-bezogenen → Zero-Base-Budgeting aufgefasst. – *Ziel:* Parlament und Verwaltung werden in regelmäßigen Abständen zur Prüfung von Wirksamkeit, Wirtschaftlichkeit, politischer Aktualität und Zweckmäßigkeit der Maßnahmen und Programme aufgrund von Beurteilungsberichten gezwungen; für den Fall der Weiterführung können Verbesserungsauflagen gemacht werden. – *Beurteilung:* Bisherige Erfahrungen deuten auf der Seite der Exekutive darauf hin, dass verstärkt Evaluations- und Innovationspotenziale freigesetzt werden; auf der Seite der Legislative wird hingegen der erhebliche Kontroll- und Beschlussaufwand kritisiert.

Swiftsches Steuereinmaleins → Steuereinmaleins, → Laffer-Kurve.

Tabaksteuer – eine von der Zollverwaltung des Bundes erhobene und verwaltete → Verbrauchsteuer auf Tabakherstellung oder -einfuhr in Form der Banderolensteuer. Die Tabaksteuer fließt dem Bund zu. – 1. *Rechtsgrundlagen*: Tabaksteuergesetz (TabStG) vom 21.12.1992 (BGBl. I 2150) m.spät.Änd. und Durchführungsverordnung vom 14.10.1993 (BGBl. I 1738) m.spät.Änd. – 2. *Steuergegenstand*: Tabakwaren (Zigarren, Zigaretten, fein geschnittener Rauchtabak, Pfeifentabak, Strang). – 3. *Steuerbefreiungen*: u.a. für Warenproben und Arbeitnehmern gewährte Deputate. – 4. *Grundlagen der Steuerberechnung*: Menge und Kleinverkaufspreis; in diesem sind enthalten: Abgaben auf Tabakerzeugnisse, Kosten der vorgeschriebenen Packung, Kosten, die vom Verbraucher zu tragen sind, und Gewinnspanne. – 5. *Wichtigste Steuersätze und -beträge*: (1) Zigaretten: 8,27 Cent/ St. und 24,66 Prozent des Kleinverkaufspreises, mind. aber 96 Prozent der Tabaksteuer für Zigaretten der gängigsten Preisklasse; für den Zeitraum vom 15.2.2007 bis 14.2.2008 jedoch 17,11 Cent/St. abzgl. der Umsatzsteuer des Kleinverkaufpreises der zu versteuernden Zigaretten, max. 14,07 Cent/St. (2) Zigarren und Zigarillos: 1,4 Cent/St. und 1,47 Prozent des Kleinverkaufspreises; (3) Rauchtabak: Feinschnitt 34,06 Euro je kg und 18,57 Prozent des Kleinverkaufspreises, mind. 53,28 Euro je kg; Pfeifentabak 15,66 Euro/ kg und 13,13 Prozent des Kleinverkaufspreises. – 6. *Steuerschuldner*: Hersteller (Regelfall). *Entstehung* i.d.R. im Zeitpunkt der Entfernung der Tabakwaren und Zigarettenhüllen aus dem Herstellungsbetrieb oder des Verbrauchs innerhalb des Betriebes. – 7. *Verfahren*: a) Für Zigaretten, Zigarillos, Zigarren etc.: Verwendung von *Steuerzeichen* und *Verpackungszwang*; Verwendung umfasst das Entwerten und Anbringen der vorher vom Hersteller durch Steueranmeldung bestellten und bezogenen Steuerzeichen an den Kleinverkaufspackungen. Grundsätzliches Verbot für den Kleinhandel, Tabakerzeugnisse unter oder über dem im Steuerzeichen angegebenen Kleinverkaufspreis abzugeben oder Rabatt zu gewähren. – b) *Fälligkeit* der Tabaksteuer je nach Bezugszeitpunkt der Steuerzeichen und Tabakart spätestens am 10. Tag bzw. am 25. Tag des übernächsten Monats nach dem Monat des Bezugs. Kein Zahlungsaufschub. – 8. *Unversteuert*: u.a. Tabakwarenausfuhr unter Steueraufsicht. – 9. *Steuererstattung* bzw. *-erlass*: in bestimmten Fällen möglich. – 10. *Steueraufsicht* über Hersteller von Tabakwaren, Tabakwaren- und Rohtabakhändler, Inhaber von sog. Steuerlagern, Tabak- und Tabakkleinpflanzer. – 11. *Finanzwissenschaftliche Begründung*: a) aus *fiskalischer Sicht*: Die Tabaksteuer ist nach der Energiesteuer die zweitergiebigste der Verbrauchsteuern (Aufkommen ca. 6 Prozent der Bundessteuern i.w.S.). – b) aus *meritorischer Sicht*: Tabaksteuer als Präventivmaßnahme der Gesundheitspolitik, da Erhöhung der Tabaksteuer zu Verbrauchseinschränkungen führt, obwohl Tabak ein eher unelastisches Gut ist (Preiselastizität). Das Ausmaß der Verbrauchseinschränkungen unterscheidet sich zwischen Ländern, in denen die Tabaksteuer erhöht wurde, teilweise erheblich. – 12. *Beurteilung*: Die Kombination von → Mengensteuer und → Wertsteuer wird als kompliziert und reformbedürftig empfunden; der Europäische Rat hat sich aber gegen eine reine Mengensteuer ausgesprochen. – 13. *Aufkommen*: 14.4 Mrd. Euro (2011), 14,3 Mrd. Euro (2007), 14,4 Mrd. Euro (2006), 14.093,9 Mio. Euro (2003), 13.778 Mio. Euro (2002), 12.071,9 Mio. Euro (2001), 11.442,9 Mio. Euro (2000), 10.529,9 Mio. Euro (1995), 8.897,4 Mio. Euro (1990), 7.389 Mio. Euro (1985), 5.771 Mio. Euro (1980), 4.543 Mio. Euro (1975), 3.342 Mio. Euro (1970), 2.402

Mio. Euro (1965), 1.808 Mio. Euro (1960), 1.309 Mio. Euro (1955), 1.104 Mio. Euro (1950).

Tariffreibetrag → Pauschbetrag in Höhe von 600 DM jährlich (1.200 DM jährlich bei Ehegatten, von denen nur einer die Voraussetzungen des § 60 EStG i.V. mit § 32 VIII EStG erfüllen musste) wurde von 1991 bis 1993 Steuerpflichtigen gewährt, die innerhalb des Veranlagungszeitraums an mind. einem Tag ihren ausschließlichen Wohnsitz in den neuen Bundesländern hatten.

Teilhabersteuer → Unternehmensbesteuerung.

Territorialitätsprinzip – I. Staatsrecht: Begrenzung der hoheitlichen Wirkungsmöglichkeit auf das Staatsgebiet.

II. Sozialversicherungsrecht: Grundsatz, wonach die Vorschriften über die Versicherungspflicht und die Versicherungsberechtigung nur für Personen gelten, die im Bundesgebiet beschäftigt oder selbstständig tätig sind oder, soweit eine Beschäftigung oder selbstständige Tätigkeit nicht vorausgesetzt wird, ihren Wohnsitz oder gewöhnlichen Aufenthalt im Bundesgebiet haben. – Vgl. auch Ausstrahlung, Einstrahlung.

III. Internationales Steuerrecht: Prinzip, nach dem nur auf die im eigenen Land erwirtschafteten Einkünfte (bzw. auf das im eigenen Land liegende Vermögen) Steuern zu erheben sind. Das Territorialitätsprinzip wird bei den Ertragsteuern im Wesentlichen nur im Rahmen der beschränkten Steuerpflicht, also gegenüber Steuerausländern, verfolgt; gegenüber ihren eigenen Bürgern folgen die meisten Staaten statt dessen dem Welteinkommensprinzip. – *Gegensatz:* Welteinkommensprinzip. – Vgl. auch Außensteuerrecht (AStR), → Internationales Steuerrecht (IStR).

Theorie der öffentlichen Verschuldung → Finanztheorie.

Theorie der Staatsschulden → Staatsschulden.

Thiebout-Theorem – Ansatz der → ökonomischen Theorie des Föderalismus, v.a. der fiskalischen Standorttheorie, sowie Versuch einer marktanalogen Allokation öffentlicher Leistungen (Thiebout). – *Annahmen:* vollständige Information der Bürger über die öffentlichen Angebote der verschiedenen Kommunen und die jeweils dafür zu zahlenden Beiträge, sowie vollkommene Mobilität (keine Restriktionen durch begrenzte Beschäftigungsmöglichkeiten und somit weit gehende Vernachlässigung von Wanderungskosten). Unter diesen Voraussetzungen wählen Bürger jeweils die Kommune als Wohnort, die ihren Präferenzen bez. des öffentlichen Güterangebots und seiner Finanzierung am besten entspricht (Voting by Feet). Die Kommunen werden versuchen, zusätzliche Bürger anzuziehen, bis die optimale Gemeindegröße erreicht ist; für jede öffentliche Leistung existiert eine optimale Gemeindegröße, die erreicht ist, wenn die Leistung mit den geringst möglichen Durchschnittskosten erstellt wird.

Titel – 1. *Markenrecht:* Werktitel. – 2. Vollstreckbare gerichtliche Entscheidung. – 3. Staatlich verliehene personenbezogene Bezeichnung oder Auszeichnung.

Totalitätsprinzip – Außensteuerrecht (AStR), → Internationales Steuerrecht (IStR).

Transferansatz – Ansatz zur Erklärung der personalen intratemporalen Verteilungswirkung der öffentlichen → Schuldenpolitik. Die Hypothese lautet: Vorwiegend Reiche zeichnen öffentliche Anleihen (Staatsanleihen) und erhalten damit die Zinserträge; die Aufbringung der Tilgung über die Besteuerung hat wegen des großen Anteils indirekter Steuern kaum progressive, eher proportionale oder regressive Verteilungswirkungen. Die Last der Verschuldung wird folglich von den Einkommensstärkeren auf die Einkommensschwächeren abgewälzt. – *Beurteilung:* Der Transferansatz ist umstritten, da sowohl die Steuerlastverteilung sich im Zeitablauf ändert als auch eine eindeutige Zuordnung der öffentlichen Anleihen auf höhere Einkommensschichten (institutionelle, ausländische Anleger) schwierig ist. Zudem ist die Staatsverschuldung nicht die Ursache für die Zinseinkommen der Vermögenden (mangelnde Kausalität) – Vgl. auch → öffentliche Kreditaufnahme.

Transferausgaben → Transfers.

Transfermultiplikator – genauer: *Transfermultiplikator in Bezug auf das Einkommen;* gibt an, um wie viel sich das Inlandsprodukt (Y) verändert, wenn die Transferleistungen (Tr) des Staatssektors an die Haushalte variiert werden. Zugrunde liegt das Multiplikatormodell (Einkommen-Ausgaben-Modell) mit der Nachfrage Y = C + G, wobei G die Staatsausgaben sind. Die Konsumfunktion ist: C = b Yv, wobei b die marginale Konsumquote und Yv das verfügbare Einkommen sind. Für das verfügbare Einkommen gilt: Yv = (1 – t) Y – T_0 + Tr, wobei t den proportionalen Einkommenssteuersatz, T_0 die autonome Kopfsteuer und Tr die Transferzahlungen des Staates darstellen. Differenziert man das Gleichgewichtseinkommen nach den Transferausgaben, dann erhält man den Multiplikator: – dY / dTr = b / (1-b (1-t)). – Der Transfermultiplikator ist bei exogen gegebenem Steueraufkommen (t=0) größengleich dem (negativen) → Steuermultiplikator und deutlich kleiner als der → Staatsausgabenmultiplikator für Güter und Dienstleistungen, da Transferzahlungen nicht unmittelbar in voller Höhe nachfragewirksam werden, sondern erst mittelbar über eine Erhöhung der privaten Konsumausgaben. – Vgl. auch Multiplikator.

Transfers – *Übertragungen, Transferausgaben, Transferzahlungen;* tatsächliche und bestimmte unterstellte Zahlungen bzw. Einnahmen der Sektoren (Sektoren der Volkswirtschaft), die ohne spezielle Gegenleistung an andere Sektoren geleistet oder von diesen empfangen werden. Soweit Transfers Zahlungen der öffentlichen Hand an private Haushalte darstellen, erhöhen sie deren verfügbares Einkommen. In der Volkswirtschaftlichen Gesamtrechnung wird zwischen laufenden Transfers und Vermögenstransfers unterschieden (Zahlungsbilanz). – Vgl. auch internationale Transfers.

Transferzahlungen → Transfers.

Transformationsausgaben – *Leistungsentgelte, Realausgaben;* staatliche Zahlungen für Güter und Faktorleistungen, zu unterteilen in Personal- und Sachausgaben; Teil der → öffentlichen Ausgaben.

Treibstoffsteuer – Form der Energiesteuer (bis 2006: → Mineralölsteuer). – Bei der Diskussion um gerechte Besteuerung des Straßenverkehrs im Sinn erfolgreicher staatlicher Verkehrspolitik zur Koordinierung von Schiene und Straße wird vorgeschlagen, die → Kraftfahrzeugsteuer als von der Straßenbenutzung unabhängige, fixe Belastung durch eine weitere Erhöhung der Treibstoffsteuer zu ersetzen, um damit den Kraftverkehr proportional zu seiner Straßenbenutzung zu belasten.

Trennsystem – Regelungsform der → Steuerertragshoheit zwischen öffentlichen Aufgabenträgern im aktiven Finanzausgleich. Beim Trennsystem sind die jedem Aufgabenträger zustehenden Einnahmequellen vorgegeben, sodass ein unkoordinierter (Mehrfach-) Zugriff auf Einnahmequellen vermieden wird. – *Anders:* → Konkurrenzsystem. Bei der Konkretisierung von Bemessungsgrundlage, Abgabepflicht, Tarifverlauf und -niveau kann den Aufgabenträgern ein unterschiedlicher Gestaltungsspielraum belassen werden, je nachdem, ob ein hohes Maß an Einnahmeautonomie oder eine Koordination der Einnahmewirkungen der gesamten öffentlichen Hand beabsichtigt sind. – *Gegensatz:* → Mischsystem.

Trittbrettfahrerverhalten → Free-Rider-Verhalten.

U

Überschusspolitik – Maßnahme der antizyklischen Fiscal Policy (→ Fiskalpolitik) zur Bekämpfung von Inflation und Überbeschäftigung. Durch bewusste Überschussbildung im Staatshaushalt und Stilllegung der Überschüsse bei der Notenbank wird dem Wirtschaftskreislauf Geld und damit kaufkräftige Nachfrage entzogen (Konjunkturausgleichsrücklage). Überschusspolitik ist nur möglich, wenn die Einnahmen steigen und stillgelegt werden oder die Staatsausgaben verringert werden können. – *Gegensatz:* → Deficit Spending.

Übertragbarkeit von Ausgaben – Ausnahme von dem Haushaltsgrundsatz der zeitlichen Spezialität (→ Haushaltsgrundsätze). Die Übertragbarkeit von Ausgaben muss zugelassen sein: (1) kraft Gesetzes als „*geborene Übertragbarkeit von Ausgaben*" für Investitionen und für Ausgaben aus zweckgebundenen Einnahmen; (2) kraft Erklärung im Haushaltsplan als „*gekorene Übertragbarkeit von Ausgaben*", wenn sie für Ausgaben bestimmt ist, die sich auf eine mehrere Jahre umfassende Maßnahme beziehen und die sparsame Mittelverwendung fördern.

Umlagen – früher: → Matrikularbeiträge; spezielle Form der → Zuweisungen, die zwischen öffentlichen Aufgabenträgern geleistet werden. Z.T. handelt es sich bei den Umlagen um → Lenkungszuweisungen, zum größeren Teil aber um → Ausgleichszuweisungen. Umlagen zwischen den Gebietskörperschaften in der Bundesrepublik Deutschland: (1) zwischen Gemeinden (Zweckverbands-Umlagen, Umlagen für zentralörtliche Einrichtungen), (2) zwischen Gemeinden und Gemeindeverbänden (Kreis-Umlagen, Verbands-Umlagen) und (3) zwischen Gemeinden bzw. Gemeindeverbänden und Ländern (unterschiedlich in den einzelnen Ländern, z.B. Finanzierungsausgleichs-Umlagen). Umlagen an den Bund sind die Ausnahme. Neben der Gewerbesteuerumlage sind hier Zahlungen im Rahmen des → Fonds Deutsche Einheit zu nennen. – Vgl. auch → Finanzausgleich, → Finanzverfassung.

Umsatzbesteuerung – I. Charakteristik/Steuersystematik: grundlegende Besteuerungsweise, die auf der Einkommensverwendungsseite des Leistungskreislaufs einer Wirtschaft neben der → Verbrauchsbesteuerung durchgeführt wird. Je nach der Breite in der Ausgestaltung erfasst die Umsatzbesteuerung alle Einkommensverwendungsakte, die Verbrauchsbesteuerung nur einige (partieller Dualismus). Die Umsatzbesteuerung erfasst den „Markteintritt" von Gütern und Leistungen, die Verbrauchsbesteuerung die „Marktentnahme" (Stobbe). Beide Besteuerungsweisen sollen den „Verbrauch" belasten, indem ihnen unterstellt wird, dass sie vollständig überwälzt werden können. Sie stehen zueinander im Verhältnis einer allg. zu den Sonderverbrauchsteuern; für die fiskalische und die belastungspolitische Zielsetzung und Wirkung von Bedeutung. – *Derzeitige Umsatzbesteuerung in der Bundesrepublik Deutschland:* → Umsatzsteuer.

II. Steuertatbestände des Markteintritts: 1. *Binnenländischer Markteintritt:* wird von der Umsatzsteuer i.e.S. erfasst. – 2. *Importe:* Soll die Steuerbelastung der importierten Güter und Leistungen der inländischen exakt angepasst werden, müssen Ausgleichssteuern als → Ergänzungsteuern erhoben werden *(Umsatzausgleichsteuer)*. Sind aus fiskalischen oder handels- und produktionswirtschaftlichen Gründen unterschiedliche Belastungen geplant, besteht die Möglichkeit, einen Zoll (z.B. Finanz- oder Schutzzoll) zu erheben; wird zumeist auf ausgewählte Güter erhoben und hat somit den Charakter einer Verbrauchsteuer.

III. Erhebungsformen: 1. *Erhebungsstufen:* Umsatzsteuern können auf allen *(Allphasenumsatzsteuer),* wenigen *(Mehrphasenumsatzsteuer)* oder einer *(Einphasenumsatzsteuer)* Tausch- oder Handelstufe(n) erhoben werden. Eine Allphasenumsatzsteuer ist einfach zu erheben, niedriger Steuersatz möglich; Einphasenumsatzsteuern erfordern für dasselbe Aufkommen einen entsprechend höheren Steuersatz. – 2. *Erfassungsbreite: Bruttoumsatzsteuer:* Bemessungsgrundlage ist das auf jeder Tauschstufe gezahlte volle Entgelt, d.h. der kumulierte Umsatzwert (eigener Umsatz + Umsatz der Vorstufen); *Nettoumsatzsteuer (Mehrwertsteuer):* Bemessungsgrundlage ist der um die Vorumsätze verminderte Umsatz, d.h. die jeweilige Wertschöpfung der Handelstufe. – Die Nettoumsatzsteuer bzw. Allphasen-Nettoumsatzsteuer wird seit 1968 in der Bundesrepublik Deutschland und in vielen Ländern der EU erhoben; sie geht davon aus, dass sich die Leistungsfähigkeit einer Volkswirtschaft nicht durch ständige Tauschakte, sondern v.a. durch die Wertschöpfung darstellt. Eine solche Steuer ließe sich auch einstufig (z.B. als Einzelhandelsteuer) erheben, brächte dann aber die Nachteile einer liquiditären Belastung nur der besteuerten Handelstufe und die alleinige Belastung dieser Stufe mit dem Risiko der Nichtüberwälzung mit sich. – 3. *Erhebungs- oder Umsatzsteuertypen* (nach Breite der Bemessungsgrundlage): a) Mehrwertsteuer vom *Bruttonationaleinkommenstyp:* Es werden die gesamten Unternehmensbruttoeinnahmen abzüglich der Ausgaben für den Kauf von Produkten aus den Vorstufen erfasst, liegt auf allen Konsum- und Investitionsgütern; umfassendster Typ. – b) Mehrwertsteuer vom *Nettonationaleinkommenstyp:* Die Bemessungsgrundlage wird um die Abschreibungen gekürzt. – c) Mehrwertsteuer vom *Konsumtyp:* Neben Abschreibungen werden Investitionsausgaben abgezogen, d.h. es verbleibt als Bemessungsgrundlage der Wert der produzierten Konsumgüter; erfordert gegenüber den anderen Typen einen höheren Steuersatz. Typ der seit 1968 in der Bundesrepublik Deutschland erhobenen Mehrwertsteuer.

IV. Berechnungsmodus: Die Steuer lässt sich durch Besteuerung des um die Vorumsätze verminderten Umsatzes einer Unternehmung *(Mehrwertsteuer mit Vorumsatzabzug)* oder durch Kürzung der auf den Gesamtumsatz erhobenen Steuer um die an den Vorlieferanten gezahlte Umsatzsteuer *(Mehrwertsteuer mit Vorsteuerabzug)* berechnen. Letztere liegt der in der Bundesrepublik Deutschland erhobenen Mehrwertsteuer zugrunde. Beide Modalitäten sind subtraktive Verfahren; sie sind praktikabler als die Berechnung des Mehrwerts nach dem additiven Verfahren.

V. Ziele/Wirkungen: 1. *Fiskalische Sicht:* Der steuerliche Dualismus einer zweimaligen Erfassung des Einkommensverwendungsstromes sowie einer Erfassung der Einkommensverwendung neben der Einkommensentstehung hat Vorteile, da ein mehrmaliger Steuerzugriff an verschiedenen Steuerquellen mit niedrigeren Steuersätzen auskommt; in Anbetracht von → Steuerwiderständen bei unverkürztem Aufkommen steuerpsychologisch geschickt. Durch die Umsatzbesteuerung werden auch jene leistungsfähigen Bürger zur Steuer herangezogen, die der Einkommensbesteuerung entgehen konnten. – 2. *Verteilungspolitische Sicht:* Die Umsatzbesteuerung ist eine objektive Besteuerungsweise, persönliche Verhältnisse werden nicht bedacht; entsprechend können sich Konflikte mit dem Verteilungsziel ergeben, v.a. wenn zusätzlich Einzelverbrauchsteuern erhoben werden. Der Konflikt lässt sich durch verminderte Steuersätze für solche Güter, die im Budget der einkommensschwachen Gruppen einen hohen Anteil einnehmen (etwa für Nahrungsmittel), entschärfen; widerspricht jedoch dem objektiven Charakter der Umsatzbesteuerung. – Eine *Allphasenumsatzsteuer* beteiligt jeden Unternehmer an der Steuerzahllast, bei Nichtüberwälzung aber auch an der Traglast; sie beteiligt alle an der Liquiditätsbelastung durch Steuern.

Einphasenumsatzsteuern lasten dies nur den Unternehmern dieser einen Besteuerungsstufe an, bürden nur ihnen das Risiko einer Nichtüberwälzung auf; Steuerwiderstände sind wahrscheinlich, da Steuersatz höher als bei Allphasenumsatzsteuern. – 3. *Bruttoumsatzsteuern*, v.a. Allphasen-Bruttoumsatzsteuern führen zur → Kumulativwirkung und zur → Kaskadenwirkung (beide Wirkungen treten zusammen auf), mit ihren allokativen Nachteilen der Unternehmenskonzentration und Wettbewerbsbeeinträchtigung. – 4. Die Umsatzsteuer vom „*Konsumtyp*" kann, weil sie gegenüber den anderen Typen eine relativ schmale Bemessungsgrundlage aufweist und demzufolge bei Aufkommensneutralität einen höheren Steuersatz erfordert, verteilungspolitischen Zielen zuwiderlaufen oder nachteilige (regressive) Verteilungswirkungen haben. Der allokative Vorteil jedoch liegt in der steuerlichen Schonung der Investitionsgüter mit ihren Produktions- und Wachstumseffekten.

Umsatzsteuer – *Mehrwertsteuer (MWSt), Value Added Tax (VAT), Tax sur la Valeur Ajoutée (TVA).* 1. *Begriff:* Steuer auf den Umsatz eines Unternehmens, ist vom Unternehmer zu entrichten, wird aber über die Preisbildung auf den Kunden überwälzt (→ indirekte Steuer). Dies entspricht auch der gesetzlichen Zielsetzung, denn getroffen werden soll der Konsum als einer der Indikatoren für die Fähigkeit, Steuern zu zahlen. – 2. *Konzeption:* Eine Umsatzsteuer kann theoretisch auf allen oder nur auf ausgewählten Handelsstufen erhoben werden (→ Allphasenumsatzsteuer, → Mehrphasenumsatzsteuer, → Einphasenumsatzsteuer). Bei einer Erhebung auf allen Produktions- und Handelsstufen hintereinander wird im Laufe des Produktions- und Vertriebsprozesses mehrmals Umsatzsteuer auf den Warenwert erhoben, dadurch kann es zu einer Anhäufung (Kumulation) von Umsatzsteuerbelastungen im Laufe der Unternehmerkette kommen. Wirtschaftspolitisch ist eine solche Kumulation von Umsatzsteuer unerwünscht, da sie nur dann minimiert wird, wenn sämtliche Tätigkeiten in einer einzigen Hand konzentriert werden, Arbeitsteilung also nicht stattfindet; kumulative Systeme sind also höchstens bei extrem niedrigen Steuersätzen tolerierbar. Eine Kumulation der Umsatzsteuer im Verlauf der Produktions- bzw. Handelskette kann jedoch durch entsprechende Ausgestaltung der Besteuerung vermieden werden (z.B. durch Vorsteuerabzug, Vorumsatzabzug); dies ist heutzutage internationaler Standard. International vorherrschend und auch in Deutschland praktiziert ist die nichtkumulative Allphasenumsatzsteuer mit Vorsteuerabzug; bei diesem System wird innerhalb der Unternehmerkette jedem Unternehmer die Umsatzsteuer, die auf den von ihm eingekauften Leistungen liegt, wieder erstattet. Dadurch wird dann zwar auf jeder Stufe Umsatzsteuer erhoben, sie bleibt aber nur beim Umsatz mit dem Letztverbraucher wirklich endgültig bestehen, eine Kumulation wird vermieden. Die dt. Umsatzsteuer ist wirtschaftlich eine allg. → Verbrauchsteuer, technisch aber als → Verkehrsteuer ausgestaltet. – 3. *Gesetzgebungshoheit, Rechtsgrundlagen:* Die Gesetzgebungsbefugnis für die Umsatzsteuer liegt in Deutschland formal beim Bund (Art. 105 II GG), der auf die Zustimmung des Bundesrates angewiesen ist (Art. 105 III GG). In der Rechtswirklichkeit sind jedoch diese beiden Institutionen verpflichtet, bei ihrer Gesetzgebungstätigkeit den Vorgaben der Europäischen Union zu folgen, soweit diese entsprechende Vorgaben (durch EG-Richtlinien) gemacht hat. Die Befugnis hierzu ist der EU durch Art. 93 EG-Vertrag übertragen; sie hat von ihr in sehr weitreichendem Umfang Gebrauch gemacht, sodass der Bund faktisch somit nur noch in Restbereichen eine eigene Entscheidungsbefugnis für die Umsatzsteuer besitzt (z.B. in gewissen Grenzen bei der Festlegung der Steuersätze). Die Umsatzsteuer ist dadurch zugleich innerhalb der EU weitgehend angeglichen: Die Umsatzsteuersysteme aller Mitgliedstaaten müssen sich im Rahmen der

Vorgaben der Mehrwertsteuersystemrichtlinie (neu gefasst 2006, zuvor bekannt als „Sechste Richtlinie über die Harmonisierung der Umsatzsteuern", 1977) bewegen, soweit nationale Sonderlösungen nicht ausdrücklich gestattet sind. Demzufolge gelten die folgenden Ausführungen zum dt. Recht sinngemäß auch für das Recht anderer EU-Staaten. Rechtsgrundlagen in Deutschland sind das Umsatzsteuergesetz (UStG) und die dazu ergangene Umsatzsteuerdurchführungsverordnung (UStDV); wichtige Verwaltungsanweisungen sind in den Umsatzsteuerrichtlinien (UStR) des Bundesfinanzministeriums zusammengestellt. – 4. *Grundprinzipien*: Die Umsatzsteuer achtet weitestgehend auf Wettbewerbsneutralität, d.h. die Besteuerung wird weitgehend so konzipiert, dass die Wettbewerbschancen der Unternehmer untereinander durch die Besteuerung nicht verändert werden. Im internationalen Kontext folgt aus diesem Grundsatz zwangsläufig, dass das Recht, Umsätze zu besteuern, letztendlich dem Land zugesprochen wird, in dem letztendlich der Konsum stattfindet (Bestimmungslandprinzip); würde nämlich das Recht zur Besteuerung dem Land zugesprochen, in dem die Leistung produziert wird bzw. der einzelne Unternehmer seinen Sitz hat (Ursprungslandprinzip), könnten Anbieter aus verschiedenen Ländern demselben Kunden Angebote unterbreiten, in die unterschiedliche Umsatzsteuersätze einkalkuliert sind: z.B. könnte ein Luxemburger eine Leistung mit einem Aufschlag von nur 15 Prozent anbieten (Steuersatz in Luxemburg), ein Däne aber zu 25 Prozent (Steuersatz in Dänemark); das aber würde den Wettbewerb so stark verfälschen, dass einzelne Anbieter alleine wegen der Besteuerung vom Markt verschwinden müssten. Aus dem Bestimmungslandprinzip folgt zwangsläufig, dass dt. Unternehmer nicht nur dem dt. Umsatzsteuergesetz unterliegen, sondern möglicherweise, wenn sie Leistungen auch im Ausland anbieten, für diese Leistungen statt in Deutschland im Ausland die (dortige) Umsatzsteuer zu entrichten haben. Obwohl Wettbewerbsneutralität und Bestimmungslandprinzip unverzichtbare Grundpfeiler des Umsatzsteuersystems darstellen, lassen sie sich freilich im Einzelfall nicht immer lückenlos verwirklichen; entscheidend bleiben daher für die Beurteilung einzelner Vorgänge immer die konkreten Regelungen im UStG. – 5. *Steuerbare Vorgänge*: a) Erfasst werden von der Umsatzsteuer v.a. Umsätze (§ 1 I Nr. 1 UStG), die ein Unternehmer im Rahmen seines Unternehmens gegen Entgelt erbringt, wenn diese Umsätze als im (umsatzsteuerlichen) Inland bewirkt gelten. Als Umsätze gelten alle Lieferungen und sonstigen Leistungen, die die Unternehmenstätigkeit mit sich bringt, auch gelegentliche Hilfsgeschäfte. Ob Umsätze als im Inland bewirkt gelten, entscheidet sich nicht nach geografischen Kriterien, sondern nach spezifisch umsatzsteuerlichen Regeln über den „Ort der Lieferung" bzw. „Ort der sonstigen Leistung"; es geht dabei primär nicht um die Frage, wo sich ein Umsatz ereignet hat, sondern ob der Vorgang nach der im Rahmen der EU erreichten Zuständigkeitsverteilung in Deutschland oder in einem anderen Staat Steuerfolgen auslösen soll. – b) Betroffen sind auch Einfuhren von Gegenständen aus dem Drittlandsgebiet in einen EU-Staat [für ausführliche Angaben: → Einfuhrumsatzsteuer (EUSt)]. – c) Der Erwerb von Gegenständen unterliegt der Umsatzsteuer, wenn diese von einem Mitgliedstaat der EU in einen anderen gelangen und der Käufer zu einer bestimmten Personengruppe gehört (die meisten Unternehmer und sog. Halbunternehmer; für ausführliche Angaben: Erwerbsteuer). – 6. *Steuerbefreiungen* dürfen die EU-Staaten nur nach Maßgabe eines Ausnahmekatalogs in der Mehrwertsteuersystemrichtlinie vorsehen. Befreiungen von der dt. Umsatzsteuer können unterteilt werden in: a) Solche zur Vermeidung einer Doppelbelastung mit Umsatzsteuer (Ausfuhrlieferungen, Lohnveredelungen), b) zur Vermeidung einer Doppelbelastung mit Umsatzsteuer und einer spezielleren Verkehrsteuer (z.B. → Grunderwerbsteuer) oder c) Befreiungen aus sozialen Motiven (z.B. Umsätze der Theater, Museen, Blindenumsätze). Außer der ersten Gruppe schließen alle anderen Befreiungen im Gegenzug den Vorsteuerabzug aus; eine Befreiung kann daher je nach Sachverhalt auch nachteilig sein. Daher ist für bestimmte Umsatzarten die Option zur Steuerpflicht gestattet. – 7. *Bemessungsgrundlage* der Umsatzsteuer ist das Entgelt, in bes. Fällen mind. aber der Betrag der Wiederbeschaffungs-/Herstellungskosten (Mindestbemessungsgrundlage). – 8. *Steuersatz*: in allen EU-Staaten verschieden; grundsätzlich darf für alle Umsatzarten nur ein einziger einheitlicher Satz (Normalsatz, gegenwärtig mind. 15 Prozent) festgelegt werden. Für bestimmte meist lebenswichtige Waren und Dienstleistungen ist aber die Anwendung eines ermäßigten Steuersatzes gestattet (muss gegenwärtig mind. 5 Prozent betragen); für wiederum andere Umsatzarten dürfen teilweise in einigen Staaten Sondersteuersätze im Rahmen von Ausnahmeregelungen beibehalten werden. In Deutschland beträgt der Normalsatz für Leistungsausführungen ab 2007 19 Prozent, der ermäßigte Satz ist unverändert 7 Prozent. Die Liste der ermäßigt besteuerten Waren und Dienstleistungen ergibt sich aus § 12 II UStG und Anlage 2 zum Umsatzsteuergesetz (hauptsächlich bestimmte Lebensmittel, aber auch Bücher u.Ä.). – 9. *Vorsteuerabzug*: Jeder Unternehmer kann die Umsatzsteuer, die in den von ihm bezogenen Vorprodukten und Vorleistungen enthalten ist, von seiner eigenen Umsatzsteuerschuld als sog. Vorsteuer abziehen, wenn der Vorsteuerabzug im Einzelfall nicht ausnahmsweise ausgeschlossen ist; dadurch wird erreicht, dass jeder Umsatz letztlich nur einmal mit der Umsatzsteuer belastet ist und die Umsatzsteuer nur gegenüber dem Endverbraucher endgültig ist. Voraussetzung für den Vorsteuerabzug ist eine Rechnung, die allen Formvorschriften der §§ 14–14c UStG genügt. – 10. *Besteuerungsverfahren*: a) *Allgemein*: Die Umsatzsteuer ist eine Jahressteuer, es sind aber während des Jahres mehrmals (monatlich oder quartalsweise) Umsatzsteuervoranmeldungen abzugeben und Vorauszahlungen zu leisten. Außerdem sind Aufzeichnungspflichten zu beachten. – b) *Steuerentstehung*: Die Steuerschuld entsteht im Normalfall mit Ablauf des Voranmeldungszeitraums, in dem die Leistung ausgeführt worden ist (Besteuerung nach vereinbarten Entgelten, Sollversteuerung), bei kleineren Unternehmen ist jedoch auf Antrag die Versteuerung bei Erhalt der Zahlung (Besteuerung nach vereinnahmten Entgelten; Istversteuerung) möglich. Anzahlungen sind jedoch generell bereits im Zeitpunkt der Zahlung zu versteuern (sog. Mindest-Ist-Besteuerung). Weicht bei Sollversteuerung das wirklich erhaltene Entgelt später von dem vereinbarten Entgelt ab, kann die Steuerschuld entsprechend berichtigt werden (§ 17 UStG). – c) *Steuerschuldner* ist im Regelfall der leistende Unternehmer, die Steuer kann jedoch in bestimmten Fällen vom Abnehmer einzubehalten und abzuführen sein (so bei bestimmten grenzüberschreitenden sonstigen Leistungen EU-einheitlich vorgeschrieben, vgl. im dt. Recht § 3a III, IV UStG und das Reverse-Charge-Verfahren). – d) *Rechnungserstellung*: Über die anfallende Steuer ist vom Unternehmer eine Rechnung mit gesondertem Umsatzsteuerausweis zu erstellen, um dem Empfänger einen Nachweis darüber an die Hand zu geben, wie viel Vorsteuer auf den von ihm bezogenen Leistungen ruht. Da der Besitz einer Rechnung mit Umsatzsteuerausweis für den Empfänger somit einen finanziellen Anspruch (auf Vorsteuer) gegen die Finanzverwaltung dokumentiert, besteht das Gesetz zur besseren Kontrolle dieser Vorgänge darauf, dass die Rechnung strikten umsatzsteuerlichen Formerfordernissen genügen muss. Diese finden sich in §§ 14,14a UStG normiert; bereits leichte formale Fehler können den Vorsteuerabzug für den Rechnungsempfänger scheitern lassen (§ 15 I Nr. 1 Satz 2 UStG). Daher erklärt sich die (seit der Verschärfung der Vorschriften 2004) in der Praxis verbreitete Sitte, mit Formfehlern behaftete Rechnungen dem Aussteller mit der Bitte um Berichtigung zurückzusenden. – 11. *Bes. Besteuerungsformen:* Durchschnittsbesteuerung, Margenbesteuerung, Differenzbesteuerung, Reihengeschäft, Dreiecksgeschäft, Abzugsverfahren. – 12. *Aufkommen:* 169,6 Mrd. Euro (2007), 139,7 Mrd. Euro (2005), 103.161,7 Mio. Euro (2003), 105.462,8 Mio. Euro (2002), 104.463 Mio. Euro (2001), 107.139,5 Mio. Euro (2000), 101.489,5 Mio. Euro (1995), 43.275,2 Mio. Euro (1990), 26.295 Mio. Euro (1985), 27.022 Mio. Euro (1980), 18.264 Mio. Euro (1975), 13.698 Mio. Euro (1970), 12.236 Mio. Euro (1965), 8.222 Mio. Euro (1960), 5.684 Mio. Euro (1955), 2.427 Mio. Euro (1950).

Umsatzsteuerverteilung – Aufteilung des Aufkommens aus der → Umsatzsteuer zwischen Bund und Ländern. Die Umsatzsteuerverteilung ist Steuerungsparameter des vertikalen → Finanzausgleichs zwischen Bund und Ländern zur Korrektur erheblicher und nachteiliger Veränderungen der → Deckungsrelationen von Bund und Ländern. – Nach Art. 106 IV GG sind die Anteile neu festzusetzen, wenn sich das Verhältnis zwischen den Einnahmen und Ausgaben des Bundes und der Länder wesentlich anders entwickelt.

unfundierte Schulden → schwebende Schulden.

Universalitätsprinzip – Außensteuerrecht (AStR), → Internationales Steuerrecht (IStR), Welteinkommensprinzip.

Unmöglichkeitstheorem – I. *Ordnungsökonomik:* 1. *Charakterisierung:* Erstmalig 1920 von Mises aufgestellte Behauptung, dass in einer sozialistischen Wirtschaftsordnung mit Staatseigentum an den Produktionsmitteln eine rationale, knappheitsbezogene Güter*allokation* wegen fehlenden Marktverkehrs und daher fehlender Marktpreise logisch zwingend unmöglich sei. – 2. In der Folgezeit wurde als Reaktion auf dieses logische Unmöglichkeitstheorem eine Reihe von *Modellen* konzipiert, in denen bei Erfüllung der jeweils gesetzten Prämissen auch in einer sozialistischen (kollektivistischen) Wirtschaftsordnung eine rationale/optimale Güterallokation entweder durch staatlich-administrative Simulation der wettbewerblichen Preisfindung (Konkurrenzsozialismus) oder auf Basis eines naturalen, alle Güterarten und -verwendungen umfassenden Bilanzierungsmodells (Bilanzierungsmethode; Hensel) möglich ist. – Die genannten Modelle lassen sich infolge unlösbar hoher Anforderungen an die Informationsgewinnungs- und -verarbeitungsmöglichkeiten der wirtschaftsleitenden Zentralinstanz und unrealistischer Verhaltensannahmen in Bezug auf die in dem jeweiligen Wirtschaftssystem arbeitenden Menschen nicht verwirklichen, sodass das Unmöglichkeitstheorem bis dato als nicht widerlegt anzusehen ist (Hayek, Eucken).

II. *Finanzwissenschaft:* Arrow-Paradoxon, auch: Condorcet-Paradoxon. Die Unmöglichkeit, individuelle Nutzenfunktionen bzw. Präferenzrelationen zu einer gesellschaftlichen Wohlfahrtsfunktion zu aggregieren, die bestimmten Konsistenzanforderungen genügt.

Unternehmensbesteuerung – 1. *Begriff:* Besteuerung bestimmter, im wirtschaftlichen Organisationsgebilde Unternehmung feststellender Tatbestände. Unternehmensbesteuerung erstreckt sich auf Unternehmungen jeglicher Rechtsform; sie erfasst die Tätigkeit der Kombination von Produktionsfaktoren in Einzelunternehmungen, Personengesellschaften, Kapitalgesellschaften, in ihrer weitesten Ausdehnung auch in den „Unternehmen" der freiberuflichen Tätigkeit. – *Gegensatz:* → Haushaltsbesteuerung. – 2. *Theoretische Ansätze:* a) *Integrationstheorie:* Dieser Ansatz postuliert die Überflüssigkeit einer eigenen Unternehmensbesteuerung, da letztlich alle Unternehmenserträge durch Entnahme und Ausschüttung zu persönlichen Einkommen der Anteilseigner würden. Zur Verwirklichung ist die → Comprehensive Tax Base erforderlich. Auch die nicht entnommenen bzw. nicht ausgeschütteten Gewinne müssten persönliches Einkommen sein, wie von der Teilhabersteuer gefordert. Soweit aber Gewinne von den Körperschaften einbehalten werden, würde die Integrationstheorie eine → Körperschaftsteuer als zweitbeste Lösung akzeptieren, um diese Gewinne nicht der Besteuerung endgültig vorzuenthalten. – b) *Separationstheorie:* Dieser Ansatz fordert eine eigene Körperschaftsteuer, weil sie in den Körperschaften eigenständige Wirtschaftseinheiten, Macht- und Einflussfaktoren und Institutionen mit bes. „Leistungsfähigkeit" sieht, die einer Sondersteuer bedürfen. – Vgl. auch → Körperschaftsteuer, → Körperschaftsteuersystem. – 3. *Konzepte* (nach den steuerlichen Tatbeständen): a) Auf die *Steuerzahllast* abstellendes Konzept: Unternehmensbesteuerung umfasst alle von einer Unternehmung abzuführenden Steuern, d.h. Steuern aufgrund eigener wertschöpfender Tätigkeit, Steuern, die in den Preisen überwälzt werden sollen (Kostensteuern, z.B. Steuern auf Erwerb, Einsatz, Herstellung und Absatz) und Steuern, die im Quellenabzug für andere Steuerpflichtige einbehalten und abgeführt werden. – b) Auf die *Steuertraglast* abstellendes Konzept: Die → Quellensteuern (z.B. Lohnsteuer, körperschaftliche Anrechnungsteuer) werden ausgegrenzt; alle jene Steuern, die die Steuertraglast für eine Unternehmung bestimmen können, werden in Anbetracht nicht gelungener Überwälzung eingeschlossen, u.a. auch Umsatz- und Verbrauchsteuern auf Güter. – c) Auf die *Wertschöpfung* abstellendes Konzept: Geht man davon aus, dass der Steuerdestinatar der Umsatz- und Verbrauchsteuern der Erwerber der Güter und Dienste des Unternehmens ist, gelangt man zum Konzept der Unternehmensbesteuerung, das an die eigene wertschöpfende Tätigkeit der Unternehmung anknüpft, d.h. die Besteuerung des Ertrags, des Gewinns und des Kapitalbestands. – 4. *Realisierung:* Unterschiedlich je nach Breite der Bemessungsgrundlage, nach der Rechtsformneutralität oder -aneutralität, und nach der Nichtanrechung bzw. Anrechnung gezahlter Gewinnsteuern auf die persönliche Einkommensteuer des Anteilseigners: (1) *Mehrwertsteuer:* Lediglich als Reformvorschlag gilt das völlige Ersetzen der Unternehmensbesteuerung in Form der Körperschaftsteuer durch die Mehrwertsteuer (aufgeführt, weil die teilweise Nichtüberwälzung dieser hohen Steuer nicht auszuschließen ist); Bemessungsgrundlage wäre die Wertschöpfung des Unternehmens. – (2) *Unternehmensteuer* (nach W. Flume): Sie ist rechtsformneutral, soll alle Unternehmen (außer den kleinsten) erfassen; Bemessungsgrundlage ist der Ertrag. Eine Betriebsvermögensteuer wird daneben erhoben; die Gewerbesteuer entfällt. Die Unternehmensbesteuerung stellt eine „objektivierte Realbesteuerung" dar. Da keine Steuer auf das Privatvermögen erhoben werden soll und auch die Gewinnausschüttungen der Einkommensteuer nicht unterliegen sollen, handelt es sich um eine „verabsolutierte" Unternehmensbesteuerung. – (3) *Betriebsteuer* (nach Vorschlägen des Betriebsteuerausschusses von 1948–1952): Sie gilt rechtsformneutral alle Betriebe umfassend; Bemessungsgrundlage allein der Gewinn (einbehaltener und ausgeschütteter Gewinn). Eine Variante war mit der Möglichkeit der Anrechnung der Steuern auf den ausgeschütteten Gewinn auf die Einkommensteuer des Anteilseigners ausgestattet und wies damit einen Personalisierungsgrad auf. – (4) *Körperschaftsteuer:* Körperschaftsteuer in der Form vor 1977 war rechtsformaneutral; belastete den gesamten Unternehmensgewinn, die Ausschüttungen mit einem geringeren Satz und war demnach ausgestattet mit der Zweifachbelastung der Ausschüttungen bei der juristischen Person und beim Anteilseigner. Die Körperschaftsteuer in der Form seit 1977 ist rechtsformaneutral; belastet den thesaurierten Gewinn (die Ausschüttungsteuer ist vorweggezahlte Einkommensteuer des Anteilseigners), damit engste Gewinnsteuerbasis. Mit dem → körperschaftsteuerlichen Anrechnungsverfahren wurde die Zweifachbelastung der

Ausschüttungen beseitigt; sie hat einen höheren Personalisierungsgrad erhalten. – (5) *Einkommensteuer auf nicht entnommene Gewinne* der Personengesellschaften und Einzelunternehmer: realisiert von der hoch personalisierten Einkommensteuer im dt. Steuersystem, damit eine Mischsteuer für Unternehmensbesteuerung und Haushaltsbesteuerung. – (6) *Teilhabersteuer* (Engels und Stützel): eine Einkommensbesteuerung des gesamten, auch des einbehaltenen Gewinns für alle Unternehmungen, unabhängig von der Rechtsform, d.h. keine Unternehmensgewinnbesteuerung im eigentlichen Sinn. Entgegen der wirtschaftswissenschaftlichen Grundanschauung wird auch der dem Anteilseigner nicht zur Verfügung stehende thesaurierte Gewinn als Einkommen definiert und besteuert. – 5. *Steuersystem der Bundesrepublik Deutschland:* Es besteht mit der gleichzeitig erhobenen Einkommensteuer für die Einzel- und Personengesellschaftsunternehmen und der Körperschaftsteuer für Kapitalgesellschaften und andere juristische Personen eine „dualistische" Unternehmensbesteuerung (Tipke). Dadurch ist die Unternehmensbesteuerung rechtsformaneutral, aber in bestimmten Fällen wegen der Steuersatzunterschiede von Einkommen- und Körperschaftsteuer zwischen Unternehmen gleichen Ertrags oder Gewinns, jedoch unterschiedlicher Gesellschafterzahl, nicht wettbewerbsneutral.

Unternehmensteuer – Oberbergriff für sämtliche Steuern, denen die Unternehmen unterliegen. Im dt. Steuersystem werden im wesentlichen drei verschiedene Steuerarten unterschieden: (1) *Ertragsbesteuerung:* Einkommen-, Körperschaft-, Gewerbesteuer. Die Gesellschafter von Einzelunternehmen und Personengesellschaften zahlen auf erzielte Gewinne Einkommensteuer. Kapitalgesellschaften zahlen Körperschaftsteuer. An Anteilseigner ausgeschüttete Dividenden unterliegen der jeweiligen persönlichen Einkommensteuer. Erzielt das Unternehmen Einkünfte aus einem Gewerbebetrieb, ist die kommunale Gewerbesteuer zu zahlen. Zur Einkommen- und Körperschaftsteuer wird zusätzlich der Solidaritätszuschlag erhoben. (2) *Verbrauchsbesteuerung:* Umsatz-, Grunderwerbsteuer. Die Umsatzsteuer wird beim Unternehmen erhoben, wird aber durch den Endverbraucher getragen. Die Grunderwerbsteuer wird beim Erwerb eines Grundstücks erhoben. (3) *Substanzbesteuerung:* Grundsteuer, Erbschaft- und Schenkungsteuer. Die Grundsteuer wird (als Gemeindesteuer) auf das Eigentum an Grundstücken erhoben. Die Erbschaft- und Schenkungsteuer fällt an, wenn Unternehmen (oder Unternehmensteile) vererbt oder verschenkt werden. – Vgl. auch → Unternehmensbesteuerung.

Ursprungsprinzip – I. Finanzwissenschaften: finanzwissenschaftliches Prinzip, um eine regionale → Doppelbesteuerung zu vermeiden, wobei die Steuererträge demjenigen Land zufließen, in dem das Steuerobjekt seinen Ursprung (Betriebsstätten, Arbeitgeber) hat (Quellenstaatprinzip). – *Gegensatz:* → Wohnsitzprinzip. – *Anders:* Ursprungslandprinzip, Herkunftsprinzip. – Vgl. auch → Internationales Steuerrecht (IStR).

II. Umwelt- und Ressourcenökonomik: Grundsatz der Ressourcen- und Umweltökonomik, nach der Umweltbeeinträchtigungen an der Stelle zu bekämpfen sind, an der sie auftreten. Das Ursprungsprinzip ist eines der Grundprinzipien der europäischen Umweltpolitik. – Vgl. auch Umweltpolitik; Verursacherprinzip; Vorsorgeprinzip; → Gemeinlastprinzip.

Veräußerungsgewinn – I. Begriff: Der Betrag, um den der Veräußerungspreis nach Abzug der Veräußerungskosten die Anschaffungs-/Herstellungskosten bzw. den Buchwert eines Wirtschaftsguts oder einer Sachgesamtheit übersteigt.

II. Steuerliche Behandlung: 1. *Einkommensteuer:* a) Der aus der Veräußerung einzelner Wirtschaftsgüter des *Betriebsvermögens* erzielte Gewinn ist grundsätzlich steuerpflichtig, u.U. aber nach § 6b EStG begünstigt (Reinvestitionsrücklage). Ist Veräußerungsgegenstand ein land- und forstwirtschaftlicher, gewerblicher oder freiberuflicher Betrieb, Teilbetrieb oder Mitunternehmeranteil, so wird der Veräußerungsgewinn, wenn der Steuerpflichtige das 55. Lebensjahr vollendet hat oder dauernd berufsunfähig ist, nur herangezogen, soweit er 45.000 Euro übersteigt. Der Freibetrag ist dem Steuerpflichtigen nur einmal zu gewähren. Dieser ermäßigt sich um den Betrag, um den der Veräußerungsgewinn 136.000 Euro übersteigt (§§ 14, 14a I, 16 IV, 18 III EStG). – Veräußerungsgewinn im Sinn der genannten Vorschriften stellen außerordentliche Einkünfte dar. Für evtl. Anstieg der Progression sind, weil sich durch den Veräußerungsgewinn ungewöhnlich hohe Einkünfte in einem einzigen Jahr zusammenballen können, Maßnahmen zur Progressionsglättung vorgesehen; außerdem darf der Steuerpflichtige einmal im Leben für einen Teilbetrag des Veräußerungsgewinns bis zu 5 Mio. Euro einen ermäßigten Steuersatz (56 Prozent des Durchschnittssteuersatzes) nach § 34 III EStG beantragen. – Zum Wahlrecht bei Veräußerung gegen Rente vgl. Rentenbesteuerung. – b) Gewinne aus der Veräußerung von Wirtschaftsgütern des *Privatvermögens* unterliegen grundsätzlich nicht der Einkommensteuer, aber dieser Grundsatz wird durch weitgehende Ausnahmen zunehmend eingeschränkt. – *Ausnahmen:* (1) private Veräußerungsgeschäfte; (2) 60 Prozent (vor 2009: die Hälfte) der Gewinne aus der Veräußerung einer wesentlichen Beteiligung, soweit sie den Teil von 9.060 Euro übersteigen, der dem veräußerten Anteil an der Kapitalgesellschaft entspricht; der Freibetrag ermäßigt sich um den Betrag, um den der Veräußerungsgewinn den Teil von 36.100 Euro übersteigt, der dem veräußerten Anteil an der Kapitalgesellschaft entspricht (§ 17 III EStG). Eine Begünstigung nach § 34 EStG (außerordentliche Einkünfte) wird nicht gewährt; (3) Veräußerungsgewinne aus der Veräußerung von Kapitalanlagen werden seit 2009 generell im Rahmen der Einkunftsart „Einkünfte aus Kapitalvermögen" steuerpflichtig, wenn sie nicht im Rahmen einer anderen Einkunftsart steuerpflichtig sind (§ 20 II EStG 2009, § 20 VIII EStG 2009). – 2. *Körperschaftsteuer:* Veräußerungsgewinne sind grundsätzlich nach denselben Regeln zu behandeln wie im Rahmen der Einkommensteuer, allerdings gelten bei zahlreichen Rechtsformen ohnehin alle vorhandenen Einkünfte als Einkünfte aus Gewerbebetrieb; wenn das so ist (z.B. bei AG, GmbH), sind alle Veräußerungsgewinne auch automatisch körperschaftsteuerpflichtig, ggf. begünstigt nach § 6 b EStG. – *Ausnahmen:* Gewinne aus der Veräußerung eines Anteils an einer anderen Kapitalgesellschaft oder bei deren Auflösung oder Herabsetzung von deren Nennkapital (§ 8b II KStG) sind zu 95 Prozent steuerfrei (Halbeinkünfteverfahren). Bei vorangegangener Teilwertabschreibung ist Veräußerungsgewinn allerdings in Höhe des früher steuerwirksam abgeschriebenen Teilbetrags steuerpflichtig. – 3. *Gewerbesteuer:* Veräußerungsgewinne nach § 16 IV EStG unterliegen nicht der → Gewerbesteuer, weil sie nicht mehr im Rahmen eines stehenden Gewerbebetriebes anfallen, eine natürliche Person der Gewerbesteuer aber nur mit einem solchen stehenden, d.h. noch aktiven, Gewerbebetrieb unterliegt.; die gewerbesteuerliche Nichterfasssung der Veräußerungsgewinne bei Veräußerung des ganzen Betriebes gilt dagegen nicht für Kapitalgesellschaften, weil diese nicht aufgrund ihrer Tätigkeit, sondern aufgrund ihrer Rechtsform der Gewerbesteuer unterliegen und die Rechtsform „Kapitalgesellschaft" natürlich auch noch besteht, wenn die aktive betriebliche Tätigkeit schon eingestellt, aber der Rechtsträger noch nicht vollständig abgewickelt ist. Veräußerungsgewinne beim land- und forstwirtschaftlichen, freiberuflichen oder privaten Vermögen sind gewerbesteuerpflichtig irrelevant, da diese Einkunftsarten nicht der Gewerbesteuer unterliegen.

Verbrauch – I. Wirtschaftstheorie: Verzehr von Gütern und Dienstleistungen zur unmittelbaren oder mittelbaren Befriedigung menschlicher Bedürfnisse. – 1. Verbrauch für *private Bedürfnisbefriedigung:* Konsum, privater Konsum. – 2. Verbrauch für öffentliche Güter; Staatsverbrauch. – 3. Verbrauch als Verwendung von Gütern und Dienstleistungen für *Produktionszwecke,* z.B. der Einsatz von Rohmaterial zur Herstellung eines Endproduktes: Produktionsgüter, Investition.

II. Wirtschaftspraxis: 1. Der *private* Verbrauch des Unternehmers einer Einzelunternehmung oder des persönlich haftenden Gesellschafters einer Personengesellschaft. Verbrauch wird auf Privatkonto als Entnahme verbucht. – 2. In der *Industriebuchführung* die in die Produktion gegebenen Roh-, Hilfs- und Betriebsstoffe.

III. Finanzwissenschaft: Einsatz von Gütern und Diensten sowie die Nutzung von Gebrauchsgütern in (privaten und öffentlichen) Haushalten und Unternehmungen. – Als Bemessungsgrundlage der Besteuerung: → Verbrauchsbesteuerung, → Verbrauchsteuern.

Verbrauchsbesteuerung – I. Charakterisierung: 1. *Begriff:* Grundlegende Besteuerungsweise, die neben der → Einkommensbesteuerung und der → Ertragsbesteuerung durchgeführt wird; sie belastet die Einkommensverwendung. Historisch älteste Form der Besteuerung. – 2. Die Verbrauchsbesteuerung kann – außer bei der Mehrwertsteuer (die lebensnotwendige Güter wenig belastet) – *die persönliche Leistungsfähigkeit* des Steuerpflichtigen *nicht* erfassen, da die Sätze der jeweiligen Verbrauchsteuern einheitlich für alle Einkommensschichten gelten und für bes. hohe Mengen an Verbrauchsgütern, z.B. in kinderreichen Familien, Entlastungen nicht eingerichtet werden können. Eine Veranlagung findet in der Verbrauchsbesteuerung nicht statt. – 3. Eine *„aufwendige Lebensweise"* kann bes. steuerlich belastet werden, z.B. durch Schaumwein-, Getränke-, Vergnügungs- und Glücksspielbesteuerung; tendieren zur Luxusbesteuerung. Es existieren aber auch Steuern auf Massengenussmittel (Bier, Kaffee etc.), die mitunter regressiv wirken (bes. Salz- und Zuckersteuer; beide wurden zum 1.1.1993 abgeschafft).

II. Abgrenzung: Die Verbrauchsbesteuerung muss gegenüber den Begriffen *„allgemeine Verkehrsteuer"* und *„allgemeine Verbrauchsteuer",* die der Steuerrechtswissenschaft zur Kennzeichnung der Umsatzsteuer dienen, abgegrenzt werden. – a) Nach ökonomischem Verständnis wird *Umsatzsteuer* anlässlich des *„Markteintritts"* von Gütern, also beim Verlassen der Produktionssphäre bzw. beim Einspeisen in den Kreislauf, erhoben. Soweit Güter dort zirkulieren, kommt es zum Eigentümerwechsel; letzterer ist für das ökonomische Verständnis von Verkehrsteuern wesentlich. Die steuerrechtliche Kennzeichnung der Umsatzsteuer als allg. Verkehrsteuer macht diesen Unterschied zwischen Einspeisung und Zirkulation nicht deutlich. – b) Nach ökonomischer Auffassung werden *Verbrauchsteuern* anlässlich der *„Marktentnahme"* von Gütern erhoben; Güter gehen in den Produktionsprozess der Unternehmung bzw. den Rekreationsprozess des Haushaltes körperlich ein, Gebrauchsgüter werden mit ihrem zeitverteilten Nutzungsanteil zu Verbrauch, Dienstleistungen gehen mit ihrem unwiederbringlichen Zeitaufwand unter. Aus ökonomischer Sicht ist demnach eine Verbrauchsteuer etwas grundlegend anderes als eine Umsatz- und → Verkehrsteuer. – Aufgrund des unpräzisen Verkehrsteuerbegriffs der Steuerrechtswissenschaft sowie der zuvor dargestellten Abgrenzung nach ökonomischer Auffassung werden neuerdings in *finanzwissenschaftlicher* Sicht als *Verkehrsteuern* Steuern auf den Kapital- und Zahlungsverkehr aufgefasst; dazu zählen: Gesellschaft-, Börsenumsatz- und Wechselsteuer (alle durch das Finanzmarktförderungsgesetz vom 22.2.1990 abgeschafft), die Grunderwerbsteuer; die (von der Steuerrechtswissenschaft zu den Verkehrsteuern gezählten) Feuerschutzsteuer und Versicherungsteuer werden den *Verbrauchsteuern* zugeordnet. In beiden letzteren Fällen wird das Gut „Versicherungsschutz" gegen Prämienzahlung erworben; als Kapitalverkehrsteuer ließe sich die Versicherungsteuer dann verstehen, wenn Lebensversicherungen (Kapitalansammlungscharakter) gerade nicht von der Besteuerung ausgenommen wären; bei der Feuerschutzsteuer wird das Gut „Versicherungsschutz" jenseits aller Kapitalansammlungen und Verkehrsakte bes. deutlich. – Von Hansmeyer wird aufgrund der Begriffsverwirrungen und der unterschiedlichen Steuertatbestände für den Begriff Verbrauchsteuern „*Steuern auf spezielle Güter*" vorgeschlagen.

III. **Steuertatbestände:** 1. *Verbrauchsbestände im privaten Haushalt:* z.B. Genuss und Verzehr von Tabak, Kaffee, Bier, Branntwein, Schaumwein. Bestimmte *Einsatzgüter in Haushalt und Produktion:* z.B. Mineralöl, elektrischer Strom. – Diese Güter gehen beim Verbrauch „unter". – 2. *Nutzung von Gebrauchsgütern,* z.B. bei Kraftfahrzeugen, Hunden, Umwelt (Abwasserabgaben). – 3. *Dienstleistungen und Rechtsausübungen,* z.B. in Form der Versicherung-, Feuerschutz-, Vergnügung-, Rennwett- und Lotterie-, Schankerlaubnis- sowie Jagd- und Fischereisteuer. – 4. *Zwischenstaatlicher Warenverkehr:* belastet durch Zölle und Abschöpfungsabgaben. – 5. Steuerpolitische Motivation und steuerliche Klassifikation sind so vielfältig, der Katalog der Steuertatbestände so heterogen und lückenhaft, dass in der neuesten Terminologie nur eklektisch von „*Steuern auf spezielle Güter*" gesprochen wird (Hansmeyer).

IV. **Ziele/Wirkungen:** 1. Die *Ziele* der Verbrauchsbesteuerung sind trotz wiederholter Bekenntnisse zur Gesundheitspolitik (Branntwein-, Tabak) oder anderen Zielen (Heizölsteuer aufgrund der Wettbewerbsstützung der Kohle) überwiegend fiskalische. – Aufgrund entwicklungspolitischer Ziele müsste die Kaffeesteuer entfallen. Dem fiskalischen Ziel kommt zugute, dass viele Verbrauchsteuern an Güter anknüpfen, deren Einkommenselastizität der Nachfrage mittlerweile unter eins gesunken ist. – 2. In den Abschöpfungen der EU lässt sich dagegen ein *einkommenspolitisches* Ziel für die Landwirtschaft ausmachen. – 3. Daneben diente die Stromabgabe „Kohlepfennig" der Förderung der Kohleverstromung und damit der Energiepolitik. – 4. In der Zweckbindung mancher Verbrauchsteuern liegt die Möglichkeit zu einer direkten Zielorientierung (Kraftfahrzeug-, Mineralöl-, Feuerschutz-, Rennwett- und Lotteriesteuer). – Vgl. auch → Verwendungszwecksteuern. – 5. Soweit die Verbrauchsteuern in den Preisen *überwälzt* werden, womit überwiegend zu rechnen ist, trägt der Verbraucher die Last der Wirtschaftspolitik. Isoliert betrachtet, ist die Verbrauchsbesteuerung weithin mit einem *Verzicht beim Verteilungsziel* verbunden. Die Effektivität der Verbrauchsbesteuerung muss daher im Zusammenwirken mit der Einkommensbesteuerung beurteilt werden.

V. **Erhebungsformen/Tarifgestaltung:** Die Verbrauchsteuern werden zumeist nicht am Ort des Verbrauchs, sondern aus Gründen der besseren Erhebungstechnik, der leichteren Kontrolle und der höheren Nettoergiebigkeit am Ort der Produktion, der Einfuhr, seltener der Nutzung oder des Erwerbs eines

Gebrauchsgutes erhoben. Dadurch ist die Verbrauchsbesteuerung i.d.R. eine unmerkliche, verbrauchsferne Besteuerung, außer bei der Kraftfahrzeug-, Hunde- sowie Jagd- und Fischereisteuer. – 1. *Ansatzpunkte:* a) *Ort* der Herstellung, der Einfuhr, der Nutzung oder des Erwerbs. – b) Im Bereich der Herstellung werden Verbrauchsteuern nach dem jeweils erreichten Stadium oder Ort des *Prozesses* erhoben: (1) *Material- oder Rohstoffsteuer:* alte Form der Erhebung; z.B. Zuckerrübensteuer bis 1887; (2) *Fabrikations- oder Produktionssteuer:* z.B. die alte „Gerätesteuer" als Maischbottichsteuer; (3) *Fabrikatesteuer oder Gütersteuer:* heute gebräuchliche Besteuerung. – 2. *Bemessungsgrundlage:* Die Bemessungsgrundlage ist zumeist die Menge (Mengensteuer) ausgedrückt als Geldbetrag pro Mengeneinheit (Liter, Kilo, Stück, ccm; Mengensteuer), daneben der Wert (Wertsteuer), ausgedrückt im Prozentsatz des Verkaufspreises eines Gutes, schließlich äußerst selten eine Kombination von Menge und Wert. Mit Wertsteuern erreicht man bei steigenden Preisen eine Aufkommenssteigerung. – 3. Das → Finanzmonopol als Erhebungsform von Verbrauchsteuern hat trotz seiner vorteilhaften Möglichkeiten bei der Versorgungspolitik und Steuerkontrolle heute in den westlichen Industrieländern kaum noch die Bedeutung wie früher (→ Branntweinmonopol).

VI. Steuersystematik: 1. *Einzelverbrauchsteuern:* Für das Steuersystem der Bundesrepublik Deutschland vgl. → Verbrauchsteuern. Es gibt weniger als 20 Einzelverbrauchsteuern, daneben zahlreiche Zölle. Nicht alle denkbaren Verbrauchstatbestände werden steuerlich belastet, sodass ein „System" in der Verbrauchsbesteuerung nicht zu erkennen ist. – 2. → Kaskadenwirkung: Da die Verbrauchsteuern bei der Berechnung der Wertschöpfung je Tauschstufe in die Bemessungsgrundlage der Mehrwertsteuer eingehen, wird „Mehrwertsteuer von der Verbrauchsteuer" erhoben. – 3. *Steuerlicher Dualismus:* Die Verbrauchsbesteuerung belastet das persönliche Einkommen des → Steuerpflichtigen neben der Einkommensteuer auch noch anlässlich seiner Verwendung. Das erlaubt einerseits, das durch den Einkommensteuertarif hergestellte Belastungsniveau niedriger zu halten, als es ohne die „ergänzende" Verbrauchsbesteuerung möglich wäre; steuerpsychisch ein Vorteil, da stark progressive Einkommensteuersätze leistungslähmend und steuervermeidend wirken können. Andererseits gelingt es mithilfe der Verbrauchsbesteuerung, solche Personen zu besteuern, die trotz vorhandener Leistungsfähigkeit von der Einkommensteuer legal nicht erfasst werden oder sich ihr illegal entziehen konnten. – 4. *Ausgabensteuer:* a) Eine völlige Abkehr vom Dualismus wäre die Erhebung einer → Ausgabensteuer. Ausgestaltung und Wirkungsweise werden in der → Finanzwissenschaft unter dem Aspekt diskutiert, ob Ausgaben nicht der bessere Indikator der Leistungsfähigkeit eines Menschen sind als sein Einkommen. Dann aber müsste die Ausgabensteuer als „*allgemeine persönliche*" eingerichtet werden mit Freibeträgen (und evtl. vergleichbarer Progression) wie bei der Einkommensteuer. Mehrwert- und Verbrauchsteuern könnten entfallen, was eine Vereinfachung des Steuersystems wäre. – b) Einen anderen Sinn erhält der Begriff Ausgabensteuer unter dem Aspekt der *Steuerklassifikation* nach der Richtung von *Zahlungsströmen* aus den bzw. in das Budget eines Steuerpflichtigen (Ausgabensteuer): Ausgabensteuern sind Verbrauchsteuer, Mehrwertsteuer, Grunderwerbsteuer etc., Einnahmensteuern sind Einkommensteuer, Kirchensteuer, die Ertragsteuern etc. – 5. Die Verbrauchsbesteuerung erfüllt zugleich die Funktion einer „*Alternativbesteuerung*", die anstelle der „Normalbesteuerung" für den Fall erhoben wird, dass die → Einkommensbesteuerung nicht angewendet wird, weil ein offensichtliches Missverhältnis zwischen dem Verbrauch und dem Einkommen besteht. Anhand der Höhe des Verbrauchs werden eine steuerliche Leistungsfähigkeit und das entsprechende Einkommen unterstellt. Die Höhe des tatsächlichen Einkommens wird indirekt erfasst. Es handelt sich um eine Verbrauchsbesteuerung des Einkommens, die bis 1981 nach § 48 EStG als *„Besteuerung nach dem Verbrauch"* durchgeführt wurde.

VII. Steuerharmonisierung in der EU: Art. 9 EGV sieht die Harmonisierung der Verbrauchsteuern vor. Steuerverursachte Wettbewerbsverzerrungen sollen verhindert werden. Gegenwärtig gilt die Anwendung des → Bestimmungslandprinzips beim grenzüberschreitenden Warenverkehr für die Verbrauchsbesteuerung als die systemgerechte Regel. Die nationalen Steuersätze differieren so stark, dass eine weitergehende Harmonisierung, die den völligen Abbau der Steuergrenzen wie bei den Zöllen bedeuten würde, nicht machbar erscheint.

Verbrauchsbesteuerung des Einkommens – Besteuerung, d.h. Erhebung der Einkommensteuer nach dem Verbrauch. In der Bundesrepublik Deutschland bis 1980 gemäß § 48 EStG unter bestimmten Voraussetzungen vorgesehen; wurde aufgrund fehlender praktischer Bedeutung aufgehoben.

Verbrauchsteuern – **I. Begriff:** Steuern, die an die Einkommensverwendung durch → Verbrauch anknüpfen.

II. Arten: 1. → Mengensteuern: Alkopop-, Bier-, Branntwein-, Kaffee-, Energiesteuer (vorher: Mineralölsteuer), Schaumwein-, Strom-, Zwischenerzeugnissteuer. – 2. → Wertsteuern: Vergnügung-, Rennwett- und Lotterie-, Getränke-, Versicherung-, Feuerschutz-, Jagd- und Fischereisteuer. – 3. *Kombinierte Mengen- und Wertsteuer:* Tabaksteuer. – 4. Eine *bes. Bemessungsgrundlage* mit eigenen Steuermaßen haben die Hundesteuer (nach Zahl der Hunde, progressiv mit zunehmender Zahl) die Schankerlaubnissteuer (je nach örtlicher Steuerordnung Betriebsvermögen, Jahresertrag oder Umsatz) und die Spielbankenabgabe (Bruttospielertrag = Saldo aus Einsätzen der Spieler – Gewinnauszahlungen der Bank).

III. Ertragshoheit: (Art. 106 GG): 1. *Gemeindesteuern* i.w.S.: Getränke-, Hunde-, Schankerlaubnis-, Jagd- und Fischerei-, Vergnügungsteuer als „örtliche Verbrauch- und Aufwandsteuern". – 2. *Landessteuern* i.w.S.: Bier-, Kraftfahrzeug- und Feuerschutzsteuern (die größtenteils den Gemeinden zufließt). – 3. *Bundessteuern* i.w.S. sind alle übrigen Verbrauchsteuern. – 4. *EU-Steuern:* Zölle, Abschöpfungen (für Getreide, Reis, Milcherzeugnisse, Zucker, Oliven, Eier, Geflügel, Schweine-, Rind- und Kalbfleisch) und Marktordnungsabgaben (für Milch, Zucker, Wein, Mühlenstruktur).

IV. Grundzüge: 1. *Steuerobjekt* der bundesgesetzlich geregelten bes. Verbrauchsteuern ist grundsätzlich die Überführung der belasteten Güter aus dem Herstellungsbetrieb in den Verkehr, ihr Verbrauch im Herstellungsbetrieb oder ihre Einfuhr und die Überführung in andere Herstellungsbetriebe zum Zwecke der Weiterverarbeitung. – 2. Mit Ausnahme der Branntweinsteuer und der Biersteuer ist *Steuerschuldner* der Inhaber des Herstellungsbetriebes. – 3. Die *Fälligkeit* für die einzelnen Verbrauchsteuern wurde aus kassentechnischen Gründen für verschiedene Zahltage festgesetzt. Zahlungsaufschub wird i.d.R. nicht gewährt. – 4. Um eine *Mehrfachbelastung* zu vermeiden, kann die Steuer unter bestimmten Voraussetzungen erlassen oder erstattet werden, wenn die Waren in den Herstellungsbetrieb zurückgeführt werden. – 5. Die Herstellerbetriebe unterliegen der *Steueraufsicht*. Sie müssen ihren Betrieb der zuständigen Zollstelle anmelden, haben bes. Aufzeichnungspflichten und i.d.R. monatlich eine Steueranmeldung bei der zuständigen Zollstelle abzugeben. – 6. Verbrauchsteuerpflichtige Waren dienen ohne Rücksicht auf die Rechte Dritter als *Sicherheit* für die darauf ruhenden Steuern (Sachhaftung nach § 76 AO).

V. Harmonisierung in der EU: Art. 93 EG-Vertrag ist ein Erlass, um die Verbrauchsteuergesetze der Mitgliedstaaten der EU einander anzunähern. Für die wichtigsten und aufkommensstärksten Steuerarten existieren darüber hinaus Rahmenrichtlinien auf europäischer Ebene. Nach der Umgestaltung des dt. Verbrauchsteuerrechts und Anpassung an das EU-Recht durch das Verbrauchsteuer- Binnenmarktgesetz vom 21.12.1992 (BGBl. Teil I S. 2150) enthalten alle Verbrauchsteuergesetze gemeinsame Grundsätze.

Verbundquote → Steuerverbundquote.

Verbundsystem – I. *Finanzwissenschaft:* Regelungsform der → Steuerertragshoheit zwischen öffentlichen Aufgabenträgern im aktiven Finanzausgleich; Form des → Mischsystems. Beim Verbundsystem werden die Gesamteinnahmen einer Einnahmequelle *(Einzelverbund)* oder mehrerer Einnahmequellen *(Gesamtverbund)* als Anteilsätze (Quoten) zwischen mehreren Aufgabenträgern aufgeteilt. – In der *Bundesrepublik Deutschland* werden nach diesem Prinzip die → Gemeinschaftsteuern wie folgt verteilt: Einkommensteuer und Lohnsteuer jeweils 42,5 Prozent für Bund und Länder und 15 Prozent für die Gemeinden; Körperschaftsteuer jeweils 50 Prozent für Bund und Länder; Umsatzsteuer mit 51,4 Prozent für den Bund, 46,5 Prozent für die Länder sowie 2,1 Prozent für die Gemeinden; Zinsabschlag jeweils 44 Prozent für den Bund und die Länder sowie 12 Prozent für die Gemeinden. – Vgl. auch → Steuerverbund.

II. *Wirtschaftsinformatik:* Gesamtheit von jeweils autonom funktionsfähigen Datenverarbeitungssystemen zur permanenten oder fallweisen Übertragung gemeinsam zu bearbeitender Aufgaben (Computerverbund(-system)).

Verdrängungseffekt → Crowding-out.

Verfügungssumme → Dispositionsfonds.

Vergabeverfahren → öffentliche Auftragsvergabe.

Vergnügungsteuer – 1. *Einordnung in das Steuersystem:* indirekte Steuer; Klassifizierung als örtliche → Verbrauchsteuer – Aufwands- oder → Verkehrsteuer. – 2. *Rechtfertigung:* einerseits fiskalischer Zweck der Einnahmenbeschaffung, andererseits ordnungspolitisches Lenkungsinstrument zur Eindämmung von bestimmten Vergnügungen (z.B. Spielhallen wegen der städtebaulichen Verschandelung der Innenstädte und der Suchtgefahr bei den Spielern); Einfachheitsprinzip: Besteuerung der Veranstalter und nicht der Teilnehmer. – 3. *Geschichte:* Entstehung im 18. Jh. aus Abgaben, die bereits im Mittelalter auf den Besuch öffentlicher Lustbarkeiten, Schaustellungen und auf die Teilnahme an Glücksspielen erhoben wurden und zur Finanzierung des Armenwesens dienten; im 19. und Anfang des 20. Jh. Besteuerung von Lustbarkeiten aller Art; seit Ende der dreißiger Jahre Schwerpunkt bei der Besteuerung von Filmvorführungen; Ende der siebziger Jahre vielerorts Abschaffung bzw. erhebliche Reduzierung der Erhebung der Vergnügungsteuer (Aufkommen 1980 nur noch 77 Mio. DM); seit Mitte der 1980er-Jahre Wiederaufleben der Vergnügungsteuer in Form der Spielautomatensteuer; ansonsten jedoch Nichtberücksichtigung moderner „Vergnügungen" (Reisen, Fernsehen etc.; Aufkommen 2006: 203,6 Mio. Euro). – 4. *Rechtsquellen:* Vergnügungsteuer-Gesetze der Länder (Berlin, Brandenburg, Bremen, Hamburg, Nordrhein-Westfalen, Rheinland-Pfalz, Saarland); Kommunalabgabengesetze der Länder (Baden-Württemberg, Hessen, Mecklenburg-Vorpommern, Niedersachsen, Sachsen-Anhalt, Schleswig-Holstein, Thüringen); Vergnügungsteuer-Satzungen der Gemeinden; generelles Verbot der Erhebung in Bayern; in Schleswig-Holstein nur als Spielautomatensteuer zulässig. – 5. *Tatbestand:* räumlicher Anwendungstatbestand: Gemeindegebiet; Steuersubjekt: Jedermann; Steuergegenstand: Veranstalten von Vergnügungen (z.B. Tanzveranstaltungen gewerblicher Art, Filmveranstaltungen) bzw. Besitz von Spielautomaten; Steuermaßstab: Entgelt, bes. der Preis der Eintrittskarte (Kartensteuer), oder Räume, Zahl der Mitwirkenden etc., wenn kein Eintrittsgeld erhoben wird bzw. die Ermittlung zu aufwendig ist (Pauschsteuer); bei Spielautomaten Anzahl oder Erstanschaffungspreis. – Steuersatz: Kartensteuer: zwischen 15 und 30 Prozent; Pausch- und Automatensteuer: fester Betrag; bei der Automatensteuer z.T. Differenzierung nach Aufstellungsort und Gerätetyp. – 6. *Verfassungsrechtliche Bedenken*: Die Vergnügungsteuer nach Anzahl der Spielgeräte (auch sog. Automatensteuer oder Pauschsteuer) ist sehr umstritten. Im Jahr 2005 hat das Hamburgische Oberverwaltungsgericht die Frage der Verfassungsmäßigkeit der Pauschsteuer dem Bundesverfassungsgericht zur Entscheidung vorgelegt. Aktuell wird allerdings die Umsatzsteuer für Automatenaufsteller vom Gerichtshof der Europäischen Gemeinschaft für nicht vereinbar mit EU-Recht gehalten. – Vgl. auch → Bagatellsteuer.

Verkehrsteuern – I. Steuerrecht: Zusammenfassende Bezeichnung für die Steuern, die an *Vorgänge des Rechts- und Wirtschaftsverkehrs* anknüpfen. Steuergegenstand ist ein Verkehrsakt, also ein Vorgang im Rahmen einer Tauschbeziehung. Im Gegensatz zu den Besitzsteuern ist für ihre Entstehung die Erfolgserzielung aus dem volkswirtschaftlichen Güter- und Leistungsverkehr ohne Bedeutung. – *Im Einzelnen* rechnet man zu Verkehrsteuern: die → Umsatzsteuer *("allgemeine Verkehrsteuern")* sowie die große Gruppe der *"speziellen Verkehrsteuern"*, z.B. Kapitalverkehrsteuern (Gesellschaftsteuer und Börsenumsatzsteuer), Wechselsteuer, Grunderwerbsteuer, Kraftfahrzeugbesteuerung, Beförderungsteuer (am 1.1.1968 aufgehoben), Rennwett- und Lotteriesteuer, Versicherungs- und Feuerschutzsteuer. Durch das Finanzmarktförderungsgesetz vom 22.2.1990 (BGBl. I 266) wurden die Gesellschaft-, Börsenumsatz- und Wechselsteuer abgeschafft. – *Anders:* → Ertragsteuern, → Besitzsteuern und → Verbrauchsteuern.

II. Finanzwissenschaft: 1. Benutzt einen anderen *Verkehrsteuerbegriff.* Der → Finanzwissenschaft erscheint der Verkehrsbegriff der Steuerrechtswissenschaft unpräzise, da (1) wenn nach steuerrechtlicher Auffassung „Rechtsverkehrs- und Tauschakte" die Steuergegenstände der Verkehrsteuern sind, das Halten und Nutzen eines Gebrauchs- und Vermögensgegenstandes (z.B. des Kraftfahrzeugs) nicht zu den Verkehrsteuern gerechnet werden darf; (2) die Bezeichnung der seinerzeitigen Beförderungsteuer als Verkehrsteuer irreführend ist, es liegt kein Rechtsverkehrsakt, sondern ein ökonomischer Produktionsakt (Beförderungsleistung) zugrunde; (3) die Akte der Ertrags- und Einkommenserzielung, die von eigenen Steuern erfasst werden, zugleich immer „Rechtsverkehrsakte" und somit alle Steuerarten als Verkehrsteuern aus der rechtlichen Sicht zu verstehen sind. Grunderwerbsteuer fließt Ländern und Gemeinden zu; alle übrigen Verkehrsteuern sind Bundessteuern. – 2. *Steuersystematisch* ist die gleichzeitige Existenz von Umsatzsteuer und Verkehrsteuern von Interesse; das Problem ist dadurch gelöst, dass sämtliche Verkehrsteuern von der Umsatzsteuer (Mehrwertsteuer) befreit sind. – 3. *Beurteilung:* Die speziellen Verkehrsteuern werden negativ beurteilt, da sie in bes. historischen Situationen aus fiskalischen Gründen eingeführt wurden, heute den ihnen damals beigelegten Nebenzweck verloren haben und außerdem den Kapital- und Güteraustausch behindern. Der Verkehrsteuerbegriff wird in finanzwissenschaftlicher Sicht daher neuerdings allenfalls für „Steuern auf den Kapital- und Zahlungsverkehr" verwendet, die eine eigene Gruppe in der → Steuerklassifikation außerhalb der Verkehrsteuern darstellen. In allen Fällen des Kapital- und Zahlungsverkehrs handelt es sich entweder um einen Eigentümerwechsel (Erwerb von Grundstücken oder Anteilen an Kapitalgesellschaften) oder um Zahlungsweisen bzw. Kreditaufnahme (Wechselfinanzierung). Demnach zählt die Finanzwissenschaft zu den Verkehrsteuern nur Grunderwerb-, Gesellschaft-, Börsenumsatz- und Wechselsteuer, nicht Feuerschutz- und Versicherungsteuer. Die nach ökonomischem und finanzwissenschaftlichem Verständnis als Verkehrsteuern zu bezeichnenden Steuerarten kennzeichnet gleichermaßen eine „Gliedsteuerbeziehung" zur Umsatzsteuer (→ mehrgliedrige Steuern); die ihnen zugrunde liegenden Tatbestände sind von der Umsatzsteuer befreit. - Vgl. auch → Verbrauchsbesteuerung.

Vermögen der öffentlichen Hand → Finanzvermögen, Verwaltungsvermögen.

Vermögensbesteuerung - 1. *Charakterisierung:* Frühere Hauptsteuer, die in modernen Steuersystemen durchweg als → Ergänzungsteuer neben der → Einkommensbesteuerung beibehalten ist. - *Konsequenterweise:* relativ niedrige Sätze und Verzicht auf Progression. Vermögensbesteuerung ist eine → direkte Steuer auf die Gesamtheit der im Eigentum einer natürlichen oder juristischen Person stehenden Sachgüter und wirtschaftlich bewertbaren Rechte, nämlich: a) Erwerbsvermögen (gewerbliche Anlagen, Mietshäuser, Wertpapiere), b) Gebrauchsvermögen (Wohnhaus, Park, Schmucksachen, Sammlung), c) Spekulationsvermögen (unbebaute Grundstücke), d) Schatzvermögen (gehortetes Bargeld, Edelmetalle) und e) Verbrauchsvermögen (Wäsche, Möbel, Hausrat etc.). - 2. *Formen:* a) *Echte Vermögensbesteuerung, reelle Vermögensbesteuerung, Vermögenssubstanzsteuer* (→ Substanzsteuer): Greift der Absicht nach oder faktisch die Substanz, d.h. den Vermögensbestand, an. Allokations- und wachstumspolitisch unerwünscht, da Lähmung von Sparwillen, Kapitalbildung und wirtschaftlicher Leistungsfähigkeit; daher nur als einmalige Notsteuer (Vermögensabgabe) diskutabel. - b) *Nominelle Vermögensbesteuerung (Vermögensertragsteuer):* Will in Wirklichkeit nur die *Erträge* treffen, die der Pflichtige aus dem Vermögen bezieht (Mehrbelastung fundierten Einkommens); bei Ertragslosigkeit wird jedoch den Pflichtigen in der Mehrzahl der Fälle zugemutet, die Steuer aus dem Arbeitseinkommen zu entrichten, wobei die persönlichen Verhältnisse des Schuldners zu berücksichtigen sind. Problematisch ist die Bewertungsfrage. In Betracht kommen: gemeiner Wert, Ertragswert und Teilwert; für Wertpapiere wird oft Durchschnittskurs über mehrere Jahre zugrunde gelegt, um Wertschwankungen auszugleichen. - 3. *Rechtfertigung:* Die Erhebung einer Vermögensteuer als zusätzliche Besteuerung des Vermögens neben der Erfassung der Erträge durch die Einkommensteuer wird durch folgende Argumente begründet: (1) laufende Vermögenserträge (die der → Kapitalertragsteuer unterliegen); (2) Wertsteigerungen (z.B. bei Kunstgegenständen und Grundstücken (→ Wertzuwachssteuer)); (3) Förderung der Möglichkeiten wirtschaftlicher Betätigung. - 4. *Bes. Probleme:* a) In der Vermögensbesteuerung wird diskutiert, inwieweit auch die *Wertzuwachsbesteuerung* einzuschließen ist; es ist zu entscheiden, ob nur der realisierte oder auch der nicht realisierte Wertzuwachs der Vermögensbesteuerung unterliegen soll. - b) *Allokative und distributive Probleme* werden aufgeworfen, wenn die Vermögensbesteuerung inflationsbedingte Aufblähung der Vermögenswerte mit erfasst. - c) Sofern die Vermögensbesteuerung als reine Besteuerung der Bestände an Vermögen ausgestaltet ist, kann es beim Ausbleiben von Erträgen zur *Substanzbesteuerung* (→ Substanzsteuern) kommen. - d) Im Rahmen der Vermögensbesteuerung ist ferner zu entscheiden, ob auch der Vermögensverkehr zu erfassen ist; z.B. kommt es im Jahr des Vermögenserwerbs zu einer mehrfachen Belastung desselben Vermögensgegenstandes dann, wenn eine Grunderwerbsteuer und eine Erbschaft- und Schenkungsteuer neben der Vermögensteuer erhoben werden. - Vgl. auch → Reinvermögenszugangstheorie, → Einkommensbesteuerung, → Schanz-Haig-Simons-Ansatz.

Vermögensertragsteuer → Vermögensbesteuerung.

Vermögenshaushalt – Teil des → Haushaltsplans kommunaler → Gebietskörperschaften, der alle das Vermögen oder die Schulden verändernden Ausgaben und Einnahmen enthält; auf der Ausgabenseite bes. Investitionen, Rücklagenzuführungen, Kredittilgungen sowie etwaige Zuführungen zum → Verwaltungshaushalt, auf der Einnahmeseite bes. Kreditaufnahmen, Rücklagenentnahmen, Zuschüsse und Zuweisungen Dritter für Investitionen, Erlöse aus Vermögensveräußerungen sowie etwaige Zuführung vom Verwaltungshaushalt. Vermögenshaushalt und Verwaltungshaushalt bilden den Haushaltsplan von Gemeinden und Gemeindeverbänden.

Vermögenssubstanzsteuer → Vermögensbesteuerung.

Vermögenswertzuwächse → Wertzuwachssteuer.

vermögenswirksame Leistungen – Geldleistungen im Sinn des § 2 VermBG, die der Arbeitgeber für den Arbeitnehmer anlegt. Diese Geldleistungen können auch für den Ehegatten, die Kinder oder die Eltern des Abeitnehmers angelegt werden (§ 3 VermBG). – Vgl. auch Vermögensbildung der Arbeitnehmer.

Verpflichtungsermächtigung – Ausnahmeregelung für den Grundsatz der „zeitlichen Spezialität" (→ Haushaltsgrundsätze) im Rahmen des Haushaltsplans, in der → Haushaltsreform von 1969 neu geregelt. Verpflichtungsermächtigungen sind die quantifizierte „Vorbelastung" einzelner Titel in künftigen Jahren. Begründet in der Bundeshaushaltsordnung. Verpflichtungsermächtigungen dürfen nur bei Verträgen über Bauten und größerer Rüstungsaufträge erteilt werden, die im Laufe mehrerer Haushaltsjahre erfüllt werden müssen. Der jeweils gesonderte Ausweis in den Ausgabeansätzen des Plans erleichtert die Kontrolle über die Vorausbelastung künftiger Haushaltsjahre. – *Vorteil:* zeitlich durchgehende Baudurchführung und Finanzierung. – *Nachteil:* Einengung der finanziellen Bewegungsfreiheit der Haushaltsführung.

Verschuldungsgrenzen – Grenzen der Staatsverschuldung. – 1. *Ökonomische Grenzen:* Exakt definierbare Verschuldungsgrenzen ex ante nicht begründbar. I.d.R. zeigen sich die Grenzen erst in den Folgewirkungen der staatlichen Schuldenaufnahme auf den Geld- und Kapitalmärkten (→ Quellentheorie) sowie an makroökonomischen Zielverletzungen; eine zu weit gehende Verschuldung kann das Konjunkturstabilisierungsziel (→ Crowding-out) und/oder das Preisniveaustabilisierungsziel (→ Deficit Spending) gefährden. – Zur besseren Beschreibung und Beurteilung der Verschuldungssituation dienen verschiedene *Indikatoren:* (1) *Schuldenstandsquote:* Relation Schuldenstand/Bruttoinlandsprodukt, gibt eine Vorstellung vom Gewicht der Schuldenhöhe; (2) *Zins-Steuer-Quote:* Ausmaß der Zinszahlungen im Verhältnis zum Steueraufkommen, weist die freie Verfügbarkeit des Steueraufkommens über die Zinszahlungen hinaus aus; (3) *Zinsausgabenquote:* Belastung der Ausgabenseite des öffentlichen Haushalts durch den Zinsendienst, zeigt das Ausmaß der Begrenzung der Ausgabemöglichkeiten durch den Zinsendienst an. – 2. *Juristische Grenzen:* a) *Kreditaufnahme des Bundes:* Die → Finanzverfassung (bes. Art. 115 GG) beschränkt die Netto-Einnahmen aus Krediten im Normalfall auf die Summe der im Haushaltsplan veranschlagten Ausgaben für Investitionen. Ausnahmen sind nur zur Abwehr einer Störung des gesamtwirtschaftlichen Gleichgewichts zulässig. Die Anknüpfung an die Investitionen wird hinsichtlich der Unbestimmtheit des Investitionsbegriffs und mit Verweis auf die neueren, an der antizyklischen Finanzpolitik ausgerichteten Verschuldungsregeln (Deckungsgrundsätze, → Deficit Spending) kritisiert. – *Einfachgesetzliche Vorschriften:* (1) § 20 BBankG: Eine Direktverschuldung von Bund, Ländern und Sondervermögen bei der Bundesbank (Kassenkredite) war auf einen relativ niedrigen Kreditplafonds begrenzt;

seit dem 1.1.1995 durch den Vertrag von Maastricht verboten. (2) § 6 III StabG: Der Bundesminister der Finanzen ist ermächtigt, über die im Haushaltsplan erteilten Kreditermächtigungen hinaus Kredite bis zur Höhe von 5 Mrd. DM aufzunehmen, wenn dies stabilisierungspolitisch notwendig ist (bisher nicht in Anspruch genommen, wohl auch quantitativ überholt); in den §§ 19–25 StabG sind Begrenzungen der Schuldenaufnahme zur Dämpfung von Hochkonjunkturen geregelt (Schuldendeckel). Der Vertrag von Maastricht setzt zwar keine Verschuldungsgrenzen fest, er postuliert jedoch maximal 3 Prozent jährlichen Zuwachs der Nettokreditaufnahme und maximal 60 Prozent des Schuldenstandes bezogen auf das Bruttoinlandsprodukt als Maßstäbe für eine geordnete Haushaltsführung bzw. als Eintrittskriterien für die Europäische Währungsunion (Art. 104c und 109j; Konvergenzkriterien von Maastricht sowie der Stabilitäts- und Wachstumspakt). – b) *Kreditaufnahme der Kommunen:* Nach den Gemeindehaushaltsverordnungen der Länder durch die Höhe der Zuführungen aus dem → Verwaltungshaushalt in den → Vermögenshaushalt begrenzt; übersteigen diese Zuführungen den Schuldendienst für bereits aufgenommene Kredite, besteht Spielraum für eine Neuverschuldung. Verschuldung der Gemeinden erfolgt nur im Rahmen des Vermögenshaushalts und nur für Investitionen und Umschuldungen (→ Kommunalverschuldung).

Verschuldungsquote – *Schuldenstandsquote;* Größe, die den Anteil des Schuldenstandes an den Gesamtausgaben des Staatshaushaltes bzw. am Bruttoinlandsprodukt (BIP) misst. – Vgl. auch → öffentliche Kreditaufnahme.

Verschuldungsregel → Last der Staatsverschuldung.

Versicherungsteuer – 1. *Charakterisierung:* Aufwand- bzw. → Verbrauchsteuer (finanzwissenschaftliche Sicht) bzw. → Verkehrsteuer (steuerrechtswissenschaftliche Sicht) auf die entgeltliche Einräumung von Versicherungsschutz. Die Versicherungsteuer wird zusammen mit der Prämie im Wesentlichen in allen Zweigen der Sachversicherung von den Versicherungsgesellschaften im Abrechnungsverfahren erhoben und an die Bundeszollverwaltung, die sie verwaltet, abgeführt. – 2. *Rechtsgrundlagen:* Versicherungsteuergesetz i.d.F. vom 10.10.1996 (BGBl. I 22) m.spät.Änd. und Versicherungsteuerdurchführungsverordnung i.d.F. vom 10.10.1996 (BGBl. I 28) m.spät.Änd. – 3. *Steuergegenstand:* Die Entgegennahme von Versicherungsentgelten (bes. Prämien), wenn der Versicherungsnehmer Wohnsitz (Sitz) oder gewöhnlichen Aufenthalt im Inland hat oder ein Gegenstand im Inland versichert wird. – 4. *Steuerbefreiungen:* v.a. Rückversicherungen, Kranken-, Renten- und Arbeitslosenversicherungen sowie Unfallversicherungen nach RVO. Haftpflicht- und sonstige Sachversicherungen sowie (freiwillige) private Unfallversicherungen sind *steuerpflichtig.* – 5. *Steuerberechnung:* a) *Bemessungsgrundlage* ist i.d.R. das Versicherungsentgelt. – b) *Steuersatz:* (1) Regelsatz: 19 Prozent (bis 2006: 16 Prozent) (§ 6 VersStG); (2) bei Feuerversicherung: 14 Prozent (bis 2006: 11 Prozent); (3) auf den Feueranteil der Gebäude- bzw. Hausratversicherung unter bestimmten Voraussetzungen: 17,75 Prozent (bis 2006: 14,75 Prozent) bzw. 18 Prozent (bis 2006: 15 Prozent); (4) weitere Sätze für Hagelversicherungen, Seekaskoversicherungen und Unfallversicherungen mit Prämienrückgewähr. – 6. *Steuerschuldner:* Versicherungsnehmer. Der Versicherer haftet und hat die Steuer für Rechnung des Versicherungsnehmers zu entrichten. – 7. *Verfahren:* Der Versicherer hat i.d.R. am 15. eines Monats dem Finanzamt die auf Basis der im Vormonat eingenommenen Entgelte (Isteinnahmen; auf Antrag Solleinnahmen) berechnete Steuer *anzumelden* und zu *entrichten;* Überwälzung der Versicherungsteuer auf den Versicherungsnehmer. – 8. *Finanzwissenschaftliche Beurteilung:* Die Beibehaltung der

Versicherungsteuer hat fiskalische Gründe, da sie mit ihrem Aufkommen einen erheblichen Anteil an den → Bundessteuern i.w.S. hat. Die ursprüngliche Begründung und die Kritik daran sind im Ganzen wenig erheblich; die Begründung lag in der Vermutung einer bes. Leistungs- oder Ertragsfähigkeit derer, die ihre Kapital- und Vermögenswerte sicherten durch die Risikoabwälzung auf Versicherungsträger. Soweit dies das Vermögen der einkommensschwachen Gruppen betrifft (bes. Hausrat), kann die Begründung nicht überzeugen; jedoch wird die Belastung gemildert durch zahlreiche sozial- und wirtschaftspolitisch motivierte Befreiungen und dadurch, dass Umsätze aus Versicherungen von der Umsatzsteuer befreit sind. – 9. *Aufkommen:* 10.755 Mio. Euro (2011), 8,8 Mrd Euro (2006), 8.787,5 Mio. Euro (2005), 8.869,6 Mio. Euro (2003), 8.326,5 Mio. Euro (2002), 7.427,4 Mio. Euro (2001), 7.243,2 Mio. Euro (2000), 7.211,2 Mio. Euro (1995), 2.266,3 Mio. Euro (1990), 1.266 (1985), 908 Mio. Euro (1980), 586 Mio. Euro (1975), 315 Mio. Euro (1970), 197 Mio. Euro (1965), 111 Mio. Euro (1960), 72 Mio. Euro (1955), 33 Mio. Euro (1950).

Versorgungsfreibetrag – 1. *Erbschaftsteuer:* Im Fall des Todes eines Ehegatten steht dem überlebenden Ehegatten und den Kindern im Sinn der Steuerklasse I Nr. 2 ein bes. Versorgungsfreibetrag zu (§ 17 ErbStG). – Vgl. auch → Erbschaftsteuer. – 2. *Einkommensteuer:* Versorgungsbezüge bleiben in Höhe des Versorgungsfreibetrags steuerfrei. Der Versorgungsfreibetrag betrug bis zum 31.12.2004 40 Prozent der Bezüge, höchstens jedoch 3.072 Euro im Kalenderjahr (§ 19 II EStG). Seit dem 1.1.2005 verringern sich der Versorgungsfreibetrag sowie ein Zuschlag hierzu jährlich stufenweise bis 2040. Bei Versorgungsbeginn in 2011 beträgt der Freibetrag beispielsweise 30,4 Prozent der Bemessungsgrundlage, höchstens 2.280 Euro plus Zuschlag von 684 Euro. Bei Versorgungsbeginn im Jahr 2040 werden weder ein Versorgungsfreibetrag noch ein Zuschlag hierauf mehr gewährt.

Versorgungspolitik → finanzpolitische Distributionsfunktion.

versteckte Progression – *kalte Progression.* Die versteckte Progression tritt bei progressivem Tarifverlauf (→ Steuerprogression) einer Steuer dann ein, wenn die steuerliche → Bemessungsgrundlage aufgrund inflationärer Tendenzen im Zeitablauf ansteigt, ohne dass der Steuertarif entsprechend angepasst wird. Trotz gleichbleibenden realen Wertes der steuerlichen Bemessungsgrundlage steigt die Steuerlast überproportional an.

versteckter öffentlicher Bedarf – die von den privaten Stellen aufgrund gesetzlicher Bestimmungen und Verwaltungsverordnungen unentgeltlich zu erbringenden Leistungen, die zur Erfüllung öffentlicher Aufgaben benötigt werden. – *Beispiele:* Wehr- und Ersatzdienst, Schöffentätigkeit, Mitwirkung bei der Steuer- und Sozialabgabenermittlung und -entrichtung.

vertikale Gerechtigkeit → Leistungsfähigkeitsprinzip.

vertikaler Finanzausgleich → Finanzausgleich. – *Gegenteil:* horizontaler Finanzausgleich.

Verwaltungsgebühr → Gebühr.

Verwaltungshaushalt – derjenige Teil des Haushaltsplans kommunaler Gebietskörperschaften, der die vermögensunwirksamen Posten enthält; auf der Einnahmenseite alle laufenden Einnahmen wie Steuern, Zuweisungen, Gebühren, Entgelte, auf der Ausgabenseite alle laufenden Ausgaben wie Personalausgaben, sachliche Verwaltungs- und Betriebskosten, Zinsen, Umlagen. Im Normalfall enthält der Verwaltungshaushalt einen Überschuss der Einnahmen über die Ausgaben, der an den → Vermögenshaushalt überführt wird. Verwaltungshaushalt und Vermögenshaushalt bilden den Haushaltsplan von Gemeinden und Gemeindeverbänden. – *Bedeutung:* → Verschuldungsgrenzen.

Verwaltungshoheit – Befugnis im Rahmen der → Finanzhoheit zur Durch-/Ausführung öffentlicher Aufgaben und zur Erhebung öffentlicher Einnahmen. – 1. *Aufgabenerfüllung:* Die Verwaltungshoheit obliegt grundsätzlich den Ländern (Art. 83 GG), daneben existiert jedoch auch eine bundeseigene Verwaltung (Art. 86, 87 GG). – 2. *Erhebung öffentlicher Einnahmen:* Die Verwaltungshoheit liegt grundsätzlich bei den Ländern; ausgenommen sind Zölle und Finanzmonopole, die bundesgesetzlich geregelten Verbrauchsteuern einschließlich der Einfuhrumsatzsteuer und die Abgaben im Rahmen der EU (Verwaltungshoheit des Bundes gemäß Art. 108 I GG; → Bundessteuern) sowie die → Gemeindesteuern, soweit die Länder den Gemeinden die Verwaltung übertragen haben (Art. 108 IV 2 GG).

Verwaltungsreform – 1. *Allgemein:* Sammelbegriff für organisatorische, personelle, verfahrensmäßige und instrumentelle Reformen und Anpassungsmaßnahmen öffentlicher Verwaltungen mit der Zielsetzung der Schaffung von leistungsfähigen Verwaltungseinheiten, der Institutionalisierung klarer verwaltungsmäßiger Zuständigkeiten, der Verwaltungsvereinfachung, des Abbaus von Verwaltungsaufgaben, eines effizienten Verwaltungsmanagements (New Public Management (NPM), Neues Steuerungsmodell (NSM)) und der Bürgernähe der Verwaltung. – 2. *Verwaltungsreform als Gebietsreform:* Bezieht sich auf den Abbau der Diskrepanz zwischen öffentlicher Aufgabe und leistungsfähiger Aufgabenwahrnehmung einerseits und dem Gebietszuschnitt andererseits, bes. bei den kommunalen Selbstverwaltungskörperschaften. In den alten Bundesländern wurde auf kommunaler Ebene die Gebietsreform Ende der 1960er-Jahre mit mehr oder minder großem Erfolg durchgeführt, in den neuen Bundesländern wird seit der Wiedervereinigung die Zahl der Gemeinden reduziert. – 3. *Verwaltungsreform als Funktionalreform:* Bezieht sich auf die Verteilung der Zuständigkeiten zwischen den einzelnen Verwaltungsebenen, v.a. Delegation von Aufgaben nach unten. Verwaltungsreform als Funktionalreform tangiert i.d.R. auch eine Umverteilung der Verfügbarkeit über Ressourcen. – 4. *Verwaltungsreform als Organisationsreform:* Bezieht sich auf die Organisationsstruktur der Bundesorgane/Landesorgane sowie ihre Verhältnisse zueinander. Auf der Ebene der Kommunen geht es in Verbindung mit Ansätzen für effiziente Organisationsstrukturen v.a. um die Reform der Kommunalverfassung. – 5. *Verwaltungsreform als Reform des öffentlichen Dienstrechts und Personalwesens:* Bezieht sich auf die Umgestaltung der Beziehungen zwischen den Beschäftigten und dem öffentlichen Dienstherrn, aber auch v.a. neuerdings auf die Schaffung der Voraussetzungen für die Anwendung personalwirtschaftlicher Maßnahmen (bes. Personalentwicklung). Dies umfasst die Diskussion der Änderung des Laufbahnprinzips mit seinen festen Einstiegsämtern bis hin zur generellen Abschaffung des Beamtenstatus in einzelnen öffentlichen Aufgabenfeldern. Diese Diskussion wird durch die EU-Entwicklung gefördert. – 6. *Verwaltungsreform als Reform des Steuerungs- und Kontrollinstrumentariums öffentlicher Verwaltungen, bes. als Reform des Rechnungswesens:* Das traditionelle Rechnungswesen öffentlicher Verwaltungen (Kameralistik), v.a. auf Bundes- und Landesebene weist erhebliche Informationsdefizite auf. Es liefert keine Informationen über die tatsächliche Finanz- und Vermögenslage der Gebietskörperschaft. Es liefert weiterhin keine oder nur unzulängliche Informationen über die intertemporale Verteilung von Ressourcenverbrauch und Ressourcenaufkommen, d.h. es besteht die Gefahr einer unangemessenen Verschiebung von finanziellen Lasten in die Zukunft. Außerdem fehlt es an Informationen über die Effektivität und Effizienz des Verwaltungshandelns. Zum Abbau dieser Informationsdefizite werden drei Hauptrechnungen gefordert: Eine Vermögensrechnung, eine Ergebnisrechnung und eine Finanzrechnung (Zahlungsrechnung). Alle drei Rechnungen sollen unter Verwendung der Technik der doppelten Buchführung im Verbund geführt werden, wobei in der Ergebnisrechnung Transaktionen erfasst werden, die die Nettoposition der Vermögensrechnung beeinflussen (ergebniswirksame Vorgänge), während die Finanzrechnung Zahlungsvorgänge aufnimmt. – 7. *Verwaltungsreform als Finanzreform:* Bezieht sich in Anlehnung an die 1969 durchgeführte Reform auf die Neuverteilung des Steueraufkommens zwischen Bund, Ländern und Gemeinden. Nach der Wiedervereinigung stand bis 1995 eine völlig neue Regelung des Finanzausgleichs zwischen den Gebietskörperschaften Bund, Ländern und Gemeinden an. – 8. *Verwaltungsreform als behördeninterne Änderung (Binnenmodernisierung):* Erfolgt in Form der Änderung von Organisationsstrukturen (z.B. Dezentralisierung, Ausgliederung, formale Privatisierung), Entscheidungskompetenzen (z.B. sachbezogene Regelung des Zeichnungsrechts, Delegation von Entscheidungen), Verfahren (Anwendung bestimmter Entscheidungstechniken wie → Nutzwertanalyse, → Kosten-Nutzen-Analyse) und Instrumente (Anwendung von Kosten- und Leistungsrechnungen). Verwaltungsreform als behördeninterne Reform kann nur im Rahmen der konstitutiven Bedingungen stattfinden. – 9. *Verwaltungsreform als Wandel vom Verwalten zum Public Management* geht von Verwaltungen als Dienstleistungseinheiten aus, die unter Nutzung des aktuellen Managementwissens und unter Berücksichtigung von Marktbedingungen zu steuern sind.

Verwendungszwecksteuer – Steuer, die nicht in das allg. Steueraufkommen eingeht, sondern bestimmten Verwendungen zugeführt werden soll, um allokativen oder distributiven Zielen zu dienen. Durchbrechung des → Nonaffektationsprinzips.

Virement – im öffentlichen Haushalt traditionelle Bezeichnung für zeitliche oder sachliche Übertragung eines Etatpostens. Nur erlaubt, falls „gegenseitige Deckungsfähigkeit" ausdrücklich vorgesehen ist. – Das *grundsätzliche Verbot* des Virement folgt aus dem Haushaltsbewilligungsrecht des Parlaments und will verhindern, dass die Exekutive Überschüsse oder bewilligte Mittel ins nächste Haushaltsjahr oder auf andere Titel überträgt, d.h. Eigenmächtigkeiten, die mit der ordnenden Funktion des → Haushaltsplans als Grundlage der Finanzwirtschaft nicht vereinbar wären.

volkswirtschaftliche Lenkungsfunktion – Teilfunktion der → Haushaltsfunktionen. Da über die Ausgabenseite die gesamtwirtschaftliche Nachfrage direkt und über die Einnahmeseite indirekt beeinflusst werden kann, wird im Haushalt ein Instrument zur Realisation bes. stabilisierungspolitischer Zielsetzungen (→ Fiskalpolitik) gesehen.

Vollzugsbudget – Gliederung des → Budgets nach den Wirkungen auf den marktwirtschaftlichen Ablauf in kurzer und langer Sicht. Gegensatz zur bisherigen Handhabung in der Bundesrepublik Deutschland, der Gliederung nach dem → Ministerialprinzip.

Vorumsatzabzug → Umsatzbesteuerung.

Wagnersches Gesetz – von Wagner 1863 erstmals formuliertes *„Gesetz der wachsenden Staatsausgaben"*, nach dem sich absolut und relativ zum Nationaleinkommen (zuvor zum Sozialprodukt) eine deutliche Tendenz zur Ausdehnung der öffentlichen bzw. Staatstätigkeiten mit dem Fortschritt der Volkswirtschaft und Kultur zeige. – 1. *Gründe:* Superiorität staatlicher Aufgaben des „Rechts- und Machtzwecks" und des „Kultur- und Wohlfahrtszwecks"; weitere Gründe: Eine wegen sozialer Krisen bewirkte Erhöhung des Staatsanteils infolge von Gewöhnungseffekten werde auch nach Ende der Krisenzeiten nicht auf die ursprüngliche Höhe zurückgeführt (Displacement Effect); verschiedene Verzögerungen (Lags), aufgrund derer bei einer Erhöhung des Wohlstands die staatlichen Ausgaben nur verzögert, aber überproportional anstiegen. – 2. *Beurteilung:* Ähnlich wie das Popitzsche Gesetz beruht das Wagnersche Gesetz auf Beobachtungen einer historischen Situation, aus der eine Allgemeingültigkeit im Sinn eines „Gesetzes" nicht beansprucht werden kann; auch normative Aussagen fließen ein. Viele Gedanken des Wagnerschen Gesetzes und der aufbauenden Arbeiten sind plausibel und auch heute noch von praktischem Erklärungswert für den in vielen Staaten beobachtbaren Anstieg der Staatsquote. – Vgl. auch → Niveauverschiebungsansatz (Peacock und Wiseman) sowie die ökonomische Theorie der Politik (A. Downs) sowie der Bürokratie (Niskanen; Buchanan).

Währungsausgleichsfonds → Ausgleichsfonds.

Werbungskosten – 1. *Begriff des Einkommensteuerrechts* für Aufwendungen zur Erwerbung, Sicherung und Erhaltung der Einnahmen (§ 9 I EStG). Sie umfassen die Aufwendungen, die bei Ermittlung der sog. Überschusseinkünfte (Einkünfte aus nichtselbständiger Arbeit, aus Kapitalvermögen, aus Vermietung und Verpachtung und sonstige Einkünfte) unmittelbar von den Einnahmen abgezogen werden können (→ Einkünfteermittlung). Werbungskosten entsprechen somit den → Betriebsausgaben bei Gewinneinkünften (Einkünfte aus Land- und Forstwirtschaft, aus Gewerbebetrieb und aus selbständiger Arbeit). Aufwendungen zur Sicherung von steuerfreien Einnahmen können nicht Werbungskosten sein (§ 3c EStG). – 2. Als Werbungskosten werden u.a. anerkannt (§ 9 EStG): (1) Schuldzinsen und Renten (bei Leibrenten nur Ertragsanteil nach § 22 Nr. 1 S. 3a bb) EStG), (2) Beiträge zu Berufsständen und Berufsverbänden, (3) Mehraufwendungen für doppelte Haushaltsführung, (4) Aufwendungen für Arbeitsmittel, (5) Absetzung für Abnutzung (AfA), etwa für ein vermietetes Gebäude. – 3. Werbungskosten sind in tatsächlicher Höhe bei entsprechendem Nachweis *abzugsfähig* oder in Höhe der → Pauschbeträge für Werbungskosten, wenn keine höheren Werbungskosten nachgewiesen werden. – 4. *Lohnsteuer:* Im Lohnsteuertarif ist ein Werbungskosten-Pauschbetrag von 1.000 Euro eingearbeitet. Die diesen überschießenden Werbungskosten können, bei Vorliegen der übrigen Voraussetzungen, als lohnsteuerfreie Beträge auf der Lohnsteuerkarte eingetragen (Lohnsteuer-Ermäßigungsverfahren) oder im Rahmen der Einkommensteuer-Veranlagung (Veranlagung) geltend gemacht werden. – 5. *Abgeltungsteuer:* Mit der Einführung der Abgeltungsteuer ab dem Veranlagungszeitraum 2009 entfällt der Abzug der tatsächlichen Werbungskosten für Kapitalerträge. Es wird nunmehr bei der Ermittlung der Kapitaleinkünfte ein sog. → Sparer-Pauschbetrag in Höhe von 801 Euro bzw. von 1.602 Euro bei Zusammenveranlagung gewährt. Bis einschließlich 2008 wurden ein Werbungskostenpauschbetrag von 51 Euro bzw. 102 Euro sowie ein Sparerfreibetrag von 750 Euro bzw. 1.500 Euro gewährt.

Werbungskosten-Pauschsätze – Pauschsätze für → Werbungskosten, die für bestimmte Berufsgruppen zur Vereinfachung bei der Errechnung der Lohn- bzw. Einkommensteuer angesetzt werden konnten, sofern keine höheren Werbungskosten im Einzelnen nachgewiesen oder glaubhaft gemacht werden.

Wertpapiersteuer – neben der Börsenumsatzsteuer und der Gesellschaftsteuer eine dritte → Kapitalverkehrsteuer, die bis Ende 1964 auf den Ersterwerb von Schuldverschreibungen (Anleihe) erhoben wurde. Ihre Aufhebung durch Gesetz vom 25.3.1965 erfolgte aus währungs- und kapitalmarktpolitischen Gründen.

Wertschöpfungsteuer – in der Diskussion um die Reform des → Gemeindesteuersystems genannte Steuer, die die Gewerbe- und Grundsteuer ersetzen und im Hinblick hierauf aufkommensneutral erhoben werden soll; vom Wissenschaftlichen Beirat beim Bundesministerium der Finanzen (BMF) vorgeschlagen. – 1. *Bemessungsgrundlage:* Nettowertschöpfung sämtlicher Betriebe und freien Berufe in einer Gemeinde (Produktion-, Handels-, Dienstleistungs-, Land- und Forstwirtschafts-, Wohnungswirtschaftsbetriebe und die freien Berufe; in breitestem Verständnis auch der öffentliche Sektor, da auch er an der Wertschöpfung teil hat). Gegenüber der *subtraktiven Feststellungsmethode der Wertschöpfung* (die von den Umsätzen die Vorleistungen abzieht, ferner Lagerbestandsveränderungen und selbsterstellte Anlagen berücksichtigt) wird allg. der *„additiven"* Methode der Vorzug gegeben (die sämtliche bei den Steuerpflichtigen entstehenden Einkünfte wie Löhne, Gehälter, Zinsen, Mieten, Pachten und Gewinne zusammenfasst), weil sich durch sie die Wertschöpfung leichter ermitteln lässt. – 2. Wegen dieser äußerst breiten → Bemessungsgrundlage ist ein nur niedriger *Steuersatz* zwischen 2,5 und 3 Prozent erforderlich; die Gemeinden sollen ein Hebesatzrecht behalten. – 3. *Charakterisierung* der Wertschöpfsteuer: In der gesamtwirtschaftlichen Betrachtung handelt es sich um die Besteuerung der *Netto-Wertschöpfung* einer Volkswirtschaft, die sich aus dem Einsatz aller Produktionsfaktoren ergibt und dem Volkseinkommen entspricht. Ihre Bemessungsgrundlage ist derjenigen der Mehrwertsteuer ähnlich, nur breiter angelegt, da letztere als „Umsatzsteuer vom Konsumtyp" die Investitionen ausgrenzt (→ Umsatzbesteuerung). – Im Steuersystem wäre dadurch die volkswirtschaftliche Wertschöpfung auf dreifache Weise erfasst: (1) in aller Breite durch die Wertschöpfsteuer, (2) in verminderter Breite durch die Mehrwertsteuer und (3) in der engsten Ausgestaltung durch die Einkommensteuer. – Gleichzeitig bleibt der steuerliche *Dualismus* erhalten; einmal dadurch, dass die Wertschöpfsteuer als Rohertragsteuer auf der Einkommensentstehungsseite des Leistungskreislaufs zugreift, zum anderen durch die Existenz der Mehrwertsteuer. – 4. *Wirkungen:* Von einer Wertschöpfsteuer verspricht man sich Wirkungen, die gerade für eine Gemeindesteuer als positiv angesehen werden und daher im Zusammenhang mit den Kriterien für ein optimales → Gemeindesteuersystem zu würdigen sind: a) Mit einer angenommenen Aufkommenselastizität von ca. 1 ist die erwartete *Konjunkturempfindlichkeit* der Wertschöpfsteuer geringer als die der Gewerbeertragsteuer. – b) Die *Wachstumsreagibilität* ist höher und für die Finanzierung der Gemeindeinvestitionen besser geeignet. – c) Die Wertschöpfsteuer *streut regional weniger* stark als die auf industrielle Ballungen stark reagierende Gewerbesteuer; daher wird ein gleichmäßiger verteiltes Steueraufkommen erwartet, was jedoch einige Gemeinden zu Gewinnern, andere aber zu Verlierern macht. – d) Wegen des bei weitem größeren Kreises der Steuerpflichtigen (die Gewerbesteuer gilt als „Großbetriebsteuer" und die

Steuerzahler gewinnen Einfluss auf die Gemeinden; gleichzeitig werden diese den Zufälligkeiten der Branchenentwicklung ausgesetzt) lässt sich bei der Wertschöpfungsteuer das Prinzip des → Äquivalenzprinzips besser durchsetzen: Jede Gruppe von Bürgern ist an der Finanzierung der von ihr gewünschten Gemeindeleistungen beteiligt, keine kann auf Kosten der anderen Leistungen durchsetzen. – e) Gesamtwirtschaftlich nachteilig ist, dass auch *Investitionen* der Besteuerung unterliegen; einzelwirtschaftlich nachteilig ist, dass die Wertschöpfungsteuer ein ertragsunabhängiges Element enthält, weil sie nicht auf den Reingewinn, sondern auf den breiteren „Rohertrag" abstellt und *Fixkostencharakter* erhalten kann. Diese Bedenken lassen sich größtenteils mit dem Hinweis auf den sehr niedrigen Steuersatz entkräften. – f) Der Übergang auf die Wertschöpfungsteuer macht die technisch und politisch schwierige Reform der Grund- und Gewerbesteuer überflüssig. – 5. Die *politische Durchsetzbarkeit* der Wertschöpfungsteuer ist äußerst ungewiss, da sie von der Wirtschaft und von vielen Gemeinden abgelehnt wird. Die zunehmende Zahl der Steuerpflichtigen könnte große Steuerwiderstände hervorrufen. Neuregelungen im → Finanzausgleich würden erforderlich. – Vgl. auch → Gemeindesteuersystem.

Wertsteuer – eine → Verbrauchsteuer, deren Bemessungsgrundlage der Preis des besteuerten Gutes ist. Inflationäre Entwicklungen führen bei konstanten Steuersätzen zu einer Steigerung des Steueraufkommens. – *Gegensatz:* → Mengensteuer.

Wertzuwachsbesteuerung → Wertzuwachssteuer.

Wertzuwachssteuer – 1. *Begriff:* Steuer auf die gegenüber einem Vergangenheitsstichtag in Geld ausgedrückte, ermittelte positive Wertdifferenz bei Beständen an Kapital bzw. Vermögen. – *Anders:* Steuer auf Einkommenszuwächse, die als „Einkommensdifferenzsteuer" bezeichnet wird, die also nicht auf substanzieller Vermehrung beruht. – 2. *Technik:* Wertzuwachssteuern können das Gesamtkapital (-vermögen) oder deren Teile erfassen. Letztere werden als Wertzuwachssteuer i.e.S. verstanden, z.B. die → Bodenwertzuwachssteuer. Hinsichtlich der Erfassung ist zu unterscheiden, ob der realisierte oder nicht realisierte Wertzuwachs bzw. der reale oder der nominelle Wertzuwachs (Geldentwertung) erfasst wird. – 3. *Beurteilung:* Die Besteuerung der Wertzuwächse ist umstritten: a) Auch in *nicht realisiertem Wertzuwachs* zeigt sich ein Zuwachs an Verfügungsmacht, ökonomischer Leistungskraft und steuerlicher Leistungsfähigkeit; zur Realisierung bedarf es lediglich des Verkaufs. Ob der Zuwachs auf eigenen Leistungen beruht oder auf fremden, ist für die Besteuerung unerheblich. – b) Geldentwertungen sind zu berücksichtigen, um die Besteuerung von Scheingewinnen zu vermeiden. – c) Die Besteuerung nur der *realisierten Wertzuwächse* führt dazu, dass die Wirtschaftssubjekte die Veräußerung von im Wert gestiegenen Beständen (etwa von Grundstücken) vermeiden, um der Steuer (legal) zu entgehen. Das führt zu allokativ nachteiliger Lähmung der Faktormobilität (z.B. zur Bodenangebotsverknappung) und damit zu distributionspolitisch nachteiligen Preissteigerungen („Lock-in-Effekt"). Die Besteuerung auch der *nicht realisierten Wertzuwächse* führt zu einem Mehrangebot (z.B. an Boden) und damit zur Durchsetzung bestimmter wirtschaftspolitischer Ziele (evtl. in der Siedlungs- und Wohnungspolitik). Wertzuwachssteuern werden daher auch als *Lenkungssteuern* oder → Ordnungssteuern bezeichnet. – d) Als nahezu unlösbar gelten die Schwierigkeiten der *steuertechnischen* Erfassung der nicht realisierten Wertzuwächse. – e) Die Ablehnung einer Wertzuwachssteuer wird u.a. mit der *Eigentumsgarantie* in Art. 14 GG begründet und verlässt damit die finanzwissenschaftliche Argumentation. – 4. Im dt. *Steuersystem* wird fast ausschließlich der realisierte Wertzuwachs in der indirekten Weise erfasst, aber nicht vollständig. – a)

Allgemein: Per indirekter Erfassung wird nicht die Wertdifferenz (Zuwachs), sondern der gestiegene Gesamtwert des Vermögensbestands ab einem Stichtag besteuert; dieser aber nur, soweit bestimmte Zeitgrenzen nicht überschritten werden (für Wertpapier- und Grundstücks-Spekulationsgewinne gelten Spekulationsfristen). – b) In der (seit 1997 nicht mehr erhobenen) *Vermögensteuer* werden börsennotierte Wertpapiere, auch wenn sie nicht veräußert werden, mit dem evtl. gestiegenen Wert per Jahresultimo besteuert; bestimmte Vermögensarten, bei denen eine Neuveranlagung der im Wert gestiegenen Vermögensgegenstände erforderlich ist, werden mit dem neuen Gesamtwert erfasst. In der *Einkommensteuer* bleiben bestimmte → Veräußerungsgewinne steuerfrei.

Wirkungszwecksteuer – Steuer, die durch Ankündigung oder Auferlegung der Steuer nicht fiskalische Zwecke, sondern politische Ziele erreichen soll, sodass im Modellfall der Besteuerungsgegenstand mit einer gewissen Zeitverzögerung entfällt. Die gewünschte Verhaltensänderung wäre verwirklicht. – Vgl. auch → Steuerklassifikation.

Wohnsitz – I. Bürgerliches Recht: Ort, an dem eine Person den Mittelpunkt ihrer Lebensbeziehungen hat (§§ 7 ff. BGB). Kinder teilen i.d.R. den Wohnsitz der Eltern (bei verschiedenen Wohnsitzen des Elternteils, der das Kind in persönlichen Angelegenheiten vertritt), auch wenn sie sich tatsächlich an einem anderen Ort aufhalten. – Nach dem Wohnsitz *bestimmt sich* v.a. der Gerichtsstand und der Erfüllungsort.

II. Öffentliches Recht: Der Begriff gilt der Hauptwohnung, an den die verschiedensten Pflichten und Rechte geknüpft sind (Meldepflicht, Wahlrecht etc.). Nebenwohnung ist jede weitere Wohnung (§ 12 MRRG).

III. Steuerrecht: Einen Wohnsitz im Sinn der Steuergesetze hat jemand dort, wo er eine Wohnung unter solchen Umständen innehat, die darauf schließen lassen, dass er die Wohnung beibehalten und benutzen will (§ 8 AO).

Wohnsitzprinzip – finanzwissenschaftliches Prinzip, eine regionale → Doppelbesteuerung zu vermeiden, wobei die Steuererträge demjenigen Land oder derjenigen Region zufließen, in dem der Steuerpflichtige seinen Wohnsitz hat. – *Gegensatz:* → Ursprungsprinzip, Herkunftsprinzip. – Vgl. auch → Internationales Steuerrecht (IStR).

Wohnsitzstaatprinzip – 1. *Begriff* des Internationalen Steuerrechts: das Prinzip, dass das Recht zur Besteuerung von Einkünften dem Wohnsitzstaat (korrekt: Ansässigkeitsstaat) des Steuerpflichtigen zugesprochen werden sollte. Das gegenteilige Prinzip ist das Quellenstaatprinzip. – 2. Die geltenden Regelungen der Doppelbesteuerungsabkommen folgen keinem der beiden Prinzipien durchgängig, sondern stellen einen Kompromiss dar. Zahllose Regelungen folgen dem Quellenstaatprinzip, jedoch ist das Wohnsitzstaatprinzip als Auffangregelung für alle diejenigen Einkünfte üblich, für die keine anderweitige Regelung getroffen wurde (Art. 21 des OECD-Musterabkommens). – Vgl. auch → Internationales Steuerrecht (IStR).

Y – Z

Young-Plan – zur Regelung der dt. Reparationen nach dem Ersten Weltkrieg von einer Sachverständigenkommission (eingesetzt aufgrund der Pariser Konferenz) unter dem Vorsitz von Young ausgearbeiteter Plan, angenommen in Form des zweiten Haager Abkommens, in Kraft getreten ab Mai 1930 in Ablösung des → Dawes-Plans. Die Verpflichtungen aus dem Young-Plan (nicht die aus der im Zusammenhang mit diesem aufgenommenen Young-Anleihe, die unter die dt. Auslandsverschuldung fällt) wurden 1932 durch das Lausanner Abkommen für hinfällig erklärt.

Zahlungsaufschub – Möglichkeit, die Zahlung geschuldeter Abgabenbeträge gegen Sicherheitsleistung auf einen späteren Zeitpunkt hinauszuschieben. Bei Einfuhr- und Ausfuhrabgaben und Verbrauchsteuern kann die Zahlung fälliger Beträge auf Antrag des Steuerschuldners gegen Sicherheitsleistung hinausgeschoben werden, soweit die Steuergesetze dies bestimmen (§ 223 AO). Im Zollrecht ist diese Möglichkeit in Art. 224 -228 Zollkodex (ZK) vorgesehen. Die Aufschubfrist endet im Regelfall am 16. Tag des auf die Zollschuldenstehung folgenden Monats. Ein Unternehmer kann einem Verbraucher einen entgeltlichen Zahlungsaufschub von mehr als drei Monaten oder eine sonstige entgeltliche Finanzierungshilfe gewähren (§ 499 BGB).

Zahlungsbereitschaft – I. *Betriebswirtschaftslehre:* Bereitschaft einer Unternehmung, ihren Zahlungsverpflichtungen nachzukommen, im Wesentlichen determiniert durch das Verhältnis von liquiden und liquidierbaren Aktiva zu den Schulden. – Vgl. auch Liquidität, Zahlungsunfähigkeit, Zahlungsfähigkeit.

II. *Finanzwissenschaft:* 1. *Begriff:* Betrag, den ein Individuum (ein Haushalt) aus seinem gegebenen Einkommen für die Bereitstellung → öffentlicher Güter zu zahlen bereit wäre. – 2. *Anwendung der Zahlungsbereitschaftsanalyse:* bei der Ermittlung der Präferenzen für öffentliche Güter, für die Abschätzung der Verteilungswirkungen öffentlicher Leistungen, im Rahmen von → Kosten-Nutzen-Analysen öffentlicher Ausgaben, bei der Ermittlung von Schattenpreisen (Opportunitätskosten), z.B. zur Abschätzung der Schadenskosten von Umweltnutzungen in der Umweltökonomik u.a. Da die Zahlungsbereitschaftsanalyse wahrscheinlich die tatsächliche Zahlungsbereitschaft systematisch unterschätzt (→ Free-Rider-Verhalten), wird statt der Zahlungsbereitschaft auch der Betrag ermittelt, den das Individuum (der Haushalt) als Ausgleich für den Nutzenentgang bei Wegfall der öffentlichen Leistung akzeptieren würde.

Zahlungsfähigkeitsprinzip → Ability to Pay Principle.

Zerlegung – I. Finanzwissenschaft: Verteilung des Steueraufkommens auf die Gebietskörperschaften, die daran nach Maßgabe der Finanzausgleichsgesetze beteiligt werden sollen.

II. Steuerrecht: 1. *Gewerbesteuer:* Unterhält ein Gewerbebetrieb Betriebsstätten in verschiedenen Gemeinden oder erstreckt sich eine Betriebsstätte über mehrere Gemeinden, so ist die Bemessungsgrundlage der Gewerbesteuer, der Gewerbesteuermessbetrag, in die auf die einzelnen Gemeinden entfallenden Anteile (Zerlegungsanteile) zu zerlegen (§ 28 I GewStG). Zerlegungsmaßstab ist i.d.R. das Verhältnis, in dem die Summe der Arbeitslöhne, die an die bei allen Betriebsstätten beschäftigten Arbeitnehmer gezahlt worden sind, zu den Arbeitslöhnen steht, die an die bei den Betriebsstätten der einzelnen Gemeinden beschäftigten Arbeitnehmern gezahlt worden sind (§ 29 I 1 GewStG). – Die Zerlegung wird durch das Finanzamt durchgeführt. In diesem Fall wird an das Unternehmen und an die betroffenen Gemeinden ein *Zerlegungsbescheid* erteilt. – 2. *Grundsteuer:* Erstreckt sich der Steuergegenstand (Grundbesitz i.S.d. Bewertungsgesetzes) über mehrere Gemeinden, so ist der Steuermessbetrag grundsätzlich in die auf die einzelnen Gemeinden entfallenden Anteile (Zerlegungsanteile) zu zerlegen (§ 22 I GrStG). Bei Betrieben der Land- und Forstwirtschaft ist der auf den Wohnungswert entfallende Teil des Steuermessbetrags der Gemeinde zuzuweisen, in der sich der Wohnteil oder dessen wertvollster Teil befindet. Der auf den Wirtschaftswert entfallende Teil des Steuermessbetrags ist in dem Verhältnis zu zerlegen, in dem die auf die einzelnen Gemeinden entfallenden Flächengrößen zu einander stehen. Bei Grundstücken ist der Steuermessbetrag regelmäßig in dem Verhältnis zu zerlegen, in dem die auf die einzelnen Gemeinden entfallenden Flächengrößen zueinander stehen. – 3. Die Zerlegung wird durch das Finanzamt durchgeführt. In diesem Fall wird an den Steuerpflichtigen und an die betroffenen Gemeinden ein Zerlegungsbescheid erteilt (§ 188 AO). Den beteiligten Gemeinden steht ein Akteneinsichtsrecht zu (§ 187 AO). Der Zerlegungsbescheid ist Folgebescheid des Steuermessbescheids und Grundlagenbescheid für den Gewerbebzw. Grundsteuerbescheid. – *Rechtsbehelf:* Einspruch (§ 347 I 1 AO; sowohl für den Steuerpflichtigen als auch die betroffenen Gemeinden). – 4. Kein Fall der Zerlegung ist die Zuteilung eines Steuermessbetrags. Die Finanzbehörde entscheidet durch Zuteilungsbescheid, wenn ein Steuermessbetrag einer Gemeinde in voller Höhe zuzuteilen ist; welcher Gemeinde der Steuermessbetrag zusteht ist nicht immer einwandfrei zu begründen (§ 190 AO). Der Erlass eines Zuteilungsbescheides ist antragsgebunden. Antragsberechtigt sind sowohl die Gemeinden als auch der Steuerpflichtige. – *Rechtsbehelf:* Einspruch (§ 347 I 1 AO).

Zero-Base-Budgeting – 1. *Charakterisierung:* Ursprünglich Planungsinstrument für öffentliche Haushalte, zunehmend auch zur Planung der Gemeinkosten in Unternehmungen angewandt. Die betriebswirtschaftlich orientierte Grundidee des Zero-Base-Budgetings ist es, geplante Aktivitäten mithilfe von → Kosten-Nutzen-Analysen jeweils „From Base Zero" aus zu rechtfertigen, d.h. als würde das Unternehmen erst gegründet. Ausgangspunkt ist der Befund, dass „alte" Aufgaben bei der traditionellen Planung öffentlicher Haushalte gegenüber „neuen" im Vordergrund stehen, der politische Gestaltungsspielraum mithin de facto von vornherein eingeschränkt ist. Zugrunde liegt ein mehrstufiger Entscheidungsprozess, bei dem die Aufgaben der Ressorts und Behörden in einzelne Aktivitäten (Decision Packages) unterteilt werden, für die jeweils mehrere Lösungsalternativen unter qualitativen Wirksamkeits- und quantitativen Ausgaben- und Wirkungsgradaspekten geprüft und in eine Rangfolge gebracht werden; mind. das niedrigste in die Überlegungen einbezogene Ausgabenniveau muss unter dem Vorjahresansatz liegen. Die Vorschläge der unteren Verwaltungseinheiten werden beim Durchlauf durch die Planungshierarchie zu einer Gesamtplanung koordiniert, wobei oft den unteren Ebenen ein Teil der Entscheidungskompetenz überlassen wird. – 2. *Zweck:* Die Aktivitäten von Ressorts und Behörden samt den dafür bereitzustellenden Mitteln sollen gemäß den politischen Prioritäten geordnet werden; bis zur Höhe der insgesamt bewilligten Haushaltsmittel werden die Aktivitäten dann der Rangfolge entsprechend im nächsten Haushaltsjahr vollzogen. – 3. *Bedeutung:* Zero-Base-Budgeting gilt als exekutivebezogenes Gegenstück zur eher legislativebezogenen → Sunset Legislation. Zero-Base-Budgeting ist letztlich eine an ökonomischen Wirtschaftlichkeitsmaßstäben orientierte Spartechnik; es stößt dort an seine Grenzen, wo Haushaltsplanung nach bewusster politischer Prioritätensetzung verlangt, nicht lediglich nach deren Umsetzung.

Zinsabschlagsteuer → Kapitalertragsteuer, → Abzugsteuern.

Zinsausgabenquote → Zinsendienstquote, → Verschuldungsgrenzen.

Zinsendienstkoeffizient → Verschuldungsgrenzen.

Zinsendienstquote – *Zinsausgabenquote;* Maß für die Belastung eines Staatshaushaltes durch den Zinsendienst (Zinsausgaben ohne Tilgung), bezogen auf die Gesamtausgaben bzw. das Bruttoinlandsprodukt (BIP).

Zuckersteuer – Die Zuckersteuer ist eine → Verbrauchsteuer auf Zuckerherstellung oder -einfuhr; ursprünglich in der Form einer Materialsteuer auf rohe Rüben. Sie ist im Hinblick auf den EG-Binnenmarkt zur Vermeidung von Wettbewerbsverzerrungen zum 1.1.1993 abgeschafft worden. – *Aufkommen 1992:* 93,7 Mio. Euro.

zumutbare Belastung – 1. *Einkommensteuerrechtlicher Begriff:* Teil der → außergewöhnlichen Belastungen, der von dem Steuerpflichtigen selbst zu tragen ist. Nur der die zumutbare Belastung übersteigende Teil der Aufwendungen mindert auf Antrag den → Gesamtbetrag der Einkünfte (§ 33 I EStG). Keine Anrechnung der zumutbaren Belastung bei außergewöhnlichen Belastungen in bes. Fällen (§§ 33a, 33b EStG). – 2. *Höhe:* Die zumutbare Belastung wird bestimmt durch einen gesetzlich vorgegebenen Prozentsatz des Gesamtbetrags der Einkünfte. Dieser wiederum richtet sich nach der Höhe des Gesamtbetrags der Einkünfte, der Anzahl der Kinder und der Veranlagungsart (Veranlagung), § 33 III EStG.

Zündwarenmonopol – früherer Zwangszusammenschluss aller zur Herstellung von Zündwaren berechtigter Hersteller. Seit 1983 aufgehoben. Form des → Finanzmonopols.

Zusammenveranlagung – Begriff der Finanzwissenschaft und des Steuerrechts für eine bes. Form der Veranlagung, bei der für mehrere Personen eine gemeinsame Bemessungsgrundlage und Steuerschuld festgesetzt wird. Das dt. Steuerrecht kennt eine Zusammenveranlagung von Ehegatten in der Einkommensteuer (→ Haushaltsbesteuerung, → Einkommensteuer-Splittingtabelle). – *Rechtliche Wirkung:* Zusammenveranlagung bewirkt gesamtschuldnerische Haftung der zusammen veranlagten Personen für die betreffenden Steuerschulden; auf Antrag wird jedoch eine Aufteilung bei der Zwangsvollstreckung (§§ 268 ff. AO) vorgenommen.

Zusatzlast der Besteuerung → Excess Burden. Last der Besteuerung, die über die eigentliche Zahllast (Steueraufkommen) hinausgeht. Die Zusatzlast der Besteuerung ergibt sich aufgrund der mit der steuerinduzierten Veränderung der relativen Preise zwischen zwei Gütern (Verbrauchsteuern), zwischen Konsum und Ersparnis (Kapitalertragsteuer) sowie zwischen Arbeit und Freizeit (Lohnsteuer). Es kommt zu Substitutionseffekten, die den Haushalt von seiner optimalen Entscheidung abbringen.

Zuschlagssystem – Regelungsform der → Steuerertragshoheit zwischen öffentlichen Aufgabenträgern im aktiven Finanzausgleich. Beim Zuschlagssystem wird das Recht zur Wahl und Ausgestaltung öffentlicher Einnahmequellen einem – i.d.R. dem zentralen – Aufgabenträger zugewiesen, anderen Aufgabenträgern aber das Recht eingeräumt, auf die Bemessungsgrundlage oder Abgabeschuld dieser Einnahmequelle einen Zuschlag zu erheben. – *Formen:* a) *Ungebundenes Zuschlagssystem:* Höhe des Zuschlags ist nicht geregelt. – b) *Gebundenes Zuschlagssystem:* Höhe des Zuschlags ist begrenzt. – In der *Bundesrepublik Deutschland* wird die Kirchensteuer nach dem (gebundenen) Zuschlagssystem verteilt.

Zuständigkeitsbudget – Begriff des Haushaltswesens: Die Bücher werden nach dem Ende des Rechnungsjahres noch einige Wochen für Nachbuchungen offen gehalten, um nachträgliche Einnahmen oder Ausgaben der „zuständigen" Haushaltsperiode zuzurechnen (→ Haushaltssystematik). – *Gegensatz:* → Kassenbudget.

zu versteuerndes Einkommen – Begriff des Einkommensteuerrechts (§ 2 V 1 EStG): Formel zur Berechnung des zu versteuernden Einkommens vgl. Einkommensteuer-Richtlinien (EStR). – Das zu versteuernde Einkommen einer Kapitalgesellschaft ergibt sich aus § 7 II EStG und R 29 KStR.

Zuweisung – zwischen öffentlichen Aufgabenträgern, v.a. → Gebietskörperschaften, übertragene Finanzmittel. Zuweisungen erfolgen v.a. im Rahmen des → kommunalen Finanzausgleichs (zwischen Ländern und ihren Gemeinden/Gemeindeverbänden) und im Rahmen des → Länderfinanzausgleichs zwischen den Ländern (horizontal) sowie zwischen Bund und Ländern vertikal. – *Formen:* (1) → Ausgleichszuweisung; (2) → Lenkungszuweisung. – Vgl. auch → Zuweisungssystem.

Zuweisungssystem – Regelungsform der → Steuerertragshoheit zwischen öffentlichen Aufgabenträgern im aktiven Finanzausgleich (→ Zuweisungen). – *Formen der Zuweisungen:* (1) nach *Zielsetzung:* → Ausgleichszuweisungen oder → Lenkungszuweisungen; (2) nach *Ausgestaltung:* horizontale Zuweisungssysteme oder vertikale Zuweisungssysteme. Letztere lassen sich in Zuweisungssysteme „von unten nach oben" (z.B. Umlagen, Matrikularbeiträge) und Zuweisungssysteme „von oben nach unten" (z.B. Ergänzungszuweisung, Finanzhilfe) unterscheiden.

Zwangsetatisierung – Mittel des Verwaltungszwangs, durch das die Aufsichtsbehörde durch Ersatzvornahme einen Posten in den → Haushaltsplan einer öffentlich-rechtlichen Körperschaft einsetzen kann, wenn die Körperschaft selbst die Einsetzung verweigert.

Zwecksteuern – 1. *Begriff:* Steuern, die primär nicht auf Einnahmeerzielung (fiskalische Zielsetzung), sondern auf andere wirtschaftspolitische Ziele ausgerichtet sind (→ nicht fiskalische Besteuerung). – 2. *Arten:* (1) → Verwendungszwecksteuer; (2) → Wirkungszwecksteuer. – 3. → Ordnungsteuern.

Zweckzuweisung → Lenkungszuweisung, die nur für bestimmte vom Zweckzuweisungsgeber festgelegte Zwecke gewährt werden. Zweckzuweisungen werden von den Ländern an die Gemeinden (kommunaler Finanzausgleich) und vom Bund an die Länder (→ Finanzhilfe, → Gemeinschaftsaufgaben) gewährt. – Von den Zweckzuweisungsempfängern wird die Zweckbindung i.Allg. kritisiert, da sie deren Entscheidungsspielraum einschränkt; von den Zweckzuweisungsgebern wird sie als Mittel zur beabsichtigten Beeinflussung gerechtfertigt.

zyklusunabhängige Finanzpolitik – Orientierung der Finanzpolitik, die die am Einzelfall orientierte diskretionäre Finanzpolitik ablehnt, u.a. wegen der bei der diskretionären Finanzpolitik unkalkulierbaren Lags. Die zyklusunabhängige Finanzpolitik erhält Auftrieb durch das Vordringen neoklassisch inspirierter Denkrichtungen (Monetaristen, Angebotstheoretiker), die sämtlich eine über das Setzen von ordnungspolitischen Rahmendaten hinausgehende aktive Konjunktur- und Finanzpolitik des Staatssektors zugunsten von „mehr Markt" ablehnen und dabei auf die von ihnen postulierte „Stabilität des privaten Sektors" abstellen.

MIX
Papier aus verantwortungsvollen Quellen
Paper from responsible sources
FSC® C105338

If you have any concerns about our products,
you can contact us on
ProductSafety@springernature.com

In case Publisher is established outside the EU,
the EU authorized representative is:
**Springer Nature Customer Service Center GmbH
Europaplatz 3, 69115 Heidelberg, Germany**

Printed by Libri Plureos GmbH
in Hamburg, Germany